全国政治の始動

帝国議会開設後の明治国家

前田亮介

東京大学出版会

The Beginnings of National Politics in Modern Japan:
The Meiji State Reform under the Parliamentary System, 1890–1898

Rosuke MAEDA

University of Tokyo Press, 2016
ISBN 978-4-13-026243-9

目次

凡例

一　資料の引用に際しては、原則として旧漢字は常用漢字に、仮名は平仮名に統一した。また、読みやすさを考慮して適宜句読点を補った。
二　引用文中への注記は〔　〕によって示した。また、中略部分は「……」と表記した。
三　引用文中の傍点は、特に断りのない限り、すべて著者（前田）によるものである。
四　左記の資料については、煩雑を避けるため、次のように略記する。

（ア）井上馨の私文書
・国立国会図書館憲政資料室所蔵「井上馨関係文書」→「井上文書（憲）」
・井上馨関係文書購読会「「井上馨関係文書」所収　伊藤博文書翰翻刻」（『参考書誌研究』五六・六八、二〇〇二・二〇〇八）→「井上文書（翻刻）」／「井上文書（翻刻・続）」

（イ）品川弥二郎の私文書
・尚友倶楽部品川弥二郎関係文書研究会編『品川弥二郎関係文書』（一～七、山川出版社、一九九三―二〇〇八）→『品川文書』
・国立国会図書館憲政資料室所蔵「品川弥二郎関係文書（その1）／（その2）」→「品川文書（1）」／「品川文書（2）」

（ウ）渡辺国武の私文書
・渡辺国武関係文書研究会「渡辺国武関係文書（二）」（東京大学『社会科学研究』一八―五、一九六七）→「渡辺文書（翻刻・二）」

・東京大学社会科学研究所所蔵「渡辺国武関係文書」→「渡辺文書（ＭＦ）」
・国立国会図書館憲政資料室所蔵「渡辺国武関係文書（その１）／（その２）」→「渡辺文書（憲１）」／「渡辺文書（憲２）」
・社団法人尚友倶楽部寄託「渡辺国武関係文書」→「渡辺文書（尚）」

（エ）帝国議会議事録

・『帝国議会衆議院議事速記録』／『帝国議会貴族院議事速記録』（＝本会議、東京大学出版会）→『衆・本』／『貴・本』
・『帝国議会衆議院委員会議録』／『帝国議会貴族院委員会速記録』（＝委員会、東京大学出版会）→『衆・委』／『貴・委』

「我が邦の富は此の二十年間著るしく増進して来たといふことを証することは、頗る易々たることであると存じます。……次に起るところの問題は、即ち此の増進しつゝある処の富を如何して各人が配分するかといふことであります。此の富の配分と云ふことに就いては、無論国家経済上最も論究すべき問題にして、殊に我邦の如く莫大の改革を頗る短期の間になし遂げたる国柄に於ては、此の配分の常則をば大に変換したるには相違ない」。

――陸奥宗光

（「大阪商法会議所に於て」（明治二四年四月）、津田房之助編『名家演説集』（東雲堂、一八九六）八八―八九頁）

序章　日本における議会制の導入と政治変容

第一節　全国化する政治空間——府県会から帝国議会へ

(i)　課題の設定

本書は、明治二三(一八九〇)年の帝国議会の開設によって現出した、日本列島を単位に、選挙に基づく国民の代表が政府と相対して、全国大の観点から地域的利害の調整・統合について議論する内政のアリーナを「全国政治」(1)と名づけた上で、この全国政治の下で進行した藩閥体制の再編とこれに参画する政党の浮上の力学を分析することを基本的な課題とする。一般に、連邦制をとらない国家において、中央の議会が国内の空間的統合に占める役割を意識することは多くない。しかし、急速な近代化をめざした日本の場合、小国家連合たる徳川時代以来の地域割拠性が一九世紀にはいまだ残っており、また地方議会である府県会も先行して設置(明治一一年)されたため、地方レベルの政治は比較的早い段階で成立し、それを基礎とした様々な合意形成の枠組みが形成されたにもかかわらず、府県の上位の審級である全国レベルの政治でどのように合意形成がなされ、それが既存の地方政治とどのように異なるのかという点については、必ずしも理解が共有されていなかった。初期の議会構想も多くは「封建」の秩序イメージを刻印したものであり(2)、地方官会議を典型に近世以来の「藩主会議」の残像が長く尾を引いていた(3)。政治家や国民は、個々の地域的利害を調整・統合した全国大の利益をどのように表出するのかという課題に対しては、国会開設後に手探りで取り組まざるをえなかったのである。本書ではこうした国家レベルの脱封建化過程としての全国政治の始動と安定を、近代日本の国民国家形成に不可欠の階梯として理解する視座を提供したい。

翻ってみると、明治四年七月、二世紀半におよんだ連邦制的な幕藩体制を最終的に解体し、「封建」から「郡県」へ国内秩序原理を転換した廃藩置県は、王政復古とともに、維新変革を象徴する巨大な画期であった。長らく藩に委ねられてきた軍事と財政の集権化が決定され、統一国家の建設がまがりなりにも緒についたことは、変革を主導した藩閥を、集権化の唯一無二の担い手という特権的な地位に押し上げることとなった。藩閥外勢力をたえず糾合しつつ、明治期を通じて統治機構の中枢を占めつづけた藩閥支配の正統性も、専らこうした「建国の父祖」としての栄光に求められたのである。(4) 特に、廃藩置県は、維新政府の通商司政策と府藩県レベルでの（近世後期以来の）国産会所方式のトレード・オフの関係を止揚し、ナショナルな経済的地域単位を創出した点でも、決定的に重要であった。(5)

しかし、廃藩置県を断行し、単一国家という国民国家形成の方向が定まるなか、藩閥は同時に、「郡県」の理念とは乖離した地域社会の「封建」を清算するという新たな中長期的課題を投げかけられる。そもそも、廃藩置県がただちに集権国家を準備したわけではない。「旧慣」と総称される、徳川時代を通じて各地に堆積されたきわめて多様で複雑な地域的慣習の束に、藩閥は対処しなければならなかった。明治三年に太政官制度局が民法編纂に着手して以来、民法典論争を経て最終的に明治三一年に民法が公布・施行されたように、社会の慣習を解体し、個別事例についての指令の集積を超えた統一的な法体系を整備するには、一九世紀いっぱいを要した。(6) 「旧慣」はまた、政治的自己主張の手段としても作用した。「旧慣」尊重の論理が明治二〇年にいたる条約改正交渉の帰趨をしばし左右したように、(7) 近代日本は、地域的利害の束を共約可能なナショナル・インタレストに変換する装置である帝国議会の開設直前まで、「旧慣」との対峙を強いられたのである。小選挙区制をとる衆議院議員選挙法案を明治二二年に起草した金子堅太郎が、国民統合の要石たる「旧慣」の強靭さについて、「当時維新を距ること遠からず、三百年諸侯割拠の遺風尚儼存し民俗風習は地方に依りて大に異同あるのみならず、其利害関係に於て互に相容れざるものがあったから、真に民意を代表するに何うしても小選挙区に限る」と全国大の「民意」を創出する困難を回顧したゆえんであった。[8]

この「旧慣」の存在は、単一国家の枠を前提とした上で権力を分散する志向とも結びついていく。幕末以来、日本の将来の国家秩序としてはしばしば連邦制が想定されており、[9]そうした連邦制的秩序像の残滓は国家形成期の政策形成に少なからず作用した。[10]もちろん近世後期以来、ナショナリズムは日本列島に比較的広範に浸透していたが、しかしそれは後年のような一箇の中心（天皇）に収斂しないいわば複数のナショナリズムであり、特に内戦で生じた亀裂を修復し国内の和解の回路を構築するまでには、相応の時間を要したのである。[11]そして、こうした近代初期における各地方に固有の問題に対処することでプレゼンスを上昇させていったのが、地方官とよばれる人々であった。藩閥出身ではないことが多い彼らは、政治的には傍流ながらも、「牧民官」として強い選良意識を有しており、中央政府も一目置かざるをえなかった。そして、地域社会の近代化の不可欠の担い手であるとともに在地性を中央に打ちだす二面性を有した彼ら地方官の時代は、複数のナショナリズムとある程度親和的だったのである。

しかるに二〇世紀に入る頃にはまもなく、中央レベルに表出される地域利害のあり方は、いわゆる「地方利益」として、青森県から鹿児島県にいたるまで全国的規模で画一化していく。[12]多元的な「旧慣」から一元的な「地方利益」へという地域的利害のあり方の変化が引き起こされた要因としては、この間において帝国議会が果たした全国レベルの国民統合機能を想定するのが自然だろう。このような議会の国民統合機能は、有権者が当時の全人口の一％という制限選挙だったこともあり、一般に否定的に位置づけられがちである。だが、議会開設によって国内の政治的亀裂が概ね議会内の対立に回収されたこと、また制限選挙の下でも総選挙が（府県会議員の選挙権すら有さない人々も含めた）地域社会の包摂と国民化・政党化を可能にしたことを考えれば、日露戦争後に都市の諸問題が噴出するまで、議会は相応の国民統合能力を持っていたといってよい[13]。さらに選挙と新聞のみならず、請願や傍聴も世論と国政を媒介する有力な回路だった。議会会期中には代議士に数倍する規模の地方名望家が東京に参集し、請願方法や傍聴券の融通などで情報交換を行い、地方利益の実現に向けた横断的ネットワークを構築していた。議会の模様も手紙や代議士が自らの名を冠して郵送した議会報告書を通じて地元に伝えられ、貴重な情報源として村長クラスの名望家にも回覧・筆写されたため、議員や党員のイメージも各地に普及していた[14]。日本の対外膨張政策の基盤ともなった、議会制下の国民国家統合に内在する諸問題を批判的に抽出するには、このような「大多数の人々が新たな「文明」の様式へとなめらかに適応できた過程[15]」に則して政治現象を考察する作業が、まず必要なのである。

以上の「旧慣」から「地方利益」へという日本の国民国家形成の過程を特徴づけているのは、中央議会に先行して下位レベルの地方議会が各府県に設置され、しかも十数年をかけて、地方官と協調的な役割分担をしつつ、利益誘導を通じた社会統合をかなりの程度実現していたことである[16]。この社会に根を下ろした府県会システムが、国民統合のいわば雛型として全国レベルで共有されていくというのが、地方利益論の知見であった[17]。しかし、その統合は少なくとも当時はまだ府県大で閉じたものであり、帝国議会というより上位の審級で全国的な観点から集約された利益とは異質なものだった、という理解に本書は立っている[18]。実際、府県会の定着や地方紙の発達は、「政治的地方主義」とも評される地方（府県）ごとのアイデンティティや利害意識をむしろ尖鋭化させたのであり、明治初期の国民形成は地方意識の多層的形成と不可分だった[19]。国会における議論には、福沢諭吉がいち早く注目したように、国民形成にむけた意見の討論のみならず、社会の文明化に伴う利益意識の発展と利害の多元化を背景とした、異質な利益の交渉という側面があり[20]、府県会を通じて地方主義が昂揚し、サブナショナルなレベルでの政治的凝集性が上昇したことは、いざ利害の齟齬が生じた場合、全国的な観点からの議論をかえって阻害する副作用ももたらしたのである。

この点に関連して、立憲改進党の島田三郎は埼玉県議時代、備荒儲蓄政策を批判する文脈で「県会は一県之利害を考案するの職分にて、通国之利害を議する所に無之」と論じている。島田が「通国之利害」の事例として挙げたのは、東北など一地方の不作が全国レベルの米価に影響してしまうような事態であり、この事態はまさに府県会の「職分」を超えた「郡県の凶歳」だった[21]。そして、「封建の凶歳」ならぬ「郡県の凶歳」に対応するには、府県会で集約可能な「一県之利害」を超えた「通国之利害を議する所」が要請されなければならない。すなわち、府県レベルで解決できない広域的な争点が浮上し、問題が全国化するとき、対応もまた全国化するはずであり、かかる全国的対応は、府県会／帝国議会というマルチレベルの会議体によって現出した、「一県之利害」／「通国之利害」というマルチレベルの利害を調整・統合しうるような政治権力を[22]、要請することになるのではないだろうか。

しかもこうした政治権力の要請は、明治中期までに進行した日本列島の社会経済環境の革命的変化とも、照応するものだった。明治二年に横浜で建設がはじまった国内の電信網は、内閣制度創設の翌年の明治一九年には全国すべての県庁所在地を結んでおり、東京と遠隔地の米相場が連動する意味での全国統一市場も、鉄道網の拡張を待たずに成立していた[23]。また明治一〇年前後から各地に叢生した国立銀行は、東京に資金が還流する経済的な「中央集権」化を準備し、明治二一年までに「東京の全国の金銀世界を六分してその四を保つというもの、決して過言にあらず」と観察されていた[24]。そして議会政治が定着する明治二三年からの一〇年間には、産業革命期のイギリス以上とされる経済成長率の下で劇的な工業化が進み[25]、企業勃興と日清戦後経営を原動力に全国的な鉄道網と金融網が整備されていった。こうした運輸・交通体系の確立が、ナショナルな一体感を伴いつつ、日本の政治の地図を、議会の所在地である東京を中心とするものへ塗りかえていったのである[26]。社会経済史家の鈴木淳氏が、明治一〇年代を通じてゆるやかに社会に根づいた「当面の官と民の役割分担」のあり方が「〔明治〕二十三年の議会開設によって……根本から変革される」と述べるように[27]、帝国議会の誕生という契機は、それまでの国家―社会関係の総体的な変容を促したといえよう。

(ii) 本書の視角

以上のように、帝国議会の開設は、既存の府県レベルで対応できなかった社会の広域的・全国的な要請に、形成期の国民国家がどのように向き合うかという問題の重要な試金石となった。ただ、このような国内の複数のアリーナを架橋・統合する主体たる政党は、明治二〇年代にはいまだ組織的に脆弱であり、むしろこの問題は「建国の父祖」としての藩閥の統治能力が厳しく問われる指標として、政治過程に浮上してくる。ここで、政党政治への移行も内在的に準備した「競争的寡頭政」(competitive oligarchy)として「藩閥支配」を位置づけた三谷太一郎氏の議論を援用すれば[28]、藩閥体制の正統性を支えてきたのは、地方政策形成をめぐる「内部的競争性」であった。すなわち明治二三年以前は、諸国家機関を架橋しうる藩閥が中央と地方を媒介し、国内を政治的に統合する一元的な役割を担ってきた。特に大久保利通没後の権力核の喪失と地方三新法への移行に伴い、府県会操縦を焦点とした「地方経営」の問題は、長州藩出身者(長派)と薩摩藩出身者(薩派)が交互に政権を担当する集団指導体制をとった明治一四年政変後の日本政治の最重要争点の一つに浮上する。その帰結が、競合する多省間対立を調整する新統治機構=内閣制度の創設だったことはよく知られている[29]。政治参加を排除し政権を独占した藩閥体制が、自由民権運動の挑戦を受けつつ一〇年にわたって比較的安定していたのも、体制内部の競合が内発的革新の原動力となったからだった。

しかるに、明治二三年以降、日本の中央—地方関係は、予算審議権と立法権を有する帝国議会という、省庁機構と異質な編成原理を持つ新たな全国制度の下に組みなおされる。御厨貴氏のいう「地方事情を画一的に有効に決済するための制度」[30]としての帝国議会の開設に伴い、すべての政治主体が地方問題を全国的観点から決済するという、内閣制度の運用とは異質な制度的圧力にさらされることになったのである[31]。そしてこの結果、体制外の政党との地方問題をめぐる対立・競合のみならず、体制内の諸主体(官僚や貴族院)も積極的にアリーナに参入し、地方政策をめぐる「内部的競争性」の統御が次第に困難になっていく。内閣制度創設の過程で発揮された横断的調整機能があらためて問われるなか、藩閥は新党の結成をはじめとする様々な自己改革を試みて議会制に即した統治を模索するものの、これまでの「内部的競争性」を通じた体制の内発的革新が十全に機能せず、最終的には集団指導体制の継続を断念し、桂園体制への軟着陸を図ることになる。

これに対し、政党の政権参入の過程はより複雑な軌跡を描いた。元来、地域政党の連合体としての性格が強かった自由党系では、派閥の地縁性が顕著であり、党中央に対して遠心的な傾向が強かった。実際、最大野党のかかる状況を反映して、最初期の衆議院では、議員控室が政党別ではなく府県別に編成され、議会運営の政党化が進むのも二〇世紀初頭だった(32)。加えて、自由党の指導部には伝統的に、政党は地方問題などより、より高次の国家問題を担うべきだという選良主義が存在した(33)。しかるに、議会開設直前の明治二〇年一二月から二二年にかけて全国で展開した大同団結運動を通じて、はじめて民党の支持基盤に入った地方名望家（後藤象二郎のいう「地方有志家」）には、古参党員が好む「天下国家」の議論よりも地方レベルの実利を選ぶ地方主義があり、党内構造に埋め込まれた遠心性ゆえに、地価修正問題や鉄道問題のような、全国的な調整を要請する地方問題には一層敏感にならざるをえなかった(34)。

初期議会期の自由党土佐派が選んだ戦術も、遠心的な党内構造に鑑みて、地方利益を噴出させないための自己説得の論理を構築することだった。土佐派の内部で、「代議士は撰挙区の代議士に非ずして全国の代表者たること」「一国は重し、一党は軽しと。一党猶ほ軽しとす、況んや一撰挙区をや」といったポーク・バレルへの対抗モデルが、集団内部の自己規律として作用していたことは重要である(35)。また、党組織を集権化していくにあたって、「所謂土佐派」といった地域性に依拠した集団イメージが阻害要因となる可能性も危惧された(36)。選挙区から噴出した部分利益を遮断しうる上位の公共性の担い手として振る舞わなければならないという点に、彼らは一様に自覚的だったのである。各地一律の減税を意味する地租軽減を掲げた「民力休養」のスローガンには、「地租問題」が「地方問題となり果て候ては終局の大成は得がた」いと評されたように(37)、遠心性による地方間対立の惹起を回避しつつ、「民党」の全国的結束を維持するという含意も込められていた。それでも、多元的な地域社会を架橋し、選挙に際して有力者を糾合する単位としての「民党」（および対立概念である「吏党」）の集団規定は、中央レベルの党派対立との関係が希薄なまま、地域社会に急速に浸透していった[38]。実際には、予選を複数郡の間で一本化することも難しく[39]、他方で同一陣営からの重複立候補や同一選挙区での名望家間の交替も頻発したため、初期議会期の議員再選率は低く、憂慮した党中央は前職の優遇をしばし求めたが[40]、しかしかかる混乱のなかでも、政党は全国政治に不可欠な主体となっていったのである。

以上の整理に鑑み、本書は冒頭の基本的な課題を達成するための第一の視角として、政党への傾斜という藩閥体制の変容を、既存の政治体制による自己改革の試みとその内在的限界の帰結として解釈する。よく知られているように、非選出勢力を壟断しつつも衆議院における藩閥の統合機能の限界を自覚した伊藤博文は政友会構想に向かっていった[41]。しかし実際には、官僚や貴族院が自立傾向を強めるなかで伊藤は藩閥体制内部の統合すら保持しえなくなっており、むしろ体制内統合の機能不全の結果として政党への傾斜があったと本書は考える。伊藤の政治指導を特徴づけるのは、政党を排除するタイプの超然主義と異なり、全政治勢力の参加によって挙国一致をめざす開放的超然主義というべき志向であった。そして政友会が成立した二〇世紀初頭にかけて、こうした開放的超然主義は次第に空洞化していった。初期議会期の伊藤の到達点は第四議会にあり、第九議会での自由党の政権参入は第二次伊藤内閣の内在的限界に起因していること、さらに日清戦争後には政党間競合が展開したことで超然主義的解釈の余地も失われ、対議会交渉の次元でも伊藤博文から山県有朋に権力移行していくこと、が行論で論じられるであろう。坂本一登氏は憲法制定過程における伊藤のリソースを「立憲カリスマ」と表現しているが[42]、議会開設後の政治の課題はカリスマなしに立憲制を安定させることにあった。我々は政党の進出という危機の連続にもかかわらず、旧体制たる藩閥が山県の下で軟着陸しえたゆえんを、問わなければならないのである。

第二の視角として、政治空間の全国化に伴う広域的課題を藩閥体制が解決できず動揺していくなかで、藩閥内閣の機能不全を補完する新たな統治主体として政党が果たした積極的な役割に、本書はあらためて光をあてる。もちろん自由党も、明治二〇年代を通じて党内の遠心性を制御できておらず混乱を重ねており、その振幅のなかでの積極性を、統治者意識の目覚めやリーダーシップのみから位置づけることは、かなり困難である。ただ全国政治において藩閥が退潮するのに比して政党（自由党）の機能は事実として増大したのであり、その理由は積極的に説明されなければならない。中央省庁における影響力も、地方への浸透力も十分とはいいがたい自由党がなぜ比重を増大させえたのか、自由党内の地域ブロックごとの多元性にもかかわらず、全国大の情報集約の主体として一元的役割を担うのはいかなる事情からなのか、それは日露戦争後の政友会政治とどのような連続と断絶があるのかといった形で、国民国家形成期の中央―地方関係の制度化に果たした全国政党の役割を問う必要があるのである。[43] やや結論を先取りすれば、自由党の比重増大は、藩閥と原理的な対抗関係に立つよりも、それを補完する統治の洗練に貢献したことによっており、多様な地方を均質な客体として再編していくための不可欠の主体として台頭することになる。

第三に、以上とも関わるが、全国大の利益集約のメカニズムが成立するための空間的条件について、国会開設前の府県会システムとの対比から再解釈する。すなわち、国税レベルでの「民力休養」（減税）から「富国強兵」[44]（増税と反対給付）へという受益―負担関係をめぐる構造転換は、「「地租政治」から「鉄道政治」へ、という地方的利益をめぐる政治の位相の変化」と整理されるように[45]、中央―地方関係をめぐる政治観の大きな変容を伴っていた。中村尚史氏が述べるように、地方財政基盤が脆弱で、地方交付税制度も存在しない一九世紀に地方レベルからも産業革命が準備された要因は、自律的・分権的な地域経済圏を構築してきた地方名望家の活動にあり、彼らこそが民力休養の支持者だった。しかし、二〇世紀に入る頃に地方工業化の資金供給源としての中央政府の全国的比重が増大すると、名望家たちには租税負担と交換で反対給付を受ける誘因が大きくなり、従来の自律的経済圏に代わって、集権的な地方利益誘導システムが生成されていく[46]。そのことは、自由民権運動後の地方工業化を支えてきた地方官の独自の役割が[47]、政党に代位されていく過程と重なる。こうした自律的な政治経済単位としての地方が中央化していき、また複数存在した地方利益表出の担い手が政党に収斂していく現象を、本書は全国政治の始動の帰結と位置づけたい。[48]

次に、本書の位置を明確にするため、初期議会期に関する研究史を振り返ることにする。

第二節　なぜ議会制が定着しえたのか――研究史

これまでの先行研究の問題意識は、指標をどこに置くか（財政問題か外交問題か）は別に、近代日本における議会制の急速な定着の理由を、どこに見出すかという点ではほぼ共通していた。

帝国議会開設後の政治過程について、専ら財政問題の展開を憲法という制度に即して説明する観点から、体系的・包括的な歴史記述を行った古典的著作が、坂野潤治『明治憲法体制の確立――富国強兵と民力休養』（東京大学出版会、一九七一）である。坂野氏は初期議会期の予算闘争に現れた「富国強兵」対「民力休養」の路線対立を軸に、大日本帝国憲法の制度的制約に規定された実に多様なアクターの離合集散を鮮やかに描き出した。その議論の枠組みは、次の②を軸とする三つの転換点を設定することで成立している。

① 第一次松方内閣が「積極主義」を提示し、これに感応した自由党が、第三議会から第四議会にかけて民党連合論から政界縦断論へ移行していく。

② 日清戦争後、財政の膨張によって憲法の政治的機能が反転したため、軍拡と増税をめざす藩閥の側が不利な立場に陥り、自由党が政権参入を達成する。

③ 第一三議会終了後、山県内閣と提携した星亨が地租増徴法案通過の反対給付として新たに「地方利益」を喧伝し、これが地方利益誘導の原型となる。

こうした予算問題への注目を受け、初期議会期の政治対立の焦点である憲法六七条問題の精密な分析を行った佐々木隆氏は[49]、同問題の解釈と論争を契機とした、白根専一を軸とする官僚制の藩閥からの自律化の力学を[50]、白根率いる地方官連合と内閣の対抗という中央―地方関係とも重ね合わせつつ、はじめて体系的に明らかにした。白根が長派でありながら藩閥の利益より内務省の利益の優先を重視したように、佐々木氏の業績は立憲制下の自制的な憲法解釈が藩閥政府の安定化要因になったという点以上に、その不安定化要因についての示唆をより豊富に提供する。

佐々木氏が地方官連合の分析からその非画期性を強調した①の「積極主義」については、すでに室山義正、高橋秀直両氏が、積極政策と民力休養政策を二律背反と捉えずに、むしろその両立を実現した藩閥（特に松方財政）の予算統制能力を再評価する観点から、量的な推移に即して「積極主義」の不在を強調した[51]。このように、①を「積極主義」＝積極財政＝利益誘導と読み替えた上で、その政治的効力の下方修正を試みる観点は、鉄道政策に代表される、戦前日本政治における「地方利益」要因一般の相対化をめざす伊藤之雄氏の一連の著作によって、より明確となった[52]。伊藤氏は特に、地方利益要求の抑制という点に初期議会期の自由党は規範意識すら有しており、鉄道政策についても党議拘束をかけなかったことを強調している。何より、産業革命が未発達な状況では利益誘導が十全に作動しないとされる。そして小宮一夫氏は、伊藤氏が伊藤博文と自由党の提携の契機として重視した外交路線の一致という論点を、自由党の政権参入要因としての条約改正問題という、より洗練された因果関係に再構成した[53]。

坂野氏以降の先行研究に共通しているのは、外交問題の重視である。たしかに、条約改正問題における対政府協力が自由党の統治能力への信用を高める要因となったことは、疑う余地がない。ただ、第一に第五議会―第六議会期に自由党・対・対外硬連合が形成されたのは、自由党の第四議会までの政界縦断の結果であって、逆ではない。むしろ、第四議会までの自由党の対政府接近の要因を析出し、第五議会以降の自由党にも敷衍していくことによって、日清戦争後に本格化する自由党系の政権参入の過程を、一貫した因果関係の下に再構成できるのではないだろうか。第二に、元来減税を掲げてきた自由党を藩閥との提携に旋回させた星亨のリーダーシップはたしかに重要だが、彼が決定的な影響力を行使できたのは隈板内閣の崩壊から第二次山県内閣で地租増徴法案の通過にいたる時期であって、第二議会で鉄道関連法案に賛同して孤立したように、それ以前には党内の遠心性に配慮せざるをえない最高幹部の一人にすぎなかった。星要因で自由党の選択を説明できる時期は、意外に限定されているのである。第三に利益誘導についても、政党が媒介しえたかは別として、初期議会期にはすでに各地方の熾烈な地方利益要求が噴出しており[54]、また自由党領袖は元来、選挙区への利益誘導に冷淡だった[55]。したがって、鉄道問題が日露戦争後にみられる地方利益誘導の誘因として働いたかどうかを遡及的に追跡するより、地域的利害の脱封建化と均質化という初期議会期の特定の歴史的条件の下で政党が地方をめぐる諸問題とどのように関わったかがより重要であろう。そして、有馬学氏が第一次世界大戦後に「社会」が新たな価値を帯びて浮上してくるまで「地方」が国民国家統合の主要な単位であったと述べるように[56]、「(地方)利益」の含意を量的に配分可能な経済的資源に限定せず、議会制下の地方と中央、あるいは国民と政府を質的に接続する媒介項というより広い文脈で捉えるならば、本書のような視角で地方問題に注目することで帝国議会開設後の政治変動がより内在的に説明できるのではないだろうか。

坂野氏以降の研究史に新たな段階を画したのは五百旗頭薫氏である[57]。五百旗頭氏は初期議会期の官民対立の大きさをあらためて再評価した上で、藩閥と自由党の接近を促した要因として立憲改進党の大隈重信の政策立案能力を設定し、大隈(系政党)が外資導入ないし税権回復を通じた歳入増加構想を示唆しつづけた構図を析出することで、近代日本における政党間競合の条件をめぐる清新な見取り図を提供した。さらに、五百旗頭氏が複層化した一八九〇年代の政党政治については、近年、村瀬信一氏が議会の自己改革や調査機能の模索に関する知見をふまえつつ、第四議会から第九議会にかけての自由党政権参入を準備した第二次伊藤内閣を、内閣制度運営上の画期とみる立場から再検討している[58]。本書ではこの第二次内閣を、(第三次内閣がわずか半年で行きづまったように)一見安定した伊藤の権力基盤がその実急速に縮小しつつある不安定性を胚胎した長期政権と捉えており、その際、やはり村瀬氏が先駆的に論じた第三党・国民協会の分析（特に、自由党―国民協会連合を演出した白根専一の政党指導）をより深めることで、より包括的な説明能力を持つ新たな枠組みを提供できるものと考えている(59)。

第三節　本書の位置と構成

以上のように、先行研究では、議会制の定着の要因をめぐる議論が主潮流を形成してきた。坂野氏が提供したのは制度による機能的説明であり、これによってほぼすべてのアクターの動向が捕捉可能となったが、しかし因果関係の基本的な軸は、議会（衆議院）の比重増大の理由に置かれており、桂園体制を担う山県閥と自由党の比重増大の理由については間接的な説明にとどまっている。他方、政治指導者の構想に注目する議論も、全国政治の始動に伴い登場した多元的なアクターの変化を内在的に説明する上で一定の限界を持つ。明治二〇年代で例外的に政治指導者たる可能性と野心を備えていた陸奥宗光でさえ、政党再編構想が中断した晩年、駐米公使の星亨に「本邦政界之事情は頗る雑駁と相成、自由党も殆と分裂之姿に有之、……此間老兄〔星〕海外行は却而妙なるへし」と漏らしていたように(60)、当該期には必ずしも十分な状況規定能力を保ちえなかったのである。

そこで本書では、地方間対立を抱え不安定な党内秩序にあった自由党が、党内対立が噴出する危険にたえず直面しつつも地方問題を通じて台頭していった力学を、政策内在的かつ能動的に政党との提携を選択した藩閥の内在的変容に即して論じる。そしてそのような党組織が脆弱な自由党の台頭を説明する指標として、藩閥が中長期的に規定力を保った財政政策や外交政策ではなく、日清戦争後の内務省への進出に象徴される藩閥の変化が最も鮮明に現れる地方政策を取り上げる。特に第四議会以降、自由党は地方政策で統治能力を自己主張し、その与党化戦略が日本の政治社会に刻印を残すことになったからである。

もちろんこのことは、開明的な藩閥指導者像や「一定の見返りを前提に行政府が「良い政策」を行うのに協力する」[61]という自由党像を再生産するためではなく、その批判的検討を行うための基礎作業である。本書では自由党の伸長が窺える地方政策の事例として、①北海道政策、②地価修正政策、③治水政策、④銀行政策、の四つの政策領域を取り上げる。同時代の地方政策構想の主役は、民力休養論であった。しかし民力休養論者の主張はあくまで行政費(いわゆる憲法六七条費目)の削減を通じて減税のための財源を捻出することにあり、富国強兵・対・民力休養の政策対立の現出は、民党も元来望まぬ選択肢だった[62]。そのため初期議会期の政府―議会対立は、表面の議論の華々しさに比して、内実は行政整理のようなやや地味な議論に落ち着きがちだった。しかし、これらはいずれも藩閥と政党がいわば実存を賭けて激しい対立を展開した政治争点であり、またそれぞれ日本の集権化に向けた理念的契機を内包していた。本書は、この四つの政策領域を時系列順に分析した四つの章から構成されている。

第一章「政府内改革をめぐる長派優位の確立」では、藩閥と民党との対立が最初に尖鋭化した第一次松方内閣(第二議会―第三議会)期の北海道問題を分析している。民党の象徴的な批判対象だったこともあり、議会に向けた政府内改革の眼目として品川弥二郎内相が打ちだした北海道政策が、開拓使以来の薩派支配の残滓を切断しつつ、やがて大規模な道庁拡張構想たる「独立論」に逢着するものの、次期の政権運営を見越した伊藤博文と陸奥宗光によって自由党との取引材料に換骨奪胎され、北海道への批判を外在的に共有した内地の政治的協調が実現する過程を描いている。

第二章「第四議会における内在的危機の予兆」では、藩閥と民党との対立が頂点に達し、以降自由党が第二次伊藤内閣に接近する転換点となる第四議会前後の地価修正問題を分析している。民党切り崩しの意図を込めた政府の地価修正法案の提出は奏功しなかったものの、これは従来衆議院の防波堤だった貴族院の反発を招くという帰結を生んだ。膠着する両院関係に近衛篤麿が地租会議構想を提起し、貴族院による政策形成の可能性を提示したものの、第四議会は結局、地方をめぐる政策革新の展望がないまま、伊藤の超然主義の秘術を尽くした詔勅政策によって解決される。

そして、藩閥体制の統治能力が問われる試金石となり、その限界が露呈する契機が、自由党の政権参入過程である第五議会から日清戦争後の第九議会にかけて訪れることになる。第三章「内閣の統治機能不全と自由党の参入」では、この過程を自由党―国民協会連合の形成過程とみる視角から、治水問題を通じて論じている。河川法立案過程で台頭した自由党は、地方利益の充足と行政的合理性の追求の双方を調和する方策として、負担の議論を府県会レベルに委ねる戦略を発案し、この姿勢を官僚制内部の観点から積極的に評価した白根専一が自由党政権参入を演出していく。

しかし自由党の与党化戦略は不安定であり、減税の選択肢が失われた日清戦争後にそれが露呈する。第四章「日清戦争後における政党間競合の帰結」では、日清戦争後の経済発展を背景に地租軽減に代わる農村政策として政治過程の焦点に浮上した銀行問題の分析を通じて、憲政党が国政レベルでの利益集約の将来的担い手として再浮上する過程を明らかにしている。国立銀行処分問題を通じて日清戦後経営の担い手として台頭した中央銀行総裁が、政党間競合と政党内閣の成立に伴って各地方からの逆風にさらされるも、戦後経営の諸懸案を解決した第二次山県内閣の下で、帝国議会開設後の明治国家は一定の安定と均衡に到達することになる。

最後に、終章「旧体制の軟着陸による全国政治の安定」では、「建国の父祖」による権威主義的体制としての藩閥が山県を軸に桂園体制として軟着陸したこと、その過程で政党が地方間の利害調整のコストをとらずに集権化という統治の論理に自らを特化させ、そうした論理を全国に共有させる触媒機能を通じて台頭したことが論じられる。

第一章　政府内改革をめぐる長派優位の確立
——北海道政策、一八九一―一八九二

明治四(一八七一)年七月から九月にかけ、大久保利通系の民部省の官僚として、廃藩置県直後の斗南県（旧会津藩士が移住、現青森県むつ市）を視察した若き日の渡辺国武（長野（諏訪藩）出身、一八四六―一九一九、後の蔵相）は、最後に訪れた地である北海道の開発の国家的重要性を、感慨深げに日記に記している。

抑今日国家の急務は冨強を図るにあり。冨めは自ら強なり。冨を図るの道如何。財政の不立は華士族卒等の遊民多きを以て也。己れ産業を勤めさるのみならす、人の産業中より取れる税を素餐す。故に国家の財政を論するもの士族華族卒の帰業を言はさるものなし。之を業に就しめんと欲せは、一時若干の財を費さ、るを得す。同しく費さは有用の地に費すへし。有用の地とは何そ。北海道十一国と樺太と陸奥北郡と是なり。嗚呼天我邦を全福すると謂ふへし。此人ありと云とも此地なけれは開くを得す、此地ありと云とも此人なけれは亦開くことを得す。已に若干無産強壮の民あり、亦広漠肥饒の原野あり。我国をして冨強五州に冠たらしむるの原それ此一挙にあるか。此行（斗南県視察）や、齷齪たる少事を裁判し一も我真志に適するものなし。独北海道と陸奥の曠原を目撃せしは千古の快事にして、我方寸万重の憂を一洗せり。(1)

自負心が強く、維新の敗者に冷淡な渡辺にとって、不愉快な視察旅行の鬱屈を晴らしてくれたのは、経済的非効率の最たる華士族授産を国家の「冨強」手段に昇華させる可能性を秘めた、フロンティアとしての北方の発見であった。財政基盤の安定していない黎明期明治国家の指導者が、北海道開発に多大な情熱を傾けた背景には、もちろん第一に、

幕末以来の対露安全保障という「強兵」（「北門の鎖鑰」）の厳然たる要請が存在した。[2] しかも、安全保障の対象は当初ロシアに限らなかった。戊辰戦争中には、プロイセンと提携を模索した会津・庄内両藩が、幕府から獲得した根室・留萌を駐日代理公使マックス・フォン・ブラント（Max von Brandt）に売却する交渉が進んでおり、[3] 北海道警備を担当した東北諸藩に分領化志向が強かったことと相俟って、[4] 維新政府は、北海道を介して国際的な列強間競争と国内の反中央政府の動きが連動する可能性にも目を向けなければならなかったのである。北海道開拓に熱意を燃やした岩倉具視が、東京や西京（京都）とならぶ北の都＝「北京《ほっきょう》」（後に上川離宮構想に再編）[5] の設置を主張し、天皇制国家の正統性を補強する象徴性や神秘性を帯びさせようとしたのも、[6] かかる軍事的要請と親和的なものだったと思われる。

しかし第二に、対外的独立を支える「富国」の手段（「本邦天賦の富源」）としての経済的期待感の広がりも、無視できなかった。そのことを端的に示すのが、外債忌避の姿勢に貫かれた一九世紀日本の経済ナショナリズムのなかで、[7] 北海道が例外的な異領域だったことである。まず開拓長官の黒田清隆自身、開拓使顧問のホーレス・ケプロン（Horace Capron）が不平等条約下の居留地制度および外資導入を禁じた明治六年の日本坑法と抵触する可能性を指摘したにもかかわらず、外国企業による北海道の鉱山開発への投資と外国人入植に積極的だった。[8] しかも、こうした黒田の、グローバルな市場と連結した国内異領域としての北海道像は、薩摩閥の支配に批判的な人々にもより強く共有されていた。たとえば、陸奥宗光は早くも明治三年時点で、「内地を開放して西洋人を入れることは急には出来ぬから、北海道だけは丸で雑居地として開拓するが宜しいと云ふ説」を唱えていたといわれる。[9] また青木周蔵や品川弥二郎、さらに井上馨といった旧木戸派官僚の間では、「蝦夷全国を外人に開き（但し政治裁判之権を我に維持する事は勿論なれとも、全体之「ヲルガニセーション」を全く日本大地と異にし、土地売買を許し、内外人之差別を廃する以上は、住民よりは欧洲同様之租税を調納し、軍役等に就く等之事にも故障〔異議〕を云せぬ様にして）、我北境を以漸次南境を開化さする云々之一事」が囁かれており、青木にいたっては、条約改正の交渉で三新法施行とあわせた「蝦夷地の全面開放」に関する体制問題を審議する必要を訴えていた[(10)]。そこには、将来の内地開放の先行モデルたる北海道を通じて「南境」を「開化」していくという、文明の先端という意識すら存在していた[(11)]。民権家の間でしばし北海道開拓への熱烈な支持が表明されたのも[(12)]、このような先端性の評価とも結びついた経済的期待感ゆえだったといってよい。

したがって、国家的課題としての北海道開発の正統性は、国境画定の過程で締結された明治八年のサンクトペテルブルク（樺太・千島交換）条約の締結によって対露関係が安定し、さらに明治一四年政変の引き金となった開拓使官有物払い下げ問題が、政府の保護政策に対する民権派およびメディアの激しい批判を惹起して以降も、大きく損傷することはなかった[(13)]。むしろ、中央省庁と同格だった開拓使の廃止に伴い新設された三県[(14)]（函館・札幌・根室）がわずか四年で統廃合され、明治一九年の北海道庁創設にいたったように、総合的開発機構を設置する必要は官民とも一定のコンセンサスがあったといえよう。この廃県置庁は、前年の明治一八年に内閣制度を創設した伊藤博文が、中央政府（内閣）による地方統制強化と、他方での植民地長官に相応しい専権の保障という「二重の課題」を解決する意図から断行したものであった[(15)]。だが、明治二一年に黒田清隆内閣が成立し、道庁内外で薩派が復権すると、前者の課題は後景化する。そしてそのことは、政費節減・民力休養を叫ぶ民党が開拓使以来の藩閥の「情弊」を格好の攻撃目標にしただけに、来る帝国議会における「一四年の危機」の再来を長派に予感させることとなったのである。

本章では、以上のような経緯から第一次松方内閣期の政府内政治の焦点となった北海道政策の事例を分析することで、政党の進出に直面した藩閥内部の再編を明らかにする。よく知られているように、第一次松方内閣が、民党連合の地租軽減論に対抗すべく、六七条費目の廃減額をめぐる条件闘争に終始した第一議会での防禦的な姿勢に代えて、国庫剰余金六五〇〇万円を、①北海道政策、②治水政策、③銀行政策、④鉄道政策のいずれかに集中投入する「積極主義」を企図したことは、地方名望家の支持をめぐる藩閥と政党の政策的競合が始動する大きな画期となった[(16)]。そしてこの方針を明晰に言語化した井上毅が「北海道の事は政府の弱点」と記したように、政費節減の産物たる六五〇〇万円を投じて北海道の長年の腐敗をただし、進捗の遅れが嘆かれ続けた北海道開発を本格化させることには、たしかに、「建国の父祖」たる藩閥の課題解決能力の高さを明示できる魅力があったのである。

ただ、対立する衆議院との現実的な交渉材料としてみたとき、北海道政策の魅力は必ずしも明示的ではなかった。北海道以外の三政策はいずれも、程度や速度の差はあれ、選挙区に利害を有する議員心理に働きかけて地方間の対立を誘発し、ひいては民党連合を内部分裂へ導く効果が期待できた。さらに、政策担当者には地方に個別利害を有する有力な主体がおらず、政府側の足並みを揃えることは比較的容易であった。もちろん結果的に「総花的」な予算編成を行った松方内閣が、剰余金をめぐる省庁間や中央―地方間の利害対立を調整できたわけではない。しかし、より少ない政治的コストで議会を操縦するという点に一定の閣内合意があったがゆえに、たとえば憲法解釈（六七条問題）で原理的に対立する陸奥宗光農商相と高島鞆之助陸相が、鉄道政策では連携するという現象も生じたのである。[17]

しかし北海道開発の場合、道内には利益誘導の受け皿となる選挙区も、また地方議会も設置されておらず、[18]北海道問題は「地方問題」ではなく「国家問題」だという規範意識の浸透ゆえに地方間対立を誘発する余地もほとんどなく、[19]上記の効果は著しく限定されていた。しかも、国家指導層の間では、開拓使以来、北海道に長らく政治経済資源を有する薩派と、[20]その最大のステークホルダーである黒田清隆の影響力がいまだ健在であり、[21]政策形成の過程における彼らの抵抗と介入を覚悟しなければならなかった。要するに、以上のごく雑駁な図式的整理からしても、「積極主義」としての北海道政策は、少なくとも短期的には議会に対して政府の側だけが一方的に困難を強いられるものだったのであり、政策選択に伴う政治的コストの大きさとそこで得られる対価の小ささは容易に想像されえたといってよい。解散された第二議会に提出した予算案で、北海道調査費に「積極主義」中最少の一二万円しか配分されなかった事実は、そうした政府内の利害計算を少なからず反映したものだったと考えてよいだろう。

そしてそれだけに、その後第三議会を前に北海道開発体制の再編が大きな政治争点に急浮上し、藩閥内に議会への対応をめぐる不可逆的な分岐をもたらしていく過程は、考察に値するものとなる。薩派の権力は北海道支配の強度と相互依存的であって、議会制の波が北海道におよぶとき後退は避けられない。この新たな趨勢をいちはやく自覚し、それぞれ異なる政治的処方箋を準備したのが、本章の主人公たる長派の品川弥二郎と伊藤博文であった。

以上の前提から、本章はまず第一節で、第一次松方内閣の官制改革をめぐる中央政府と地方官の路線対立を背景に、内務省が第一議会の政費節減圧力を受けた藩閥防衛策として北海道改革を選択する過程を、第二節では、第二議会後に伊藤新党問題が紛糾するなか、品川内相によって植民地統治機構への再編を企図した「独立論」が政治過程に投入される過程を、第三節では、次期政権を睨んだ伊藤と陸奥が品川の「独立論」構想を換骨奪胎し、地方間の利害調整のコストを要さない北海道問題への外在的批判を共有することで、第三議会までに長派と自由党が相互接近の契機を見出していく過程を、それぞれ考察する。

第一節　内務省構想の始動とその限界

(i)　官制改革をめぐる攻防——農商務省と内務省

明治二四(一八九一)年五月六日に成立した第一次松方内閣は、組閣直後の一一日に大津事件が発生し、西郷従道海相や大山巖陸相といった国家指導者が一斉に辞任してしまうなど前途は多難であった。事件処理が落着し、新閣僚人事が固まった六月初旬においてさえ、当時枢密院議長として閣外協力の姿勢を示していた伊藤博文は、「政府の威信已に地に墜、政党或は政治熱中者は日益窮迫、特に露太子遭難以来人心何となく殺気を帯来り、治安之一点に於て頗寒心に耐へさるの情なきにあらす。此際自由改進両党の輩は、藩閥政府の運命旦夕に迫り此機不可失との意気込を逞し、其焼点の尖頭は小生〔伊藤〕一身に集まるものの如し」と危機感を露わにしている。[22]すでに四月二七日、天皇の首相就任要請に対し、もし自分が「奇禍」に遭えば「爾後誰か能く臣（伊藤）に代りて皇室を輔翼し奉り憲政有終の美を為す者あらんや」と固辞し、薩長間での形式的な政権授受を優先した伊藤にとって、松方の役割は、あくまで藩閥のエースたる自身が満を持して組閣するまでのつなぎ役にすぎなかったのである(23)。

ただ、松方内閣は徒らに拱手していたわけではない。閣外から不断に介入を図るこうした「黒幕」たちとの緊張を抱えつつも、過去に例のない軽量級の布陣となったことで、これまでの内閣が対処できなかった政治課題への着手が、かえって円滑に進んだ面もあった。政費節減の観点から第一議会で衆議院議員が超党派で要望した官制改革について、組閣後ただちに（五月九日）官制改正調査委員会を設置し、積極的な姿勢を鮮明にしたのはその現れである。陸奥宗光農商相が「所謂松方内閣創始以来の施政上に於ては世人の注目する所にて、今日迄は幾分歟情実政治の弊を減し来りたる外観を表したる」と誇り(25)、白根専一内務次官も「松方内閣は情実的は可成御洗除と云ふ評判」と訴えたように(26)、松方内閣は当初、従来の「情実」内閣と異なり、議会の要請に応えて自己改革を進める新しい政権というイメージを獲得していたのである。こうした改革志向のイメージを権力基盤が不安定な新政権の浮揚力にしようとする姿勢は、下野による政府党結成という伊藤の対議会策を受けるかたちで、「政府の上流」から「籠城主義を改めて専ら進為の気象を示し先んして人を制」する「積極手段」を対案として提示した井上毅にも認めることができる(27)。そして、政府内でその必要性が広く認められていた官制改革が、第一次山県内閣では民党との折衝という限定的役割を期待されていたにすぎなかった陸奥の主導で行われたことは(28)、松方内閣の新しさを象徴するものであった。

しかし、伊藤と松方に支持され、自由党にもパイプを持つ陸奥が行政改革に辣腕を振るう体制は、新内閣の統治の安定化よりもその不安定化を次第にもたらしていく。この一連の改革は陸奥において、議院内閣制への将来的移行という政治目標（短期的には「全会を制するの述策」を通じて「政府の意思の如く」議決させる衆議院支配の実現(29)）と深く結びつけられていた。かかる立場から陸奥が同時期華々しく敢行したのが、農商務省が管轄する東京米商会所の処分である。

すなわち陸奥は明治二四年六月、頭取の中村道太を公金横領の廉で裁判所に告発し、逮捕と財界引退に追い込んだ。処分にあたって陸奥は大蔵省と事前に示し合わせ、東京米商会所とその取引銀行である福島の第六国立銀行本店・同支店の三ヶ所同時検査を強行した（第六国立銀行も営業停止処分）。実はこのとき、農商務省商工局長兼農務局長の斎藤修一郎は、検査実施を中村頭取に事前通告するより温和な代案を提示したものの、陸奥はこれを斥け、あくまで「最初之計画」を貫徹するよう指示したのである。(30) 元来、明治二〇年五月に農商務省が発令した取引所（プールス）条例にも、世論の批判があった株式取引所と米商会所を改革する目的があったものの、当時は中村や谷元道之（東京株式取引所頭取）、中野武営（同副頭取）といった東京経済界の実力者が施行延期を求めて運動し、最終的に井上馨新大臣の裁定で、明治二四年六月末まで現営業所の営業延期が許可された経緯があった。(31) 陸奥はこの延期許可が切れるタイミングを見計らって厳しい処分を断行したのである。

しかもこの措置は、実務的要請にとどまらない政治的含意を持つものだった。慶應義塾出身の中村は、かつて大隈重信への福沢諭吉の強い推薦で横浜正金銀行の初代頭取に就任した経緯があり、(32) 改進党系の経済人と目されていた。そのため、陸奥は上記の「正面の手続」とは別に、警察を管轄する品川内相に対し、自由党の大井憲太郎や城山静一の米商会所批判演説を、集会及政社法の対象となる「尋常の演説と同視せす」黙認するよう秘密裏に要請し、「此演説は中村を攻撃して其余波は早稲田（大隈）辺にも可及、所謂射人先射馬と申故智に出て候哉に窃に伝聞いたし候。此機或は両党（自由党と改進党）分裂之兆を可表事と存」と述べ、(33) ①改進党の経済基盤への打撃と、(34) ②民党連合の分断という政治的効果の大きさを強調している。さらに陸奥は松方首相兼蔵相にも、中村が所持する株をすべて没収しない限り、「敵の一塞を攻め落しなから本城を其儘に置き候感なきにあらす」と念を押している。(35) 改進党を「敵」とする政府内改革によって内閣の進路を方向づけ、政府と自由党の接近可能性をやや強引に探る路線が、早くも組閣当初に一つの選択肢として浮上していたのである。陸奥は閣内での合意形成にあたってしばし省庁の枠を越えて調整しており[36]、明治二四年七月結了した官制改革も陸奥の指導力に依存していた。八月、陸奥が新設の内閣政務部長を兼任し、一大臣ながら内閣の対議会方針を統括する強大な権限を掌握したことは、この路線の到達点であった。そしてそれは、陸奥の役割の肥大化に内在する不安定性が露わになっていく起点でもあったのである。

　反陸奥路線の中核となったのは、内務省—地方官であった。政務部構想が白根内務次官の拒否権行使で空洞化してしまう経緯自体は、よく知られている[37]。ただ、重要なのは一連の官制改革が中央—地方関係において有した政治的含意である。改革を主導した陸奥は、かつて第一次山県内閣への入閣に先立ち、「地方官は中央政府の「エゼント」として大政之方向を人民に指示すべき一大溝渠なり。然るに……怯懦なる地方官は積極的の好意に出て政府の褒賞を受けんよりは寧ろ消極的の行為に出て政府の責罰を避けんとするの趣向なり。故に明治十三、四年の地方官は政府の旨を迎へて厳に干渉政略を執るを以て人心を失ひ、今日の地方官は政府の真旨を解するに苦み、不干渉放擲の主義を以て却て人民の嘆侮を招く」と、地方官の任地での妥協と遠心化の傾向を助長する、中央政府の地方統治方針の不明確さを批判していた[38]。そうした批判意識は、内閣による地方官への統制を強め、彼らの行財政基盤を弱める官制改革の志向とも合致していた。しかしそのことは、政府の介入と裁量権の縮小を予期した地方官たちから猛烈な反発を招くこととなった。抗議のために上京してきた北垣国道京都府知事が「地方の官制、人員定額の配当、各地画一の方案を取るは、方今創業と守成と同時に手を握り尤も地方枢要の局所を養成せさる可らさる時代に於て拙策の甚しき」と、「守成」のみならず「創業」の拠点としての地方の役割を強調して直談判したとき、品川内相は「官制改正地方の分は動かさゝる望みなりしも多数に制せられ意の如くならず」と弁解せざるをえず[39]、また地方官の俸給費削減についても、前大阪府知事で農商務次官の西村捨三から、「水道事業如き大工事候得は自然知事は物入勝に可有之、勤倹之御主意は飽迄奉戴勿論に候得共、到底支費上困難察入候事に御坐候」と不満が表明された[40]。さらに、リーダー格の安場保和福岡県知事は、首相の権限の縮小、内閣法制局・各省総務局・内務省県治局（「最贅局」とされる）などの廃止、大小林区署の府県移管など、事実上の政治改革要求に近い包括的な官制改革構想を提出していた(41)。

以上のように、尖鋭化する内閣（農商務省）主導の官制改革に、「地方の現実」を対置する地方官が反発を強めるなかで、双方向からの圧力の板挟みとなったのが品川率いる内務省であった。もちろん、内務省と農商務省の競合関係は、憲法解釈問題から信用組合・農会設立問題まで多岐にわたったが、地域開発のみならず行政改革の色彩を強く帯びた北海道改革が焦点となる背景には、これまでみたような権力配置が存在したのであり、農商務省出身で殖産興業政策に知見の深い品川は、藩閥防衛のための非藩閥化という観点から北海道政策を本格化させることになる。

(ii)　道庁人事改革の推進とその限界

北海道庁は経費が国庫支出の三％内外を占め、保護会社の乱脈経営問題を抱え、開拓使以来の情弊イメージが常につきまとっていた。明治二四年六月、かつて山梨県の「道路県令」として知られた、貴族院議員の藤村紫朗（勅選、のち懇話会）は政費節減の必要を訴えつつ、「衆議院の色分けを見れば黒白共に凡同数に御座候（一方は自由党、改進党、一方は大成会、協同倶楽部、自由倶楽部等）。黒白の外、鼠色の分二十五・六人有之由、故に政府の原案にして賛成すべき強き道理もなく、又北海道の事の如き感を悪くする事柄混雑するときは、議会の上多数を占むること甚懸念の至に耐へ不申候」と述べている(42)。実際、第一議会では高津仲次郎（自由党、群馬三区）が「北海道に地方議会を設くるの件」を提出したにとどまったものの、第二議会を前に、北海道改革が政府の議会運営を左右しうる一つの鍵となっていたことを、ここから窺うことができる。したがって早くも六月上旬、松方内閣はその端緒として、薩派の道庁長官である永山武四郎（屯田兵司令官と兼任）の更迭に動きはじめている。

北海道改革がその初期の段階で大きな政治的抵抗を受けることなく進行したのは、次の三つの背景によるところが大きい。第一に、帝国議会開設を前にした明治二三年七月の官制改正で、「北海道庁は他の府県に比すれは特別の職制権限を有すると雖も、均しく地方官たるに由り内務省の管理に属せしむるを以て至当と為す」[43]との規定が挿入され、道庁の管轄主体が内閣から内務省へ移行したことが明示された。そして、北海道の制度的内地化という政府の方針は、議会開設後も基本的に継続・強化された。第一議会閉会後、山県首相は内閣書記官長の周布公平宛の書簡で、「此際至急改正を可要事項」の一つとして「警視、北海道両庁官制改正之事」を挙げ、新官制の草案提出を内務省が準備していることを伝えている[44]。先述の明治二四年七月の官制改革で、開拓使以来の理事官の廃止と一房三部一署制の導入[45]により、道庁機構がさらに一般府県の規模にまで縮小されたことは、かかる方針が政府内で共有されつつあることを示していた。第二に、明治二三年四月の会計法施行で、道庁経費を特別会計とする「北海道庁経費特別規程」が廃止された。この結果、北海道事業費はすべて帝国議会の審議対象となり、衆議院の監視と他の予算との競合に常にさらされることとなった。自由党の植木枝盛はこの一般会計編入について、皮肉を込めて「会計法の制裁」と呼んでいる[46]。かつて強硬に国会開設尚早を唱えた黒田にとって[47]、「会計法の制裁」は国政・道政の双方でたしかに深刻だったはずである。第三に、北海道政策の最大のステークホルダーの黒田が長期謹慎中だった。明治二二年一二月、黒田は条約改正交渉に挫折した鬱屈から、酩酊の末に井上馨邸に日本刀を携えて乱入する失態を演じ、井上との和解が成立する明治二四年九月まで、政治的な発言力を事実上失っていた[48]。

黒田支配の動揺は、前述したようにまず人事面において顕在化する。内務省系新聞によれば、黒田直系の永山長官の後任には、高崎五六（東京府知事）、奈良原繁（日本鉄道会社社長）、堀基（北海道炭鉱鉄道会社社長）、鈴木大亮（秋田県知事）、時任為基（静岡県知事）[49]など薩摩藩出身者を中心に候補者が挙げられ、特に井上勝鉄道庁長官も推す奈良原が最有力とされていた。薩派としても、明治二一年一〇月死去した三島通庸が北海道庁長官への就任を希望していた経緯もあって[50]、永山司令官の長官兼任は便宜的な側面も強かったのである。そこで松方は、議会の批判と黒田の意向の双方を顧慮しつつ、首相就任後早い段階で道庁長官の候補を擁立しようとしたものと思われる。

しかし、こうした動向を察知し機敏に反応したのが内務省であった。六月一二日、品川内相は閣議を前に、「人撰上の事に付ては色々御見込みも可有之候得共、内務は内務丈けの所見有之候故、この変更は御思召を以て御改撰は兎も角も、閣議と情実的とにて御変更は御断りを願ひたし」と松方首相に釘をさした。[51] ここで品川は、「閣議」と「情実」の双方を斥け、新長官への「内務丈けの所見」を強調している。制度上、道庁の監督機関はすでに内務省に移行していたにもかかわらず、長官の人事決定にあたって品川は松方の「御見込み」を牽制する必要があったのである。

内務省の意中の人物は、滋賀県知事の渡辺千秋であった。この二日前の六月一〇日、渡辺は品川宛に手紙を送り、「昨今道路頻に伝ふる処に依れは、北海道之施治御更革之廟議被為存《ママ》候哉に風説仕、右は或は其然るやを拝察仕候。……前顕果して信ならしめは、今一応〔渡辺〕千秋をして多難の地に当らしめられ被下置候得は、再度砲煙弾雨中に立つの想を起し、奮而微衷を致し、閣下〔品川〕北門之御憂慮之一部之末を治むるの任に在るの栄を得は、終生之栄幸此外に不出と奉存候」と露骨な猟官を試みている。[52] この野心を渡りに舟とした内務省は、松方の「御見込み」を消すべく、ただちに渡辺長官の線で動いた。白根次官が一二日の閣議に「北海道長官以下任免之件」を提出し、[53] 品川は当日の内に「明日は成否之御確報出来候事と存候」と渡辺に書き送っている。[54] 内務省の勝利であった。なお、内務省系新聞によれば、省内では、①「後任は商業社会に縁故深きものを挙げて他日に悔を胎すべからず」、②「藩閥的弊風を一洗せさる可らざるの今日に当り、強て其後任者を薩摩人種に求めて世間に攻撃の種を播くは策の宜しきを得たるものに非ず」という意見が有力だったといわれている。[55] おそらく、この二つの要請を総合し、「商業社会」とも「藩閥的弊風」とも縁遠い人物が模索された結果、六月一五日、渡辺千秋新長官が正式に誕生したのだろう。

この人事の主導権を握っていたのは、品川よりも次官の白根であったと思われる。そもそも内務省は当初、品川の出奔騒ぎにより有力な長官候補を出せなかった。六月二日、天職と信じる御料局長との兼任がかなわなかった品川は、悲しみのあまり辞表を残して那須に消えた。翌日朝一番の上野発列車で山県と平田東助が追跡し、捕捉と説得に成功したものの、[56] 御料局長に未練を残す品川が[57]「弱病ながら今日となりては継く限りは内務之大任は他に譲らず、唯々一身の誠字を以て担ひ候心得なり」と表明したのは、閣議に長官人事を提出した一二日であった。[58] 渡辺の選出は、かなり急な選択であったに違いない。なお、白根は続いて、貴族院議長に転出する蜂須賀茂韶東京府知事の後任として、松方が準備した日本銀行出身の富田鉄之助に代えて、有力地方官である北垣国道（京都府知事）ないし安場保和（福岡県知事）の登用を主張し、この意見は一時品川をも動かすにいたったが、[59] これは結局富田に落ち着いている。

以上みた長官人事の選定の過程で興味深いのは、薩派の介入が周到に回避されたことである。渡辺人事が確定する前日の六月一四日、黒田系官僚の湯地定基（元根室県令、この後まもなく永山長官の斡旋で貴族院議員に勅選）[60] は長官人事の再考を促すべく、伊藤と松方を相次いで訪ねている。しかし伊藤の意を受けた松方がただちに黒田に働きかけ、同日中に人事を事後承諾させた。これによって、湯地の言では「一切御承知不相成」との強硬な態度だった黒田は、「別段異存は無之」と後退を余儀なくされる。[61] 黒田派の側も、「行政又は殖民事業等」が「長技」とはいいがたい永山現長官が、道庁批判の矢面に立ちつづけることを回避すべく、むしろ兼任を解いて屯田兵司令官に専念させて、長官には前農商務次官で薩派の吉田清成が就任することを期待していた。[62] しかしともあれ、伊藤の強い意向が働いたことで、黒田系長官の再生産は阻止されたのである。また、先述した貴族院議員の藤村紫朗によれば、民党もこの交代劇には拍子抜けだったという。特に四月に発覚した札幌製糖会社の株式偽造問題[63]について、「従前の積弊を一掃するの好機を得たるものなり（政府も最早弥縫することは出来まいと云ふの意）」と今後の攻勢を楽観的に展望していた「政党及議員」は、突然の長官更迭によって、政府攻撃のための有力な橋頭堡を失ったと観察されている。[64]

品川は内相就任にあたり、「先輩諸氏は真の打死せずして、二流三流に位するやじ〔品川〕が得意之殖産事業を捨て、生きた屍を踏み越へて内務の山に登らねばならぬ時機と相成」といささか頽廃的な抱負を述べている。[65] しかし、内務省は以上の経緯を通じて松方や薩派の介入を防ぎ、民党の機先を制し、人事決定権の確保に成功した。七月二三日、道庁着任まもない渡辺に「内閣は一致団結、明治政府これ迄になき事と確信仕候」と書き送った品川の筆致は、充実感にあふれている。[66] そして見逃せないのは、後に渡辺が品川を「閣下之御英断を以官文武を分候」と賞賛したように、[67] 屯田兵司令官を兼任していた永山の更迭によって、長官の非藩閥化と非軍事化が実現したことだろう。かつて陸軍反主流派（四将軍派）の一角を占めた曾我祐準が帝国議会開設前、屯田兵事業について「北海道屯田の事は全体に於ては今日已を得ざる故に先づ賛成するも、開設已来の事業即入費と成績等に至りては決して上出来とは存ぜず。何となれば大抵無頓着の猪武者等が成したる事故迚も六な事とは存ぜず、今後迚も安心せず。且其欠典は万事余り贅沢に過ぎる者の如し」と厳しい視線を投げかけたように、[68] 軍人による北海道開発は時代と逆行しており（これは薩派も理解していた）、この政軍分離で文武両権を備えた強大な開拓長官の像はほぼ否定された。内務省も保護会社に命令権を有する道庁長官を統制下に置くことで、翌年の北炭改革に向けた制度的基盤を整えたのである。

では、こうした品川―渡辺体制を下支えしたものは何であったか。まず試みられたのは、道庁内に薩派に代わる強固な人的基盤を築くことであった。六月二三日、渡道を前にした渡辺長官は、品川宛の書簡で「将来全道之秩序相立るには、良全忠良之官吏を得候儀は目今之場合に於て最急要と奉存候」と新たな人材登用を強く主張している。[69] このような「良全忠良之官吏」＝鈴木米三郎を最初に提供したのは大蔵省であった。鈴木主税官の場合、五月二八日に道庁理事官に任じられたが、渡辺国武大蔵次官（千秋の弟）が「北海道は面遠な所で松方（蔵相）はやらぬと云ふぞ」と述べ、鈴木の渡道を阻止した。だが数日後、渡辺次官は前言を撤回した。「君を北海道にやらぬ事にしたるも、今回永山を免することになりたるに因り、是又君を赴任せしめて整理せねはならぬ事となれり。長官は今詮議中なり」。前述した長官の決定経緯を踏まえると、これは六月上旬の発言である。一転渡道を命じられた鈴木は、品川からも財務整理に関する訓示を受け、七月八日着任した。大蔵・内務両省が自分に託したのは、「開拓使時代に乱したる財務の整理」と「保護会社の監督」厳守の二点だったと鈴木は回顧している。[70] また内務省からは、前年明治二三年に帝国大学法科大学を卒業したばかりの白仁武参事官[71]が派遣された。後年、「渡辺長官の施政方針を一言にして之を云へは、本道薩派の勢力を一掃するにあるのみ。之が為めに全力を注きたるものにして、本道開拓の方針とも云ふべき遠大の計画は毫もなし[72]」と渡辺時代を批判的に総括した白仁は、以後、北海道拓殖銀行設立委員、内閣拓殖局長などの植民地行政を歴任していくことになる。

さらに、渡辺が明治一三年から二四年まで長年県令・県知事を勤めた鹿児島の地縁も、「良全忠良之官吏」を用意した。吉田醇一（鹿児島県参事官）と遠藤達（同書記官）がそれである。まず吉田は明治一七年に「県治革新仕候節、農商務省必需之人物」として、当時農商務大輔だった品川の斡旋で鹿児島県庁に赴任した人物であった[73]。さらに遠藤については、薩派の高島鞆之助（陸相）と野津道貫（第五師団長）が遠藤の持病である「リウマチス」を理由に、道庁への転任阻止に動いたことが注目される。実際は、品川が遠藤に直接「国家の為め是非赴任長官を輔け」るよう依頼し、遠藤側にも依頼に応じる意思があったことで無事に解決したものの[74]、品川・渡辺は、道庁の書記官クラスの人事にまで介入する薩派への対応に相応の時間をとられたのである。そして品川・渡辺が招集したこれらの人材はいずれも、薩摩はもちろん長州出身者でもなく、派閥任用ではない能力主義が貫徹されていた。藩閥支配を維持・強化する上でも、かかる非藩閥官僚中心の北海道行政が積極的に要請されたといってよい。

かくして八月一六日、七月の官制改正を受けて道庁の冗官淘汰が断行され、数十名の非職者を出した。特に、庁内の薩派の最後の有力者であった橋口文蔵（札幌農学校長）の退場は、「北海道庁に薩摩出身者なし」という印象を決定的にした[75]。もっとも「道庁の政略は道庁以外の人之れを左右せり[76]」といわれたように、薩派の多くはすでに北炭などの保護会社へ転出しており、保護会社整理が次の目標として残されたが、警部長の藤田九万が留任したのを除いて、渡辺長官以下、道庁の書記官・参事官・財務長はすべて一新された[77]。

では、こうして人的基盤を築いた渡辺長官は、続いてどのような構想を提示したのか。同じ八月一六日、渡辺は

「土地の処分」と「殖民方法」の二部からなる施政方針演説を行った(78)。土地払下規則が励行されないために土地の寡占化が進み、入植の出願が滞っている現状を前半で批判した渡辺は、後半で「本長官は内地有為多数の人民を求めて拓地殖民の実を挙けんと欲するものなり。……是れ本長官か今日拓殖の上に於ては専ら有為多数の人民の労資を待つものにして、単に富豪少数の人民のみを求むる能はさる所以」と述べている。すなわち渡辺は、しかるべき「拓地殖民」の担い手として、「有為多数の人民」を「富豪少数の人民」に対置し、前者の優越性を高らかに打ちだした。これは、「自立経営昭代の民」（自作農）の安定的な供給に向けた声明であり、不法な大土地所有を黙認してきた旧来の土地政策への果敢な異議申し立てであった。「北海道土地払下げ規則」によれば、本来、制限面積を越える土地の所有者は規定年月内に一定の開墾成績を達成する義務があったが、道庁はこれに対するチェック機能を全く果たしていなかった。こうした状況では、未墾地も騰貴の機会を窺う「富豪少数の人民」に占有され、貸下は進まず、移住心は妨げられる。それゆえ「殖民方法」を実効ならしめるには、まず「土地の処分」、つまり公平な再配分をなすだけの調査が不可欠である、と渡辺は結論づけている。渡辺が三条実美ら三華族の設立した雨龍農場を厳しく批判したのも(79)、それが北海道における土地寡占の現状を象徴していたからにほかならない。

だが、渡辺の野心はそこにとどまらなかった。八月二三日、渡辺は松方首相兼蔵相と品川内相にあて「二四年度国庫剰余金御支出の儀稟申」を提出している(80)。懸念の北海道土地調査費については別に二〇万円（明治二五年度以降の通常事業費）を要求した渡辺は(81)、この稟申では「本道通常事業費を以て支弁し能はさる」拓地殖民事業として「河港修築及道路排水工事等」を挙げ、この財源として、第一議会の剰余金六五〇万円のうち五五〇万円の下付を希望したのである。前者の土地調査費が、既存の土地体系の内部に向かうものだったとすれば、後者の剰余金下付はその体系の外部に新たなフロンティアの創出をめざすものだった。道庁の設置以来、北海道拓殖費への支出額は毎年約五〇万円にすぎず(82)、既存の通常事業費の枠内で大規模な積極事業を行うことは難しかったのである。

もっとも、極度の北海道重点化策である渡辺案は当然採用されず、額面上は「北海道土地調査費」一三万円が設定されるにとどまったのが実情である。[83] だが注意すべきは、剰余金の重点的配分対象として北海道開拓を挙げる立場が、政府内で一定の広がりを有したことだろう。たとえば八月に大蔵省で甲種（明治二三・四年度）・乙種（明治二五年度以降）剰余金の用途について行われた諮問では、田尻稲次郎（主税局長）と添田寿一（同大臣秘書官）の二人が、「北海道鉄道敷設費」への甲種二五〇万円（総額一〇五〇万円）の投入を主張している。[84] 渡辺が挙げた河川・港湾・道路に加え、鉄道を通じた北海道経営の積極化をめざす声が大蔵省内にも存在したのである。このように積極政策の選択肢として北海道開拓が位置づけられたことは、[85] やがて道庁機構拡張論の台頭を促す背景となる。また道庁内では、渡辺長官による北海道全島巡回が機構拡張論の嚆矢となった。九月一〇日から一一月二〇日までなされたこの巡回で、道庁機構の現状への渡辺の違和感は確信に変わった。一二月一〇日、渡辺は道庁機構改革の意見書を携えて上京する。そしてそのまま八ヶ月間滞京を続け、在任中に道庁の執務室に戻ることはなかったようである。

それでは内務省では、同じ時期、北海道問題にいかなる対応を試みていたのか。新聞報道によれば、当初、内務省は渡辺長官が強調していた土地問題よりも、保護会社と屯田銀行の「取調」に力を注ぐ意向を示していたようである。[86] こうした行政改革的な姿勢が窺えるのが、九月二一日に品川内相が閣議に提出した「北海道補助会社所管移転の件」である。[87] ここで品川は、官制上の「各省事務管理の区分」を論拠として、創業以来、収益が下降線を辿る一方だった北海道炭鉱鉄道会社[88]を筆頭とする五つの保護会社（明治二三年七月から内務省所管）の他省への移管を提起している。内務省の言い分では、明治二五年度以降は大蔵省（会計監督）と農商務省（事務監督）が保護会社を所管するはずであり、両省とは事前に協議を図ったものの応じなかったという。七月の官制改正との関係は定かでないが、内務省の意図の一つは北海道経営を軽量化し、一般の府県経営に近づけることにあったと思われる。

だが、二省がこの強引な申立てを呑む理由はない。農商務省は九月二五日、いささか当惑しながら、保護会社の

「従来の沿革」や「特別の条件」を強調する特殊論を持ちだすことで、内務省の一般論に対抗した。大蔵省も一〇月二日、道庁の内務省編入を定めた明治二三年官制改正の本意は「拓地植民の事業は之を一大臣に専任し其実効を責むるの主旨に外ならす」とした上で、「拓地殖民」政策の中核である保護会社は、北海道全体を管轄する省で取り扱うのが当然と反論した。そして内務省の一般論に、今度は官制の「規定」と「実際の慣行」との乖離を主張する実際論で対抗したのである。明治二五年度予算の配分をめぐる以上の対立は、一〇月二二日に収束を迎えた。「事業と会計は互相係聯して離るへからさるもの」との理由から二省移管案が閣議で否決されたのである。

このような内務省の権限縮小を伴う閣議案を、主管大臣の品川がどのような意図をもって提出し、またそこにどのような力学が働いていたかは、必ずしも明らかではない。しかし、これまで検討してきた品川の北海道改革の方向性、および品川の藩閥―省庁関係観に照らしたとき、いくつかの推測をすることは可能であろう。

第一に考えられるのは、北海道保護会社の事業と会計の分離を通じた経営健全化の要請である。本来、公共的見地から運営されるべき北海道保護会社では、実際には経済競争原理と無縁な私的特権に伴う弊害が多く露呈していた。そしてこの点を最も強く批判していたのが自由党であった(89)。品川は政府保護のない一般企業へ移行させることで、民党の保護会社批判に応えようとしたのではないだろうか。第二に、品川に提出を促した要因として、経費増加を厭う内務官僚の心理が考えられる。白根次官が特に農商務省への移管に最後まで執念を示したのは(90)、政務部問題以来の陸奥農商相との対立に加えて、治水事業や北海道開拓などの積極政策に向ける財源の減少を恐れたためではないだろうか。品川としても、他省移管という形態が藩閥利益と内務省利益の調和を図る上で最適だったのかもしれない。

いま一つ、保護会社整理とともに、第二議会前の内務省内に存在した政策志向は、渡辺長官と同様の積極政策である。その点で、品川内相が北海道事業への予算配分を求めた次の松方首相宛の手紙は、引用に値するものであろう。

北海道移住一件は中々六ヶ敷案の立て様も無之、巨細は大浦〔兼武・内務省警保局長〕より御聞取可被下候。断然屯田兵に御向けか、又は北海道の道路築港等に御向けは如何。石狩川其外之川浚ひ（通船の為め古木の川底にあるものを揚げ除く事）費に用ゆる事尤も要用の事業と存候得共、この計算書は元より長官〔渡辺〕より申立も無之候。兎に角に北海道へ御仕向け可然と存候。……屯田兵の事は議会の通過誠に掛念仕候。黒田伯に御内談ありては如何。可相成は河浚（予算を組むには誠に困り候）築港之二つの内に致し度存候。(91)

品川は前段で、過激な壮士への対処策として松方が画策した北海道移住案(92)を封殺し、「屯田兵」と「河浚築港」の二択を設定した上で、後段では後者の河川改修ないし築港に予算を振り向けるよう推奨している。特に、陸軍が閣議提出をめざしていた屯田兵拡張案(93)については、「議会の通過誠に掛念」されるとして薩派の領袖たる黒田との折衝の負担を松方に請け負わせ、返す刀で持論である地域開発費の実現を促すところに、この書簡の眼目があったのである。(94)

しかし、既述のように、北海道開発に関する大型予算は実現せず、むしろ地域開発予算中で最少にとどまった。さらに第二議会では、内務省は札幌製糖会社の不正問題に関する追及を一手に引き受けた。一二月三日の予算委員会で、予算委員阿部興人（改進党、徳島五区）が政府委員の白根に「内務省は如何の手続を以て此の製糖会社の不始末を検査されたか。又検査されたならば検査の結果は如何であつたか。果たして世に発表した通りのものであつたか否か」と質問を浴びせたのは、その好例だった。(95)白根は検査中としつつも、過去二年度は製糖会社に利子補給を与えていないと答弁したが、二五日の本会議で保護会社予算は削減された。(96)このほか、北海道土地調査費や千島探求費も全額削減された。第二議会では民党連合との妥協が成立する余地はほとんどなく、松方内閣に解散以外の選択肢はなかった。開拓使とも縁故の深い鉄道官僚の松本荘一郎はこのとき、鉄道関連法案（私設鉄道買収法案と鉄道公債法案）がともに否決されたことに衝撃を受け、意見書草案に「此二法案を否決せる議論の根柢は、政府に信用を置くこと能はす、故に如此重大にして巨額の資本を要する事業は、之を協賛す可らずと云にあるか如し。是れ所謂国家の大計を感情の犠牲に供するもの」と記して、国防上・経済上で重要な意義を持つ政府の鉄道国有化の方針が十分に理解されていないことに憤懣を露わにした[97]。しかし、いみじくもある法制局官僚が私設鉄道買収法案について「議会之協賛を得るには何某鉄道を何万円にて買収すると明言するにあらされは憲法上之協賛を得難き様に奉存候」とコメントしたように[98]、議会政治とはテクノクラートの雄大な「国家の大計」に国民の視点から着地点を見出す、時に散文的なプロセスであり、非合理に見える議会の「感情」にも何らかの真実が宿っていたとみなければならない。いずれにせよ、北海道への抜本的改革を望む声は政府・議会双方で高まっており、内務省は第三議会に向け、政党の介入を防ぎつつ、しかし議会の合意を獲得できるようなかたちで、改革の方向性を再考する必要が生じていたのである。

しかも、北海道問題をめぐって内務省と議会という新たなアクターが競合するなかで、黒田が九月に謹慎から復帰していた。黒田は復帰直後から早速、盟友の榎本外相宛の書簡で、自由党の板垣退助の遊説中の発言に言及し、「去る〔九月〕十九日湖月楼に於て板垣伯、東北幷に北海道巡廻中実地目撃より大に感覚致れし異見同伯幕下〔ママ〕等へ縷陳中、延て東洋問題より即ち目今注目する「サイベリー」鉄道云々慷慨され、従て北海道拓殖上又屯田兵全く無用無益と非難致され、是非〱義勇兵設置する必要を痛論あり。閣下〔榎本〕御職掌上にも御注意被為在度廉不少」とシベリア鉄道の敷設を背景とした屯田兵廃止論に警戒を促している[99]。北海道改革の第二段階へ態勢を整えつつある内務省は、議会の攻勢のみならず、前線に復帰して意気盛んな黒田の動向にも留意する必要が生じてきたのである。第二議会後の品川が伊藤に接近する背景には、かかるパワーバランスの変化があったといってよい。

(iii) 自由党における北海道要因

ところで、北海道政策に対する自由党の挑戦を、黒田は専ら軍事的側面〔北海道義勇兵構想〕から理解しているが、自由党の側における北海道要因にはより複雑な陰影が存在した。第二議会前の明治二四年六月下旬、板垣は東北派の領袖で最高幹部の河野広中のほか、龍野周一郎・高津仲次郎といった代議士を引き連れ、三ヶ月間にわたる東北・北海道遊説を行っている。[100] ただ、北海道民は国政選挙から排除されていたため票田の開発は期待できず、政党の遊説先としても決して自明ではなかった。[101] 藩閥政府との決戦を控えた第二議会の準備（改進党との調整）に多忙で、また「土佐派の裏切り」から復党して間もないため党内統治の点でもまだ不確実性を抱える政党指導者が、少なくとも短期的には対価の少ないように思われるこの遊説に、なぜ相応の時間と労力を費やしたのだろうか。

まず自由党は第一議会で「北海道議会設置の建議案」を提出しており、第二議会前にもこの方針が党議として堅持されるなど、北海道民主化要求の主要な担い手だった。そこに、腐敗にみちた北海道政を粛正するという理念的契機に加え、北海道議会が新設された暁に党勢拡張の拠点とする戦略的契機があったことはいうまでもない。また自由党土佐派は北海道に経済的な利権を有しており、明治二〇年一〇月以来、小樽築港工事は林有造（当時の岩村通俊道庁長官の実弟）や竹内綱、大江卓らが中心に手がけていた。[102] それゆえ、政党に批判的と思われる屯田兵本部に勤務する人々の間でさえ、林への期待は小さくなかった。[103] しかし、以上の二点はいずれも無視できない背景ではあるが、このタイミングで北海道遊説が行われた理由を直接説明するものではない。そして遊説中の板垣の言動からは、次に述べるように、北海道開発をめぐる中長期的かつ積極的な動機をあまり見出すことができない。遊説の第一義的な原動力は、板垣に内在する構想や思想からではなく、彼を拘束する具体的な状況や与件から析出されるべきなのである。

そもそも板垣の遊説は、六月以来の函館の有志たちの熱烈な招待に応える形で実現したものだった。彼らは国費の北海道事業費の予算収支への議決権を持ち、帝国議会に委員も派出する、植民地議会的な地方議会の設置をめざしており、自由党からさらなる協力を引き出すべく歓迎のための綿密な日程を組んで板垣を待ち受けたのである。[104] しかし八月三日に函館に到着した板垣は、北海道議会開設運動に協力を約束しつつも、その植民地議会的主張の部分については「不穏当」だとして抑制を求めた。結果としてこの議論は、一般の府県会よりは若干権限が大きいものの、肝心の北海道事業費の議決権を失い、参事会を通じて諮問を受けるだけの形態へと、地域側の不満を残しつつ大幅に後退せざるをえなかった[105]。自由党が一〇月一五日の党大会で党議とし、第二議会に高津が提出した「北海道議会法案」も、この線に沿っていた。中央の帝国議会からの自律性は、可能な限り希釈されたのである。

続いて板垣は、函館への滞在継続を疑っていなかった有志たちの困惑をよそに、八月六日から船で小樽に向かう。小樽の懇親会の演説で板垣が最後に述べた以下の内容は、彼がこの北海道遊説に託していた目的がどのような方向のものであったかを、浮かび上がらせている。

> 終に望みて一言せんと欲するは、府県政党の頗る弊害あり、又た実に誤謬に陥れること是れなり。元来府県政党は、志士が専制政府を破り代議政体を樹んと欲するに出てたる者にして、欧州各国は之が為めに血雨を降らん屍山を築きたる程のものなり。……予〔板垣〕は既往の自由党を以て敢て弊害ありと思はざれども、既に立憲政体の政治と為ては従来の仕組は大に欠点ありと云はさる可らす。従来の仕組は政社の組織にして、此の組織は政社役員堂々代議士を掣肘するの弊ありとす。抑も政党は連判状を以て組織し得る者にあらす。……彼の連判状的の政党は府県に於ても既に之を必要とせす、況や北海道人民は府県と其仕置を異にするに拘はらす中央政党に加盟する如きことは豈に其必要なるの理あらん[106]。

地方議会の設置を求める人々に対し、板垣は「既往の自由党」における「府県政党」と「連判状的の政党」という二つの類型を批判対象に挙げて、政党化の弊害を説いている。「府県政党」が各地域ブロックの地域政党的志向を、「連判状的の政党」が党内の反主流派である大井派の政党観を指していることは推測できるが、興味深いのは、板垣が北海道における政党の形成可能性に、仮にそれが「中央政党」たる自由党に参加するものであっても警戒を隠さなかった点である。そしてこれが小樽の有志にとって、どこまで内在的な議論だったかは疑わしい。

しかし、板垣が北海道民の前で地域政党や大井派の政党観をわざわざ批判しなければならなかった理由は、北海道遊説に先立ってなされた東北遊説から、ある程度推測することができる。北海道に上陸する直前、東北七県からなる東北会（会長は、後に対外硬運動に共鳴して自由党を脱党する青森県選出の代議士・榊喜洋芽）は、第三決議として「北海道に自由主義を拡張し、及東北と北海道との気脈を通せんか為め、遊説員三名を派遣する事」を可決していた[107]。これは、自由党を含む内地政党との連携を否定した先の板垣の演説と逆行する趣旨の決議であり、そこには自由党中央と東北ブロックの間の緊張が胚胎していたと考えられる。民党系候補が乱立した第一議会の衆議院議長選で、河野広中を当選させるべく「維新以来海内大権尽落西南人之手矣。今議長亦将帰西南、果然東北者実非可憐乎」と東北選出代議士の超党派での団結が呼びかけられたように[108]、維新以来「西南」への心理的抵抗が強く、北海道と連帯感さえ示す東北七県の動静は、板垣ら党中央にとって、決して楽観視できるものではなかったのである。

そしてより重大だったのは、こうした地域ブロックの分権的志向が、地方団体間の連合による党組織改革を志向していた大井派と親和的だったことである。すなわち、有名な星と大井の対立には、代議士重視か院外団重視かという自由党の中心主体をめぐる対立のみならず、集権か分権かという党内の中央―地方関係をめぐる対立も伏在していた。大井には地方団体を通じて自由党の地域ブロック連合化を試み、こうした東北会とも共鳴しつつ、党中央の主導性を批判する志向があったのである[109]。たとえば大井派の退潮が決定づけられた明治二四年三月の自由党大阪大会で、大井が党則改正を提起し、総理制ではなく「群雄割拠の体」たる五総務制の採用を呼びかけたのも、「関東、東北、近畿、中国、九州と云わんがごとく地方地方を一団となし、その各団体に各統領を設け、各団体聯合を訂して全党を維持せん」との観点からであり[110]、これには星亨が大井派壮士への党内の反感を利用して、河野広中（東北）、鈴木昌司（北陸）、松田正久（九州）ら各地方団体の領袖と交渉し、反＝大井派を短期で創出することに成功したものの、総理制の採用には九州から「自由党は当初の精神に戻り中央集権総理の制に変革せり」と激しい反発の声が挙がったように[111]、自由党はいまだ地域割拠性を多分に内包する全国政党だった。

そのため再起を期す大井は、明治二四年四月下旬に設立した東洋倶楽部を通じて、「中央自由党」の「党勢衰靡」

を防ぐべく、それぞれ「主義」を有する地方ごとの自律的な非政社団体が「連合」するモデルを提起し[112]、七月に京都で開かれた自由党の関西会でも、大井以下、内藤魯一や石坂昌孝など大井派が運営を占拠する「一種異様な会合」が生じていた[113]。大井派が各地方団体に反＝党中央連合の形成を呼びかける限り、形勢反転のシナリオは、少なくとも潜在的可能性としては拭い去れないものがあったといってよい。代議士優位と総理制を制度化した一〇月の党東京大会で大井派が最終的に敗北した後も[114]、かかる地域連合政党への党組織再編の要求は、翌明治二五年四月二五日の自由党臨時大会で星によって討論なしに葬られるまで持続する[115]。とはいえ、同じ臨時大会で板垣はなお、「九州男子、南海男子若しくは関東男子、東北男子と云ふが如き事は、果して真正なる大丈夫の言ふべき事でありませふか[116]」と「男子」や「大丈夫」の心構えを説いて党内の地域割拠性に釘を刺さなければならなかったのである。

しかも大井は、板垣の遊説と時期が重なる明治二四年九月、「移住民論」と題した独自の北海道政策構想を陸羯南の新聞『日本』に発表し、これを「国是」とする立場から、「我北海尚開拓す可き沃野あり。宜く国会に於て毎年若干の費額を議決し向後六年間北海道植民政策を行はゝ、則ち一挙にして国防に備へ一富源を開き又貧民授産の一端を得るの効果あらむ」と継続費による開発体制の強化を唱えている[117]。おそらく、先述の書簡で黒田が敏感に反応した板垣演説中の北海道義勇兵への言及も、壮士団による北海道防衛を企図していた大井派の主張を相当程度意識し、板垣自身の義勇兵構想へ取り込んだものであった[118]。そして自由党内では、大井や中江兆民[119]のような左派（再興自由党系）の方がむしろ、内地から切断された植民地統治的な北海道政策を主張する傾向があったのである。

いずれにせよ、板垣は東北・北海道遊説の途上で、大井派の北海道構想や、地方分権的な政党像を共有する大井派と東北派の接続可能性を常に意識したはずであり、したがってその言動は、議決権の縮小や非党派性の強調といった消極的で防禦的な色彩が強くなる。結局、八月一六日まで北海道に滞在した板垣は、最後に訪れた札幌では、北海道議会の設置を求める人々のみならず渡辺道庁長官および永山屯田兵司令官からも直々の出迎えを受け、室蘭や幌内の炭鉱を視察し、また自由党員を収監する空知・樺戸集治監への訪問にあたっては北炭から特別列車を用意されるなど、概ね官民双方から歓迎を受けた(120)。八月一一日には午前に永山司令官を訪問して北海道義勇兵構想への感謝を伝えられ、午後には渡辺長官を訪問して「北海道の積弊」を批判し、「将来改革の方針に就き赤誠を吐露」している。札幌での板垣もやはり専ら政党無用論を唱え、政党間競合という内地政党の弊害がない「殖民地」の意義を称え、党勢拡張を目的とした東北遊説との違いを強調している(121)。地方問題ではない国家的課題という名目の下、専ら党内統治の観点から北海道の政治的な無力化を図る板垣の志向は、この遊説を通じて一貫していた。おそらく板垣の来遊に刺戟されて、室蘭など道内の他地域でも剰余金六五〇万円の全額を北海道開発に下付することをめざす運動がみられたが(122)、自由党中央がかかる北海道側の要望に積極的に呼応した形跡を見出すことはできないのである。

その意味で、この板垣の遊説について、品川内相が渡辺長官宛の書簡で「此度之巡回は金箔を落しに歩行く同様之有様、明治元勲之末路可憐次第」と揶揄的に観察したことは(123)、事態の一面を捉えたものにすぎないであろう。しかし、古き良き屯田兵制度の擁護という専ら受動的・軍事的な観点から自由党の挑戦に対峙しようとした黒田に対し、品川が自由党の地方議会要求に対抗しうる北海道開発の正統性と魅力を調達するという、より能動的・政治的な観点から自由党の挑戦に対峙しようとしたことは強調されてよい。それだけに、今後の改革は、制度上の内地化の路線とも、またもちろん薩派の開拓使路線への回帰とも、異なるものでなければならなかった。

すでに第二議会に際し、品川と親しい陸羯南は「今閣下は位大臣に在り、此の国際競争の危き時に在りて徒に往事幕吏の為す所のみに汲々とし、諸藩浪士の百分一にも足らさる民党を防ぐことを勉むるは生〔陸〕甚た之を惜む。覆牒問題もよし緊急支出もよし又信用組合もよし。然れとも斯る問題の為に彼の鼠輩〔民党〕と競ひ、動すれは物議を内外に醸し同僚の情実を察し民間の士心を憚り病余の身心を此の点に苦しむは生窃に之を痛むなり」と、民党との競合が憲法六七条の解釈や災害土木費国庫補助といった、国内レベルの専ら法技術的な論点をめぐって生じている現状を批判していた。[124]とすると保護会社整理では不十分であった。そこで品川が逢着したのが、道庁機構の拡張を通じて、議会政治に即した北海道開発のための新たな枠組みを創出する構想にほかならない。品川はリスクをチャンスに変えるべく、第二議会開会の直前に帰郷するなど内閣への不信感を露わにしていた伊藤[125]の支持を模索しながら、松方に北海道改革への圧力を加えていくことになる。

第二節　北海道「独立論」への飛躍

(i)　道庁人事改革から道庁機構改革へ

年明けの明治二五(一八九二)年一月九日、品川は松方首相に、以下のように北海道政策の変更を訴えている。

兼て御談も有之候北海道庁将来之事に付ては渡辺長官より曾て意見書を差出し有之、閣下〔松方〕の大略之御見込みも伝承仕居候得共、北海道を一見せぬ人々之見込みは兎角意外之相違を生し、選挙騒ぎ旁今日までやじ〔品川〕より何之意見も不申出候得共、到底この儘にして北海道事業拡張と申事には万々行れ不申、是非独立論に御変更ありて積年之事務を整理する事が第一着手と奉存候。[126]

品川は「北海道庁将来之事」に関する松方の「大略之御見込み」を「北海道を一見せぬ人々之見込み」と同根だと批判し、今後「独立論」に転換して「積年之事務を整理」しない限り、議会制の下で「北海道事業拡張」はなしえないと説いたわけである。ここでいう「独立論」とは、内務省からの道庁の独立である。右の書簡にも挙げられた渡辺長官の意見書がその手がかりを与えてくれる。前述したように、渡辺は全島の巡回を終えて明治二四年一二月に上京したが、そこで彼が提出した意見書は、具体的な統治機構の改編にまで踏み込んだ点で、土地貸下問題への抽象的な展望を示すにとどまった前年八月時点と大きく様相を異にしていた。[127]

渡辺はまず、長官が広範な権限を有した開拓使時代を懐かしみ、道庁設置後、権限が日に日に縮小し、いまや一般の府県知事と変わらないと嘆いている。しかし、「本道建設的の事業」を進めるためには、「内地の批準」や「内地府県と同一視」する姿勢は斥けられなければならない――「限ある挟小〔ママ〕の職権を以て限なき拓殖の大業を遂けんと欲するは抑亦難矣」。現在の「挟小の職権」は、やがて「道庁の全力は挙て営利的の会社に齷齪せらるるの奇観」を生み、「遂に帝国版図の北辺に一種群不逞の邦土を造成露出」させるであろう。同じように「独立」の志向を持つ開拓使型の経営方針を排除しつつも、道庁長官の権限の拡張が主張されている点に特徴がある。

この「奇観」を正し、長官の本来的な指導力を回復するため、渡辺は第一に、道庁組織の改正によって長官の権限を拡張すること、第二に、開拓条例の制定と事業費増額によって十年単位で継続費を設置すること、を提案している。前者では、①道庁の省への昇格、②長官の国務大臣昇格と閣議参列、③全道庁官僚の「開拓事務官」編入、といった具体策が挙げられている。また後者の意図は、議会の協賛に基づく財源創出によって事業方針を確定することにある。

ここで「不生産的に狂奔」したものと斥けられる「開拓使復古論」に関しては、その立場から渡辺長官を批判しつづけた『北海時論』(以下『時論』)の議論が示唆的である。[128]『時論』は北海道統治論を内地府県との関係を基準に「等合的《イーコール》」/「取除的《エキセプチーブ》」に二分し、前者とその象徴である「会計法の束縛」を集中的に攻撃する。北海道は行政府および立法府から「取除的」でなければならず、「北海道議会」もまた中央の帝国議会の干渉を防ぎ「取除的」を貫徹しうる点から、積極的に肯定される。これは渡辺や次に考察する都筑との大きな違いである。さらに『時論』は、改革の名義が「開拓使再興」であれ「殖民省設置」であれ、「道庁拡張」であれ、問わないという。にもかかわらず、「開拓使庁《インペリアルコンミショナー》」の再興が説かれるのは、「一省の能くし得べき事」とはいいがたい拓殖の大業は「天皇陛下に直隷し特別の委任を受け開拓に関する万機を総裁する」皇族の長官に担われる必要があるからだとされる。[129]以上から、『時論』と薩派の構想の親和性は明らかであろう。[130]

続いて検討するのは、内務省参事官都筑馨六の意見書である。[131] 北海道議会設置論を牽制する文脈で、「未た北海道に地方問題と云ふものあるを見す」と論じ、北海道問題の「国家問題」性を強調する都筑は、内務大臣→帝国議会→地方議会という「監督」の序列を強調している。「昔日の函館県を再興し県会を開き、北海道庁の管轄は函館県を除くの外の土地に限らしむへし。其他の地方も追々人口蕃殖するに従て分轄して県を置き、之と同時に自治制を布かは、北海道に漸々内地と同様なる制度を見るに至るべし」と自由党の北海道議会設置要求に対する反感に貫かれた都筑の口吻は、しばし「等合的」＝内地延長論の色彩を帯びることになる。府県制の漸進的な導入を図っていくというこの都筑の立場は、「取除的」を極限化した『時論』のまさに対極だった。すなわち渡辺＝品川の「独立論」は、内閣の統制を認める点で『時論』と対立し、長官の専権を認める点では都筑案と対立する。無論以上の三つの言説は、実現可能性の点で同じ重みで語られたわけではない。また、構想のみに着眼した場合、政治的に敵対する渡辺と『時論』を峻別することは、ほとんど困難である。重要なのは、「独立論」が『時論』の復古的姿勢を回避しつつも、北海道開発の魅力を帝国議会に訴える政治的手段として要請された点である。

では、渡辺にこうした視座の飛躍を促したものは何だったか。それは第一に、全島巡視の経験が認識させた北海道開拓の現状であった。先の意見書で、彼は「只誠に恐る、世人動もすれは沿海著名村邑の皮相を見聞して軽々全部を知了せりと揚言」と述べている。実際、北海道には十勝平野など未開発の地域がまだ残っていた。渡辺は、札幌や函館、小樽のような「沿海著名村邑」のイメージを北海道全域に敷衍する一般の風潮に、警戒を隠せなかったのである。[132]

第二に、内務省の支配体制に対する道庁官僚の不満が、渡辺長官を後押しした。一一月七日、警部長の藤田九万は、元の上官であった初代長官の岩村通俊宛の書簡で、「渡辺長官登任以来庁中一大改革を為し旧弊を洗除し、沈滞せる空気を疎通せしめたるは一般輿論之賞賛する所」としつつ、改革への「反対不平の徒」の存在と並ぶ問題として、以下の点を指弾している。「唯憾くは、此度の本道庁官制は内務省にて起案せしもの之由にて、其組織殆ど内地府県と同一に出て拓地殖民事業を担当する専務の部局をも置かざる次第、随て諸事益主務省之掣肘を受くる事に相成、本道事業経営上に於ては不便尠からざる事なるべし。……近来世論の北海道に於る其熱度大分高く相成候間、政府に於ても此機〔渡辺長官の上京〕に乗じて本道に対する一大経綸有之度ものに御座候也」(133)。

このように藤田は、一方で道庁の「反対不平の徒」を制御しつつ、他方で「内地府県と同一」の価値体系を奉じる内務省を批判している。藤田が嘆くように、「拓地殖民事業」を担当する殖民部が道庁には存在しなかった。しかも、ここで藤田が道庁を内地化した契機と批判する明治二四年七月の官制改革自体、先述のように各地の地方官から強い不満が噴出し、品川は弁明に苦慮していた経緯があった。内相就任当時から地方官の強硬姿勢に当惑していた品川としても(134)、陸奥による官制改革の枠組みに執着する義理はなかったのである。そして渡辺が第二議会の渦中に「到底北海道之儀今日の儘にては前途発達せさるのみならす、百般物議の問題とのみ相成」と松方に直接、北海道改革を迫ったように(135)、「独立論」＝道庁機構拡張論を支える政治的条件は、このように道庁内外で広く準備されることとなった。したがって、渡辺の意見書を一二月下旬に受けとった品川(136)の対応は早かった。先に挙げた、明治二五年一月九日付の松方首相宛の手紙がそれである。そしてこの手紙には実は続きがある。

付ては少しく官制の変更を致し候丈けにて、必死に働かせ候事も容易なるべしと存候間、伊東〔巳代治・枢密院〕書記官長、井上〔毅・枢密〕顧問官へ御内意御伝へ両人之見込み相立させ、幸に渡辺長官も在京中故、実地問答御開らかせ被下候得ば全道の為め哉と存候。やじ〔品川〕を北海道長官に御採用もあらば病骨を氷雪の中に埋め可申候得共、北海も同じく薩長外之人物でなくてはとても人気をとる事は出来不申候間、此辺は深く御考置被下ずては、いくら妙案ありては〔も〕薩人や長州では開拓殖産之大仕事之信任は今日とても置くもの無之候間、くれぐれも此辺は御注意奉願候。

伊藤系官僚である伊東巳代治と井上毅を通じた「官制の変更」が企図されたことが読みとれる。「薩人や長州では開拓殖産之大仕事之信任は今日とても置くもの無之候」という表現が示すように、品川は、非薩長系長官を選出して道政の透明化を貫くことが中長期的には藩閥の防衛に与すると考えていたのである。「北門の富源」を窺う民党を前に、藩閥の側にも一定の自己改革が求められる「今日」の趨勢を品川は見通していた。品川はここで内務省利益の抑制を積極的に打ちだしているが、それは藩閥の明治国家に帰属意識を持つ超然主義者だった品川にして、可能な選択肢であった。さらに、品川はおそらく反議会的な地方官との対抗もあって、選挙干渉でいわば「浄化」された第三議会に相応の期待を托していた(137)。第三議会前の品川が鉄道政策でも(138)、民力休養政策（地租軽減・地価修正）でも(139)、議会への大幅な譲歩を検討していたことと、この北海道政策の転換は符合する動きであろう。

しかし、「独立論」を通じた、非藩閥化による藩閥防衛を敢行するには、藩閥内部での強力な支持者が必要である。その意味で、品川が先の松方宛書簡で、かかる問題のスペシャリストだとはいえ、明治二四年五月―七月の官制改正作業に直接携わっていない伊東と井上毅の名前に言及したことは、北海道問題への伊藤の参入が近いことを示唆する政治的効果も持ったといってよい(140)。実際これ以降、品川は北海道改革を実現すべく伊藤に急速に接近する。

「独立論」に機敏に反応した形跡があるのは、井上毅である。一月一一日に起草した「特別召集議会意見」で井上は「北海道の弊を洗はんとせば長官に付するに与奪の大権を以てし、製糖会社・炭鉱鉄道会社事件の如き事の至重なる者は特に審査及懲戒委員を選命し情実を痛除し懲罰を厳命にすへし。又法律又は勅令に依り占地の弊を剔除すへし。然る後に始めて開拓の計画を行ふへきのみ(141)」と述べている。すなわち井上によれば、①長官への「与奪の大権」付与、②保護会社整理、③土地規則改正、の三段階を経て、はじめて「開拓の計画」が成り立つ。かくして起草された井上の「北海道改革一件之草按」は、遅くとも一月末までに松方に届けられている(142)。井上はまた渡辺大蔵次官にも「可相成は選挙前に何か目覚布発令ありて政府之公明正大之気象を表示し度候。彼北海道着手之如き尤も妙存候。老兄〔渡辺〕若御同意ならば首相へ御催促被下度候」と手紙を書き送り、松方に「北海道着手」を催促するよう促している(143)。

来る第三議会では、前議会以上のインパクトで北海道改革を可視化する必要があると井上は考えていた。(144)

これに対し、伊東巳代治は品川の問題提起に対応した形跡がみあたらない。伊東は、伊藤宛の手紙のなかでしばし、品川を山県派の人間として自派と対抗的に描写しており、そうした傾向からしても、品川の手になる改革案への熱意は、井上毅と比べて生じにくいものがあったのではないだろうか。いずれにせよ、こうした北海道改革の高まりは、長派の伊藤や井上馨との関係悪化に伴い、同じ薩派の黒田と関係を緊密にしつつあった松方を、大きなディレンマへと導くものであった。そして、ここに膠着状況の打破をめざす伊藤によって新党問題が提起されると、「独立論」もこの問題と密接に関わりつつ、具体的な政治過程に投入されることになる。

(ii) 伊藤博文の北海道問題への参入

明治二五年一月一三日、次の議会が再び解散する可能性を憂えた天皇から諮問を受けた伊藤は、枢密院議長を辞し、大成会を基盤とした政府党を設立する意向であることを明言した。これが以後二ヶ月にわたって政界を揺るがす伊藤新党問題の始点である。さらに二五日、一部（天皇・松方・井上馨）のみに秘匿されていた計画を、伊藤が自ら黒田や品川に明かしたため問題は一気に政府全体へ拡大した。(145)もっともこの構想は前年頓挫した政務部構想の拡大版であり、また当初から伊藤が「勿論諸先生に於て済世之大策有之候得は、小生〔伊藤〕愚説を偏守可仕儀には無之候」と述べていたように、(146)撤回の含みも持たせつつ、藩閥の危機克服に向けた議論の叩き台として提起したものだったと思われる。伊藤は将来的に議会に安定した基盤が必要となることをふまえ、自らの主導で事態打開の方向をめぐる藩閥内の合意を調達しようとしたのである。結党の前提として藩閥の調和を重視する伊藤に対し、初志の貫徹を進言したのは陸奥だった。(147)陸奥はまた、議会で恒常的な過半数を獲得すべく、自由党首脳部にも選挙法改正を呼びかけている。(148)だが政府では、超然主義との抵触の懸念よりも強力内閣樹立の要請が優先された。元勲会議の総論が伊藤新党論から伊藤首班論に収斂するにつれ、議会対策が不十分な段階での組閣を避けたい伊藤の選択肢は限定されていくことになる。

二月一日、伊藤新党問題の収拾に向けた元勲会議（伊藤・井上馨・山県・黒田・松方・品川の六名が出席）が松方邸で開かれた[149]。前日の一月三一日、議題の提示を求めた伊藤に、松方は以前から伊藤の要望にあった①条約改正や②朝鮮政策に加えて、新出の論点として③「北海道を分割し、国務大臣の内に長官を列せしむるの件」を挙げている[150]。権力基盤が脆弱な松方は、伊藤への政権移譲か、伊藤からの協力調達のいずれかを望んでおり、いずれにしても閣外での新党結成を掲げる伊藤を懐柔する必要があった。ここでいう「分割」とは、函館などの県制導入地域とその他の特別行政地域との分割を意味するものだろう[151]。伊藤の持論である道庁長官の権限強化を、段階的な内地化と組み合わせることで、北海道問題が伊藤の政権参画の呼び水となることを期待した提案だったとみてよい。

この日の元勲会議は、新党問題をあくまで切りだす伊藤と、その抑止に動く他の元勲の駆け引きにほぼ終始した。ただこの過程で、伊藤における北海道問題の比重は明らかに上昇した。翌二日を含む以後の元勲会議を伊藤は欠席しているが、それは二日の渡辺長官との面会を優先したためだった[152]。伊藤—渡辺会談の席を設定したのは、ほかならぬ品川であった[153]。伊藤首班論に井上馨や山県までも与する事態を重くみた伊藤は、元勲会議への出席を早々に切り上げ、一転、長年の課題である北海道問題への関与を深めていったのである。少なくとも二月上旬には、伊藤と品川の間で北海道改革への大まかな合意が形成されていたと思われる。伊藤はさらに、渡辺長官が満を持して松方宛に提出した二四ヶ条の建議[154]も早い段階から閲覧を希望し[155]、改革に強い関心を示した。逆に渡辺は伊藤の支持を強調し、黒田との板挟みになった松方への圧迫に代えることができた。二月一八日、伊藤を訪ねた松方はついに、近日中に渡辺長官を伴って黒田に引導を渡しにいく旨を明言している。これに「至極可然」と応じた伊藤[156]が新党結成の意思をあらためて松方に表明したのは、この前日の二月一七日であった。伊藤は北海道問題と新党問題をリンケージさせて提示したのである。そして、品川の側も、こうした伊藤の北海道問題への参入と照応するように、二月から三月初頭にかけて、伊藤と西郷従道という薩長の両元勲を推戴した政府党の結成を試みていたことが知られている[157]。

では、伊藤の側はなぜ、ここまで北海道問題への着手を深めたのだろうか。第一に、北海道問題は議会（特に自由党）との間で改革シンボルの共有が確実に期待できる、数少ない争点の一つだった。それは次期政権を見据えた布石としても有益であった。第二に、北海道経営への内閣のリーダーシップの実現という、明治一九年の北海道庁の設置以来の伊藤の理念的な課題にもかなっていた。こうした経緯から北海道問題に接近した伊藤は、新党計画の挫折（三月一一日）後も改革を唱えていく。三月一九日、天皇が「近来は伊藤は松方を悪しく申し北海道の会社の不始末を以て松方に迫り、松方も困却の様子[158]」と漏らしたのは、伊藤の継続したアプローチを物語っている。伊藤はかつて明治一四年に大隈追放にあたって提携した薩派[159]よりも、北海道政策を批判する自由党との政策的接近を重視する姿勢に、ここで踏みきったのである。そして新党結成の選択肢を失った伊藤と陸奥は、北海道改革論の重点を第二の機構改革から第一の改革シンボルの共有に移行させ、自由党との取引材料に換骨奪胎していくことになる。

もっとも伊藤の後援を受けて、品川―渡辺の連携は表面上緊密さを増していた。渡辺は一月、事業の不振を理由に辞表を提出したが、品川はこれに「炭鉱鉄道会社昆布会社製糖会社等の各官選社長を更任」できる言質を与え[160]、基盤が脆弱な渡辺を積極的に擁護した。さらに国家指導者である伊藤と面会する機会も与えた。以上の努力が実り、二月二九日の臨時閣議には渡辺長官が召還され、北海道問題が議題に採用されることが決定する[161]。閣議の論点には、①屯田兵将校による屯田兵積立金の未返済問題、②三〇万円におよぶ北炭の工業費未払い問題の二点が用意された。いずれも道庁長官または政府の「監督上之責任」がきびしく問われる問題であり、特に②は「因循経過仕候時は恐らくは〔札幌〕製糖会社の覆轍に立到、独道庁の面目を傷けるのみならす施て政府の対面《ママ》に相関し候」と指摘されている[162]。

しかし、北海道改革問題を焦点としたこの臨時閣議は、肝心の松方首相が欠席したことで、さしたる成果を挙げずに終わってしまう。当時、陸奥農商相の秘書官だった原敬は、この事情について「本日陸奥、後藤〔象二郎・逓相〕

両相の意見に対し松方首相より返答ある筈なりしも、松方、伊藤の〔枢密院議長〕辞職に関し伊藤を小田原の別荘に尋ね往きて不在なりし為め出閣なく遂に返答なかりしと云ふ」と日記に記している。[163] いみじくも閣議前日の二月二八日、後藤は陸奥にあてて次のような書簡を送っていた。

明日は北海道一条に付登閣之義申来居候処、賢台〔陸奥〕之御出閣相成候哉。小生〔後藤〕は最早出閣も不益とは存候得共、北海道之悪論は内閣諸子と連席にて承置候方、後来立論之為可然と存候故、明日は登閣之心得に御座候。尚御思召も承度旁、此書拝呈致試候。[164]

後藤は、「北海道之悪論」を争点化するには内閣レベルでの合意形成が望ましいと判断し、「不益」としつつも閣議には参加を表明している。この言葉のとおり後藤は翌二九日出席したが、陸奥は欠席した。[165] 陸奥・後藤が松方に提起した「意見」は、やはり選挙干渉の責任追及であったはずである。[166] したがって、その批判対象である品川が、伊藤の支持を強調しつつ北海道改革を契機として内閣の強化を図るのを、後藤や陸奥が冷ややかに見つめていたのは当然だった。後に第三議会で北海道問題を争点化する陸奥は、品川主導の改革にこの時点で批判的だったのである。

他方、臨時閣議の頓挫で折角の整理案が生煮えになった渡辺長官は、三月二日松方首相に面会し、特別会計法などの北海道官制改革に関して説明した。渡辺が「直に品川大臣に至急措置之儀具申仕候処、白根次官に協議、夫々可取計之順序に相成候」と礼状を送っていることから、松方の反応が好感触だったことが窺える。[167] しかし松方は翌日三日、品川内相の辞意を知った。「ずくてつなまりの身」ながら「はがねの代用」を務めてきた品川は、[168]「はがね」級の閣僚が不在のまま第三議会を迎える内閣の前途に深く失望していた。さらに選挙干渉問題が逆風となる。この三ヶ月後に品川が西郷従道と組織した国民協会の要綱には「北海道の政務を整理し施政の方針を定む」[169] と記されており、自身、「西郷其外薩摩連中に向つては他人之得云ぬ事もやじ〔品川〕は十分に談じらるるの身」[170] と自信を覗かせていたものの、選挙干渉問題で政治的に窮地に陥った品川の辞任はやはり、「独立論」の頓挫を象徴する出来事であった。

議会開会前に内相を失って困惑した松方は、後任として井上馨の入閣を伊藤に要請し、三月五日、黒田を説得役として井上のもとへ派遣した。この交渉経緯は、メッセンジャーとなった伊東巳代治の書簡から知ることができる。鎌倉でなされた井上・黒田会談に同席した伊東は帰京後ただちに松方邸を訪れ、井上が入閣条件として黒田に提示した内容を復唱した。このうち、井上が特に強調したのが、「早晩釐革を加へ今日迄之積弊を一洗せされは、益々政府之責任を増重する」だろう「北海道之事」だった。松方もこれを受けてついに、伊藤に「乾剛之断」への決意を語った。時局収拾に伊藤の協力を仰ぐほかないと「頓に嘆息心配」していた松方は、北海道改革にもはや着手するほかなかった。(171) 選挙干渉問題の直接的な争点化は避けた伊藤と井上馨も、北海道問題には追及の手を緩めなかったのである。

しかし、薩派に反撃の機が訪れた。三月二四日、「独立論」の中断を恐れた渡辺長官が、北海道炭鉱鉄道会社社長の堀基を突如罷免したのである。これは黒田を大いに刺戟し、以後、瓦解にいたるまで松方内閣が迷走をつづける一因を提供した。その過程で複数の統治機構改革案が浮上するものの、次なる伊藤内閣の成立に向けた第三議会での陸奥の政治指導を通じて、いずれも封印されることになる。

第三節　議会による地方統制という選択

(i)　北炭線路変更問題の浮上

明治二五(一八九二)年三月初頭の品川辞職を最大の深刻さで受け止めたのは渡辺長官であった。庇護者品川の退場は「伯楽を失ふの観」であり、(172) 屯田兵との関係も険悪な渡辺にとって、(173) 進退問題に直結した。(174) 焦った渡辺は一一日、「北海道之案件」を松方首相に送り、「次期帝国議会に際し、又々北海道之失政及疑点質問又は弁明を求候事と民党にて彼是内探中」と来る第三議会の危機を高唱し、次議会開会までに保護会社処分と道庁官制改正を断行するよう促した[175]。渡辺は対議会策としての北海道改革路線を既成事実化することで、政治的な延命を図ったのである。もっとも、三月二日の『北海道毎日新聞』のある投書が、機構改革の実現は喜ばしいが、道庁が仮に「各省と同様になれば渡辺氏は直に其の位置を占むること能はず」と指摘したように、閣僚級とはいいがたい渡辺の地位を考えると、長官留任のシナリオが現実に期待でき、リスクも小さいのは、保護会社処分の方だった。北海道最大の保護会社である北海道炭鉱鉄道会社（以下、北炭）の処分と改革が、かくして政治日程に浮上する。

問題の発端は、北炭が、①幌内炭鉱と幌内鉄道・郁春別鉄道の払い下げ、②室蘭・石見沢・空知太間の鉄道敷設、③同線から分岐して空知・夕張両炭山に達する支線建設、を軸とする道内交通網の整備を進めていたことにあった。明治二二年一二月に国家保護の下で営業開始した北炭にとって、既存の小樽鉄道だけではなく、空知・夕張・郁春別の各鉱山から室蘭港へ石炭を搬出するための鉄道敷設は大きな目標であり、軍事的観点からも緊要性が認められていた[176]。元来、ロシアへの石炭輸出に薩派は積極的であり、明治一一年には対岸貿易振興を目的とした開拓使主宰の道産品見本市がウラジオストクで開催され、黒田自ら陣頭指揮をとって川村純義海軍卿、花房義質外務大書記官とともに軍艦「金剛」に座乗して入港していた。ただ、当時は高島炭鉱を擁する長崎港との競合のなかで函館港の分は悪く、また岩内炭も不評で売り込みに失敗していた。質量とも期待できる空知太の搬出ルートが緒につくのは明治一五年に幌内―小樽港の鉄道が全通してからであり、明治二二年には小樽港が石炭の輸出に必要な特別輸出港指定を受けるにいたった。室蘭港への石炭搬出ルートも、かかる情勢から待望されたのである（特別輸出港指定は明治二七年）[177]。

しかし、この工事の過程で当初の出願計画と実際の費用に見込み違いが生じており、北炭では工事予算書が細密にわたることをふまえ、鉄道庁と協議の上、増減分を予定線の起点駅を変更（空知炭山支線で二マイル短縮、夕張炭山支線で一六マイル延長）することで調整し[178]、明治二五年二月二五日に「線路変更願書」を道庁に提出した。この機を捉えたのが、渡辺長官であった。渡辺はこれを事前の認可手続きなく「無断」で線路変更した道庁命令への違背行為と詰問し、会社側は一切を道庁監督技師の松本荘一郎の指示で行ったと弁明した。松本技師は職責上、進退伺を道庁に提出せざるをえず、ついに三月二四日には、堀社長が引責辞任の名目で事実上解任された。長官の人事任免権を十全に行使したこの処分にあたり、渡辺は、松方首相に経緯を事後報告した書簡のなかで、当初、堀に詰腹を切らせて穏便に済ませようとしたものの、堀が言を左右したため「公然之処分」にしたと説明している[179]。渡辺は大胆にも当日、黒田にも堀解任を通達し[180]、処分実施後には、「拓地殖民の事は外交の問題と共に我維新以来の国是」であり、続く「大改革」の端緒とするという談話を新聞上に発表した[181]。しかし、保護会社の放漫経営が長年メディアの批判を浴びていたとはいえ、処分を起爆剤に「独立論」の一層の進展を図ったわけであり、追い込まれた渡辺による政治的パフォーマンスの側面が強かったことは否定できない。しかも堀が弁明するように、この変更は松本技師の指示への事務的な対応にすぎず、必ずしも北炭の専横によるわけではなかった[182]。

ただ、渡辺長官に好意的な三月一八日の『朝野新聞』[183]によれば、「北海道整理案」は閣議で採用されており、渡辺の断固たる姿勢を評価する声は少なくなかった。井上毅が同時期に「北海道処分」の発令を訴えていることからしても、少なくとも保護会社処分については、政府内にも広い合意があったものと思われる[184]。残る課題は、松方の指示に従って黒田の合意を取りつけることであった。しかし、功を焦る渡辺はタイミングを誤った。堀の解任は、明らかに黒田の許容範囲を越えていたのである。黒田は渡辺長官が「真に正に無心無人情」と口を極めて罵り[185]、同じく薩派の樺山資紀海相も「之を酷薄の処置と云はすして可ならんや」と批判的コメントを寄せた[186]。事態の深刻さを理解した松方はただちに黒田に直接弁明する機会を渡辺に与えたものの[187]、これはいかにも出し遅れた証文であった。四月二日、現職の首相である松方が、元道庁長官にすぎない岩村通俊に「必親展、大至急、乞貴答」と翌日の面会と助力を懇願する、以下のような切迫した文面の書簡を送っていることからも、衝撃の大きさが窺えよう。

渡辺千秋今日相見へ、対黒田伯種々之不平相起り、決意之次第有之、甚困却罷在候。此儘差置候而は不容易次第と被存候間、閣下〔岩村〕え御相談仕度意見も有之候間、何卒御繰合被下候様奉頼候。何分御返事願上候。[188]
堀の解任が首相の問題処理能力を越える事態だと告白したのである。これに対し、内務省系の『朝野新聞』は三月二五日以降いち早く堀事件を報道し、渡辺擁護の論陣を張った。品川前内相も、「これにて政府が長官を交迭《ママ》などの拙策に出候はば北門の鎖は断れ申候」との認識から後任の副島種臣内相に「北海道之事」を「よくよく談じ置」いたという。[189]実際、処分が副島の支持を得ていたことは「副島伯之信任実に感荷不啻、今後犬馬之労を致し知遇に答候精神一途に御座候」という渡辺の言からも窺える。[190]また自由党も、「北海道の為めに慶せんか」と解任を賞賛した。[191]

こうして渡辺長官―副島内相と薩派の対立姿勢が明確になったことで、三月二九日には、道庁機構拡張および新統治機構の設立に関する複数の案が閣議に諮られるにいたる。[192]内務省案と道庁案はいずれも、道庁の枠組みは保ちつつ、権限拡張と首相直属化に主眼を置いたものであった。[193]これに対し、薩派は道庁を廃した上で、大臣を山田顕義、次官を奈良原繁ないし堀に擬した「植民省」設置案を提出した。[194]長派の国家指導者である山田への接近は明治二四年夏に開始され、旧開拓使官僚（堀、湯地定基、広田千秋）が当初見込んだ吉田清成（病没）に代わる「拓植大計画案」（国庫補助を仰がず、内地府県では禁止された富籤を活用して二〇ヶ年、五〇〇〇万円の資金を捻出）の「主裁者」として期待されていた。山田は、第二次伊藤内閣成立時にも入閣の打診を断り「予をして北海道拓殖の任に膺らしめよ」と迫ったといわれる。[195]かかる姿勢を反映してか、閣議ではシベリア経営やインド経営を参照しつつ、道庁の第一部を行政局、第二部を拓地殖民局にし、陸軍から分割した軍務局と併せた「三局鼎立の制」も議題に上ったようである。[196]植民省にせよ、天皇直属の北海道総督府にせよ、薩派においては、堀が山田に訴えたように、彼らなりの「北海道改革」の試みとして意義づけられていたのである。[197]さらに、「独立論」が明確に薩派を排除したものとして受容されたことで、対抗構想の形成が促され、道庁機構拡張論の内部において政治対立が生じることとなった。[198]

しかし、こうした北海道統治機構をめぐる競合は結局沈静化が図られ、いずれも閣議を通過しなかった。[199]次の標的は渡辺長官だった。渡辺は四月三日、副島の「大賛成」や井上馨の後押しを得て、堀の後任に横浜の実業家である高島嘉右衛門を任命し、混乱の収拾を図った。[200] 品川前内相もこの人事を歓迎して、「北海道之為め老台〔渡辺〕下之為め御同賀に堪へす。……白根次官被仰合善後之策くれ〳〵も奉祈候。老台此度之挙にて得たる名誉を空くせんことを神かけていのるのみ申上」と白根と協力して改革を推進するよう渡辺を激励している。[201] 北炭重役の渋沢栄一らが公然と渡辺を批判し、薩派の湯地定基の社長選出を主張するなか、[202] 続く改革の機を窺ったものといえよう。黒田の行動は「功臣之所為」でも「北海道先進者之所為」でもないと息巻く渡辺[203]に対し、松方はついに収拾に乗り出し、「諸事氷解」すべく黒田に面会した上で「如旧」教えを乞うよう和解を命じた。[204] 四月一一日、黒田と渡辺の会合が設定された。[205] だが、黒田はやはり納得できなかった。黒田の抵抗に加え、副島内相と白根次官の深刻な対立を抱えていた内務省もしかるべき主導権を発揮できなかった。かくして北海道改革は暗礁に乗り上げてしまった。

伊藤はおそらくこうした改革の膠着に満足していなかった。そこで身動きをとりにくい伊藤に代わり、北海道改革問題の前進に向けた最後の引き金を引いたのが、第三議会の操縦を企図していた陸奥にほかならない。三月一一日の辞職以来、内閣を離れていた陸奥は、自由党との深いパイプを通じて伊藤政権への移行を実現すべく暗躍していた。[206] 五月六日にはじまる第三議会の直前、陸奥は自由党の星亨衆議院議長に、「〔選挙〕干渉問題、北海道問題は是非提起すべし。北海道問題の書類は内田〔康哉、農商務省秘書官〕が所有せり」という指示を送っている。[207] 陸奥が与えた指示はもちろんこれにとどまらないが、北海道問題が選挙干渉問題と同等の比重を持つ政権批判の材料と認識されていることは注目に値しよう。しかもここで陸奥が自由党に取り上げさせたのは、渡辺長官が堀解任の理由とした北炭線路無断変更問題であった。こうして北海道改革論の重心が品川から陸奥に移行するにつれ、品川構想の中核だった「独立論」の色彩は大きく薄れ、議会による地方統制の必要がより前面に打ちだされていく。陸奥の志向は、地方議会設置によって内地化を促進しようとする自由党主流派と親和的だったといってよい。

第三議会では陸奥の企図どおり、北海道政策の批判が続出する。そしてこれをいち早く取り上げたのも自由党であった。河野広中（福島三区）と工藤行幹（青森二区）が五月九日に提出した六項目からなる質問書では、第二議会になかった新出の争点として線路変更問題が追加されている。[208] このほか、五月二三日にも田中正造（改進党、栃木三区）と加藤淳造（自由党、千葉八区）が同様の質問をしているが、[209] いずれの議員にも共通するのは、「国家」の補助費で運営される北炭には政府が積極的な統制を図るべきであり、「国家」を「私」する行為＝無断線路変更には断固たる処置が必要だとする論理だった。松方内閣は、堀処分で露呈した保護会社への監督不行届の廉で議会の矢面に立たされたのである。これは薩派の眼には、「不忠不義の極」である渡辺が「道庁の失政若くは鉄道線路変更等の事件を自由党員に漏し、之を誘導して衆議院より質問書を出さしめ政府攻撃の一端と為し」たと映ったかもしれない。[210] しかし渡辺は自由党に塩を送ったわけではなく、時局を利用して「独立論」の実現を図ったにすぎない。そして、わずかに井上毅が道庁官制改正に期待をつないでいたものの、[211] 結局、北海道問題は機構再編に結びつかなかった。陸奥は帝国議会による北海道統制に向けた趨勢を決定づけるとともに、「独立論」の存立基盤をも縮小させたといえよう。

(ii) 第三議会から第四議会へ

もっとも陸奥は同時に、こうした政権批判と並行して、この臨時議会が無事に閉会に導かれるよう注意を怠らなかった。第三議会中の五月一一日、地元和歌山県の代議士・児玉仲児にあてた手紙で、陸奥は「寛厳弛張其宜きを制すべし。敵味方とも余り騎虎之勢とならさる様御注意有之度。何卒今回之機〔議ヵ〕会は大抵之処にて閉場為致、最後の決戦は十一月と覚悟いたし度ものに付、窮鼠噬猫の譬も弱者が無理を強行する事も往々有之候事故、我々十分の準備あれは兎も角も、否れは余り窮寇を追打すべからす」と語っている。[212] 松方内閣が早晩瓦解することを見越した上で、「最後の決戦」の第四議会に照準を合わせ、解散にいたるような対立の激化を避けるというのが陸奥のシナリオだった。「寛厳弛張」を制するための第一段は、開会に先立つ衆議院議長選挙に星亨を立候補させたことである。民党では中島信行に代わって吏党系の議長が誕生する不安が高まっており[213]、結局、民党連合による議長の一本化はかなわなかった[214]。陸奥はこうした不安な議員心理を利用するかたちで、三一議席の独立倶楽部を通じて自由党の支持を調達し、星を当選させることに成功したのである[215]。第四議会をみすえる陸奥の視線の先にあったのは、条約改正問題であった。第三議会前の四月四日、板垣・河野・星・大井・松田ら最高幹部をはじめ五〇名が参加した自由党の例会では、鉄道関連法案の再否決方針が固まるなか（実際は、鉄道敷設法として可決）、星が「我国の大不幸」たる条約改正を第三議会で提起することを呼びかけ、全体の同意を得て調査と起案に着手していた[216]。この星の条約改正問題への再傾斜は法権回復より税権回復を主眼としており、星は「我邦は農業を以て立ち、農業を以て威張って居る国」という観点から、輸入品への関税を通じた国家による農業保護を主張している[217]。

ただ五月一四日に「選挙干渉に関する決議案」が可決され、そこに内閣退陣を求める内容が含まれることに慌てた松方は翌一五日、三男幸次郎を伊藤のもとに派遣し、「政府は今にも進退を決するか如き形勢」と緊急帰京を求めた。伊藤は同日帰京の上、松方と面談し、衆議院の議決により進退を決するのは悪例を開くとの理由で慰撫に努めたものの[218]、一六日に初の停会が実施される。さらに解散も閣議決定されてしまう。これは伊東巳代治が内閣に批判的な伊藤を代弁して「今度の停会は解散準備の為なる事」「再ひ解散を断行する上は三解散四解散も避けす……衝突に重るに衝突を以てし極端まて衝突するの覚悟あるへき事」といった極度に強硬な閣議案を松方に上策した結果だった[219]。

しかし停会の報に驚愕したのが山県であった。すでに一五日の松方の進退伺の時点で「決議の為めに進退致し候様にては政府自ら憲法を破る慣例を造り可申」と懸念を露わにしていた山県は、停会戦略に展望がないと批判し、「不得止は解散の号令一発の外無之想察せられ、前途の政策如例と為国家為政府杞憂の至りに候」と伊藤に憂慮を伝えている[220]。そこで山県は伊藤と協議の上、解散を阻止すべく一致した政治行動をとった[221]。また陸軍では、桂太郎が自由党への警戒から解散論に立っていたが、児玉源太郎のように伊藤・山県の協調による「国防会議」の設置を望む声もあった。[222] こうして、解散論が一時は政治日程に浮上したものの、第四議会に向けた元勲総出内閣の布石が敷かれていく。この長派間協調は陸奥にとって追い風となった。井上馨も第三議会閉会前、伊藤に「兼々陳情致置候様山県と之間は取分御注意被下度候。……万事山県え密着之御手段専一に奉存候」と要請している。[223]

かくして、六月一六日に第三議会が閉会すると、長官の更迭をあくまで要求する黒田[224]と、北炭の社内検査強行を狙う渡辺[225]の対立は再燃し、抑制が利かなくなった。内務省筋と親しい陸羯南は六月二三日、「渡辺にも品川にも遭はず、北海道之事中々片付そーにも無之候。此際大手腕之長官と為りて薩の弊に当るなくんは難し」と嘆いている。[226] しかし、内閣の崩壊期にも「独立論」の余炎は残り続けた。井上馨の入閣が焦点となった七月一〇日の元勲会議では、伊東巳代治の手元に残る入閣条件を列記した草案の一五項目に「北海道の件」が挙がっている。[227] また一二日には井上毅が「松方内閣に対し倦み切りたる人心」を踏まえ、二ヶ月前に提出した意見書をほぼ原文のまま再送した。井上は鉄道会議や中央土木会議といったかつての「積極主義」プランにことごとく抹消線を入れたにもかかわらず、「北海道新官制を発し、文武の全権ある長官を置き、弊事を釐革」する可能性への期待をまだ捨てることができなかった。[228]

さらに七月一四日には、河野敏鎌新内相に辞任を迫られていた白根次官に、親任官待遇のポストとして「北海道長官」就任が打診された。[229] 長官交代と道庁官制改正は既定路線であり、民党と関係の深い河野内相の下でも改革方針が貫かれる。[230] 一八日から一九日の閣議では、内務省からの道庁「独立」と鉄道庁の逓信省への移管が決定され、裁可を請うのみとなった。[231] 翌二〇日、火種の渡辺はついに内務次官「栄転」となり、北垣国道内務次官が入れ替わりで長官に就く。[232] そして渡辺長官転任後も機構改革は進展の兆しをみせたものの、[233] 結局、第二次伊藤内閣が成立したとき鉄道庁の内務省移管のみが実現し、道庁の「独立」と長官の親任官化はついに果たされなかった。

この頃、渡辺長官は庁務を七ヶ月間放置したことから現場の信頼を完全に損ない、[234] 改革の連呼にしか存立基盤を見出せなくなっていた。解任の可能性が高まった七月中旬には過去の鹿児島在勤歴を強調するなど[235]、松方への心理的接近の姿勢が目立つようになる。渡辺の内務次官転任はおそらく、黒田と伊藤の双方に配慮しつつ、引き続き渡辺を道政に携わらせるための苦渋の策であって、それゆえ機構改革熱が高まるなかでの「栄転」についても、渡辺は世上で囁かれた抗議辞職の可能性を言下に否定し、北海道の前途への明るい展望を述べることができたのである[236]。北海道改革派の『朝野新聞』が口惜しがった「栄転」は、実質的な政治的上昇を遂げた渡辺にとって文字どおりの栄転だった。河野内相に好意的な立場から[237]、一連の内務次官人事に注目していた陸奥は、渡辺が就官を辞退した場合、「左候へは安印〔安場保和〕再発難計」と警戒を新たにしていたが[238]、これは杞憂に終わった。

黒田にとって、渡辺の内務次官転任がただちに歓迎すべきものだったかは、微妙なところである[239]。もっともこの一〇日後には、長年交流のある鉄道庁の松本荘一郎に、北垣新長官の下で室蘭—岩見沢間の鉄道敷設問題が一段落したことへの感謝を「誠に邦家之為め大幸福之至り、是れ偏に賢兄〔松本〕之御尽力併て長官閣下之指揮監督之尤も其当を得たることは深く感佩罷在」とやや高揚した筆致で伝えており[240]、渡辺を排除した後の道政の前途に希望を見出していたのかもしれない。しかし、続く第二次伊藤内閣で逓相に就任した黒田は、第四議会で北炭問題に関する議会答弁を担当し、皮肉にもここで政府委員の立場上、線路無断変更は「懈怠の所為なるを以て政府は該会社社長〔堀基〕の処分を為し」たと発言せざるをえなかった[241]。北海道でかつて排他的な権力基盤を有した黒田が、元来はるか下級の挑戦者にすぎなかった渡辺前長官の行為を、「政府」の行為として公式に認めた瞬間であった。こうして黒田は伊藤・山県に先駆けて以後は政治指導の前線から退いていった[242]。また堀の周辺では、海軍の薩派を中心に道政への復帰運動が続けられたものの、ついにかなわなかった[243]。以上に伴い、薩派の重心は黒田から松方へ下降する。第三議会後、松方が井上馨など他の藩閥指導者を危惧させるほど民党に急速に歩み寄っていく軌跡からは[244]、のちの第二次松方内閣における薩派—進歩党提携の原像を見出すこともできるだろう。

元来、黒田は明治国家の指揮命令系統から自律的に行動することを厭わない人物だった。たとえば明治九年、黒田は朝鮮政府との「開国」交渉に武装した開拓使の船舶を率いて臨んだほか、明治一〇年の西南戦争でも開拓使の官僚を独自判断で前線に投入している。[245] 明治一四年政変直前の八月、佐野常民大蔵卿が三条実美太政大臣宛の上申で、「開拓使の実情に就て之を論するに、其長官たる者〔黒田〕屢々他の事務に干与し、或は使命を海外の異域に奉し或〔は〕叛乱を国内の各地に鎮め、屯田の兵士を発し運輸の船艦を送りて内地の用に供する等、為めに幾多の歳月を費し開拓の本務を阻格せる」と黒田の奔放な行動を厳しく指弾したのも、[246] おそらくこうした一連の前科ゆえであった。(246)

政府の内部でもすでに批判の声が浮上していた。国会開設後はなおさらであった。有力な社会的基盤も持たない黒田の最期は、国家指導者としてはいささか寂しいものとならざるをえなかった。[247]

以上みた北海道における薩派の地盤沈下は、第一に、新たな統治像の構築を当事者に迫った。北海道を「終焉の挙機地」とする決心のもと赴任した新長官の北垣国道は、着任時の演説で「前途拓殖の実を挙くへき一大事業を起さんとするには……政府も之れに感動し議会も之れを賛称する者を作らされは其目的を達する者に非す」と述べている。[248] のちに初代拓殖務次官に就任する北垣は、議会の信任を前提に、国務大臣（主に内務大臣）が長官を兼任する新官制を日清戦争前から準備するのである。[249] こうした新たな機構拡張の欲望は、全体的な内地化の趨勢のなかで、台湾問題ともリンケージしつつ、植民地的機構への改組論を時折噴出させる伏流となっていく。[250]

第二に、薩派に代わって自由党が力強く歩を進めることとなった。明治二八年末、北海道に滞在する改進党の加藤政之助（埼玉三区）は、大隈重信に「自由党一派の北海道占領に力を用い」る現況を苦々しく報告している。[251] 実際、隈板内閣でも、杉田定一長官（福井二区）以下、旧自由党員が道庁を席巻し、[252] 明治後期の北海道は自由党―政友会系の支配地域となっていく。[253] 北海道は軍の強い影響下に置かれた後年の植民地と異なり、福沢諭吉が期待した、政党にとっての権力のフロンティアへの道を辿っていくことになる。

第三に、反＝民党で共闘関係にあった白根派地方官と薩派の政策的分断も進む。白根は元来、西郷従道や高島鞆之助ら薩派指導者から長派側パートナーとして歓迎されるなど、薩派への接近姿勢を顕著に示していた。[254]ただ白根が「独立論」と距離があったのは中央の地方統制を重視する観点からであり、民党という共通敵があった以上の動機で植民省的な構想に共鳴したとは考えにくい。[255]それゆえ、のちに日清戦争で獲得した台湾の統治方式が争点化した際、両者の齟齬は顕在化する。[256]第三章にみる日清戦争後の白根の転換は、地方政策における「独立論」の批判という一点において、白根が自由党を激しく攻撃していた第一次松方内閣の政治過程のうちにも準備されていたのである。

小括

本章では、議会制の導入が藩閥内の再編を促したという視点から、開拓使以来薩派の地盤であった北海道の事例を取り上げた。行論で明らかにしたように、第一次松方内閣の成立に伴い北海道改革が焦点化する。その主導者だった品川内相は、藩閥防衛のための非藩閥化という選択肢を提示した。第一に、民党の改革要求に対し、政府内最硬派を排斥することで体制の安定化を図った。第二に新党結成を計画した伊藤の支持を見込みつつ、道庁機構拡張に着手し、政党進出の防波堤を築こうとした。しかし品川の「独立論」は、北海道問題を介して自由党と伊藤の相互接近を進めようとする陸奥によって換骨奪胎されてしまう。第三議会以降、薩派の後退に伴い、北海道の政党化に向けた経路が切り開かれていく。このことは同時に、中央政界での権力消長と並行するものだった。自由党が「積極主義」に親近感を表明して政権に接近したのに対し、薩派は質量ともに長州閥と拮抗するだけのテクノクラートを包摂できず、衰退を余儀なくされる。薩派が一定の復権を遂げるのは、大隈が率いる進歩党を与党とした明治二九年九月の第二次松方内閣の成立を待たねばならなかった。藩閥内で最も反議会的だった薩派でさえ政党との提携を図っていく日清戦争後の構図は、第一次松方内閣期の北海道問題の政治過程を補助線に引くことで、より鮮明になったといえよう。

また、以上の政治過程において印象深いのは、北海道政策への切実な利害感情を持つ主体が、黒田をはじめとする薩派の旧開拓使官僚と参政権のない地元住民だけだったことである。自由党の星や板垣にとっては、各地方間の利害調整のコストを要さない争点であり、大井派の北海道義勇兵構想との差異化という党内統治の要請も小さくなかった。他方で次期政権を見すえた伊藤と陸奥にとっては、自由党と相互接近の余地を拡大する格好の経路であった。切実な利害を持たない両者が、北海道への批判を外在的に共有することで、内地の政治的協調が促進されたといえよう。地方問題や部分利益を超えた「国家的課題」として認識されることは、必ずしもその政治主体としての尊重を意味しないのである。最終的に、連邦制的秩序とも一面で親和的だった北海道議会の可能性は、特に自由党が全国政党として集権化を進める過程で失われ、全国大の利益表出の回路は中央の帝国議会に一元化されていった[257]。

しかし、藩閥が政党との接点創出に傾注し、政策革新の可能性を後景化させたことは、その正統性をめぐる問いを、やがて惹起していくことになるだろう。以降、議会で北海道政策を先導する役割を果たしたのは、貴族院で後に第三代議長となる近衛篤麿だった。第二議会では北海道議会開設論者だった近衛は、北海道漫遊を経た第四議会では反対論者に変貌し、板垣・大隈の賛同にもかかわらず、北道道議会設置案が両院を通過することはきわめて困難となる[258]。そして衆議院でも次第に北海道の議論が低調に陥るなかで、近衛が新たな価値を見出したのが鉄道だった。すなわち第四議会で「北海道調査完成を要するの建議案」が提出され、これが第五議会までに函館―小樽線七五〇万円、空知太―根室―網走線一〇五〇万円、上川―宗谷線（調査中）、各地港湾四二〇万円を柱とする両院議員宛意見書として具体化されると、第六議会では開会劈頭の五月一五日に「北海道に鉄道を敷設し港湾を修築するの建議案」が上程され、日清戦争後の第九議会でついに「北海道鉄道敷設法案」の成立をみることになる[259]（すべて近衛が提出）。特に第九議会では、衆議院で既存の鉄道敷設法と北海道鉄道の接続をめぐって議論が膠着し、貴族院の主導でようやく両院を通過する合意がなされたのであり、政府とも衆議院とも異なる政策形成のあり方を示すものとなった。

そして藩閥の外部に政策形成の場を設定するこうした近衛のリーダーシップは、とりわけ第四議会以来、院内会派が複雑に対抗していた貴族院内の合意形成をも実現させている。第六議会中、政府の貴族院軽視に不満を抱いていた道庁長官の北垣国道は、近衛の多数派工作を日記で次のように称賛している。

近衛公爵北海道鉄道建議提出に付談あり。研究会及ひ多額納税者反体之旨に付、〔蜂須賀茂韶・貴族院〕議長及ひ中根〔重一・貴族院〕書記官長、且其他有力者を説き同意を表せしめ、又松岡〔康毅〕内務次官に説き政府委員に立ち十分賛成すへく、裏面に立ても尽力すへき旨を談示、同意せしむ。然れとも本日〔明治二七年五月一六日〕は右建議案の議を止め、明日に延はしたり。此れ建議案の味を多数議員に熟知せしむるか為めなり。[260]

はたして翌五月一七日、近衛の建議案は議場の大多数の賛成を得て可決されたのである。

次章では、近衛が中心となった第四議会前後における地価修正問題の政治過程を分析し、いわゆる「和協の詔勅」による歴史的な合意の達成にもかかわらず、藩閥の内在的危機が昂進していく過程を明らかにする。

第二章　第四議会における内在的危機の予兆

——地価修正政策、一八九二—一八九三

明治二三(一八九〇)年に帝国議会が開幕してから、二七年の日清開戦にいたる四年間の政治史は、藩閥政府と議会(衆議院)の激しい対立によって彩られている。そして計六回の議会を経験したこの初期議会のうち、最も熾烈な衝突の舞台となったのが第四議会(明治二五年一一月二九日—二六年三月一日)だったことは、おそらく論を俟たないだろう。すなわち、第二次内閣の組閣にあたり、伊藤博文首相が山県有朋と黒田清隆を入閣させたいわゆる元勲総出内閣を率いて議会に臨んだのに対し、自由党と改進党からなる民党連合は、政府が提出した大型予算案に徹底した減額査定を行ってこれと対峙し、最終的に二月一〇日、天皇の詔勅という非常手段の発動により未曾有の紛糾はようやく収束した。以後、衆議院多数党の自由党は、伊藤内閣への接近を加速させていくことになる。

本章では、政府と最大野党が対立から協調へと転換する起点となったこの第四議会について、地価修正政策に注目することで、その政治変動の新たな含意を析出しようとする。よく知られるように、第四議会で政府は、一万二千トン級の甲鉄艦二隻を軸とした、初期議会期では圧倒的規模の海軍拡張計画を提出し、衆議院の反発が必至のこの計画の対価として、地価修正法案をはじめて政府自ら提出する民党への大きな譲歩を行った。しかしこれは第一議会での一院主格説の採用が象徴するように[(1)]、これまで主要な政治交渉の舞台から排除してきた貴族院を、なおまた政府の意向で白にも黒にも誘導するといういささか都合のよいシナリオに基づく構想であり、はたして、自意識を形成しつつあった貴族院を政府への不信感で結束させる帰結を招くことになった。しかも、地価修正問題は、初期議会には地方

間対立を引き起こしかねない喫緊性を帯びており、民党路線の内在的限界を象徴する地方問題だった。(2) その意味で第四議会においては、第一議会以来の藩閥政府の二院制運用の限界がいわば集中的に表れたのであり、さらには中央―地方関係をめぐる両院の役割分担の起点ともなったのである。

そのことはまた、「和協の詔勅」が持った政治史的意味を、両院関係や地方政策という新たな観点から問いなおすことにつながる。本章ではその作業を通じて、自由党との最大公約数である行政改革を公約化した第四議会での藩閥の対応が、その実、政策革新を欠いたものであり、地方について独自の政策形成機能を自負する貴族院の離反を招き、藩閥が社会の要請に応答しうる基盤は失われていったこと、またその基盤の解体が、対外硬要因よりはるかに強力な内在的危機の要因として、第九議会での自由党政権参入を準備する伏線となっていくことを明らかにする。

以上の前提から、本章は、まず第一節では、谷干城と近衛篤麿という二人の貴族院指導者に注目し、地価修正問題を通じて貴族院の自意識が形成される過程を、第二節では、第四議会の紛糾を通じて山県の失墜と近衛の台頭が交差する過程を、第三節では、「和協の詔勅」後の藩閥の政策革新の不在が顕在化していく過程を、それぞれ分析する。

第一節　同床異夢の同盟――初期貴族院

(i)「討論終局」の時代

第二議会が終わった頃、ある貴族院関係者は、「開会中〔貴族院〕議事録を参照するに、出席人員は僅に〔総議員二七二名の〕三分の一の定足数に満ちるに過きす。其実例は第一期議会中最多数出席者は百五六十名にして、第二期最多数出席者は百三四十名に過きす。之れを彼此比照するに於ては、貴族院議員の出席者は百二三十名の間に出入す。之に由て推断せは欠席者は総員二百七十二名の半数に超へたる」と嘆いている。(3) まだ組織化が進展していない最初期の貴族院において、毎回の出席者が総議員の過半数に達するケースは希少だったことを、この記述は物語っている。衆議院の激しい予算闘争は「貴族院の静粛と正に反対」と当時評されたゆえんである。(4)

こうした初期貴族院の沈滞した一面を象徴するのが、「討論終局の動議」である。第一三議会で末松謙澄（男爵）の発議により二〇名の賛成者を要するとの修正が加えられるまでは、単独での動議の提出が可能だったこともあって、第一議会以来、貴族院では重要法案の議論が紛糾すると、貴族院規則第九六条に基づく討論の打ち切りがしばし企図された。そして、いわゆる「討論終局専門家」（曾我祐準（子爵、懇話会）の言葉）の存在が象徴するように、これは事実上、政府の意向に忠実な貴族院の声なき多数派が、意気盛んな少数派を封殺する手段としての側面が大きかった。(5)

たとえば、第三議会では、鉄道敷設法案での審議時間を確保するため、この提出を見合わせる約束が事前にあったにもかかわらず、島内武重（多額納税議員、高知県）により禁じ手の討論終局動議が提出されてしまう。これには、「民党」陣営から村田保（勅選、懇話会）と三浦安（勅選、懇話会）がただちに「約束が違ひます」と叫び、鳥尾小弥太（子爵、大和倶楽部）が「唯多数のために討論を盡さずに圧倒して仕舞ふと云ふことは頗る不快のことである。又多数に任せて圧倒して仕舞ふと云ふことは諸君も少し耻を知れば差控へて居らるべきことと思ふ」と訴え、谷や曾我もこれに加勢したものの、貴族院議長の蜂須賀茂韶（侯爵）は賛成者多数によって島内動議を採決し、討論を打ちきってしまった。この処置に激昂した谷は、「谷干城の議論を打破って然る後に討議終局を御やんなさい」「実に卑劣な奴だ」と大呼したものの、結局声なき多数派の前に屈している。(6) 貴族院議長は特別委員会の委員指名を一任されるなど、衆議院より制度上の権限が強かったこともあり、(7) 政府系の議長を通じたこの程度の院内戦術で、当初は貴族院を統御できたのである。それもあって、政府内のみならず衆議院内においても、貴族院を軽視し、時には公然と軽侮する向きさえ少なくなかった。(8) 以下では、かかる政府の討論終局戦術に躊躇なく与してしまう声なき多数派の気分を、谷や近衛、曾我といったいわゆる「民党」議員と対峙する「吏党」(9) の系譜に属しつつも、後年の山県系（幸倶楽部および研究会）とは区別する意味で、消極的「吏党」志向と呼ぶことにする。

ただ、初期の貴族院には、この消極的「吏党」志向に加え、いま一つの潮流として、衆議院との対比全般に敏感に反応する議員心理が存在した。この心理は論者の政治的立場の違いを越えて、ある程度まで共有されていたといってよい。実際、第一議会で明治二四（一八九一）年三月三日に政府と衆議院との妥協に基づく予算案が回ってきたとき、貴族院では、「叡慮」を掲げて短期日での通過を促す松方蔵相に対し、「民党」の三浦安や谷はもちろん、後に「吏党」の中心とされた中山孝麿（侯爵）も「貴族院の議権」を理由に反対するなど、政府の貴族院軽視に対し、「民」「吏」を横断した広汎な反発が巻き起こった。(10) 三月四日の予算委員会こそ、谷委員長が辞任したこともあって形骸化した単調な裁決が繰り返されたものの、(11) 翌五日の本会議は再び紛糾する。その衝撃は、政府委員の渡辺国武大蔵次官が「議場騒然、谷子爵、三浦安等大に反対す。茲に於てか貴族院議員、予算成立派・予算不成立派の二派か成る。而して成立派最多数を占め、余も亦力を極めて不成立派を攻撃す」と日記に書きとめたほどであった。(12)

渡辺大蔵次官が弾劾した「予算不成立派」の行動力は、たしかにその名に恥じないものだった。まず彼らは議事の定足数を満たさせないため欠席戦術を試みたが、これは伊藤議長が扉を施錠させて議場から脱出を防いだことで失敗した。そこで、今度は予算審議を会期切れに追い込むべく、長大な質問演説を繰り返した上、予算案の文言を款項にいたるまで逐一すべて朗読させる挙に出たものの（なおこのとき朗読を担当した書記官の矢代操（明治法律学校の創設者）は一ヶ月後に三九歳の若さで早逝している）、当局があらかじめ夜の一一時半頃に時計を止めており、時計の針が日限の夜一二時を刻むことはなかった。(13) かかる非常手段を駆使してようやく、予算不成立の事態を免れたのである。

そしてこの「予算不成立派」の精神は、最終日の三月七日になされた地租軽減法案の審議のうちにより鮮明に見出すことができる。この日、渡辺大蔵次官が議場で、すでに衆議院を通過していた同案を「直ちに否決せさらんことを周旋」したところ、「衆議員頑然聴かす。余〔渡辺〕大に怒り袂を揮って去る。然して事終に止むを得たり」という一幕があった[14]。渡辺が予算問題で妥協した衆議院への政治的な配慮から、地租軽減法案を否決ではなく、おそらくより微温的な審議未了に追い込むよう「周旋」を図ったのに対し、貴族院では当初、衆議院の意思が濃厚に刻印されたこの法案を「直ちに否決」できないことに強い拒否反応を示したのである。実際、政府の貴族院工作の上で欠かせない人物だった伊東巳代治もこの頃、「貴族院に於て宛も旧元老院の検視金の如く、事もなく通過すべきや甚だ覚束なき事なり。若し一ヶ条にても修正せば、政府と衆議院と折合ひ付きたるにも拘はらず僅々屈指の日限内に於て纏まるべき望無之候。殊に貴族院に於ては過半減租不賛成なるべきを以て、歳入に付き貴族院との間に大衝突を来すべし」と両院の対立に伴う予算不成立の可能性を憂慮している[15]。

以上の過程において、消極的「吏党」志向が「予算成立派」および地租軽減法案への審議未了派と一致するとすれば、「予算不成立派」および同法案の即時否決派についても性格規定が必要となろう。後者の系列に共通する、政府の衆議院重視の姿勢に反感を覚える議員心理を糾合し、専ら衆議院との差別化を推進する方向で貴族院の自立を確保しようとした指導者こそ、谷干城であった。すでに議会開設直前の明治二三年七月、会計検査院長の渡辺昇が貴族院議長公選論を打ちだしたとき、谷は七名の子爵とともにただちに意見書を提出し、「貴族院議長にして議長の推撰に依り勅任せらるゝ如きは、恰も衆議院議長の椅子と異なる所なく、実際上に於て全く貴族院令を左右するものなり」と両院議長を対比して反駁したが[16]、これは名実ともに貴族院における谷の政治活動の出発を告げるものであった。

本書は、谷の貴族院指導の第一義的な特質を、その対決的な両院関係観に見出す。それは第一に、「若し断然其の非を認め野父〔谷〕等か希望を充すに至れは、薩も可なり長も可なり民党も亦可なり[17]」と是々非々主義を掲げる谷において、少なくとも第四議会までは政府からの自立より衆議院からの自立が重視されていたからであり、また第二に、「民党」の同志には曾我や近衛など、谷よりはるかに両院横断に積極的な議員がおり、彼らと谷の間では衆議院との関係をめぐって時に少なからぬ緊張が発生したからである。

(ii) 議会指導者としての谷干城

さて、貴族院において谷の存在感を一挙に高めたのは、谷が第二議会に提出した、いわゆる「勤倹尚武」の建議案であった。これはたしかに民党の政費節減論と共振する側面を持っており、また批判者にそのように受け取られたが[18]、谷や三浦安が政府攻撃のためのものではないと強調したように、むしろ第一議会で政府から軽視された貴族院による、経済政策を通じた政治的自己主張の表現というべきものだった[19]。結局、政府系会派の研究会が「〔貴族院内の〕百方老骨迄駆り出し候而漸くに勝を制し」[20]、七八対九七で否決されたものの、谷に批判的な法制局長官の尾崎三良も「双方互角の勢を以て討論あり。……本日は本年議会開けしより初めての熱心論なり。議席傍聴席とも充満す」と評価したように[21]、衆議院の政費節減論と政府の富国強兵論を折衷した「勤倹尚武」派がここに誕生したことは、貴族院政治史の確かな一歩となった。そして谷はこの第二議会の解散についても、「時期甚た早く、眼中貴族院なきもの、如し。是甚遺憾なり。衆議院の決議は未た最終決議に非ず」と、政府の衆議院偏重という第一議会と連続した観点から、「大早計」と断じたのである[22]。

こうした結果、貴族院「民党」の雄たる谷の周辺では、伊藤系官僚が警戒したような、衆議院内の民党（特に改進党）との連携をより積極的に志向する両院横断の志向が、次第に高まってきた。すでに第一議会の開会直前、改進党の田中正造は大隈重信に「貴族院中の人々と三派合同五十人計り昨夜一会いたし候」と報じており、中江兆民のような自由党の民党連合論者にも、「土佐派の裏切り」直前まで貴衆硬派議員の連携による事態打開への期待があった[23]。また第二議会直前には、谷の長年の盟友でまもなく懇話会領袖となる曾我祐準を大隈と会合させる計画が具体的に進行していた。大隈にとっても、民党の議決を通過させるために貴族院工作こそが緊要だと判断されたのである[24]。メッセンジャーとなった竹越与三郎によれば、曾我はこの申し出を「上院は民党とか何とか名のつくと迚も其人の意見行はれざる傾有之、已に谷も之には困り居る様子なれば仮令政治的の意味なき事にても大隈との会合は余り為めにならぬ」と固辞したものの、「併し上院に入りて（今晩当選す）それとなく独立と称して民党の案を通過させるは勿論の事たるべし」と貴族院における民党提出法案への協力を積極的に約束した。のみならず曾我は、「谷と大隈を会せしめては如何にや」と逆に提案し、谷―大隈提携を自ら仲介する動きすら示せたのである。[25] 曾我が貴族院議員としてはじめて臨んだ第三議会では、「民党」が「吏党」議員の欠席のタイミングを見計らって政府の選挙干渉を批判した「選挙干渉に関する建議案」を緊急動議で提出し、さらに元来は「吏党」側の戦術だった討論終局動議を逆用するかたちで、少数派ながら勝利を収める珍しい一幕があったが、このとき曾我は、「どうも僕は今迄は戦争程面白いものはないと思って居りましたが、議員生活も戦争に次いで面白いものだ」と喜んだといわれている。[26]

また、谷・曾我の懇話会とともに「民党」の一翼を担った三曜会の近衛篤麿も、この頃から政治に傾斜しはじめた。「民党」議員でも憲法学への関心が一際強かった近衛は、明治二五年一月、明治憲法論、とりわけ伊藤博文の『憲法義解』批判を主題にライプティヒ大学で学位を取得した卒業論文を基にした「国務大臣の責任」と題する演説を華族同方会で行い、これを「此論題は彼の自由党、改進党の諸人士の政談演説に類するが如きも、余は政略上よりして大臣の責任を論ずるに倣はずして、唯々学理上より聊か所思を陳じ」たと正当化している。[27] これは華族間で少なからぬ反響を呼んだものと思われ、実際、近衛主催の討論会は、これを「甚不穏」とみる蜂須賀貴族院議長によって中止に追い込まれた。[28] 近衛の当初の留学希望地も英・仏であり、これには岩倉具視や三条実美が「自由民権の思想に感染し国体を忘るゝの弊」への警戒からむしろロシア留学を唱えて反対していた。[29] このように、華族秩序の設計者たる岩倉とおのずと断絶した政治意識を有していた近衛の場合、「民党」として目されつつも、むしろ「学理」で「政略」を乗り越えようとする知的能力を買われて、第一議会で論敵の伊藤からも仮議長に抜擢されるなど、広い範囲から次世代の貴族院指導者として期待される素地を形成していったのである。そうした素地は、岩倉がかつて担った政治対立の「調停者」の役割を、議会政治の文脈の下で近衛が継承していくことにつながっていく。

さらに内閣では第三議会中、衆議院で可決された選挙干渉決議案に対し、これを天皇大権に属する閣僚の任免権に抵触したものと強引に読み替え、その反駁という形で政府は議会に責任を持たないという解釈を打ちだす緊急動議を、研究会経由で貴族院に提出する動きが生じ、最終的に見送られたが、これは近衛が松方に直接、「議院の決議は時勢によりてすべきものなるに、万古不可換の憲法の解釈〔大臣責任の定義〕を議院に於て議決し置と云事は、実に後世に宜しからぬ悪慣習を作るものなりと存候。……本日此動議の議場に現はれざりしこそ幸に有之候。さなくては……穏便に事を運ぶと云事は到底望べからず候」[31]と動議提出を強く牽制したことが少なからず影響したと思われる。研究会領袖の千家尊福はこの結果に憤慨し、「折角骨折緊急動議を以て衆議院の決議を無効にせんとしたるに、首相〔松方〕不決断なる、九鬼〔隆一〕の言を容れて提出せしめざる事と為り、甚遺憾に堪へざる所なり。斯くの如き定論なき政府は助くべからず、暫く出院せず」と息巻いたが[32]、大勢は覆らなかった。

ところで、「それとなく独立と称して」民党との連携が可能と誇る曾我や近衛のような「民党」議員と谷の間には、一定の径庭が存在した。たとえば、井上毅がこうした「上院の急激流」の抑止力として谷の「中立論」に積極的意味を認めたことは[33]、谷が必ずしも政府や「吏党」議員との対決に固執しない姿勢を有していたことを物語る。「中立論」とは、時に「民党」を抑制し、「吏党」と協調してでも、貴族院の自立を最優先する谷の姿勢を、井上の立場から的確に捉えた言葉であった。谷が二院制の意義を強調するのも何より、政府―衆議院の構造的対立を「皇室の藩屏」として調停（「中立」）しうる点に、貴族院独自の存在理由を見出すからにほかならない。

第三議会における貴族院予算委員会が谷委員長の下、衆議院が削減した政府提出の建艦費について原案復活の挙に出たのは、まさにかかる「中立論」的志向の現れだった。これには、より衆議院の意向に敏感な近衛や曾我が、衆議院の予算先議権への配慮と予算費目追加による行政権侵害への懸念とから、本会議において抗議を行っている。特に近衛は、予算委員会での議論が、政府原案でなく衆議院の議決を原案としていたとすれば、新費目の追加が憲法違反となる可能性を示唆した。しかし谷は「別問題」として応答せず、また蜂須賀議長もこれに同調した。谷と研究会の同床異夢的な連合による建艦費の復活であった。谷は貴族院固有の予算審議権を擁護する観点から、懇話会や三曜会の同志をむしろ抑圧したのであり、この一点においては清浦奎吾ら研究会幹部とも共闘関係にあったのである。(34) またこれに続けて谷は、貴族院での修正に起因する予算不成立のシナリオに関して、貴族院修正の効力を限定的に解釈していた井上毅に詰問の書簡を送り、井上の「一部不成立にて全部〔の予算不成立〕に不及と之説」を「政府の都合」からなる「甚た不当」なものと批判している。(35) この谷の批判は、貴族院レベルの合意を経由しない限り、国家予算全体が不成立となるべきだというセクショナルな自己主張を内包していた。(36) そしてこうした論理はおそらく谷の主観と立場を越えて、これまで不遇意識を抱いてきた少なからぬ数の貴族院議員に希望を与えるものだったと思われる。

しかし、貴族院の自立性の確保を絶対視した谷のやや強引な議事運営は、衆議院の強い反発を惹起するとともに、次第に「民党」の同志との齟齬も拡大していった。そして、こうした齟齬を最も促進したのが地価修正問題にほかならない。明治初期以来、各地での地価算定問題をめぐって立法府なき司法行政の限界が顕在化していたこともあり、(37) 政府でも早い段階で地価修正要求の切実性は認識していた。(38) かつて第一議会で自由党の林有造が、低地価県の増租も含む地価修正法案を提出したのは、大井派が掌握する臨時評議員会が主導して党議決定された「定立地租軽減案」に反発する議員層（弥生倶楽部）の反党行動であったが、(39) その後第三議会までに、自由党内でも、民力休養論の正統派であった地租軽減論をも上回る求心力を獲得しつつあった。(40) 続く第四議会において、藩閥指導者に甲鉄艦二隻の対価たりうるという期待感を抱かせるだけの社会的要請は存在していたのである。

それゆえ、第三議会での地価修正法案（衆議院提出・可決）の審議では、曾我や小沢武雄（勅選、懇話会）が賛成票を投じたのみならず、「勤倹尚武」派の同志だった三浦安までも谷方式への疑念を投げかけるにいたる。三浦の疑念は主に、谷の地価修正反対論の正当性に対して向けられた。すなわち、貴族院が地価修正法案を最終的に四七対一二五の大差で葬り去る上で原動力の一つとなった谷は、その反対演説において、まず地価修正を地租軽減と同一視し、その上で「消極」政策たる地租軽減＝地価修正に「積極」政策たる持論の海防強化を対置し、地価修正反対を正当化する論法を用いていた。しかしそこには、地価修正論が地租軽減論と本来別個に提起していた、全国的な公平性の保障という観点が、全く捨象されていた。そして谷は、「地租軽減をしたならば……或は衆議院の御機嫌も宜しい」などと衆議院への反感を随所に滲ませつつ、演説の末尾では、衆議院と異なる存在理由を持つ貴族院の一員として誇りと自覚を持つよう、議場に向かって情熱的に呼びかけている。

満場の諸君、諸君は即ち貴族院の議員である。貴族院議員の諸君は、衆議院で決議して来たことは兎も角も之に従はねばならぬ、若し之に従はぬときは遂に他日の軍備拡張も出来ない、と斯う云ふ様な御考であっては、大変な間違いであります。さう云ふことになっては、両院に立てられた主意と云ふものは立たない。貴族院は貴族院、衆議院は衆議院。斯の如くになってこそ始めて両院の効能は立つと思ひます。

この「貴族院は貴族院、衆議院は衆議院」という谷の演説に対し、地価修正法案に賛成する少数派の一人だった三浦は、ただちに「地租軽減のいやみを以て地価修正の美なる趣意を抹殺することはできませぬ」と鋭く反論を寄せた。三浦は民意への応答という観点から、「人民よりも斯く請願し衆議院に於ても斯く提出されたのを、其趣意までを丸で抹殺して仕舞ふと云ふことは、果たして貴族院議員の義務でありませうか、ありますまいか」と谷に問いかけ、また谷の対決的な両院関係観についても、「御失言」「御熱心の余りに……御説の間違」といった強い言葉でその硬直性を非難したのである。(41)

谷がこの三浦の反論を遮るかたちで「夫れでは一院論になります」と叫んだのは、以上みてきた谷の貴族院指導の必然的な帰結だった。ここに表れた、衆議院への同質化や系列化を倫理的に指弾する谷の姿勢を、反＝一院論と呼ぶことができよう。この反＝一院論は、「吏党」を含め、反衆議院感情を共有した貴族院内の広い支持を調達することが可能であり、谷の政治的台頭の一つの条件を説明する。だが、貴族院が過度に衆議院との対抗をめざし、議会政治が硬直してしまった場合の処方箋を、谷が持ち合わせていたとは思われない。実際、衆議院が代表する民意（地価修正）への一定の配慮の必要を説いた同志の訴えも、貴族院の自立性の確保を焦る谷には、貴族院の排除を図る「一院論」者の片棒をかついだ議論と聞こえてしまうのである[42]。

もちろん、初代貴族院議長の伊藤が、第一議会での予算取扱手続案の審議において、一院主格説につながる条項[43]の削除を図った谷について「小生〔伊藤〕は断乎不承知を唱へ置候」と不快感を隠さなかったように[44]、谷には、議会開会以来、政府の貴族院軽視を改めるべく自己主張してきた輝かしい歴史があった。だが、いささか皮肉なことに、第三議会中の追加予算問題や地価修正問題で谷が闘士として存在感を発揮することができたのは、前議会の「勤倹尚武」建議案の折とは異なり、政府の貴族院軽視を甘受し、討論終局の動議に容易に同調する消極的「吏党」との同盟が成立していたからだった。自立性の主たる指標を衆議院からの距離に見出す点で、谷の貴族院指導には、「藩閥の藩屏」としての貴族院像の再生産に、結果として資する一面があったといえよう。

実際、この第三議会における地価修正法案の否決を一つの転機として衆議院の側の反貴族院感情も急速に高まっていく。第四議会前後には、「輿論」に応答していないという民党からの貴族院批判は頂点に達するにいたった[45]。すでに第一議会後、自由党領袖の杉田定一が「本年議場の一大輿論は政費節減・地租軽減に而……地租田畑五厘減に衆議院に而大多数決に相成たるも、不思議にも意外にも貴族院に而之を議了、□□〔欠〕、□〔衆カ〕議院の苦□□〔欠〕水泡に帰せしたるは、実に三百議員は勿論、四千万同胞の遺憾とする所なり」と地元に報告したように[46]、地租軽減法案を最終的に廃案に追い込んだ貴族院を、衆議院のみならず「四千万同胞」の敵として名指しする声は存在した。だが民党の主な矛先が藩閥政府に向いている限りはまだ安泰であり、また会期切れに伴う審議未了（否決の回避）が免罪符となる余地もあった。(47) しかし、谷が体系化した反＝一院論を通じて徐々に自意識を形成していった貴族院は、第一議会では政府に阻まれてなしえなかった民力休養法案の否決をついに実現する。それは西村茂樹が後年、「硬派議員の意見、偶然にも政府の意見と暗合せしを以て、此の如く勝敗の数甚懸絶したるなり」と振り返ったように(48)、政治的に相容れない「吏党」・「民党」の「暗合」による多数派形成という不安定な権力配置によって生じたものだった。そしてこの半年後の第四議会で、貴族院は政府自身による地価修正法案の提出という、深刻な自己矛盾の契機に直面することになる。

第二節　権威主義的議会交渉の模索

(i) 海軍拡張問題と六七条問題

本節では、前節で分析した貴族院内部の意識変化をふまえた上で、主に山県有朋が試みた、最終的な歩み寄りを念頭に置きつつも、政府の同意が必要な六七条費目の廃減について極力強硬な姿勢で議会に臨み、その実これを政府側の取引材料とすることで、議会が政府の同意なく削減できる自由討議費目（新規予算はすべて該当）で譲歩を引き出そうとする議会交渉プログラムを、「権威主義的議会交渉」と名づけ、その採用から崩壊にいたる過程を分析したい。

第四議会は明治二五（一八九二）年一一月二九日に開会した。この直前の二七日、伊藤首相が事故によって全治二ヶ月の重傷を負い、井上馨内相が臨時首相となっている。そして一二月三日から一八日にかけて開催された河野広中を委員長とする予算委員会で、懸案の海軍拡張について新規建艦費三三二万円が全額削除されてしまう。翌一九日、渡辺国武蔵相は、衆議院予算委員会の報告を受けて査定案に同意しがたい旨を表明し、交渉の舞台は二一日からはじまる衆議院本会議に移ったものの、まもなく年末年始の休暇に突入する(49)。

先述したように、第四議会での政府の当初のシナリオは、総額二〇〇〇万円弱におよぶ甲鉄艦二隻を軸とした海軍拡張を実現させるための交換材料として、地価修正を議会に約束するものだった。しかしなぜ議会の過去最大級の攻勢が予想された第四議会に、議会の反発が必至な大型軍拡案が提出されたのであろうか。実際のところこれまで海軍は、内閣制度導入による予算統制の成果もあって[50]、議会を意識した抑制的な予算編成を行っていた。第一議会以来、政府が議会に提出した海軍の新規予算は、いずれも巡洋艦・報知艦などの中小艦が中心であり、しかも老朽艦の代艦建造という現状維持（五万トン海軍）の範囲内に限定（第二・第三議会では削除されたが）されていた[51]。しかるに、明治一九年八月の長崎入港に続き、明治二四年七月にも再度、当時最新鋭の甲鉄艦たる「定遠」「鎮遠」を含む清の北洋艦隊が下関から瀬戸内海を航行して横浜に入航し[52]、当局に衝撃を与えていた。しかしこれに対抗するため明治二五年に輸入されたフランス製の軍艦「松島」「厳島」は、試射の結果実戦に堪えないことが判明し、国産の「橋立」も造船体制の不備のため輸入艦より割高かつ長工期であり、技術・コストの点で当時国産可能な規模はわずか四千トン級にすぎなかった[53]。明治二五年以降、政府は甲鉄艦四隻・一等巡洋艦四隻を基幹とする九万トン海軍の建設に踏み切り、甲鉄艦二隻（「富士」「八島」）をイギリスへ発注するが、このように一万トン級という世界水準と格差が開きつつあるという認識が広まっていたことが、議会との激しい対立にもかかわらず、政府が本格的な海軍拡張に着手した直接の背景であった。そして自由討議費目である以上、議会の協賛は不可欠だったのである。

ちなみに伊藤首相は、第四議会開会を一ヶ月半後に控えた一〇月一一日、薩派長老の大山巌陸相に「海軍整理拡張」への協力を要請した書簡のなかで、「鋼鉄艦製造一件も目下取調中（議会へ提出案）、愚考に而は他日我海軍漸大を為すに至る迄の間、可成嶓数多量の大艦を築くより寧ろ中艦の数を増す計画必要と奉存候。従来海軍の経画を観るに、往々比較を欧州最強の海軍に採り偉大に失するの憾なき能はす」と海軍の伝統的な「大艦」志向を牽制し、五千トン四隻や七千トン三隻といった「中艦」に重点を移すよう説いている[54]。この伊藤の要請が海軍内のいかなる動向に対応したものであり、また現実の予算編成過程にどのように反映されたかは定かではない。伊藤は議会開会式の勅語のなかに、建艦費への協賛を促す文言を挿入しようとした形跡があり、[55]その通過の可能性を危惧していた節もある。ただ第四議会は何より、井上馨の仲介で伊藤と山県という長派の両雄が閣内で協力して議会に臨んだ唯一の事例であった。そして山県は、後に第四議会が紛糾した際に甲鉄艦の導入を強引に実現しようとした人物であった。いずれにせよ、海軍拡張と地価修正の交換は閣内合意が成立し、これが第四議会の政治過程に投入されたのである。

もちろん交換材料たる地価修正に、議会の支持が完全に見込まれなかったわけではない。たとえば、開会直前の一一月一五日の党大会で、自由党は内部改革を前提とはしながらも海軍拡張を最重要課題と位置づけ、長年掲げてきた地租軽減を党議から外すにいたっており、[56]また明治二五年末の時点で、自由党内の地価修正派議員によって巡洋艦・報知艦といった中小艦については建艦費の復活をめざす動きがあった。[57]とはいえ、やはり大艦については、予算案の本会議が再開された翌二六年一月九日時点で交換が成立する可能性は失われていた。[58]結局、一月一二日に予算会議が終了するまでに予算委員会の査定が（高等中学校費を除いて）ほぼ踏襲されることになる。

地価修正とならぶ藩閥政府のいま一つのカードは、六七条費目（俸給費・庁費が中心）の廃減であった。政府がこの廃減要求の不同意に最後まで固執し、最終的に「一銭一厘」も削減しないと議会で答弁してしまうまで対立が極大化していったことはよく知られている。しかしそもそも第一議会は衆議院の廃減要求に同意することで妥協が成立したのであり、第四議会に限って、しかも前内閣と異なり専門官僚の突き上げも抑制しうる元勲内閣の下で、六七条費目が全く削減できないというのは、やや不可解な話である。そもそも第四議会の最重要争点が、六七条で保護できない自由討議費目の海軍拡張問題だったにもかかわらず、ここで政府が六七条費目の防衛に固執した事情について、[59]本書では次のように考えている。伊藤不在のなかで議会交渉の陣頭指揮を事実上とったのは山県であり、自身、政府内を鼓舞する意図もあって議会の複数解散論に言及しているが、政権の当事者である以上、議会との妥協可能性を放擲してまで自身の責任の下であえて超法規的措置にふみきる誘因は、少なくとも議会前半段階では小さかったとみるべきだろう。[60]山県も六七条問題については、第一議会と同様、議会との最終的な妥協締結にいたるシナリオを想定していたと思われる。山県は当時の藩閥で貴重な議会運営の「成功経験」を持つ指導者だったし、むしろ彼が死活的に重要な予算と考えていたはずの建艦費を通過させるためにも、交渉の余地を残しておいたと考える方が自然である。すなわち六七条費目で「一銭一厘」も譲らないという強硬論は、高圧的姿勢を貫くことで最終的に六七条費目以外の真に重要な予算〔建艦費〕への譲歩を議会から引きだす手段として、打ちだされた側面があった。それは何より六七条費目の政治的優先順位の低さに支えられていたと思われる。その点でいかにも権威主義的な交渉スタイルではあったが、交渉に託するものがある分、勅語による超然主義的な突破を当初から視野に入れていた伊藤よりも、ある面で「立憲的」な行動様式だったのである。

そして、こうした山県による議会交渉プログラムを、療養中の伊藤も基本的に支持する意志を表明した。一月八日、井上馨の求めに[61]応じて山県・井上・黒田の三人に発した書簡で、伊藤は議会の査定案に「断乎不同意を唱道して之を排除するの外無之」としつつも、かつて自身が木戸孝允と大久保利通の間を周旋した明治八年の大阪会議に言及し、政府の側にも一定の歩み寄りを求めている。

回顧すれば明治八年の春、木戸〔孝允〕・大久保〔利通〕二公会于大坂、竟に伴板垣〔退助〕帰。当時の形勢自から今日と雖有異、然れとも我輩〔伊藤〕処今日須学其寛容濶大襟度、蓋開国会容民議は上聖皇の宸慮にして又先輩の所経画、而して之を完成する頗至難の事業なり。諸公、若繙過去十年歴史、有思過半者矣。[62]

このように元勲の共同の記憶を語った伊藤に、詔勅の選択肢を含めた、打開のための具体的展望がどこまであったかは不明である。しかし、少なくとも伊藤と井上は山県のプログラムを基本的に承認した。そして、正面からの海軍拡張の実現が困難になり、六七条費目の交渉に焦点が移行した以上、政府としては、衆議院を通過し、貴族院に回った地価修正法案を何としても葬る必要があったのは当然であった。だがここで政府が自ら法案を撤回する道を選ばず、貴族院の手で否決させて状況を収拾する方針をとったため、民意に応答していないという批判を貴族院だけが浴びてしまう歪な状況が生まれる。やはり衆議院を通過した地租軽減法案も、貴族院が審議未了ではなくはじめて否決にふみきったことと相俟って、[63]第四議会では「貴族院廃止の説」[64]すら叫ばれる事態が生じたのである。

もちろん、前議会に引き続き地価修正法案に賛成する意向があった貴族院「民党」の間では、曾我が態度を一層硬化させ、これを政府による法案の「見殺し捨て殺し」と非難した。[65]しかし、こうした政府の責任転嫁姿勢に対する反発は、非「民党」の貴族院議員のなかからも現れるにいたる。たとえば、西園寺公望〔侯爵、無所属〕は、「貴族院を怨府ならしむる之不得策」と「撤回策を政府自ら取る之道理」を訴えるべく、同志を糾合して地価修正法案「撤回」に向けた建議案の提出を準備している。[66]西園寺は、早くから蜂須賀議長が副議長に推薦しており、[67]後年には近衛篤麿と蜂須賀議長の後任の椅子を争うなど、[68]基本的に政府〔研究会〕と近い立場の議員であった。特に、当時、次期議長への階梯と目されていた全院委員長の選挙[69]では、毎回のように近衛と西園寺が接戦を繰り広げており、いわば非「民党」陣営での近衛のライバルに相当する人物だったのである。[70]

以上は初代貴族院議長を首班とした内閣としては、いささか政治的な配慮に欠く措置だっただろう。政府系の西園寺でさえ憤懣を隠さなかったことから窺えるように、地価修正法案をめぐる政府の対応は、形成されつつある貴族院の自意識を著しく傷つけたのである。しかも、この状況を前に、貴族院指導者としての谷は、第三議会と同様、研究会と連携した反＝一院論的姿勢に終始し、十分に有効な対応をとることができなかった。谷や鳥尾の地価修正反対について、「鳥尾子若し衆議院に在らしめば純然たる吏党也。井の角〔井上角五郎〕の類のみ。谷子若し衆議院に在らしめば、彼れも亦遂に吏党たるを免れず。彼れ幸に暗黒の中に稍鼠色を帯ぶるを以て、僅に吏党の称を免る、のみ」[71]とその「吏党」性が取り沙汰され、また谷が「民党」の同志たちと当時試みていた、政府―衆議院調停の試み[72]についても、「谷子の如きは地価修正案謀殺者の一人にあらずや。自ら官民衝突の源を作りて今日調和を試むるとは鉄面も亦甚たしからすや」との冷評が浴びせられた(73)。実際、鳥尾は地価修正法案反対の演説の冒頭で、「此議案は今日政事上の大問題である。之に反対の意見を持する余輩〔鳥尾〕等は実に至難の位置に立つ者にして、言は、憎まれ役と言はねばならぬ」と断らざるをえなかった(74)。かくして地価修正問題は、初期議会期の貴族院のディレンマを最も象徴する争点となっていったのである。

(ii) 貴族院の「本分」の模索

貴族院本会議における地価修正法案の審議は、一月一三日・一四日・一六日の三日間で行われた。その初日、現役の和歌山県知事であり、勅選議員（無所属、のち幸倶楽部）の沖守固は、「議会之有様実に混雑にて、貴族院昨今は殆衆議院之如く、議員間に激戦を起し申候。巡査を派出し、議員を護衛する場合に到り申候」と議場内の「衆議院」化の様子をいきいきと描きだしている(75)。貴族院らしからぬ「激戦」を可能にした秘密の一つは、これまで政府の貴族院操縦の武器だった討論終局動議の機能不全にあった。

たとえばこれに先立つ第三議会では、地価修正法案の審議が第二読会に移る前に小笠原壽長（子爵、三曜会、のち研究会）が討論終局の動議を提出し、八六対八四の僅差で可決されてしまっていた(76)。しかし、第四議会では、第一読会の最中に再び稲垣太祥（子爵、研究会）によってこの禁じ手の動議が提出されたにもかかわらず、今回は少数の賛成にとどまった。これには、怒れる地価修正論者たる曾我が、初期貴族院の言論の停滞を招いてきた声なき多数派を糾弾して、「無神経に此議論を御聴きになる御方は随分御苦労でござりませうが、併ながら貴族院議員として国家の大政を議するのに、仮令己が演壇に登って言はいでも聴いて居る位の御辛抱は、一日や二日はどうしても願はなければならぬと思ひます。……実に卑怯未練な仕事で、是れ程の問題を議するのに、己が登って言はんでも、黙って居って聴いて居ることも耐へ切らぬことは、実に驚入った次第と考へます」と積年の不満を直截に語ったことが、あるいは奏功したのかもしれない[77]。

しかるに、これは、この背後で「討論終局専門家」たちを指嗾していた伊東巳代治に静かな衝撃を走らせるに十分な異変であった。一日のみで葬り去るはずだった地価修正法案の審議が、三日におよぶ混戦の末にようやく結了したとき、伊東は伊藤首相にあてた手紙で、全体の経過報告とともに、予期せぬ苦戦への戸惑いを伝えている。

> 特別地価修正法案の儀、一昨〔二四日〕土曜日、打合せ不十分の為め、討論終結の動議を出さしめ候も僅少の数差にて遂に今日に引続き候事と相成候故、其後も一層運動を試み、既に右の如く討論終結の動議にて一敗致候暁に付、最早飽迄勇戦の外無之と中途より方略を一転し、先つ敵味方とも戦ひ疲れ候迄相戦ひ、本日四十九に対する百二十四の大多数を以て否決せられ候。其間西園寺〔公望〕侯爵より撤回論など相起り候へとも、種々弁破して右の如き意見を止めさせ候等、苦戦甚だ力めたる儀に御座候[78]。

票数の上では、前の第三議会同様、二・五倍の差をつけて賛成派を圧倒〔四九対一二四〕したにもかかわらず、伊東がこのような徒労感を表明せざるをえなかったのは、討論終局戦術にみられる、消極的「吏党」志向に依存した第一議会以来の貴族院支配が行き詰まりつつあることを、この三日間で痛感させられたからだろう。かつて伊藤博文から「貴族院中の事情は如視於掌上分明ならん[79]」とまで評された伊東巳代治の役割の、終わりの始まりであった。

そして、勅選議員で無所属の尾崎三良が、「〔第三議会での否決から〕僅か五、六箇月の間に此の案〔地価修正法案〕が再び此院に現はれて来たと云ふことは、甚だ本員は遺憾に存するところであります。然も此度は政府より出て来たので是れ又一層遺憾を増す訳であります。……監獄費国庫支弁案と云ふものを先づ議して、然る後でなくんば此地価修正或は地租軽減と云ふものに及ぶ訳はない。是れは即ち前議会以来の貴族院の意思である[80]」と述べたように、伊東のシナリオはあくまで結果的に破綻を免れたにすぎず、むしろ貴族院を操作可能な客体とみなす枠組みからは自律した政治的「意思」を、貴族院は民力休養問題を通じて胚胎していったのである。

ただ、民意への応答不全という批判が突きつけられるなか、慣れない「激戦」を演じた「吏党」議員にも迷いがなかったわけではない。たとえば、反対票を投じた現役地方官の沖は、県庁への報告で「曾我〔祐準〕、三浦〔安〕等之挙動を知り候而は卑劣千万之事有之、筆紙に尽し兼候」と地価修正に賛成した「民党」議員を非難した上で、「和可山県之如き一県之利害に於而は修正之必要を感し候得共、国家全体より洞観致し候得は今日之場合に而は否決致し候より外無之、小生〔沖〕は貴族院之本分を尽候為め否決に賛成致候」と経緯を説明している(81)。自身の投票行動を、「一県之利害」より「国家全体」の観点に鑑みた、「貴族院之本分」に即したものと位置づけることで、沖は地価修正への反対を自己正当化したのである。だが、沖自身も認めざるをえないように、地価修正は少なくとも「一県之利害」としては正当性があるのであり、そうした一県の利益が「国家全体」の利益と二律背反となる保証があるわけではない(82)。衆議院では表出しえないような利益への展望も欠いたまま、専ら部分利益要求への反射として召喚される「国家全体」の観点は、やや内実が空疎であり、空疎な自己規定に裏づけられた「貴族院之本分」は早晩問いなおしを余儀なくされるだろう。政府から軽視されつづけた貴族院議員たちも、衆議院の攻勢にさらされることではじめて、「一県」と異質な広域的・公共的利益をいかに表出しうるのかという課題に、向き合う必要が出てきたのである。

そして、その最初の機会を提供することになった貴族院指導者こそ、近衛であった(83)。まず近衛は、民力休養論として当時唱えられていた地租軽減論・地価修正論・監獄費国庫支弁論の三者それぞれに、「国民負担の軽減」に資する正当性を認めていた節がある。近衛の機関誌である『精神』では、「民力休養の希望」が多元化していずれも実現せず、また「地租軽減の已み難きを論ずるものは地価修正を排斥し、地価修正を唱ふるものは地和〔租〕軽減を非難し、地租軽減を論ずるもの地価修正を唱ふるものは倶に監獄費国庫支弁に抵抗せんとするの傾向」によって相互が激しく排斥し合う現状を改善すべく、帝国議会の場で希望を集約する必要を提唱している(84)。尾崎三良が「貴族院の意思」をそこに託したような、監獄費国庫支弁と地価修正をトレード・オフの関係で捉える思考が貴族院で支配的だった点を考えると、[85] この思考から解放されていた柔軟さは際立っていたといってよい。

それゆえ、一月一六日、地価修正法案が圧倒的多数で否決されたとき、『精神』は、貴族院では稀な、三日間もの「大論戦」が生じたことは大いに歓迎しつつも、「今の貴族院の如きは、如何に孔子あつて明論を吐き釈迦来りて良説法をなすも、其の決議の勝敗に何かあらんや。本案の否決せられたるは、否決せられたるの日に否決せられたるにあらさるなり」と嘆かざるをえなかった。[86] それは清浦にせよ谷にせよ、貴族院議員たちがややもすると衆議院への対抗意識から民力休養法案否決に躍起になる心理を的確に批判したものだった。地価修正法案委員会において谷が「此衆議院の議案をどうするかと云ふことを伺ふには決して及ぶまいと思ふ。衆議院の鼻息を窺う様なことは甚だ然るべからぬこと、思ふ」と発言していたことが示すように、[87] 問題は政府の意のままに操縦される「吏党」議員にとどまらなかったのである。[88] そして反＝一院論によって傷ついた二院制の正当性を再調達するには、政府と衆議院との対立を与件として貴族院の存在理由を示す（谷）だけではなく、政府―衆議院関係の流動化に対応した、新たな「貴族院之本分」を創出することが急務であった。

近衛のそうした方向の模索が、最も尖鋭な表現を見出したのは、「地租会議」構想においてである。すなわち地価修正法案が大差で否決された翌日の一月一七日、三日間議場に姿を現さなかった近衛は、「地租会議設置の建議案」を忽然と貴族院の本会議に提出した。この構想は、すでに第四議会の開会まもない時期に提示されており、[89] 自会派の三曜会で相応の議論を重ねた上で政治過程に投入されたものであった。[90] 近衛が一九日に行った演説[91] によれば、地租会議とは、既存の鉄道会議をモデルに、「地価の修正すべきものがあるならば其財源と其方法とを調査し、地租の減ずべきものがあるならば其財源と其度合とを調査し……凡そ地租に関する事柄は総て其会議に於て調査をすると云ふことに会議を組織」したものであり、二年をめどに、地租軽減・地価修正はもちろん地価標準以外の徴税手段も視野に入れるなど、地租に関する総合的な調査を行うことを目的に創設される審議会であった。構成員としては、政府委員と貴衆両院の委員のほかに、各地方の「地租のことに明るい人」の招聘が予定された。ここで近衛は、貴族院が今日の輿論で「怨府」とされている現状を紹介し、むしろその根本原因の地租問題において貴族院が政策的主導権を握っていくための一つの選択肢を提示したといえよう。それゆえ、民党陣営からも「渠れ〔近衛〕硬骨議員の名を負ふて地価修正三日の連戦に一回も出席せざりしは吾人の私に遺憾とせし所、然れども此日の演説は確に之を償ふて余ありき。……渠が貴族院中有望に好公子たるは確かに此際に現はれたりき」との声が挙がったのである。[92]

もちろん、近衛が演説中、地租会議論について「世上では大分議論がありまして、是れは地価問題を門前払にする一の計畧であるとか猾手段であるとか云ふことを言う人があります。殊に足立〔孫六〕代議士〔自由党・静岡五区〕の如きは自由新聞の論説でひどく之を駁撃せられ……」と述べたように、[93]この構想はこれまでの「民党」路線と一線を画しており、貴族院に社会統合の主導権を握られることになる衆議院の地租軽減派・地価修正派からは警戒をもって迎えられた。[94]しかし、それだけに、両院関係の最大焦点たる地租問題について新たな合意形成の枠組みを創出し、貴族院の危機を好機に変えようとする近衛の構想は、議場でも耳目を集めたようである。[95]最終的には、地租問題で最も強硬だった谷も条件付きで賛成するなど、地租会議建議案は大多数で可決された。

(iii)　山県の敗北と退場

もっとも、貴族院が現実の政治対立の調停に寄与しうる余地はほとんどなかった。地価修正法案の否決と同日の一月一六日、井上馨臨時首相が議会演説であらためて議会の査定案への不同意を明言した。この演説は、草案を事前に伊藤と山県がチェックし、一四日朝に井上が参内して天皇の前で朗読したものだった。[96]だが政府には、六七条費目については円滑な行政の必要性を、建艦費については「憲法の許す範囲」での強硬復活の可能性を、唱えつづけるほかなかった。この日、渡辺蔵相との間で有名な「一銭一厘」問答を展開した改進党の尾崎行雄が、政府が六七条費目の削減不同意に執着する理由が、財源問題でも憲法問題でもないと看破したように、(97) 政府はさほど喫緊の予算でもない六七条費目に固執したことで、空前の政府―議会対立を引き起こしたのである。一月二三日、自由党の河野広中らが天皇に働きかける内閣弾劾上奏案を提出し、政府はただちに二月七日まで一五日間の停会を決定した。そして、議会の機先を制し、詔勅による一刻も早い打開を訴える井上毅の提言(98)が無視されつづけたこの一五日間こそ、政府内で議会への姿勢に大きな分岐が生じ、それまで井上馨や伊藤とともに権威主義的議会交渉を主導してきた山県の挫折が決定づけられていく過程にほかならなかった。

山県批判の動きの起点となったのは陸奥である。すでに伊藤らが山県の「原案支持説」を支持し、陸奥や後藤の「折合論」を斥けていたとはいえ、陸奥はこの頃、六七条費目の削減要求を峻拒する政府の姿勢が、自由討議費目で議会が「随意」に削減することも可能にしてしまうとして山県に譲歩を迫っており、さらに井上馨を説得して、一六日の予算会議冒頭の渡辺蔵相の演説に「査定案中憲法第六十七條に関する款項に就ては衆議院は適当の時機に政府の同意を求めらるべきに依り、其際政府は適当の答弁をなすべきに付、本会議中に於ては同費目に関する部分に付ては敢て弁論せず」という趣旨の一文を挿入することに成功していた。(99) 山県が二年前に実現させた「政府の同意」をめぐる第一議会での合意を利用するかたちで、六七条費目の削減が争点化する可能性を封印したわけである。議会との紛糾を極大化させた責任を問う声が、政府内部から山県に向かってくる素地は整いつつあった。

一五日間の停会が決定した一月二三日、山県は腹心の品川弥二郎に「議会も一先停会に決し、生〔山県〕の意見と同一之回答に有之候得共、此先数日中如何之変態を可生は今より難予期事御察可被下候」と不安な心情を伝えている。(100) 山県の不安を裏打ちするように、二六日療養先から帰京した伊藤は、憲法六四条の事後承諾条項を活用した建艦費の復活を図る山県(101)を着実に封じ込めていった。伊藤と閣内とを仲介する立場にあり、詔勅策の秘密を保持する心労に耐えかねた井上馨は、他の閣僚への一刻も早い開示を伊藤に迫ったが、(102) 斥けられた。天皇の勅答による打開に向けて、伊藤は陸奥外相などの重要閣僚にもおそらくは秘しつつ[103]、山県の説得を最優先していったのである。二月七日、停会明けの議会で河野の上奏案が可決（九日には星衆議院議長が天皇に捧呈）され、再休会となった。山県はこれを受け、いずれも現実には採用しがたい硬軟両極端（解散強行ないし民党への政権委譲）の選択肢を掲げつつ、天皇に累が及ぶという論理で詔勅降下に抵抗したものの、最後は伊藤に屈服せざるをえなかった[104]。かくして大勢が決した二月八日に山県が辞意を表明[105]したのを尻目に、九日の閣議では詔勅による打開策がようやく全閣僚に明かされ、二月一〇日、伊藤の周到な演出によって、議会には建艦費の通過を促し、政府には俸給費の一割減と次期議会までの行政改革実施を約束させるいわゆる「和協の詔勅」が、上奏への勅答として議会に下されることとなった。

第三節　建艦詔勅と行政改革の公約化

(i)「新内閣」の始動と貴族院

以上のように、第四議会は伊藤の超然主義の秘術を尽くした詔勅政策によって決着し、この結果、海軍拡張問題も六七条問題も概ね解決した。しかし、藩閥政府が安穏としていられたわけではない。秘術の政治的代償は決して小さくなかった。とりわけ、井上馨の尽力でかろうじて保たれていた伊藤―山県の閣内協調は第四議会を通じて完全に解体した。伊藤が不在のなか、対議会交渉を当初主導した山県は、六七条問題で強硬姿勢を示して海軍拡張との交換を引きだす「第一議会方式の妥協案[106]」の再現を企図し、成功経験に立脚したこのプログラムは伊藤と井上馨の支持をも調達しえたものの、妥協のためにする強硬姿勢がむしろ政府―議会対立を極大化させてしまった。結局、山県は眼目の甲鉄艦を確保するため禁じ手の事後承諾条項の活用を強弁するほかなく、政府内での支持は急速に失われていった。六七条問題に関するそれまでの政府の強硬な通牒をすべて撤回した、「和協の詔勅」直後の政府声明[107]は、いわば山県方式の失効宣言であって、手痛い敗北を喫した山県はまもなく内閣から離脱（三月一一日）[108]し、以後、伊藤内閣との距離をとっていくことになる。

「和協の詔勅」後の対議会折衝を陸奥宗光外相と渡辺国武蔵相の二人が主導したことが象徴するように[109]、伊藤はこの詔勅を自身の新たな政治指導を根拠づける転換点と位置づけた。明治二六（一八九三）年三月、伊藤は早速、第四議会の決着をふまえて閣議決定した「改革の方針」[110]を始動させている。この閣議書類には、文相のサインとともに（三月七日に河野敏鎌から井上毅に交代[111]）、一一日辞任した法相の山県のサインが存在しない。「和協の詔勅」に屈辱的な気分でサインしたと思われる山県の合意を欠くかたちで、「改革」方針は制度化されたのである。そして、第五議会を見すえて作成された付属の「最秘　大政の方針要目」という書類の冒頭には、「今や新内閣は前内閣に代り、上は至尊の御信認に奉誉し宸襟を安し奉り、下は議会に対する約言を履行し、第二維新の大業を完成し、国利民福を増進すへき大任に当れり」と述べられている。「和協の詔勅」によって天皇・議会との関係の下で正統化された「新内閣」を、詔勅以前の伊藤内閣とは断絶したものと位置づけたのである。内閣の正統性根拠が転換した以上、「完全なる改革」を第五議会までに決行することに「新内閣」の使命が見出されるのは自然であった[112]。そしてこうした「新内閣」はまた、議院内閣制とは峻別された超然内閣でならなければならない。「要目」には、「憲法擁護」のための四条項の一つとして次のような文言がある[113]。

政党内閣は政党の発達せさる今日望むへきに非さるを以て、政府は党派の外否之か上に立ち即ち師父誘導者たるの地歩を占め、不偏無党公平無私にして各派の長所と党争の帰着する中庸点とを採用し、政党の要求にして苟も国家国民に利益あらは之を容るゝに吝ならすして、専心一意国利民福を増進すへき事。

ここには、陸奥などとは異質な、政友会構想に結実していく伊藤自身のパターナリスティックな政党観もおそらく反映されていよう[114]。開放的超然主義者たる伊藤は、この時期、選挙法改正による既成政党改造も視野に入れつつ[115]、

「師父誘導者」として「党派の上」に君臨する政府像を提示したのである。要するに、自由党の協力を独占的に調達しうる指導者である自らの主導の下、しかし特定政党を与党化することなく、行政改革の公約の達成に努めることで、議会と国民への応答責任を確保していこうというのが、「新内閣」たる第二次伊藤内閣の当面の目標だったのである。

しかし、財源捻出のためだけの行政整理はそれ自体の創造性に乏しく、社会の要請にも直接的には応じえない散文的な事業である。日清戦争後、臨時政務調査委員会を立ち上げた大隈重信が維新以来の「行政改革」の歩みを振り返って「斯の如く数度行政の整理を図りたるも、概して経費節減を天目的と為したるの故を以て真の行政の整理を為したること甚だ寡し」と財政出動も伴う「真の行政整理」の必要を訴えたように[116]、何のための行政整理なのかを国民に魅力的に示すことに、政治家の本領がかかっているといえよう。この点で、「新内閣」が最初に取り組もうとした地価修正政策は魅力的な目的であった。第五議会前に渡辺蔵相が作成したと思われる「剰余金処分の事」と題した書類には、航路拡張に一〇〇万円、綿糸輸出税・綿花輸入税廃止に四〇万円、普通教育費補助に二五万円、そして地価修正三七五万円という具体案が首相の専権事項として記されている[117]。実際、第五議会では、この地価修正法案が他の法案と交換条件ではない純粋な減税法案として提出された[118]。地方間の不均衡を是正する地価修正政策はその正当性と喫緊性が明らかであり、しかし地方間対立を惹起する点で当時の自由党に統御できる争点ではなく、したがって非選出勢力の側こそが社会的要請に応答しうるという点で、政党に優越性を示しうる数少ない政策領域であった。いわば藩閥権力を下支えする政策革新の可能性が、地価修正問題に託されていたのである。

ただ、問題は創設者伊藤の意思から自律しつつある貴族院であった。仮に第四議会で衆議院が政府の当初の見込みどおり甲鉄艦との交換を呑んでいた場合、その対価である地価修正法案を貴族院で可決させる義務を負った政府は、いささか困ったことになっていたかもしれない。実際、伊藤も「和協の詔勅」から二週間が経過した二月二四日、井上毅にあてた書簡で「貴族院之形勢紛々擾々、予算之前途未可と此際不得止事情に付、両日位之延長は御発表之外無なリーダーシップを発揮しつつある近衛への期待感ははなはだ高いものがあったのである。[121]

そして第四議会の経験は、貴族院政治の中心を谷から近衛へ移行させていた。政府と衆議院の対立が政治観の前提にあり、両者の対立が収拾不能に陥ったときは「皇室の藩屛」たる貴族院こそが政府への入説を通じて対立の調停を主導するという谷のヴィジョンには、その調停すら奏功しない場合には「和協の詔勅」を模範的天皇像の発露として積極的に受容する素地があった。[123] このような谷の、例外状況での究極的裁定者としての天皇像は、「首権者」の「最上権」発動により犯人に皇室罪を適用し、「緊急令を以て其頭を斬」という「法律の外の所断」が不可決と力説した大津事件の際もみられたものであった。[124] しかしこれでは、貴族院の主体性を排除した伊藤の詔勅政策への防禦網を論理的に構築しえないのみならず、対立が解消したとき貴族院だけが「怨府」として取り残されてしまう憾みがあった。これに対し、近衛は谷が自律的な調停者として定位しようとした貴族院を、明治憲法体制内部でより円滑に作動させる条件を模索し、その役割を「政府と衆議院との間に立ち彼の〔法＝正義の女神である〕「ヂユスチ、ヤ」の地位にあらざる可らす」と司法機能のアナロジーで位置づけていた。[125] そこには、政党内閣への将来的移行も視野に入れつつ、[126] 政府と衆議院の接近という新たな流動的状況を前に、貴族院がどのようにして普遍的な合意を演出できるだけの中立性の担い手たりうるのか、第二院としての存在意義をどこに見出すのか、という問いが横たわっていた。[127] 近衛が七年間の貴族院議長時代の最晩年に政府─衆議院対立の調停にあたったとき、「彼の元老なるものが何時も中間に入りて妥協の法を諾する悪例と違ひ今回之如き時に際し貴族院が調和の法を案ずるは決して立憲の精神に反するものにあらずして最も適当の処置」との観点からこれを正当化したのも、政党化の趨勢のなかで去りゆく「元老」の後継者として、「貴族院」が「妥協の法」に代わる「調和の法」を打ちだすことに、立憲政治の下での二院制運用の究極的意味を見出したためだった。[128] 初期議会の構図から変化が迫られていた第四議会後の貴族院には、かかる「政略」に「学理」を対置する演繹的気質の指導者が台頭する素地があったのである。

第五議会はこうした地価修正政策をめぐる伊藤と近衛の協調可能性のハイライトとなった。近衛が委員長を務める貴族院の地価修正法案委員会に、事前に近衛から「可相成〔法案を〕握り置く意向」の一報を得ていた伊藤系官僚の末松と金子の差配によって、伊藤首相が議会に直々に出席したことは、異例な事態であった(129)。実際、この動きと呼応するように、第五議会開会直前には、貴族院内で、三曜会・懇話会所属議員と無所属の多額納税者議員とが結集して地価修正の実現をめざす「第五期国会同志会」(旭館同志会)が結成されるにいたっている(130)。なお近衛は、貴族院内で長く冷遇されていた多額納税者議員のリクルートに早くから積極的だった人物であり(131)、日清戦後の明治三一年末には、多額納税者議員の会派と三曜会とを母体とする「朝日倶楽部」を結成している。そしてこれはまさに第五議会当時、地価修正問題の前進に向けて彼ら多額納税者議員が参集していた「旭館」に直接由来する名称であった(132)。その点で、第四議会における近衛の地租会議構想は、彼の貴族院指導の起点となる象徴的な意味があったといってよい。

しかるに、「新内閣」と貴族院少壮議員の地価修正問題を媒介とした相互接近には阻害要因が存在した。その筆頭は閣外にいた山県である。第四議会の結果、海軍改革が公約化され、伊藤首相がそれを積極的に推進したことは、かつて建艦費を守るために敗北を強いられた山県を刺戟するに十分であった。自由党でも第五議会に向けて江原素六らが地方兵器製造所の大阪合併といった「攻撃的の調査」を海軍当局に直接つきつけていた(133)。第五議会を前にした明治二六年一〇月、山県は内閣に「軍備意見書」を提出し、明治二七年度予算が、剰余金を議会の要請する民力休養政策(中心は地価修正)にあてていることを批判し、建艦費を臨時費でなく経常費として聖域化していくよう要求している(134)。第四議会で画期的な海軍拡張が実現したにもかかわらず、「国家の危機の時に際し之れに応するに欠くへからざる財用を省き、之を地租の軽減及ひ地価の修正に応用すへき時に非さるのみならす、今日国庫の歳入を減却して所謂民力休養に充てんとするは正に其計を知らさるを見るなり。……況んや海軍拡張の必要なるは議会に於ても亦た之れを視認し曾て政府に促かすに十五万噸の軍艦を備ふるの大計画を定めんことを以てしたる者〔杉田定一〕ありしに於てをや」と、議会の支持も見込めるとの理由で、地価修正に代えてさらなる海軍拡張を要求したのである。

急激な海軍拡張のひずみは、第四議会を通過した一万トン超級の甲鉄艦の発注でも経済政策に波及していた。英国に発注した軍艦「富士」「八島」は、国際的な銀価の暴落により建造費が四二%、六四七万円も膨張し、多大な正貨流出を招いてしまう。銀本位制存続に強い危機感を抱いた渡辺蔵相によって明治二六年一〇月には貨幣制度調査会が設置され[135]、この大蔵省の姿勢と照応するように、伊藤と山県の仲介役だった井上馨も、銀貨下落に際して輸出増大の手段として輸出税全廃を唱え、代替財源として海防費の削減を求めるにいたっている[136]。藩閥内の合意形成は一層困難となり、地価修正の実現可能性は遠のいていった。

(ii) 失われた可能性

地価修正を通じた政策革新に展望を見出せない伊藤は、第五議会後に貴族院機構改革を通じて、政治的求心力を強化しようとする。しかし、第四議会での内閣の恣意的な対応を通じて自意識を傷つけられた貴族院内の主流派である研究会では、「今日民論の怒濤激浪は貴族院内研究会と申す堤防に而漸く支へつ、ある今日にありながら、自ら是堤防を壊すか如き事は却て不得策と存し候」という不満の声が挙がっており[137]、政府からの離反傾向が強まっていた。研究会指導者と目され、第四議会でも地価修正法案否決の「首唱者」[138]だった男爵議員の千家尊福は、勅選議員の嫌悪感を集めており[139]、急速にその地位を喪失していった。そうした状況のなかで、貴族院の権限拡張構想をめぐって伊藤と近衛は再び、しかし事実上最後の機会となる協調可能性を模索していくことになる。

貴族院では第五議会で条約改正問題をめぐって結成された衆議院の対外硬連合に触発される形で、第六議会にかけて対外硬派の影響力が高まっていた。しかしその旗手として全院委員長に初当選した谷が、谷以上に強硬な自派議員の統御に苦慮したのに対し、[140] 責任内閣論への共鳴から対外硬運動に接近し、[141] 民党連合を維持する必要性と、対外硬派への自重と譲歩とを説きつづけた近衛には、[142] 新たに生じた政府と衆議院の対立を架橋しうるだけの政治的中立性を自己主張する余地があった。すでに第四議会閉会から一ヶ月後の四月一日、検察出身の現役内務次官であり勅選議員（無所属）の松岡康毅が、「由利〔公正〕子、青山〔幸宜〕男、尾崎三良、武井守正、安場保和と星陵茶寮に小集す。貴族院議員の政府党・民党に分倚し、本分を失ふ多きを挽回する為也」と日記に記していたように、[143] 貴族院内でも「政府党」・「民党」双方から距離をとった第三極の志向が存在していたのである。そしてこの会合に参加した松岡や尾崎ら法制官僚が、貴族院の「本分」を「挽回」するための指導者として期待をかけたのは、特定の政治集団との提携を回避する姿勢において内政・外交とも一貫していた近衛であった。[144]

第五議会の解散をはさんだ翌明治二七年一月二五日、近衛はこの尾崎・松岡を引き連れて伊藤首相邸に赴き、貴族院の権限を強化するための機構改革について会談した。そこで近衛たちは、「貴族院は国家庶政の機関として衆議院と対立して設けられたり。衆議院は兎角激動急進の傾きあり。政府と常々衝突し易く、貴族院は其中間に在て双方の極端を制し調和せしむる事に便ならさるべからず。然るに其実効なきは甚だ遺憾なり。是れ他なし、貴族院に未重を為すに足らざるの致す所ならん。是れ真に国家の元老たる者未だ議員に列せざるに依るなり」と述べ、①「国家の元老を勅任せらる、事。板垣、大隈二伯、品川子の如きもの」、②「枢密顧問官も〔貴族院〕議員を兼ぬる事を得せしむる事」という二項を提示している。[145] このうち伊藤は、以前、第一次山県内閣も検討した[146]②は拒否したものの、各政党指導者を結集する①には「至極同意」を示した。実はこの前日の一月二四日には、近衛・谷をはじめとする貴族院議員三八名が連署し、条約励行論の立場から伊藤内閣の第五議会解散を非難する忠告書（谷が起草を主導）を政府に提出していた。[147] 近衛たちの談判は、こうした院内の対外硬圧力を背景に、機構改革により伊藤と貴族院の妥協点を探ったものと推測することができる。これはまた、すでに金子や伊東を介した貴族院操縦の限界を認識していた伊藤にとっても、離反しつつある貴族院に准元老級の各政党党首を結集させて年来の理想である挙国一致の担い手とし、政府と衆議院の調停に当たらせる案として、魅力的に映ったに違いない。伊藤が第六議会前に貴族院令の改正を真剣に検討するにいたったのも[148]、この近衛の行動によるところが大きかっただろう。

結局は実現しなかったこの日清戦前の貴族院改革構想[149]は、日清戦後になると伊藤と対抗する薩派—進歩党に接近し、政友会創設期には旧進歩党の憲政本党党首に擬せられ反伊藤陣営の盟主として仰がれる近衛[150]が、伊藤との提携を模索したものとして、興味深い事例である。しかし同時に、全議会勢力を自らの下に挙国一致的に結集するという伊藤の開放的超然主義や、機構改革で権力基盤を拡大する発想がすでに状況適合性を失っていることを、象徴する事例でもある。伊藤がおそらく容易に糾合しうると考え、また自身も積極的だったと思われる国民協会副会頭の品川弥二郎が、谷から勅選議員への就任の説得を受けたとき、協会幹部の白根専一の強硬な反対に直面（「同氏〔白根〕は殊之外不同意に而、決然〔品川が〕御入院不可然との見込に御坐候」）し、結局は固辞せざるをえなかった事実[151]は、それぞれ個別利害を有する組織や集団の自律性を顧慮していないこの構想の実現性の度合いを、何より物語っていよう。

たしかに、「和協の詔勅」は超然主義の秘術を尽くしたものであり、のみならず異なる意見の間の最大公約数（行政改革）を発見し設定するという、伊藤の「周旋家」的リーダーシップの資質[152]がいかんなく発揮された政治的作品であった。もっともその達成に伴う代償もまた少なくないものがあった。山県や貴族院が離反しはじめ、伊藤の統合力に翳りがみえていくのはその端的な例である。しかしより根源的な危機は、行政改革の公約化に取り組む内閣の姿勢のうちに、政策革新の契機がいかなる意味でも不在であったことである。あらゆる権力にとって、社会の要請への応答能力を有するか否かは、正統性の調達に決定的に関わる問題である。地方についての貴族院独自の政策形成機能を自負する近衛との接近は、その最後の機会であったかもしれない。第四議会以降、対外硬派との対立に伴う二度の議会の解散こそあれ、内部においては一見して結束し、安定していたかに思われた藩閥政府のうちに、その支配の正統性を揺るがしうる危機が静かに進行しつつあったのである。

小括

議会開設以来、ほとんどすべての政治対立は政府と衆議院の間で構成された。そのため貴族院には、予算闘争の外に置かれたことによる疎外感と、この闘争を貴族院こそが調停しうるという選良意識がともに醸成され、交錯することになった。後者の志向を代表する谷の政治行動には、組織としての自立をめざす貴族院の自意識が凝縮されており、それゆえ谷はしばしば同志の「民党」より「吏党」と行動をともにしたのである。そして、谷にとっては皮肉なことに、とりわけ民力休養問題をめぐってこのような同床異夢の同盟が存在したことは、結果として衆議院と対立する政府の議会運営を支える役割を果たした。「天皇の政府」の羽翼たる貴族院の存在によって、「岩倉のせっかちで野蛮な忠誠を儀礼化しつつ実現」しようとした[153]伊藤の意図は、ある時点までは達成されたといえよう。

しかるに、第四議会において政府自らが地価修正問題を政治過程に投入したことは、初期貴族院のディレンマを浮かび上がらせ、谷の独自の政治行動の余地を失わせた。むしろ政府と衆議院の接近という流動的な政治状況への変化をふまえ、貴族院が司法的に調停するモデルを提示した近衛が、地租会議構想などを通じて新たに存在感を発揮していく。これによって政府―衆議院間で拾いきれなかった争点を発見し、「貴族院之本分」を再定位しようとする志向が現れたことは重要である[154]。第四議会で藩閥は、近衛がまがりなりに具体的選択肢を与えた、地方間の不平等の是正という要請に、微温的な対応しかできなかったのである。

ただ、第四議会の帰趨自体に地方問題が果たす役割は大きくなかった。政府の議会交渉を当初主導した山県の戦略は、地価修正政策での明示的な譲歩に加えて、真の主戦場たる六七条費目をめぐって最終的には歩み寄りを想定した強硬姿勢をとることで、逆に議会から海軍拡張問題での譲歩を引きだそうとするものであった。第一議会の成功経験に立脚したこの権威主義的議会交渉は、しかし未曾有の政府—議会対立を引き起こすこととなり、山県がその責任を一身に問われてしまう。

山県の退場から「和協の詔勅」にいたる過程を最終的に主導した伊藤は、藩閥における議会運営の第一人者として地歩を固めていった。もっとも新内閣には政策革新の契機が不在であり、貴族院改革の試みも実現しなかった。そのことは伊藤の超然主義的な貴族院観の問題だけではなく、自律しつつある貴族院に内在する問題でもあった。谷に代わって議会指導者として浮上した近衛にとって、学理は正義であり、正義のための「猪突猛進」(155)を彼は厭わなかった。周囲の同志にさえ冷めた視線を投げかけることが少なくなかった近衛は(156)、組織化を好まず、あくまで「野心勃々たる国々に於ても公然反対致し兼候程の正論」(157)を通じた争点ごとの結集を重視した。近衛は日清戦争中の選挙戦でも、対外硬陣営の目玉として各地から応援演説を期待されていたにもかかわらず、「今の政党及政府か今日の儘なれは第七議会も亦解散と覚悟せさるべからず。解散ある毎に遊説応援を為すか如きは到底予〔近衛〕の勝へさる処なり」という原則的な理由で断ってしまった(158)。自身のノブリス・オブリージュを重んじた近衛はあまりに誇り高い人物であり、権力追求としての政治をともすれば不潔なものとみる向きが強かった。第一三議会で星が主導した地租増徴法案通過の趨勢を「奇策は拙策なり」と読み誤ったのは、その典型であった(159)。そして皮肉にも第一七議会の地租増徴継続問題をめぐる調停の失敗が、近衛の議長時代の最後を飾るものとなった。学理で政治を凌駕しようとする近衛のユニークな政治的資質は、じきに彼の権力基盤を縮小させ、時代の変化への対応能力を失わせていったのである。

貴族院では、従来の有爵議員でなく、勅選議員で山県の直系の清浦奎吾が研究会の領袖となった。各省庁の官僚や地方官経験を通じて豊富な実務経験を持ち、専門性を自身の政治資源とする勅選議員が新たに台頭しつつあったのである(160)。伊藤は第六議会ではこの清浦を貴族院副議長に登用しようとしたものの失敗し(161)、自由党と提携して臨んだ第九議会では、自由党の要求による郡制改正法案と衆議院選挙法改正法案をめぐって、研究会の勅選議員から政府案に「断然反対」の声が挙がり、結局、法案の「握殺」がされてしまう。(162) 従来の消極的「吏党」志向を継承しつつもはるかに強固な結束力を誇る、勤勉な拒否権集団がここに姿を現したのである。しかも、続く第二次松方内閣では、当初は近衛議長以下、三曜会・懇話会が貴族院与党の地位を占めたものの、明治三〇年七月の三爵議員改選選で高島陸相をはじめとする薩派が山県系に支持を乗り換えた結果、研究会優位はより鮮明となった。(163) いみじくも懇話会領袖が薩派について「元来世人は薩人を非常に買ひかぶり居候。彼等の知力は決して憲法政治抔に堪ゆへき者に非す、野蛮酋長的に過さるも世人の多数は未た之を知らす」と漏らしたように、(164) 伊藤―自由党接近の反作用として始動した貴族院の自律化も、山県系への松方の合流という第二次山県内閣以降の藩閥政治の構図に、次第に収斂していったのである。

そして実際に、伊藤内閣と自由党の接近に反発する貴族院やテクノクラートの主張を糾合しえたのも、第四議会の敗者である山県であった。元来、六七条問題に専門性の立場から強い利害感情を持つのは彼らであり、たとえば第一議会で衆議院に譲歩した山県に、白根専一内務次官はこの点から批判を寄せていたのである。(165) しかし第四議会の結果、六七条問題をめぐる闘士としての山県像は、政府内部に沈潜することとなった。日清戦争後にかけて専門官僚たちの自己主張が強まるなか、山県の復権もまた準備されていくことになる。

次章では、第四議会の合意たる行政改革の公約化（消極主義）の要請の下、第九議会後の自由党政権参入にいたる過程を、山県も高い関心を有していた治水問題を事例に、藩閥の統治機能不全が顕在化する過程として位置づける。

第三章　内閣の統治機能不全と自由党の参入

——治水政策、一八九三—一八九六

明治二九（一八九六）年四月一四日、日清戦争後における対政府提携の果実として、自由党総理の板垣退助が第二次伊藤博文内閣の内相に就任した事件は、明治政治史の画期であった。(1) 帝国議会の開設以来、激しく対立を繰り返した藩閥と政党は、ここに象徴的な協調の瞬間を迎えたのである。本章は、それが実質的には、治水政策における協調を一つの足がかりとした自由党と国民協会の連合の所産であり、とりわけ国民協会の指導者である白根専一の政治指導に多く拠るものだったとの観点から、この自由党の政権参入過程の再検討を試みる。

すでに「〔第二次〕伊藤内閣での白根逓相は野党色を強める国民協会の制禦に尽力し……伊藤と自由党の提携にも何ら異を唱えていない」と指摘されるとおり、(2) 板垣に先立ち明治二八年一〇月に入閣した白根の最初の役割は、対外硬志向が根強い国民協会の与党化であった。しかし、閣僚で唯一、自由党政務委員（林有造・河野広中・松田正久）との提携交渉の席についた事実が示すように、白根は対自由党交渉の局面でも相応の役割を期待され、前線に立った。(3) ただ白根はかつて第一次松方内閣の内務次官として、選挙干渉の責任を最も問われた一人だった。内務省生え抜きで、長派の次世代のエースと目された白根は、藩閥の利益に省益を対置する傾向があり、当時議会方針をめぐって中央政府に圧力行動を繰り返した地方官や内務官僚の信望を一身に集め、山県閥の祖型となる官僚集団の結集に努めたといわれる。(4) 当時、白根が松方首相に「自由党の勢力又は板垣〔退助〕伯を恐る、如き輩否大臣方壱人にても有之候は、、厳重に大喝一声煩悩を打破せら〔れ〕候様為邦家専要」(5) と迫ったのも、その民党排除の姿勢を鮮烈に示すものだった。

しかし、板垣の前任の野村靖内相が明治二九年二月辞任した際、伊藤首相が後任としてまず推したのが、板垣ではなく内務省内に強い支持基盤を有する白根だったことから窺えるように、白根が板垣入閣にいたる自由党の地方統治への進出を、少なくとも消極的に支持したことは確実である。(6) この人事が一部地方官の間で抗議辞職の動きを生んだにすぎず、隈板内閣期のような官僚層の本格的な挑戦を受けることがなく、かなりの程度予定調和的に進行したのも、(7) それが自由党との単独提携としてより伝統的な挙国一致構想として解釈される余地を残していたことに加え、自由党と国民協会の相互接近という安定的な基盤が衆議院に存在したことが決定的に重要だった。そして、計五回の総選挙で一度も単独過半数を獲得できなかった自由党側の強い要請に応えるかたちで、対外硬連合に代わるこの自―国連合の構想を推進したのも、(8) また白根だったのである。(9) 明治三三年に成立する立憲政友会では旧自由党系と国民協会が有力な母体となるが、その原点にはかつて反民党の闘士であった白根の自由党観のドラスティックな転換があり、国民協会の対外硬連合からの離脱があったのである。

では、なぜそのような転換がなされたのか。その転換は白根のどのような政策構想や政党観に支えられていたのか。白根の権力基盤だった内務省―地方官や国民協会はその過程でいかなる役割を演じたのか。本章ではこうした一連の問いを考察するため、白根とその支持者が長期的関心を有しており、かつ自由党の政権参入にいたる伸長を観察できる要因として、治水問題を取り上げる。もちろん、同時期には鉄道敷設要求も殺到し、それを議会を通じて表出しようとする動きも、自由党の星亨をはじめ伏在していた。(10) しかし、自由党指導部の間には鉄道利益表出への一定の自己抑制が存在し、(11) また二〇世紀初頭に政友会が台頭するまで、鉄道利益を媒介する議会内主体は超党派団体の鉄道同志会だったため、(12) 鉄道問題は政党勢力の伸長に必ずしも寄与しなかった。第四議会後から日清戦後にいたる中央―地方関係をめぐる政治過程を分析する上では、藩閥と政党の間で取引材料となったほぼ唯一の地方利益というべき治水問題を、分析の俎上に載せる必要があるのである。

自由党を与党とした第九議会での河川法の成立が、地方問題を中央に媒介するアクターが従来の地方官から政党に移行する画期となったことは、よく知られている。[13] 本章もまた自由党政権参入の指標として河川法の成立を理解する視角を継承している。ただこの視角は、以下の三点で一定の修正が図られるべきだと思われる。第一に、政党間関係の変化をより動態的に分析に組みこむ余地があることである。議会開設以来、治水問題をリードしてきたのは元来、自由党ではなく、地方官とともに積極的治水派だった大成会や国民協会であった。しかし、実際に河川法成立の原動力となったのは、政費節減論でこれと対峙してきた自由党であった。この変化の意味が、国民協会側の事情からだけではなく、自由党側の事情からも位置づけられる必要がある。利益実感の稀薄性を特徴とする治水事業[14]は、道路や鉄道のような積極政策としての訴求力を欠く分、より公共性と喫緊性の高い事業として支出が正当化されやすく、国庫補助の制度化や地方との負担配分をめぐる統治能力が問われる争点となる。ゆえに統治参画をめざす第四議会後の自由党の与党化戦略を、条約改正問題とともに規定したのである。

第二に、上記の理解には、第四議会後に顕在化する内務省―地方官対立が、どのように政治過程に反映されたかという視点が希薄である。「和協の詔勅」以後の内務省は、法制官僚を結集して公共河川法・公共道路法といった体系的土木法制の立案作業を本格化し、さらに東京都制案や沖縄県・北海道の地方制度改革といった地方自治制の再設計も始動させ、地方を包括的に制御する枠組みの構築に乗り出していた。これは国庫支出拡大論の背景にあった地方官と府県会の「癒着」を批判し、内務省の地方統制を強化する目的があった。しかし、反内務省で地方官と政党が結束したわけではない。むしろ地方の財源不足は民党の政費節減論に起因しており、そのねじれが地方官が地方政治レベルでは内務省が求める「超然主義」を峻拒しつつ、国政レベルで「超然主義」に傾斜する背景となる。[15] しかも日本の近代化の過程では、政治制度として先行して発見され、広い支持基盤を得ることができた国会に対し、官僚制の基盤ははっきりせず、議会との競合や緊張にさらされていた。[16] したがって専門官僚には、いかなる形であれ政治的な自己主張を通じて自らの存在意義を打ちだす誘因がしばしば働いた。かくして国政・府県政の双方において内務省の攻勢にさらされた積極的治水派は次第に要求を肥大化させ、内閣の統治機能不全が露わになっていくのである。

第三に、河川法の成立は、戦後経営の要請という日清戦後要因より、以上にみたように初期議会要因で説明される問題と考える。日清戦後協調の効力は、予算以外では限定的であった。第九議会では、郡制改正法案は前議会で内務省との妥協が成立していた[17]にもかかわらず貴族院が廃案に導いたように、自由党への反撥が内務省関連法案で集中的に現れた。それだけに、調整困難な政治的与件の下でも例外的に協調が実現した河川法案は、政治史研究の興味深い分析対象となる。そして初期議会期に噴出した治水問題が河川法に結実するには、異なる利害や価値を有する主体間の合意形成を模索する「政治」の役割が第一義的に重要だったというのが、本章の基本的な立場である[18]。

全体は時期ごとに三つに分かれている。第一節と補論では、国会開設を機に治水問題が噴出するなかで積極的治水派が議会内外で結集していく過程を、第二節では、第四議会後に「和協の詔勅」後の消極主義に向けて内務省の政策転換が図られるものの、自由党の治水政策への参入と相俟って国民協会―地方官の反発を招き、消極主義の要請と積極主義の要請の間で井上馨内相が地方統制能力を喪失していく過程を、第三節では白根が演出した自―国連合の形成過程とその限界を、それぞれ明らかにする。

第一節　国会開設後の治水問題の噴出

(i) 問題の背景

本節は、初期議会期の治水問題がどのような背景の下に噴出したのかを概観する。治水問題は古来、河川規模に比べ巨大な洪水流量が発生する日本の為政者の課題であった。しかし、近世までは城を中心とする都市防禦が軸だったこともあって、農村では大洪水の多くを自由に氾濫させていたものの、近代以降、長大な堤防を築いて河道内を流過させ、すばやく海まで運ぶ連続大堤防方式が中心となる。とりわけ都市化・工業化に伴い、流域の地帯では氾濫を完全に防ぐことが要求されたため、森林破壊と相俟って中小洪水での最大流量はむしろ増大した。特に明治中期には全国的に大洪水が頻発したが、これを誘発したのは精力的な改修工事であり、治水事業を熱心に進める河川ほど中下流域での洪水流量が増大する皮肉な構図があった。[19] また実際の工事の点でも、徳川時代には幕府が流域外の諸藩に普請役を賦課させるシステムだったため、この構造が崩れると、明治新政府と流域府県で費用負担問題が顕在化した。明治八(一八七五)年の第一回地方官会議で早くも堤防法案が議題に挙げられたのも、以上の背景からであった。

初期議会期に活性化した治水要求は概ね、①帝国議会でなされた一四の政府直轄大河川の改修要求[20]（いわゆる「高水工事」要求)[21]、②地方官の内務省個別交渉を通じた府県営中小河川への水害復旧費国庫補助要求に大別される。前者を主導したのは湯本義憲をはじめとする大成会―国民協会といった「吏党」議員であり、第一・第二・第四・第九の四度の議会で湯本により「治水に関する建議案」が提出され、一四河川沿岸の議員の支持を集めるなど毎回多数の賛成者を得た。[22] もっとも、河川法成立の直接の前提となったのはあくまで淀川、木曽川、筑後川の三川改修問題であり、直轄河川のなかでもごく限られた一部大河川の改修が政治日程に上ることで漸く事態が動いたにすぎなかった。しかも内務省の治水計画は伝統的に大河川中心主義であり、それゆえ第二議会では、湯本が当面の目標たる「一四大川」に加え、地方管轄中小河川にも国庫補助範囲を拡大すべく「九大川」[23]の枠組みを新たに提示したものの、結局、淀川などごく一部の大河川を除くほぼすべての河川改修は、専ら地方レベルの解決に委ねられつづけたのである。

しかし、国庫補助の範囲の限定性が、必ずしも補助獲得経路の一元性を意味したわけではない。いま一つの重要な回路として水害復旧問題が存在した。そして当時の水害の多発を背景に、この問題を足がかりにしたアドホックな形の補助金獲得に着眼し、この達成に全力を注いだのが、帝国議会という新たな中央―地方関係の場が現出するに伴い、かつての求心力を失いつつあった地方官たちだった。初期議会期には、各地においてしばし「水害復旧」の範囲を逸脱した「河川改修」工事が前者の名目で施行されていた。[24] 実際、国庫剰余金を財源とする水害復旧費補助は、歳出が八〇〇〇万円前後の規模だった初期議会期を通じて相当額におよんでおり、明治二四年度に一二八万円（事後承諾）、明治二五年度には三八七万円（追加予算）、二六年度には五七七万円（事後承諾）を計上している。[25] 議会はこのうち、事後承諾方式に強く反発したが、それでも会計検査院がのちに「他の政費に対しては力めて其節減に汲々たるに拘らず、独り地方土木費補助に関しては頗る寛恕する形迹なきにあらす」と嘆いたように、[26] 支出抑制の機能はほとんど果たさなかった。こうして獲得した補助金を河川改修費に流用した地方官の多くは、国民協会の支持者ないし少なくとも潜在的な共闘者であり、ここに水害復旧問題は、本来異質な河川改修問題と実質的に接続されたのである。

ところで、以上のような複層的治水要求が活性化するにいたる最大の契機は、明治二三年の国会開設であった。それまで治水は利益誘導の材料として十分機能したわけではなかった。明治一三年一一月の太政官布告第四八号による府県土木費下渡金の中止以来、内務省の治水政策は、政府直轄河川の改修費確保を最優先課題としており、地方管轄の中小河川改修への国庫補助は手薄になったからである。周知の、補助金を通じた地方官の府県会操縦の鍵となったのも、あくまで道路であり、治水ではなかった。そのなかで、明治一八年に内務省の三島通庸土木局長が起草した「土木費準備法案」[27] は、やはり道路に重点を置きつつ、治水についても国費支出対象を一四大川から六五大川へ一挙に拡大し、地方配付金の設置により河川改修への府県負担の誘導を試みた点で画期的な構想だったが、実現しなかった。[28] 他方、府県会の側にも、地方税は道路のような新規で大規模の殖産興業事業に用いられるものという観念があり、協議費など「旧慣」負担体系と親和性が強い治水は、地方税支弁事業としては相対的に軽視されがちだった。[29]

そのため、近世以来の旧慣で生じた地域間で不均衡な官費の配分を是正し、全国的な公平化を期した四八号布告も、[30] 地域的特殊性が大きい治水負担体系を再編するにはいたらなかった。たとえば、山口県では明治一四年に河川改修を目的とした村連合である椹野川改修連合会が結成されたものの、結局、明治一七年前半に県会の予算支出に加え、山県内務卿への陳情という非常手段によって五ヶ年間の国庫補助を獲得するまで、顕在化した村落間の利害対立をなかなか克服できなかった。村落間対立が最終的に決着したのも、翌一八年五月に全四〇二等にもおよぶきわめて緻密な負担基準区分が設定されてからだった(31)。長派の地元でこうした状況だったから、中央政府への有力な政治的チャネルを持たない他府県はより困難な与件の下にあったと推測される。

しかし三島土木局長の構想はまた、国家形成期のインフラ整備をめぐる潮流の変化を的確に捉えたものでもあった。内閣制度が導入され、水害が多発した明治一八年以降、国庫補助事業としては道路に代わって治水の比重が上昇していった。この傾向は明治二〇年度予算編成で顕著となり、第一議会直前には内務省立案の「公共道路法」案が閣議で審議され、議会提出はされなかったものの、道路の府県負担原則は維持された。鉄道の急速な普及によって、府県の道路政策が停車場への連絡を優先したものへ縮小しつつあったことが、その背景であった(32)。おそらく以上のような切実さの高まりとそれを阻む三新法体制下の制度的制約が顕在化したこともあって、明治二三年に帝国議会が開かれるやいなや、全国から治水政策の積極化を求める声が一斉に寄せられることになったのである。

実際、第一議会で衆議院が受理した請願二〇四通のうち治水費国庫支弁のそれは一三一通に達しており、特別輸出港指定一九通、鉄道敷設八通、官林払下げ七通をいずれも圧倒していた(33)。このため、はじめての議会に参集した議員の間では、早くもこうした国民の声に積極的に応えようとする動きが生じてきた。たとえば、政府系の大成会（七九議席）に所属する佐々木正蔵（福岡四区）は、第一議会の開会中、地元の同志に次のように書き送っている。

頃日は政費節減論奮々たり。然れ共、幸に今日迄は全国十四大川改修費を削減するの傾きは無御座候。先つ御安心被下度。且大成会員中治水熱心者申合せ、今一層全国河川改修を盛にせんとの議を政府へ建議するの案を立て、他党の連中へも同意者を募り、明日当り議会へ提出の運に相成居申候。先日は石黒〔五十二〕技師送別盛なる宴

会御座候由、嫵々御配慮被成候由奉察候。西村〔捨三〕前土木局長発起の治水協会々員は不取敢二、三十名至急御入会相成度、人名小生〔佐々木〕迄御申越可被下候。大川に関係ある県は、六、七十名位いは早速申込候処も御座候由。(34)

民党の歳出削減攻勢を警戒する佐々木が、「全国河川改修」の喫緊性と正当性を議会内外に広く訴えていくために、西村のような土木局の官僚と官民横断的に紐帯を築いている様子がここから窺えよう。また石黒技師も、明治二〇年着手された筑後川改修工事（九ヶ年、総額一一五万円）に際し、国庫補助分を除く五五万円を負担する福岡・佐賀両県の県会議員への説明会を佐賀公会堂でつつがなく行った経験があり、(35)地域にとっては馴染みのある人物であった。

当初、治水運動の中心となったのは、右の書簡でも言及された治水協会であった。同協会は明治二三年一二月発刊した『治水雑誌』の発行母体として、西村捨三、山田省三郎、金原明善といった土木官僚や著名な治水事業家が設立した研究団体である。大綱には「本会は単に治水の講究に止まり実際の事業に関係せさるものとす」と謳われており、治水事業に関与しない理由を「単に実事問題に就き改修改良を期し囂々紛々たるは、徒に地方民情の狂奔を高むるのみにて、為めに危害の端緒を開く」点に求めている。また後段でも「事実問題に干渉し、会員の資格にて交互連絡建議請願等の媒介とならさる様、深く注意するを要す」と政治運動から距離を保つよう再度念を押している。(36)しかし、治水協会が「地方民情の狂奔を高むる」可能性をかくも警戒し、あくまで研究団体としての性格を強調したことは、治水問題が政治争点化する現実の裏返しであった。事実、西村自身、第一議会に先立って自著の『治水汎論』を両院の全議員に献本し、『治水雑誌』も議会開会中広く頒布されたという。また、「治水狂」(37)と称された山田省三郎も、「今日世の中と相成り、追々芝居組織も存る事なれば、輿論再び興す事尤必要にて、旧来の如く改革の断行のみ頼みし居ては何事も面白く成就し難候間、今回協会の力を以全国世論引起こさしむれば何事不成哉。必ず期して成就す可也」と第一議会への意気込みを語っている。(38)要するに、治水協会は創設当初から、技師や学者による研究団体にとどまらず、議会を通じた「全国世論」の煥発を意識し、治水利益を表出する政治的役割も担って出発したのである。

そして、治水協会に後援された大成会の佐々木や湯本が中心となって第一議会に提出した「治水に関する建議案」は審議未了となったものの、過半数の一五四名が賛成した。続く第二議会でも、ある県参事官が「〔木曽川改修追加予算を〕一刻も早く帝国議会へ御提出被下度との一条に候。如斯願上候は、一旦議会へ御提出被下候得は其通過の如何に拘はらす起工の成算有之故に候」と内相に歎願していたように(39)、議会審議自体への期待感が、議会開設後、急速に地域に広がっていたといえよう。さらに「中央治水会議」構想を温めつつあった(40)品川の内相就任は、治水運動関係者に少なからぬ期待を抱かせた。ある内務官僚は、民間の治水事業家として全国的に知られた金原明善宛の手紙で、「品川子爵之内務大臣に相成候儀は、国家之為めに可賀事に御座候。例之治水会議自今好都合と奉存候。已に過日石黒〔五十二〕、小林〔八郎〕、岡〔胤信〕之技師并に飯田之平野〔桑四郎〕郡長共々時又より天龍川を下たり。両岸と水底之障害物は国費を以て相除き候事に内談相調ひ、然る上は、引船之為め川岸之足跡、地方費に而凡そ弐、三遷延は支出致し度と折角協議中に御座候」と「治水会議」の設置で天竜川改修問題が前進する可能性を伝えている(41)。

(ii) 積極政策をめぐる藩閥内政治

このように議会開設後に噴出した治水要求に、藩閥政府は当初積極的に呼応する立場を選んだ。第一議会を担当した第一次山県内閣では、山県自身の強い意向もあって、国防と治水が国家の「二大急務」に指定された。これは民党が要求する政費節減の「目的」をこの二点に限り、軍事予算増大の財源となりうる剰余金を民力休養＝地租軽減論の圧力から守るためだった。だが、国防を最重要視する山県でさえ、「海軍拡張耳を第一に論し候は如何可有之歟。一面に向ては海軍拡充并に国防を説き、一面に於ては治水之必要を論し、是非併行不致ては不可然歟(42)」と述べたように、議会を「論破」するにあたって、治水のような地方利益への配慮なしに主権線―利益線の確保を訴えるだけで乗りきる目算はなかったと思われる。国防・治水の「併行」方針を確認しつつ、地租軽減の可否を検討した当時の閣議書類[43]には、治水を地租軽減に代替しうる一種の民力休養策と位置づける認識が現れている。すなわち、芳川顕正文相らが唱え、明治二四年一月中旬に臨時閣議で採択されるなど、一度は閣内で相応の支持も得た地租軽減論を[44]「困難」と斥けたこの閣議では、治水への公共投資に「一には田地及畑地と直接の関係を有し、二には間接に地租軽減の旨趣に適合する」という政治的効果をも見込んでいた。大成会に所属する湯本が第一議会後、「今の時に際して日本の民力を休養せんと欲せば、則ち茲に全国の諸河川に向て治水の大策を確立するより急なるはなきなり。……今は毎年政府歳入額の八分一に相当すへき莫大なる国富を空しく水災の為め殺ぎ去らゝるの勘定なり」と唱えたことは[45]、ここで山県内閣が企図した民力休養シンボルの再解釈とかなりの程度符合するものであった。よく知られるように、山県は第一議会にあたり、対議会交渉の戦場を憲法六七条費目の領域に限定するきわめて防禦的な方針で臨んでいたが[46]、唯一の「積極手段」（井上毅）といってよいのが治水問題だった。この治水への傾斜にどこまで安全保障や軍事動員の視点が反映されていたかは定かでないが、少なくとも憲法六七条問題のような議会との取引材料にとどまらない、国防とも比肩しうる内在的価値を持つものとして、山県には観念されていたのである。

それゆえ、山県は内閣を退いて「黒幕」として臨んだ第二議会でも、再び治水を通じた議会操縦を企図し、治水と国防の「併行」という前議会の方針を踏襲するよう、腹心の品川弥二郎内相を通じて第一次松方内閣の予算編成（特にその積極政策）に閣外から圧力を加えた。木曽川など大河川流域の地域からも、国庫剰余金に期待した内務省（白根次官・古市土木局長）への陳情が盛んに行われていた[47]。こうした各地方の河川改修費国庫支弁論の高まりを受けるかたちで、岐阜県知事・愛知県知事が議会開会を控えた一二月上旬に上京する動きも生じており、これに先だって白根内務次官を現地に派遣する要請も届いていた[48]。実際、品川も閣議では剰余金六五〇万円を治水に全額投入するよう痛論したものの容れられなかったと一年後述懐している[49]。ここにはもちろん、自己正当化や誇張も含まれようが、しかし品川が山県の代弁者として治水政策の積極化を実現すべく相応に努力し、結果的に九四万円の確保にとどまったことは、事実であった。それどころか、松方首相は返す刀で、治水費の突出を抑制した現内閣の予算編成方針を山県に伝達する面倒な役回りを、品川に一任してしまう[50]。品川が山県との交渉の顛末を松方に報告した手紙で、歳入減少を伴う民力休養策全般に難色を示す山県に対し、「我々の力にてはこの〔伊藤・井上馨も支持する監獄費国庫支弁化の〕他の事は出来ず、百年之大計〔治水〕を真に今日施すべしとの論なれば、夫々手を揃へて御交代可被下候」と辞職をかけて迫ってきた経緯を誇りつつも、手紙の末尾で「監獄費よりも大計上より申せば、国防とか鉄道とか治水とかに全力を入れるとの議内閣にて多数に有之候は、、やじ〔品川〕少しも不同意は不申候。其代りには一歩も譲らず遣り通すと之確議を願度」と漏らしたのは[51]、内閣と山県の板挟みになった品川の苦衷を何より示していた。しかも、この積極政策をめぐる複雑な藩閥内政治の末に確保された河身修築費九四万円も、政府と衆議院が全面的に衝突した第二議会では結局、「地方的の感情」を発露させる恐れがあるという理由から、全額削除されたのである。

そして、以上の二回の議会で議会操縦策としての限界が明らかになった後も、山県の治水への情熱はやむことなく、折に触れて現職の内相に治水費増額を迫った。このことは、明治一六年以来長く内務卿・内相を務め「我邦治水改鑿の泰斗と仰がる、[52]」と評された山県にとって、治水政策が状況的要請を越えた、議会開設後の地方の経済的・軍事的安定化という中長期的課題だったことを示唆する。山県は第三議会前、内相の選定にあたり「後任大臣え内務之方針の変換せさる様十分に是迄之精神丈なりとも相貫き度……内務は今日迄満八年間方針と精神とは更に変更無之」と注文しているが、全国的・体系的な河川調査に重点をおく省内の事務レベルと微妙な緊張を孕みつつも、内務省の既往の「方針」と「精神」を守るという名目で内相への圧迫は正当化されつづけたのかもしれない[53]。

その点で興味深いのは、地方利益要求の膨張への警戒と鉄道への関心の移行とから、道路補助政策を一挙に消極化させたこともある山県が[54]、初期議会期、同様の危険をはらむ治水補助政策の積極化には一貫した支持を与えたことである。山県が治水論に傾斜した権力的動機の一つは、政府の対議会交渉を牽制する独自の主体として当時圧力団体化しつつあった地方官（「補論」参照）の糾合にあったと思われる。やや意外なことに、内相時代の山県と地方官の関係は決して良好ではなかった[55]。しかし、国会開設とその対策が政治日程に上るにつれ、名誉職自治による脱政党化のシナリオの目算が狂ったことで地方自治制の再強化に向かう山県と、任地で長年培養してきた権力基盤が動揺したことで地域内の求心力の再調達に向かう地方官の利害が一致する余地は、次第に拡大する。

両者の利害計算を総合する具体的接点が生まれたのは、第三議会明けの明治二五年六月のことであった。すなわち明治二五年六月、井上毅がかつて「積極手段」の一環として提案し、品川と白根が推進した「中央治水会議」構想の系譜を引く内相諮問機関として、対外硬派が影響力を持った土木会[56]が設置されているが、これと時を同じくして、品川と白根を中核とする新たな「吏党」たる国民協会が創設されたことは、象徴的であった。しかも国民協会は、山県と元々政策的志向が近い旧大成会系議員のみならず、院外の地方官も参加しており[57]、議会政治と地方行政を架橋した広汎な治水派連合が始動する画期となった。この国民協会—地方官ラインからなる積極的治水派の指導者こそ、山県の静態的な名誉職自治モデルと異質な地方自治観を有する白根[58]にほかならない。治水問題をめぐる白根の軌跡も、山県とは自ずと異なるものとなるだろう。彼ら治水派連合はやがて第四議会以降、国民協会を見限って自由党に接近した第二次伊藤内閣との距離を広げ、条約改正問題とは異なる回路から、その要求を肥大化させていくことになる。

(iii) 第四議会後の治水要求の肥大化

前述したように、議会開設以来の河川改修国庫補助要求には、公式の回路に加えて、水害復旧を起点とした単年度ごとの非公式の回路が存在した。前者の組織化の事例として、第四議会前の明治二五年一一月一九日に、湯本や佐々木をはじめ、代議士一二名が超党派で結成した治水会を挙げることができる[59]。加盟者は同年一二月七日までに貴衆両院で八〇名超に達し、名簿を作成した一七日には一六四名（衆：一五九、貴：五）と急速に支持を拡大した。翌明治二六年二月一六日に湯本らが提出した「十一大川の治水に関する建議案」は、かかる数の力を背景に通過した。湯本は当初提出した建議の「四大川」を委員会で「十一大川」に肥大化させ、さらに新建議案に基づき政府が提出した木曽川改修費の追加予算案の審議でも、主導権を握ることに成功していた(60)。こうした湯本の活躍ぶりには、十一大川から漏れた北上・阿武隈両川流域の宮城県からも期待が寄せられた(61)。その結果、三月三日の治水会第二回大会までに会員数は一九三名（衆：一八五、貴：八）にまで上昇し、全国の「四四大川」をリストアップして気勢を上げたのである。

　こうした超党派議員団体たる治水会の求心力の増大は、実際には国民協会が置かれた微妙な立場と不可分の関係にあった。吏党系の大成会─国民協会は元来、「実利民党」と称して治水と監獄費国庫支弁化の実現を地方遊説で説いてまわり(62)、民党の「実利」軽視を非難してきた。それだけに、第四議会で政府が民党に歩み寄って地価修正法案を提出した代わりに監獄費国庫支弁法案の提出を見送ったことが、国民協会に与えた衝撃は小さくなかったと思われる(63)。協会幹部の大岡育造は第五議会停会中に山県有朋にあてた意見書で、「現〔伊藤〕内閣は第四議会の最后に臨み民党九人の談判委員に密約して消極的政略を採り、汲々として政費節減是と勉め只管彼等の歓心を買ふに汲々たり」と準「与党」だったはずの協会が危機収束の過程で疎外されたことに憤懣を露わにしている(64)。元来、政費節減には吏党の要求の方が強硬であり、ここでは地方官と利害が分岐していたが、その主導権が民党に奪われたことは両者の接近を促したのである。他方、党内事情も切迫していた。詔勅後に政府に強硬姿勢で臨むことを要求していた院外団の間でも、問題を先送りしがちな品川副会頭の「例の今暫く主義」に不信感が募っていた(65)。ここに国民協会は、野党化を視野に入れた生存戦略として、第四議会で唯一存在感を発揮できた治水問題に傾斜を強め、要求を肥大化させていく。すなわち、治水を国防と同じ「国家問題」と捉えた国民協会は、同会の議員主導で木曽川改修費の政府案が修正・通過したことに「吁真理の前には敵なし」「我輩は〔民党に〕言論に敗北したりと雖も、却て実行の勝利を占めた」と議会報告書で功績を誇った。(66) 同じ地方政策でも、鉄道は「地方的観念」「各地方の我田引水的改正案」(67) と容赦なく批判した国民協会は、治水の「国家問題」性という錦の御旗を掲げて政府と対峙する路線へ突き進んだのである。

第四議会以降、治水問題・外交問題双方で強硬な姿勢を強めていく国民協会の新たな路線を体現する人物が、地方官出身で貴族院議員の安場保和である。安場は明治二六年一月に国民協会に入会すると、八月早くも幹事長に就任し、(68) 瞬く間に協会の実力者となっていく。安場は元来、議会を迂回した事後承諾方式を通じた水害費国庫補助を主張する、議会との対決を辞さない人物であり、(69) 安場の台頭とともに治水政策における国民協会の野党化も定まったといえよう。

このように、国民協会の治水政策批判の矛先が民党から政府に転じ、かつ要求が肥大化していく傾向を示したことは、特に第四議会以降、治水費国庫補助の抑制・制度化をめざす内務省にとって、端的に憂慮すべき事態だった。しかも、国民協会をはじめとする治水派のなかでは、以上みた公式の回路のみならず、並行して非公式の回路を通じた国庫補助獲得を志向する動きも、次第に強まってくる。たとえば、第五議会前の明治二六年一〇月に生じた中国地方の水害は、協会の党勢拡張の好機として認識され、幹部の安場が「此際機を失せず出張可然」との判断から、品川に無断で湯本と佐々木を現地に派遣した。(70) 前農商務次官である西村捨三は、国民協会の議員たちが水害地の視察に向かったことについて、以下のような懸念を井上馨内相に書き送っている。

国民協会は治水問題党議是認、彼等は土木定額三百万円を主張し、湯本〔義憲〕は利根、佐々木〔正蔵〕は筑後、保野〔景孝〕は淀川如き尻付之所有之、今回西南水害を期とし此山川を如何せんと紛紏大に人気を買ひ可申、其山河に対する精神は同意に候得共、第五議会に至て随分厄介物と可相成、……地方官其辺旧来之慣例によりよい気に相成候得は、中々御面倒之掛念相生し可申、湯本等帰京土木会議臨時開設等或は可申出哉と掛念、聊か杞憂之点内陳仕候。(71)

ここで西村は、国民協会が利根川、筑後川、淀川といった「大川」をめぐる公式の回路を非公式の回路と接合させ、特に内相諮問機関たる土木会が治水要求の発信源となることに警戒を示している。実際、土木会では七月に曾我祐準会長が「土木調査部」の新設と治水費増額を求める内相宛建議を提出しており、これを警戒した内務省は既存の土木監督署の機能強化を通じて抑制しようとしていた(72)。西村は前述の治水協会の創設者であった。『治水雑誌』は明治二七年六月に第一二号で休刊するが、土木会の政治的浮上は、治水協会の役割の終焉を意味していたのである。

井上馨や西村の懸念は、公式の回路についてもある程度まで的中した。議員団体の治水会では、明治二六年一一月に湯本と佐々木が水害調査から帰京するや、一二月六日、第三回大会を開催して「第五議会に対する治水策水害救助善後策」を満場一致で府県委員会に付託し、第五議会の解散を経て第六議会を前にした明治二七年五月一三日の第四回大会では、土木会会長の曾我祐準を「首」とする貴衆両院会員一一〇名超、および院外団体の治水期成同盟会員六〇―七〇名が参列する盛会となった。こうした意見集約をふまえ、五月二一日に湯本ら一八七名で第六議会に提出した「澱〔淀川〕外五大川の治水に関する建議案」は、解散前日の六月一日に衆議院が緊急動議で議事を行い、大多数で可決された(73)。ただ他方、六大川という枠組みは、十一大川の改修を求めた第四議会と比べると、淀川・木曽川・筑後三川改修という日清戦争後に実際に実現するパッケージに近づいていることが印象的である。おそらく治水会の主張はある程度輿論化したがゆえに、政府にも受け入れ可能なものに収斂していったのではないか。

これに対し、井上や西村の懸念がより的中したのは、非公式の回路の活性化であった。この西南水害で市内全域が浸水し山中での避難生活を余儀なくされたのが、島根県知事の大浦兼武である。大浦は品川宛の手紙で、「例の国庫補助を仰く為め」上京する意を伝えた上で、「過日宮城県に於て閣下〔品川〕の御演説及ひ安場〔保和〕翁の論新聞を石州山中にて承知、一層元気相催候。……当地水害の景況は遭難初発行の松江日報号外白根〔専一〕君へ送り候に付、御取寄せ御覧被下候は、至幸に奉存候」と述べている(74)。ここから、品川・安場・白根といった国民協会の幹部と地方官の大浦が、水害費国庫補助の問題を通じて、政治的結束を強めている様子を窺うことができる。

この報告を受け、当時内蔵頭だった白根が「如此場合に於て老台〔大浦〕之深切なる待遇を被害人民受得するときは、層一層信好を益し候事必然と推察仕候。小松原〔英太郎〕氏が埼玉に徳望あり今尚存するは、御承知の通先年水害に際し措置宜しきを得たるに因ると存候。申上も疎に候得共、別而御注意之時と存候」と小松原埼玉県知事〔明治二二年一二月―二四年四月〕の事例を引照しつつ、大浦にエールを送っていることは興味深い(75)。地方官として水害関連の実務経験も豊富であり(76)、埼玉県令を長く務めた父・多助の県政も内務省時代から助力した白根にとって(77)、埼玉県は単なる地方統治の一事例にとどまらず、家族の歴史とも切りはなせない象徴性を持った空間であった(78)。

ただ重要なのは、ここで白根が立憲制下の地方官にとって、治水政策の成否が「徳望」の有無に直結する点を強調していることである。議会開設以前には、政党が地域的利害と全国的要請の板挟みで機能しないなか、地方官は道路や鉄道の補助金獲得によって地域社会での求心力を獲得した(79)。しかし地方官が地方利益を表出した時代においてさえ、隣接する複数県間の合意と一県内の合意というマルチレベルの合意の同期は困難だった(80)。そして、明治二三年以降は鉄道政策の主要な舞台が議会に移行し、中央と地域の仲介で地方官が活躍できる余地はかなり限定されてしまった(81)。

白根がこの時点でいかなる議会観や政党観を抱いていたかは定かではない。しかし、いまや国庫補助の獲得は内務省との交渉だけではすまず、帝国議会の協賛が不可欠だった。もちろん、議会折衝の責任を負わない地方官ならば、事後承諾方式による国庫補助の確保をあくまで強硬に唱えつづけることもできたであろう。実際、地方では「緊急勅令の恩典」(82)への渇望も存在した。ただ、治水補助への原理的反対が少ないにもかかわらず、無用に議会と対決姿勢を貫くことは、長期的には現実的ではない。治水行政を円滑に進行させるには、議会内に安定的な基盤が必要となるはずである。こうした思考を通じて、白根は地方官を国民協会に組織化するとともに、議会での多数派形成の必要性を認識し、自由党に接近していったのではないだろうか。そしてそれは、少なくとも日清戦争後までには、河川改修費や水害復旧費の国庫補助を円滑に獲得するため憲法停止論に傾斜しがちな安場や中井弘とは異なる、議会観・政党観を生みだしていったのである。

ただ、この時点の白根の現実の意図がいかなるものだったにせよ、白根にはまだ地方官の利害の抑圧者より代弁者の側面が強かったことは否定できない。実際、白根のエールを受け取った大浦知事にとって、水害復旧費国庫補助をめぐる明治二六年の交渉の経験は、彼が「秘伝」と自ら称する補助金獲得のマニュアルを体系化していく上で大きな出発点となった。二年後の明治二八年九月、山口県知事に転じていた大浦は、富山県知事の徳久恒範に、内務省から国庫補助を引き出すために自身が一昨年来開発してきた「秘伝」の存在を明かしている。

扨国庫請求の方法に付ては何にも書類も入らぬ、又手元にも一書□□〔欠〕之、唯其筋への談判と其調査にあり。小生〔大浦〕の最初より方針としたる秘伝は（これは小生丈の秘伝と思ふ。可笑）、各府県の調査と正反対に出てたり。夫れは他にあらす、各県は非常に大仕掛に掛け置を以て実施す。例せは五十万円の工費ならは二百万円と云ふ、是れ皆普通の請求なり。小生は之に反し初より尤節減の見込を以て工費を調査し、内務の検査官臨場初て是れでは余り減し過きると云つて大臣に復命する位に致せり。左すれは内務も其真実に信用し、遂に今少しは大きくして如何と大臣より云はれたる事もありし。

すなわち大浦は、他府県の例と逆に、いったんあえて最低に見積もった復旧工事費を請求し、内務省の信用を得ることが肝心だと指摘している。その上での内務省への反転攻勢は以下の手順による。

第一に県庁の調査尤厳重に節減方針を立て真の復旧工費を見積り、第二に聊か改良工費を見積り、第三に完全なる改良工事を調査して三段に調査し、夫れを以て単身出京、古市〔公威〕等は勿論大臣〔井上馨〕に切論し、強硬主義を以て突込むより他に策なしと信し候。一昨年も昨年も、真に見込通行はれされは戦死する積りにて辞表を懐にして談判せしに、一昨年〔明治二六年〕は右の上段に、昨年〔明治二七年〕は殆んと中段にやり付け候。[83]

以上が、「調査」と「談判」からなる大浦の国庫補助獲得プログラムの全容である。ここで大浦が「復旧工費」から一挙に、全面的な「改良工費」補助に戦線拡大している点が印象的である。大浦は明治二六年には完全な、二七年にも一定額の河川改修費を、内務省との強硬な談判で獲得したと誇っているのである。またこのことは、地方官を通じた水害復旧費から河川改修費への拡大や過当な工事費請求が、当時ありふれた光景だったことを窺わせる。

地方官が水害復旧を起点とした河川改修費の獲得によって求心力を強化した事例は、他府県でも確認できる。明治二六年八月、和歌山県では暴風雨で八河川が氾濫し、死者二六人におよぶ大きな被害が生じた。井上内相からは、「昨年水害は可成県費を以て支弁すへきの意見を示したり。今年の水害は非常ならん。概算にても宜し速に内申あれ、帝国議〔会〕迫りたり」と国庫補助を認める旨の伝言が、吉野の著名な山林家である土倉庄三郎を通じて県庁に届けられた(84)。これを受けて上京した沖守固知事は交渉の末、高田・日置・会津三川について復旧のみならず河川改修の補助も引き出すことに成功する。沖の尽力を称えるべく西牟婁郡長の秋山徳隣が準備した「治水紀功之碑」の碑文には、「当是時請治水費者七県、而我県特得此改修補助蓋異例也」と記された。河川改修工事への拡大は原則として認めない姿勢の内務省に対し、沖知事が「不修水源不改河道、苟為復旧工事、徒労耳、徒費耳」と迫ったという逸話が、県下の人々にとって顕彰の対象となったのである(85)。また第四議会前のものだが、改進党の犬養毅も地元の岡山にあてた手紙で、地方官たちが水害費国庫補助の獲得に奔走するなか、千坂高雅岡山県知事が「不手際」がありながらも水災を「僥倖」として地位を保ち、地元代議士への働きかけに躍起になっているさまを分析している(86)。

以上のように、安場や大浦を基軸とした国民協会の党勢拡張戦略に端を発する、治水費国庫補助問題は、とりわけ第五議会前後から中央―地方関係を規定する無視できない要因となっていた。第二節では、かかる国民協会―地方官による国庫補助要求の統制をめぐって、まず一連の基本法策定を準備した内務省が、次いで与党化をめざす自由党が治水政策の制度化をめぐる競合に参入する過程が描かれることになる。

〈補論〉 地方官による圧力団体活動

第二節に進む前に、帝国議会開設前後における地方官連合の形成について補論として述べておきたい。明治前期の地方官とは、元来は藩閥と縁の薄い政治的傍流に属しながら、国家建設の時代において長年、県令ないし府県知事として軍事・行財政・人心統合各面の安定を一手に担ったことで、独自の発言力と政治意識を備えるにいたった人々である(87)。近代化の過程で誕生した地方エリートというべき彼ら地方官が、初期議会期に中央政府への圧力団体活動を強めていった背景には、中央―地方関係を媒介する局面で政党の比重が増大しつつあるという危機感が存在した。

そもそも地方官が地方ごとの個別事情を超えた地方経営全般の観点から中央政府に建言することは、地方官任期の長期安定化と、任地での地租改正のための官民共同作業が定着した明治八―九年以来、珍しい現象ではなかった(88)。そして明治一一年に設置された府県会との闘争を経て、中央と府県を仲介する独自の役割についての地方官の自負が強まり、そこに地域運営上の要請から府県会の権限拡大をめざす議員との共闘関係も生じたことで(89)、地方官による中央政府への陳情は、複数府県の連携を要する大河川改修などを除けば、概ね一府県単位の個別的な補助金交渉に収斂していったと思われる。明治一四年政変前後の自由民権運動の高揚に伴い各地で激発した府県会闘争が、その後沈静化していったのも、官民共同を重視する地方官の「牧民官」意識と地域開発の財源調達能力によるところが多かったのである(90)。初期議会期に地方官連合を率いた白根専一（内務省庶務局長）が、府県会闘争最盛期の明治一五年、府県会で民権派の攻勢に応対する地方官に共感を示しつつも、岩倉具視が当時唱えたような府県会廃止論に「然らは則府県会廃すへき乎。曰、廃すへからさるなり」と断固反対したことは(91)、彼らの府県会への対応能力の高さを予告するものであった。実際、府県レベルでの地方官―府県会の安定的な関係は、後に内務省が「癒着」として問題視したように、国会開設前夜を例外として、明治二〇年代以降も基本的に継承されたのである。

そしてこの過程で、地方官による利益表出回路も次第に整備されていった。その象徴は地方官会議の制度化である。内閣制度創設からまもない明治一九年二月、京都府知事の北垣国道は、当日の会議が午前一〇時から午後三時までに結了したことを受け、「凡地方官の集会、明治十一年以来年々之れを開き、本日の問題の如きは一周日或は十日以上の日子を費すに至る。然るを一日にして熟議結了に至るは内務省事務の進歩と当官各其人あるに由り、一は地方官も亦年を経て熟したる所あるを見るへし」と日記に感慨深げに記している[92]。元来、真の立法府ではない「一個行政上の諮問会」ながら、国会開設に向けた「変則」の「代議院の雛型」たることを期待されていた地方官会議[93]は、明治一一年四月開催された第二回地方官会議でも、勧業費の地方税支弁化をめざす三島通庸、安場保和、藤村紫朗といった有力地方官のリーダーシップで議論を集約したように[94]、政治的結集の場となっていた。しかし、国会開設の方針に伴い明治一四年に諮問会に移行して以来、ようやく明治二〇年代以降の「地方長官会議」へ連なる事務官会議として実質化したのである。地方官の利益表出の形態として同時期定着したのは、東京府知事を総代とする意見上申方式[95]だった。

しかし、自由民権運動という危機を乗りきることで地方エリートとして正当性を高めた地方官は、国会開設前夜に大同団結運動が高揚し、全国的な「政治の季節」が訪れると一転、「近来総体地方騒敷、地方官と人民と彼是悶着を起したるとの報は頻に相聞得候」[96]と海外からも観察されたような、各地での府県会闘争の再燃[97]に直面し、地方横断的な結合を基盤とした利益表出の形態に旋回していく。著書『将来之日本』（明治一九年一〇月）で「田舎紳士」論を鮮烈に打ちだした若き徳富蘇峰も、「天保の老人」たる地方官の淘汰と公選制を唱えるなど[98]、地方官は「民」からの批判の矢面に立たされたのである。その過程で、長年安定した「牧民」を実践してきた地方官の失言が、メディアを介して全国に波及し、辞任を余儀なくされる例も生じた[99]。地方官には自治党をはじめ政党運動に接近する者もあり[100]、また「地方分権」の担い手としての地方官への期待も生じていたものの[101]、そうした新たな選択肢の模索自体、彼らの深刻な危機感の現れであった。

この大同団結運動期に政府に意見を上申するにあたり、地方官たちは東京府知事総代方式を専ら選ぶこととなった。たとえば、明治二〇年に町村制の方向性をめぐって山県内相と地方官総代の間で交わされた往復は、内閣制度創設以降の国庫補助の削減と相俟って、帝国議会開設を前にした両者の緊張を浮かび上がらせている[102]。それゆえ内務省は、地方債導入など地方経済強化のための積極政策を部分的に検討しつつも[103]、より高次の目標である地方自治の中央政治からの遮断と聖域化を実現すべく、国民教化という専らイデオロギー政策の次元に絞って、地方官との緊張緩和をめざしたのである[104]。ただ明治二三年初頭には地方官の大量更迭もなされており、明治地方自治制の設計に邁進する内務省の政策形成に、地方官の意向が大きく関与しえた形跡は見出せない。さらに、明治二二年の水害の被害が甚大かつ広範に及んだことも、国庫補助の獲得に向けた地方官の個別的な陳情の動きを加速することとなった[105]。三度の水害を受けた兵庫県知事の内海忠勝が漏らしたように、地方官にとって「実に本年は上を見ても下を見ても困難だらけ、心中不愉快千万に有之候[106]」であった。そうしたなかで、東京府知事だけを全国の代表とする対政府交渉のあり方にどれほどの利益表出機能があるのか、府県会からの叛乱に苦慮し、全国横断的な結合にわずかな活路を見出しつつあった地方官たちの間に疑問が生じてきたとしても、不思議なことではないだろう。

この東京府知事総代方式の正当性が内部で問われる試金石となったのは、帝国議会開設を年末に控え、明治二三年二月一七日から一週間開催された地方官会議であった。この会議は地方官たちが新たな政治的な結集を模索するなかで、さしあたり制度的拠点として活用されたものだと思われる。開催にあたり、大阪を中心とした畿内の政治的実力者だった高島鞆之助（陸軍第四師団長）[107]は、同じ薩派の中井弘滋賀県知事に、「各地方官御揃之会義は（明治）廿三年即関ヶ原御軍義可申哉。定而確乎不抜之政略相定候半。可笑〳〵」と奮起を促している[108]。本会議について今日よく知られているのは、議題の一つとなった「教育に関する建議案」が二月二六日、「徳育涵養の義に付建議」として首相・内相・文相に提出され、一〇月三〇日の教育勅語の発布に一定の影響を与えたことだろう[109]。すでに一部の地方官の間では、毎年の地方官会議の機に教育問題に向けて運動する同志的な結合が生まれつつあった[110]。それもあって、国民への「徳育」強化というイデオロギー政策の要請は、相対的にリベラルな立場の柴原和（香川県知事）も推進役の一人だったように、ほぼすべての地方官に意見の一致があったのであり、紛糾点はむしろ、いかなる形態で中央政府に意見を表明すべきかという中央政府への陳情の方式をめぐる対立にあった。そしてこの点で、自らを総代とする建議という、伝統的で穏便な方式を想定していた議長の高崎五六東京府知事は、「関ヶ原御軍義」の策定に政治的未来を託した地方官たちの前に、相次ぐ防戦を強いられることになる。

議事録にみる限り[111]、口火を切ったのは、「道徳教育の如きは徳川覇政の頃よりは数歩の退却せし傾きあり」と危機感を募らせる柴原知事であった。前日二月二〇日の高崎議長による建議案の説明に対し、柴原はその趣旨に賛成しつつも、これまでと同様に文部省側に握り潰される可能性を危惧して、「只一片の建議案のみにては行はれさるへし。……幸に今般各府県知事参集の期あるを以て、充分協力建議すへきは勿論、尚更総理大臣文部大臣に面陳し飽まで実施せられんことを迫るにあり」と政治的効果の疑わしい「一片の建議案」ではなく、五、六名の代表委員が「地方の情況」を内閣に直談判して採用を迫るべきだと問題提起を行っている。同じく明治五年の学制以来（特に森有礼文相期）の教育政策を厳しく批判する島根県知事の籠手田安定も、管内の子供たちが金銭への「利欲」に塗れ「徳」を見失っているという観察を後に交えて同調し、結果的に議長の指名で六名（安場保和、柴原和、籠手田安定、小松原英太郎、石井省一郎、松平正直）の代表委員が新たに選出されるにいたった。文部省の政策への地方官の不信感は、思想的次元の反発から実務的次元での困惑まで広範に存在したと思われるが[112]、かかる積年の不満が噴出したのが、天皇親政運動のイデオローグたる儒学者の元田永孚から思想的影響を受けた[113]、この「徳育」建議の争点化だったのである。

しかし問題はこれだけにとどまらなかった。二月二四日には、副議長格の安場福岡県知事が陳情の有効性をやはり問題視し、これを受けて高崎議長が「総員挙て文部大臣に面陳すへきや、或は五六名の委員を設くるや、何れを可とす」と問いかけたところ、白根愛知県知事が「甲地方の事は乙地方の者之を詳かにするを得す。各地方によって其情況を異にするものを僅かに四、五人の委員を以て能く盡し得へき道理なし。宜しく一同挙て出頭し、猶文部省各局長をも列席せしめ、充分意見を陳述する方善からん」と述べ、安場もこれを強く支持したことで、議場の空気が一挙に全地方官参加型の陳情に傾いてしまう。甲県と乙県の利害は共約不可能であり、したがって代表数名でなく総員で中央政府に圧力をかけなければならないとする白根の立論は、「府県」という単位を基礎とする政治参加観[114]と、利害の多元性を前提とした秩序観の二点で、きわめて興味深いものである。慌てた高崎議長は、陳情の前に「充分の材料」を準備する必要を強調し、先の委員六名に、鍋島幹、西村捨三、富岡敬明、小崎利準、山田信道、千田貞暁を加えた一二名を「材料取調委員」とする折衷案を示して妥協を図ったものの、いったんは多数決でこの総員参加方式が決議されたようである。そこで高崎議長は翌二月二五日、政府とのコネクションを活用して巻き返しに出る。すなわち、文相との間に翌二六日の陳情の約束を取りつけた上で、「徳育」の内実について文部省側の反問への対策を練る必要を議場であらためて強調し、「一同打揃ふて出掛けるも少し穏かならさる様なれは、十二名の委員にて出掛ける事となしては如何」と、安場と白根を端的に牽制したのである。これに対し安場は「只今高崎君の老練なる御発言を誠に感する処ろ」と応酬し、あくまで府県間の利害の共約不可能性を前提とした総員参加方式を主張した。最終的な決戦は同日午後の委員レベルの議論に委ねられたが、議事録がないため帰趨は不明である。しかしいずれにせよ、翌二六日、「徳育涵養の義に付建議」が相当数の地方官から、第一次山県内閣の閣僚に直接手渡されたのは、おそらく確実であろう。

以上のように、徳育建議をめぐっては内容については各地方官で意見が一致したものの、総代か総員かという、中央政府への利益表出形態をめぐる二つの対抗的なモデルが現れた。そして、安場が「老練」と批判した従来の東京府知事をはじめとする総代選出論とは全く異質な「一同打揃」方式が、帝国議会開設までには少なくとも地方官会議で過半数の支持を集めるだけの求心力を獲得しつつあったのである。

そしてかかる「一同打揃」の直接の延長に位置づけられるのが、第二議会前、剰余金をめぐって地方官連合が提出した五項の建議書にほかならない。すなわち明治二四年五月、長崎・宮崎・鹿児島三県を除く三府四〇県全知事が連署するかたちで、政費節減に伴う二ヶ年度分の国庫剰余金一〇〇〇万円を財源として下記の実現を要望する建議書が、松方首相・品川内相宛に提出されている。(115)

一、府県監獄費及建築修繕費、府県庁舎建築修繕費、郡吏員給料旅費、郡役所諸費を国庫支弁とする事。(この一項だけで五〇〇万円)

二、全国の大河川及顕著なる港湾の改良及国道の改築工事に充る事。(以下四項で五〇〇万円)

三、水源涵養土砂扞上の工事に充る事。

四、官設鉄道を普及し私設鉄道の工費を補助する事。

五、農工業銀行設置の基本金を補助する事。

そしてこの後には、次のような一見控えめな記述が続いている――「而して其減すへき費額に至ては、小官等聊か卑見なきに非さるも、政府自ら其人あるを以て、僭越を憚り敢て之を蝶々せさるなり」。この部分からは、政費節減については中央政府の官僚に仮に一歩を譲っても、日々の民政や府県会の経験に裏打ちされた地方政策については決して譲らない、地方官たちの確かな自負を逆に見出すことができる。「諸官省之如きは却而刀筆吏に而事足り可申候得共、政府全体之得策は其羽翼たる地方官が第一政府の干城に御座候」(116)などと中央省庁の「刀筆吏」になしえない「政府全体之得策」を推進する地方エリートという自己規定が、学士官僚以前の地方官を支えていたのである。

こうした地方官連合による中央政府への圧力団体活動は、建議書が末尾で「今や民情の趨嚮する所を詳知するを以て急務の為すの日、其実際を志すもの地方官に若くはなし。小官等乏きを以て職を地方に辱ふするか故に、斯の国家安危の秋に臨み、職権の区域を顧みるに遑あらす、卑見を録上して以て万一の採択を切望す。……其越俎の罪の如きは謹て命を俟つと」とわざわざ断ったように、これがいかにも異例かつ不穏な行為だということを十分承知した上で、決行されたものだった。

その後の動向に鑑みたとき、この地方官の行動は白根内務次官の支持を得ていたと考えるのが、自然である。五項の要望のうち、資金配分の上でも圧倒的比重のある第一項の地方税負担軽減論（国庫支弁化論）の意味がここで問われなければならない。すでに第一議会開会前、滋賀県知事の中井弘は山県首相宛の書簡で、「唯恨む、地方官を苦め地方費を節減する等は拙者は甚た之を惜む。……又地租を減するよりも地方税を減するに如かず。中学校の如き、治水費の如き、監獄の如き、専ら一般公共の事業は国庫に於て保助し地方費額を軽減して、人民をして地租軽減に依頼心を起さしめ〔ざ〕るに在り」と民党の地租（国税）軽減論と対比しつつ地方税軽減の正当性を訴えている。[117] 実際、民党の陣営では、「地方費五百万円中少なくとも二三百万円は地方税の負担と致度に付ては、何れかの地方税を増加し、若くは或る国税を改めて地方税と為ざる可らず[118]」などと、国税である地租軽減のために地方税負担の増加を許容する姿勢は決して珍しくなかった。国税を議論する帝国議会が誕生したことは、民力休養の内部においても国税と地方税のいずれを重視するかという対立を生み、民党と地方官との緊張関係を構造化したのである。そして、地方税軽減論を打ちだす際に地方間対立に伴う分裂をたえず警戒しなければならなかった吏党系[119]とは異なり、利益団体の色彩をより強く備えた地方官連合における利害調整は、白根という中央政府にも基盤を持つ指導者と、民党という明確な「敵」の存在によって、相対的に容易だったと考えられる。

このように、政治の季節の到来によって地方エリートたる地方官が府県を単位とする全国横断的な結合を強め、国民教化、地方税負担軽減の要求、河川・道路・港湾・鉄道・農工銀行などの地域開発、そして以上を実現するための圧力団体活動といった新たな路線を打ちだしたことは、内務省にとって、補助金を通じた地方官の個別撃破が困難になったのみならず、地方政策において独自にとりうる選択の幅が著しく狭まることを意味した。そして、弱体だった第一次松方内閣のみならず、第二次伊藤内閣の下でも、地方官の利害代弁者たる中井弘が、第四議会での内閣の困難を見越して、閣僚は地方官よりはるかに「第一等の人物」であるのに、「地方より出てくりたる僅に三百人の議員の為に如何なる困難を感したる乎、如何なる争端を来したる乎、如何に其感情を悪くしたる乎は諸君の既に知る所」であり、また国会の会期は一年のうち百日間にすぎないのに、「地方官にありては参事会員の如き或は常置委員の如き多数政治の分子が二百六十日間始終左右を囲繞しつゝある」といった、いわば「弱者の恐喝」によって地方に配慮を迫ったように[120]、国民協会と共鳴しつつ中央に対抗する地方官の統制は、無視できない政治的比重を占めたのである。

第二節　内務省の戦争——公共河川法案

(i)　第四議会後の内務本省の変容

さて、前節にみたような、第四議会後の国民協会―地方官による治水費の国庫支出圧力に対し、まず危機感を強めたのは内務省であった。当時、圧倒的な支出額を占めていた水害復旧費国庫補助の抑制が内務省の治水政策の焦点に浮上したことは、「和協の詔勅」後の政治社会の変容を象徴するものであった[121]。そしてこのような消極主義実現の鍵が地方官統制にあったことは、第四議会前の時点ですでに意識されていた。すなわち明治二五年八月に第二次伊藤内閣の内相に就任した井上馨は、最初の地方官会議の演説で次のように述べている。

官民の調和は事業挙行の上に於て必要なる條件の一たるは勿論なりと雖も、官民の調和を以て唯一の目的と為し、人民の望む処は只管之を聴納執行し、其好まさる処は行政上必要欠く可らさるものと雖も不満を買はんことを厭ひ其所欲に放任し去り、真個行政の成績は之を第二に置くか如きは、是れ民を育成するに非らすして民を矯傲に陥らしむるものなり。之を換言すれは、牧民長官は地位を下り、人民の冀望に依り其上に坐して欲望の執行者たるに過きさるへし。[122]

井上はここで、地方官が任地で「官民の調和」をめざすあまり行政官の威厳を失い、「人民の……欲望の執行者」となっていると苦言を呈している。「牧民長官」というしばしば理想視される地方官像への言及は、その実、明治一〇年代後半以来、積極財政を梃子に府県会との協調を最優先してきた彼らへの痛烈な批判であった。そして井上は、これまで地方官会議で通例だった、次官・局長の意見を集約してあらかじめ諮問事項を定め、各地方官に事前配付する方式を変更し、内相が当日地方官に直接口頭で諮問事項を伝えた上で即答を求める新たな方式を導入している。[123]

さらに、井上内相の周辺で作成されたと思われる覚書では、「和協の詔勅」後の対応として、「一、本省其他府県庁等の費用に付、査定案と更正案の差引残額幷将来減額し得へき見込高、一、高等官以上年末賞与全廃し判任官以下を存すること、一、府県下級参事官全廃に而減額の高」といった、府県レベルでの厳しい予算削減策が検討されている。[124] 国庫支出拡大要因としての地方官の統制を強化することは、第四議会後の喫緊の課題であり、「府県知事より書状到着仕候処、一般水論之外は静粛に御座候」[125]と内務次官が報じたように、治水費が最大の争点だった。井上が選挙干渉知事の粛正を掲げるとともに、それと一見背反する、府県会に対する地方官のいわば「過度の不干渉」(「官民調和」)を問題にしたことの意味も、以上の文脈に照らしたとき、より整合的に理解できよう。

こうした井上内相期の地方官統制および財政消極主義への傾斜は、人事において顕著に現れた。まず井上は明治二六年五月、文部行政に通暁した江木千之を県治局長に抜擢し、同年夏から秋に①土木監督署による地方土木工事の監督強化、②国庫補助標準の改定、③「災余土木基金法案」の作成といった、治水行政に関する基準の設計を進めた。[126] 江木はかかる国庫補助の抑制に向けた姿勢を「新消極的政略」[127]と名づけているが、この言葉には、「積極的政略」に対抗しつつ、民党の「旧消極的政略」をも乗り越えようとする意志が感じられる。こうした一連の「新消極的政略」を確実にすべく、井上はさらに明治二七年二月には松岡康毅（内務次官）、六月には都筑馨六（土木局長）といった、地方官の経験が全くない、法制度に通暁した官僚を次々と要職に配置していった。[128]

たとえば、前検事総長の松岡康毅は、元来司法部に強い帰属意識を持つ人物であり、明治二二年一二月、三条内閣に代わって第一次山県内閣が成立した際、「嗚呼藩閥之情実、政府永続の難は明也」と記すなど、藩閥への反感は強かった。[129] そして内務省が、司法官の地位向上に向けた参照軸としてしばし意識された。松岡は広島控訴院長時代の覚書で、「人民之法官を尊敬する事、県令等の比に非さるは何の原因そ。法官は何に由て此尊敬を得、且つ当る乎」と嘆じている。[130] 松岡はまた明治二五年二月の有名な選挙干渉についても、法制官僚的な視点からきわめて批判的であり、「余は検事正に捜査の厳命を命せり。嗚呼内務省天下なるか」と日付不明の日記に記している。[131] このように長年にわたって司法官の不遇と「内務省天下」を憂えていた来歴の持ち主が、地方官出身の渡辺千秋に代わり内務次官となったのである。後述のように、この人事は、白根の登用に失敗した後の第二案だったが、しかし松岡の司法官僚としての資質が井上内相の志向に沿っていたこともまた確かであろう。[132]

また土木局長に就任した都筑馨六は、東京帝国大学で政治学・経財学を専攻し、ドイツで国法学・行政学を学んだ人物であり、技術畑では全くなかった。むしろ、「刀筆の吏」とは異なる国家建設の先導者として専門官僚の職務に創造的な契機を見出していた都筑にとって、[133] 現場の実務への関心は相対的に低かったと推察される。そのような来歴の人物が土木局長に就任したこと自体、土木行政の歴史上小さからぬ転機だった。[134] この都筑人事は、土木行政の再編を構想していた井上内相が貴族院への転任を引き留める形で行ったものであり、[135]「技術に関したる事務とアドミニストルに関したる分堺を可相成丈明瞭に章程区別調置事尤必要」とされたように、[136]「技術」の専門家たる土木技監に転任した前任者古市公威とちょうど入れ替わる「アドミニストル」の専門家として登用されたのである。土木局では議会開設以来、政費節減のあおりを受けて技官の新規調達に苦労していた。[137] しかも、緊縮財政の風潮にもかかわらず、土木局は元来、資金的な裏づけを欠く壮大なプロジェクトに傾斜しがちであり、局長の古市の議会答弁も「天真爛漫」（水野錬太郎の評）であった。[138] こうした技官とは異質な資質を持つ法科出身者による土木行政の制度化が、都筑に期待された役割にほかならなかった。日清戦争後には内務省内の意思決定の中心が大臣レベルから次官以下へ下降していくといわれるが、[139] そうした官僚制の成熟はこの時期に準備されていったのである。

しかし、この松岡—江木—都筑ラインによる、「法律主義」[140] の地方統治構想が内務省内で台頭してきたことに、地方官や国民協会は強く反発した。そもそも都筑と江木は「知事に向ひて馬鹿呼はりをし知事も亦屏息」し、特に都筑は「知事を遇すること恰も下僚の如く、知事も亦大臣次官に取入るよりも彼の意を迎ふることに汲々たりき」といわれている。[141] 実際、松岡に職を追われる形となった渡辺千秋前内務次官（京都府知事）は、「今の内務省を見るに、牧民長官として経験あるの人隻影を留めず。若夫れ次官〔松岡〕の如きは成学の士に非ずして司法的単一の理論に眩し、民政複雑の事務を律せんとす。……市町村制半行の字句を論するに数旬を以てし、省令一片の文章を議するに数月猶決せさるものあり」と「牧民」の精神を失った現内務省の欠陥を伊藤首相に訴えている。[142]「牧民長官」的な地方統治を理想視する地方官の眼には、「民政」を無視した「司法的単一の理論」と映ったのである。さらに、国民協会副会頭の品川弥二郎は、井上内相の後任の野村靖に次のように激白している。

井上〔馨・内相〕時代に法律の解釈変更、いかに都築〔馨六・土木局長〕の法律家も此〔青森県尾崎村の分割問題に立憲革新党が介入する〕事情が分らずして今日に到らせ、いかに江木〔千之・県治局長〕之ずる〳〵主義にも此小数一ヶ村の窮民の真情が分らす、次官〔松岡康毅〕の横着もかどがあるもの、か、る人々を以てとても内務大臣がいくらあせつても、行政権域喰込連云々の防御は万々目的なし。老兄〔野村靖〕はなんと思つて居るか知らねども、今日口には行政権々々と利口らしく唱へて居つ、、自治家の土台を崩候事を今日の不幸にまで至らするとは、内務の為めに号泣しても足らぬ。遺憾なり。[143]

この品川の手紙には、国民協会―地方官の立場から発せられた井上内相体制への反感が、極めて直截に現れている。政党勢力の進出に対して何らかの対抗的措置をとるという目的について両者は立場を共有していた。しかしその手段となる地方統治観において、品川と都筑らの「法律主義」は決定的に相容れなかったのである。しかも皮肉なことに、ここで「法律家」と批判された都筑の才能をかつて認め、その言論が世に知られる機会を与えたのは、ほかならぬ内相時代の品川だった。内相就任まもない明治二四年七月、品川は都筑に「官吏社会之腐敗」を正すべく、内務省・地方官に送付する内訓案の作成を依頼している。[144] また内相辞職後も、『自治行政論』や『民政論』といった都筑の著作を地方に頒布するため、積極的な資金援助を与えていたのである。[145]

では、以上の人事からも窺える「新消極的政略」に、第五議会以降の井上内相の治水政策は収斂していったのか。決してそうではなかった。たとえば井上は、第五議会前に閣議提出した「水害費国庫補助の件」では、明治二六年中の甚大な水害のため、それまでの「慣例」を打破して国庫支出を抑制し、府県の負担を増大させる旨を明言しており、翌日この方針は閣議決定された。[146] しかし、翌明治二七年二月一日に井上が再提出した「水害費国庫補助の件」では一転、「今日に於て遽に従来の慣行を破り、特に県税地方税を重からしむるは穏当なる措置と云ふを得さる」と前回の閣議決定方針を事実上、全面撤回してしまった。[147] 新たに府県の下の市町村に負担転嫁する変更を加えたとはいえ、この件が閣議決定（二月五日）されるまでに数日を要したのは、井上の方針転換が唐突だったためと推測される。また第二に、第六議会では当初、水害費国庫補助について第四議会と同じ追加予算方式で臨むはずだったにもかかわらず、結果的に事後承諾方式を選択し、当然議会から猛反発を受けてしまった。要するに井上は第六議会開会までに、治水費について第四議会以来の方針だった消極主義を撤回し、一度は否定した「従来の慣行」に回帰し、議会との衝突も甘受する姿勢に復したのである。

以上の事例はいずれも、議会審議の重視と歳出削減方針という第四議会以後の枠組みを井上が遵守できなくなっていたことを意味する。すでにこの井上の転換については、地方官会議において水害地の知事からの陳情に接したこと、国民協会が主導した水災諸県同盟会が緊急勅令を通じた支出要求を高揚させていたことが背景として指摘されている。[148] こうした国民協会の党勢拡張戦略と連動した治水費国庫補助要求の圧力を統制するための政治的方途としておそらく選択されたのが、明治二七年一月に試みられた、地方官連合の総帥たる白根専一の内務次官招聘であった。[149] そしてこの白根内務次官構想は、地方官統制にとどまらず、第四議会以来、亀裂を深めつつある伊藤と山県とを仲介するという、井上の長派指導者としてのより上位の行動準則に基づく要請の産物でもあった。

井上は「和協の詔勅」後の山県の非入閣姿勢を深く憂慮していた。第五議会停会中、ただならぬ様子の井上と遭遇した陸奥外相は、「同伯〔井上〕の胸裡には何分山県伯が死而も入閣せすとの一語を忘却せさるが如し」であり、ただちに井上を訪問しない限り「随分不容易形勢」になると伊藤に警告している。[150] 同じ日、井上は伊藤に対し、「昨夜も終宵過去を思ひ、未来を推謀すれは安眠も不仕、今朝は脳裏錯雑只々茫然、……一定之妙策尽果候故、〔伊藤と面会する〕勇気も自無退縮候次第に御坐候」と書き送っていた。[151] またこの翌日にも、伊東巳代治が「昨日之時事新報に、先日藤田組に而三伯〔伊藤・山県・井上〕御会合之節彼是激論に渉り、世外伯〔井上〕の泣声戸外に漏れたる抔素破抜致候」と報じている。[152] おそらく一定の真実を含んだ新聞報道だったのだろう。

しかし、井上の二重の切り札だった白根の内務次官復任は、山県が強く推薦し、[153] 薩長の均衡を重視する伊藤も一応の賛同を示していたにもかかわらず、白根が固辞したために実現しなかった。[154] これが農商務大臣および次官の人事と連動したものであり、伊藤と山県の間の微妙なパワーバランスが反映されたものだったことは、すでに知られている。[155] しかし、この内務・農商務両省の次官人事には、実はいま一つ海軍次官人事も連動していた。白根の登用失敗と前後して、伊藤と陸奥は海軍改革に向けて、実際の人事異動の直前まで、西郷従道海相の合意も得て、文官の金子堅太郎

（貴族院書記官長）を海軍次官に据える異例の人事を推進していたのである。[156] 結果として一月三一日、内務次官に渡辺千秋の後任として貴族院の松岡康毅が、農商務次官に斎藤修一郎の後任として前年から名前の挙がっていた金子が就任し、[157] 海軍次官は現状維持というやや目玉を欠く人事異動となった。

明治二七年一月の三次官人事問題が微温的に収束したことを受け、井上内相は同じく伊藤—山県間の協調と地方官統制の観点から、同年四月には山県枢密院議長の内相就任を斡旋したものの、[158] これも失敗に終わった。伊藤は日清開戦後に松方の内相登用を検討するなど、[159] 長派間の協調より、薩派をジュニア・パートナーとする挙国一致を優先したからである。第六議会中、自由党の野田卯太郎は同郷の永江純一にあてた手紙で、「兎に角藩閥の柱石は井上、山県に有之候故に自由党より右二伯へ向け大砲放ちたる事に可有之、伊藤は誰れも来れと大手を広け居候もの、如し」、ただ井上・山県両者を欠いては伊藤も仕事ができないだろうと述べている。[160] 伊藤が挙国一致志向を強め、そのため長派間で軋轢が生じていることを的確に指摘したものである。かくして井上の長派協調構想はすべて失敗に終わり、地方官の統制も前途困難になった。焦慮を深めた井上は五月から六月まで臨時内相を芳川法相に委任した。先述した第六議会での消極主義の放棄には、このような背景が存在していた。井上は第七議会開会前までとの条件で内相復任を承諾するものの、[161] やがて後任を長派第二世代の野村靖に託し、朝鮮政策に新たな活路を求めることになった。

井上内相は着任以来、府県会闘争後に各地の知事と府県会の間で醸成されたさまざまな「牧民官」的秩序を厳しく批判し、両者の間の緊張関係の回復を試みた。帝国議会レベルでは第四議会以降、行政改革の公約を共有した政府—議会関係の強化がめざされたのに対し、府県会レベルではむしろ「超然主義」の強化がめざされたのである。だが、この井上の地方構想には固有のディレンマが存在した。国政レベルでの政府と議会の妥協は政費節減の実現として現れ、これが地方に波及したことで初期議会期に庁費・俸給費は慢性的に欠如しており、このことへの地方官たちの不満は根強かった。しかも、日清戦争前後に大きく比重を増していた、治水をはじめとする土木行政の執行には、常置委員や参事会員を務める地方有力者の非制度的な協力が不可欠であり、彼らとの紐帯を切断しようとする内務省の姿勢に、地方官は「数年の慣行」や「因習の宿弊」を掲げて抵抗した。かかる構造ゆえに、井上の期待とは全く裏腹に、地方官はむしろ国政レベルで「超然主義」に接近していったのである(162)。

ただ、地方官と府県会の官民共同体制としての「牧民官」的秩序に、未来があったわけではない。井上内相期の地方統制構想は中長期的には効果を挙げており、明治二六年から明治二七年にかけて府県でも大学出身の参事官が登用されるなど、町村の地方利益要求の抑制に向けた地方行政機構の再編は急速に進んでいった(163)。府県会の広範な活動の多くに融和的だった地方官も、唯一例外的に、「参事会員・常置委員が陳情委員の名義で出京する件に関しては、……大半の知事は職権外の行為と断定」しており(164)、中央―地方関係の回路独占こそ地方官のリソースだという点は譲らなかった。この地方官固有のリソースへの深刻な挑戦者は、内務省よりむしろ政党だったのである。

かくして地方官たちは、積極的治水要求だけではなく、反政党という「超然主義」の観点からも、井上内相を取り込もうと試みる。実際、第六議会前には両者の関係に相互浸透的側面も胚胎しつつあった。自治党の経験をふまえてと思われるが、かつて井上は地方官の北垣国道に突然、「明治新政の旧慣を破て法律規則所謂形に偏して其弊の大なる皆己れ等の罪なり」と、地方「旧慣」軽視への「悔悟」を込めた発言をし、北垣を当惑させたことがあった(165)。こうした「旧慣」への志向ゆえに、井上が地方官から一定の支持を集めたのも事実だった。明治二七年四月の地方官会議にあたって上京した茨城県知事の高崎親章は、地方官の間で現内閣への不満が噴出しており、「井上内相は伊藤総理よりは寧ろ山県枢府に近し」など、山県との提携に基づく井上内閣を望む声が強いことを指摘している。高崎周辺の「知事中間（仲）の躍起組」は、山田信道、松平正直、大浦兼武、古沢滋《うろう》といったかつての白根派というべき面々だった(166)。

以上のように、第四議会後の情勢変化に対応した藩閥の新路線を鮮やかに体現していたはずの井上馨は、積極主義を掲げるこうした「躍起組」からの期待と、「新消極的政略」を掲げる省内の期待の板挟みになる形で、自ら新路線各政治集団が相互の合意可能性を欠いたまま各々活性化する、こうした事態であった。野村靖が直面しなければならなかったのも、治水法制を制度化する実際的な要請が日々増大しているにもかかわらず、を放棄せざるをえなくなり、伊藤と山県の仲介も果たせぬまま、退潮を余儀なくされていったのである。後任内相の

(ii) 自由党の治水政策への参入

ところで第四議会後、国民協会がより積極政策に傾斜したのに対し、逆に地方税負担を増大する消極政策を掲げることで治水政策に活路を見出したのが、伊藤内閣に「与党」として承認を求める自由党であった。第三議会以来、伊藤博文への接近姿勢を明示しつつあった自由党は、各議員レベルで地方利益に引きよせられつつも、党中央としてはむしろ、党内分裂を惹起しない行政改革や政費節減を媒介に政界を縦断する志向性を固めていった。そして自由党は一方では地方間の調整コストを要さない地租軽減論を通じて地方名望家の要求に応えつつ、他方で治水をめぐる受益—負担の議論を府県に委ねることで、地方利益の充足と行政的合理性の追求の調和をめざしたのである。(167)

すでに第四議会直前の明治二五年一一月、自由党最高幹部の一人である河野広中は、自身と関係の近い代議士の龍野周一郎に、「治水に関する調」自体は完成していないものの「大体の案（調査に付ての大綱）」を独自に作成したことを明かし、「秘し置度分は何分御注意相願度、何となれは他党輩に先鞭を附られ、経綸の一部を欠く恐るゝ故に有之候」と治水政策を通じて政党間競合を有利に導く方針を示している。(168) 河野が推進しようとした具体的な方向は定かではないが、第四議会中の明治二六年一月七日開催された自由党代議士総会（会長は河野）では、すでに部長会で決定された内容を基礎に、「経済問題」をめぐる以下のような決議が採択されている。

議会提出議案にして党議にあらさる問題に対し、各代議士に於て賛成するもの多き事なるが、中には党議と衝突するの不都合もあり、殊に経済問題の如き重大なるものに至っては此の恐れ尚更深きを以て、是迄吾党代議士に

して此等の問題に賛成せしものは成るべく取消すべきこと、若し已むを得さることあるときは、特に総理〔板垣〕迄申出て其承認を得ること。[169]

これは、党議拘束がかかっていない法案であっても党員に自由投票を許容した場合、鉄道敷設や特別輸出港指定といった「経済問題」を通じて地方間の利害対立が顕在化することを恐れた処置であった。このうち治水問題は前節でみたように対立する国民協会が主導しており、自由党は湯本の治水建議案が四大川から一一大川に肥大化する過程で足並みを乱された経緯もあって、特に警戒的だった。[170]そしてこの自由党の党内統制強化への志向が、こと治水については一定の成果を挙げ、強い印象を与えたことも確かであった。第四議会において各地から上京した水害復旧費国庫補助の陳情委員は、自由党への働きかけが内務省より困難だと認識していた（「今度最も困難を感じたるは自由党なり」）といわれる。[171]また、第四議会停会中に自由党院外団大会が議決し、各閣僚に送付された「忠告書」では、政府の海軍拡張と地価修正に一定の評価を与える一方で、「河身改修堤防修築の如きは固より急要なれとも、其財源と法方とに於て一定の意見なくんは是れ亦方針と称するに足らさるなり」と述べられていた。[172]自由党には消極主義の時代を通じてすでに、治水問題を地方利益から解放し、地方統治上の課題へ昇華させていく素地があったといえよう。

もっとも、自由党の水害復旧費国庫補助への対応はまだ党内で統率がとれたものではなかった。第四議会では兵庫・岡山・徳島三県の水害費国庫補助三八一万円が追加予算方式だったこともあって全額通過したが、河野広中が委員長を務めた予算委員会ではこのとき、地租軽減論ないし地方分権論に立った自由党の一部議員から反対論が次々提起された。たとえば、「国家一般に関するもの」といいがたい「地方問題」として治水への国庫支出に元来批判的だった工藤行幹（青森三区）は、これを政府が議会操縦を試みた「政治的剰余金」と捉え、県債・郡債発行を優先すべきとして一部削減を主張した。[173]さらに、東尾平太郎（大阪七区）は全廃論を唱え、「政府が好まない剰余金を早く散財したいと云ふなれば何も申しませぬ」と地方債の発行に否定的な大蔵省の姿勢を揶揄した。[174]そして近畿政界の実力者であり、水害の当事者であった石田貫之助（兵庫四区）は、地方官による補助金の過当請求の実態を告発し、「何となれば府県の長官たる者が、拾万のもので拾五万の予算を出して目論見をして来るは実に失当の話である。斯様の場合に於ては政府は宜しく懲戒なり其他相当の責任を持たせんならぬ」と本質的な観点から削減を擁護した(175)。しかし、河野委員長が「工藤君それは大体論」だと批判したように、以上の提案はいずれも広い支持を得られなかった。

実は石田の問題提起の背景には、県内で死者八九名を出した甚大な水害をめぐって、兵庫県会で深刻な対立が生じていた事情があった。すなわち、周布公平知事が帝国議会での国庫補助の前提となる臨時地方税を徴収すべく、臨時県会を召集したとき、加西郡以西の一一郡と無被害の但馬・丹波・淡路など数郡の間で「県会創始より未曾有の騒擾」が生じ、猛反発した淡路島からは「数百人県地に来り水害救済説の議員に対し大に駁撃し、動もすれは暴行をなさんとするの勢」にいたっていた。議場では「各郡有志者無慮六百余人傍聴をなさんとし、議事堂内外立錐の地なきに至り殺気充満」するなか、原案はわずか二名の差で可決された(176)。この戦果を携えて上京した周布知事は、井上馨内相・古市公威土木局長への陳情を通じて、県会での議決事項を上回る額も含む、三段階に分けた「復旧」工事費を請求し、結果として淡河《おうご》川《がわ》疏水・赤穂川などの中長期的な「改修」を実現させ、かつて選挙干渉を行ったにもかかわらず県内で求心力を高めたのである(177)。しかし、この第四議会中の上京については、淡路島の自由党員の間で、県会総代としての上京にもかかわらず一部議員が「議会の神聖の何物たるを弁別せず、……彼等の地方論の持論を場処の構ひなく陳弁」することへの懸念から、「此上は議会の議決則議会多数の意見を代表なしたるものたるの資格を重んじ、知事（周布）が勝手なる見解を付して主務省へ上申なしあるときは打崩すの積りを以、充分失当の議決に非さることを陳上致す様致度事に存候」という要求も噴出していた(178)。ここで彼らが警戒したのは何より、県の下位レベルにある地元町村の水害復旧や負担減を求める県会議員の要望を汲みとる形で、知事が「神聖」な県会の合意を改変し、「勝手なる見解を付して」内務省に上申してしまう可能性であった。石田の帝国議会での地方官批判もこうした文脈が背景にあった。そして中央―地方関係の媒介者として政党と地方官が潜在的な競合関係にある以上、仮に両者の利害が一致していても、地方官による国庫支出増大の独自の回路に対し「議会の神聖」を反映していないとの批判を投げかける心理は、第四議会で敗れたとはいえ党内で相応の説得力を持ったのではないだろうか。

かかる党内の中央―地方関係の齟齬を内包しつつも、ともあれ第四議会後には、消極主義の選択が党中央レベルで決定された。明治二六年三月七日、神田錦輝館での演説で、衆議院議長の星亨は改進党との決別を宣言するとともに、次の第五議会を政党と藩閥の「一番仕舞の戦争」「最後の戦争」と位置づけた。(179)すでに、来るべき「戦後」における与党化がここに明確に見据えられていたといってよい。この根拠となったのが、「和協の詔勅」での行政整理の公約であり、第四議会の前後における政府との関係の変化について、自由党は「従来我党は政府の事業に就ては全く局外の位地に立てり。……然ども今や然らず。我党は〔第四〕議会を透ふして、恰も政府の後見人たるが如き地位に立てり。政府果して行政の整理を完くするか則ち可なり。若し然らずして十一月の〔第五〕議会迄も政弊の革新を為す能はざる時は、啻に政府が其質言に背違したるのみならす、我党も亦政府を過信したるの責を負はざるべからず」と、行政整理公約の責任をも共有する「政府の後見人」として、自党の役割を再定位したのである。(180)

したがって、第五議会前の自由党の第一義的な関心も、条約改正問題よりは公約励行問題にあった。(181)自由党は党議第一項に「第四議会に於ける政府の公約を履行せしむる事」と記し、行政整理を焦点とする予算問題を軸に、政府と交渉する姿勢の継続を明示した。第五議会の解散に際しても解散自体は「立憲的の動作」だと賛同した自由党は、解散の理由をより問題にしており、「政府が公約違戻の攻撃を恐る、は、厲行問題を恐る、よりも甚たし」と強弁している。(182)また、政府が行政整理の公約を守らない限り、「直ちに進軍の令を布き、鼓噪して予算城に迫るべし」とも述べている。(183)自由党としては、「和協の詔勅」を正統性根拠として政府との提携を公然化していくためには、公約励行問題（予算問題）が解散理由として条約励行問題（外交問題）より上位にあると主張する必要があったのである。(184)

そして条約励行問題をめぐり議会と対峙した政府にとっても、議会運営を手探りで行わざるをえなかった第四議会までと異なり、第五議会以後の議会運営の予測可能性は高まっていた。陸奥外相は、「所謂る対外硬派と云ふ奴輩」について「彼輩は無理に分からぬ風をして愚論を造り出し愚民を扇動するに在り、就而は此輩に向ひ何事も説法するも到底無駄なり」と対話を拒絶していたが(185)、実際、対外硬派の攻勢で職を追われたのは星衆議院議長と後藤象二郎農商相の二人だけにとどまり、明治二〇年および明治二二年の条約改正問題のような、外相や首相の交代を伴う規模の政治変動を引き起こすことはできなかった。帝国議会は対外硬運動に新たな権力基盤を提供した反面、彼らの行動が制度的枠組みの下に馴致される帰結を生んだといえよう。明治二七年五月一五日、第六議会冒頭の施政方針演説で、伊藤は衆議院の条約励行論の存在を理由に前議会を解散したことを明言した。ここには、対議会交渉にフリーハンドを得るため解散理由の明言を避けたい伊藤と、逆に条約改正をめぐる政治対立を明確にして自由党との提携確立をめざす陸奥の緊張関係が伏在しており、自由党の与党化を間接的・国際的に公認した点で歴史的意義を持つ演説だった(186)。

ただ、河野広中が第六議会の解散後、来るべき自由党政権参入を展望しつつも、「吾党昨年に一歩を緩ふし、今年に一歩を譲り、年々政府に退譲して、遂に今日反て彼れ（伊藤内閣）の侮を買ふに致れり」と慨嘆したように(187)、与党化志向に基づき、外交問題での政府批判を自制するだけでは、藩閥から大きな政治的譲歩を引きだせなかったことも確かだった。そこで統治の円滑化に協力しつつ、存在感を発揮するために動員された対概念こそ、「消極」―「積極」である。明治二六年六月、自由党は党報で「多年官民の争点たる消極的問題は第四議会を終りとして一掃するを得べし」と述べ、第五議会以降は「積極的問題」をめぐる政府・議会の争いが必要だとしている(188)。すでに指摘されているように、自由党の「積極」は国家的事業（海軍拡張など）と、「消極」は政費節減と親和的だった(189)。自由党は第四議会を機に、今後は詔勅で約束された「消極的政策」だけではなく、これまで計画の不備を批判してきた「積極的政策」でも政府と接点を見出していきたいと述べたのである。消極主義から積極主義へという自由党の主張は、少なくとも主観レベルでは、政府―議会関係の深化と、国家統治への政党の参画を志向したものと理解すべきだろう。

そして、「和協の詔勅」後の自由党の「積極的政策」への移行を象徴するのが、河川政策である。元来、帝国議会の建議を通じた河川政策へのアクセスは、改修費額の増減を最大の争点としており、技術的な判断をすべて内務省の調査に委ねている状況で、議会が政策の具体像を提示することは限界があった。[190]したがって、自由党が重視したのもむしろ、国庫補助の抑制と財政監督の強化という地方統制者としての議会の役割を重視し、その際に自党が媒介機能を発揮することであった。すなわち第四議会後、自由党はただちに加藤喜右衛門代議士（愛知六区）の全国一四大川への派遣を決定し、明治二六年五月には淀川筋調査も行わせるなど、河川政策に能動的対応をとりはじめる。[191]そしてこの河川政策の全国調査には各地方からの要望も強く、[192]同時期に進められた地方支部設立の動き（明治二六年四月の集会及政社法改正で解禁）と並行していた。[193]特に自由党は、近畿二府四県、中部二県（愛知・岐阜）、中国五県、四国三県が参加した関西会[194]をはじめ支部の強化に情熱をそそいでおり、これに伴い地方名望家の党派所属も明確化されていった。[195]第五議会までに自由党が水害をめぐる国庫負担と地方税負担の区分を立てて一四大川に国庫剰余金を投入しない方針を固め、「地方に依りては分地方税の堪ふべき場所も国庫の補助を仰ぎて立派に改修を施し、又民力の堪ふべからざる場所も国庫の補助を受けずして不完全の工事」と国庫補助の不均衡を批判するにいたったのも、支部制度を通じた各地での河川調査に裏づけられた自党の全国把握能力への自負ゆえであった。[196]そして従来政府が全国河川調査の不足を理由に国庫補助を否定してきただけに、この自負は無視できなかった。

かかる自由党の「与党」意識の成熟を端的に示すものが、第六議会で土佐派の領袖である林有造ほか三名が政府に先んじて提出した、全一〇条の「府県非常土木費国庫補助法案」にほかならない。[197]これは明治二七年四月二六日の党臨時大会の党議決定に基づくものであり、[198]前年一一月一五日の党定期大会で制定を決議した「水害費国庫補助法」を起源とする。[199]この自由党提出案は、政党が政府に対し、膨張しがちな水害復旧費国庫補助の拡大ではなく、その抑制に向けた具体的な構想を提案した点で、画期的な意味を持つものであった。ここで林は、議会開設以来、国庫補助が膨張していった第一の理由は、治水・森林政策自体の不備や天災よりも、政府に補助の「一定の定規」がないためだと立法趣旨を説明している。さらに、第一議会以来、国庫剰余金が年々蓄積したことで、中央政府・地方政府双方で国庫補助抑制の観点が希薄になったときびしく指摘している。

　此夥多の剰余金と云ふものがあるために金を出し易いと云ふの観念がございますが、之が第一補助金の夥多になりましたる原因と本員は相考へる訳でございまする。……地方は成るべく丈補助金の出願を夥多に致しまする傾がございまする。政府は一定の定規がございませぬでございまするから致しまして、又其補助は夥多に与へねばならぬ有様を有つて居りますると、本員は確信を致して居りまする。……私の見る所では、〔明治〕二十四年・二十五年・二十六年が実に濫出の極りと申しまする訳でございます。

特に林は、六〇〇万円の水害費国庫補助が出願され、二〇〇万円支出した愛知県を、「濫出の極点」と厳しく批判している。自由党の新路線を象徴する林の提案は、将来的に剰余金が消尽する可能性を見越して国庫補助を逓減し、また府県財政にも可能な範囲で水害復旧費を支出させ、地方官などによる工事額の増大についてもその分に見合った財政負担を地方自治体に担わせる、新しい補助算出方法を示したものだった[200]。ここに自由党中央と地方官は第四議会と異なり、ゼロ・サム的関係に立つことになったのである。

林が「此問題は御承知の通り政党問題でもございませぬ。人民に実に直接の関係を以てまする問題でございます」と述べたように、自由党は法案提出を自身の統治能力をアピールできる好機として位置づけていた[201]。自由党はいまや、党内の集権化を背景に地方統治を担う主体として自己定位する、内務省の潜在的競合者となったのである。もっとも林案は委員会附託のまま審議未了となったが、自由党は議会報告書でも、「水害費補助は復旧工事にして新設工事に非らず」「財政の監督は議会の大権なり」とあらためて確認した上で、内務省による地方統制がより厳格になされるよう要請した。[202] そして議会の監督機能を通じて官僚制を鞭撻する自由党の姿勢は、先述のように事後承諾方式で剰余金から支出された水害費国庫補助五七七万円の違憲性を自由党が告発したこと（「政府は此感情〔水害への惻隠の情〕に訴へ、以て政府違法支出の責任を免れんとする者に似たり」[203]）と共通した動きであった。自由党の予期せぬ叛乱に戸惑った伊藤首相は、第六議会解散に関する上奏文に「臣民の災害疾苦は敢て救済を怠らす」と記した。[204]

そして、奇しくも白根専一を会長に迎えて明治二八年二月に開催された第三回土木会から、やや変則的な臨時委員の枠で林有造が土木会委員に就任している。これはおそらく、二七年八月の土木会規則改正の際に、理由として「此際新陳交代の途を開くを要する」と挙げられていたことをふまえた処置であり、[205] 自由党の治水問題への影響力の一定伸長を確認できよう。[206] しかもこの土木会は、政府の治水政策重視の姿勢も照らしだしていた。第五議会以来、鉄道要求をとりまとめてきた超党派議員団体の鉄道同志会は、明治二七年一二月開会した第八議会に「鉄道に関する建議案」「土木に関する建議案」が提出され、両建議案がともに可決されたにもかかわらず、鉄道関係の予算案だけが未提出だったことに不満を募らせた。しかもそもそも両建議は治水会側からの申し出で共同歩調をとったものであり、可決という成果は何より鉄道同志会の数の力によるものと彼らは考えた。それだけに、治水事業の優遇ぶりについて、「政府は鉄道に関する予算を提出せさる而已ならす、未た鉄道会委員の任命をも見るに至らす、却て財源なき土木会を組織し、院議を容るゝを装ひ、以て其責任を免かれんとす。之れ籠絡手段に外ならす」と判断せざるをえなかったのである。[207] そして治水会は元来、鉄道同志会と比べて国民協会とのつながりが深い議員団体であった。その点でも、第八議会での治水建議可決への対応として第三回土木会に白根と林が新規参加の枠で同席したことは、第九議会での河川法の成立につらなる今後の両者の相互接近を予告するものであった。

(iii)「公共河川法案」をめぐる対立の固定化

以上みたような議会と自由党の動向に対し、最初に反発を強めたのが地方官であった。たとえば京都府知事の中井弘は、新任の都筑馨六土木局長に、「淀川改修之法案」の第七議会での提出を要望した書簡のなかで、「炎暑之候に土方人足頭〔土木局長〕等拝命、庄屋〔地方官〕一同より祝賀仕候。……対議〔会〕策は先づ解散より好きはなし。事後承諾より仕事の運ふべきものなし。軍防と治水、警察費は事後承諾に而沢山なりと奉存候。老兄〔都筑〕以為如何。今日の機会〔日清の開戦〕失ふべからず、天機を我に與へたり、内外を一掃すべき機会生じたりめてたくかしく」と述べている。[208] 中井は河川改修費を議会から遮断する観点で、再解散と事後承諾での支出を求めていたのである。

しかし、自由党の台頭をより深刻に受け止めたのは、消極主義の点でむしろ課題を共有していた内務省であった。第六議会における林有造の「府県非常土木費国庫補助法案」が内務省内に与えた衝撃は大きかった。第八議会の開会を控えた明治二七年一二月一五日、野村靖内相は井上馨に「水災補助費案も先般来一日代りに朝八時より出省各位を集め論究罷在候。……併し此案は実に困難案に候」と伝えている。問題は河川基本法の不在にあったが、もしまた林案が提出された場合、「水災補助費案」を単独提出せざるをえないと苦衷を吐露したのである。[209] また江木県治局長も、「水害補助法案及基金法案等は、愈々論究すれは愈々困難を覚へ候得共、都筑〔馨六〕の尽力にて本省の省議丈は既に決定するに至り候」と述べており、水害費国庫補助関連法案の単独での立法化は「困難」だという認識は省内で共有されていた。[210] このように自由党案への対抗という政治的要請が前景化するなか、野村内相が明治二七年一二月二八日に閣議提出したのが「非常災害土木費国庫補助法案幷非常災害基金法案の件」であった。これは、改修工事／復旧工事の混淆や工事額請求水増しの問題点を批判しつつ、その実、自由党提出案の問題点を抽出し、論破することに主眼が置かれたものであった。[211] だが、翌明治二八年一月一二日、上記二案の土木会への諮詢は許されたものの、「政府案として議会に提出せんとする時は更に閣議を請ふべし」と、事実上立法化を斥ける閣議決定が下される。また自由党の側も、第八議会で「府県非常土木費国庫補助法案」を再提出する動きはみせなかった。伊藤内閣は結果として、内務省案と自由党案が議会で正面から対峙する事態を防いだのである。そして先述の第三回土木会でも、「水害補助法案」と「非常災害基金法案」が諮問されたものの、審議未了のまま閉会してしまった[212]。

こうした事態の膠着はおそらく、内務官僚の日清戦争への傾注にも一因があった。たとえば、はじめての対外戦争に熱狂した江木は、明治二七年七月の豊島沖海戦後、都筑、古市、安広伴一郎らとともに内務省の食堂で無条約国からの軍艦買い入れを話し合い、チリが所蔵する七千トン・四千トンの軍艦二隻の購入を閣議提出するよう井上内相や伊藤首相に官職を賭して強硬に談判した。江木の回想によれば、明治二八年二月、軍艦「和泉」として横須賀に来航した一隻の巡洋艦はこの成果であり、江木はさらに戦争中に、井上友一、木内重四郎、熊谷喜一郎といった大学出身の県治局の部下たちと「日韓聯合帝国憲法」案や占領地行政規則案を作成した[213]。実際、勇みたつ内務官僚たちに対し、朝鮮に滞在していた井上馨は戦後を見すえ、内務省関連法案が多い第八議会について「松岡〔康毅〕次官始め一入此タイエット〔Diet〕を殆内務之開院と申如き有様に有之、御心労之程恐察申上候。何卒前申如き道理故、老台〔江木〕幷都筑〔馨六〕等此時こそ両腕袖を絞り揚全力以御尽忠は戦場の打死よりも大切と奉存候。諸局長えも右之意を御序に御陳置被下度候」と「戦場の打死」よりも大切な「内務之開院」の重要性を諭したのである[214]。また、内務省上層としても、戦時の占領地行政に若く有能な官僚を動員されるのは、好ましいことではなかった[215]。

もっとも、野村内相は第八議会で、「水災補助案に付種々山形県のみ苦情を唱られ居候由にて自由党は之に同意せし趣に候間、之を挫き候御工夫願上候」と品川に依頼していたように、治水問題をめぐる自由党の対策を国民協会に依存していた[216]。国庫補助に関する法案化をなさないまま個別的な治水補助をめぐる議会折衝では国民協会に依存することで乗りきろうとしたのである。しかし国民協会への依存は同時に、同会からの要望を拒絶することを難しくした。第八議会から第九議会までの間、野村内相が直面しなければならなかったのは、閣外の山県と国民協会の治水要求である。特に井上内相時代に介入した形跡がみられない山県が、野村には度々直接的な治水要求を行っていることは、大きな変化といってよい。特に争点となったのは木曽川改修問題であった。第八議会では、明治二八年一月に自由党の小室重弘（愛知二区）らが「木曽川改修に関する建議案」を提出し、国民協会の湯本らが頑強に抵抗して葬り去った経緯があった(217)。そして自由党との競合があることによって、国民協会はより要求を硬化させていった。たとえば品川は明治二八年八月、「岐阜之木曽川之工事今日まで遅延して大紛議を起したる事は御承知ならん」と野村に督促し(218)、野村もこれに対し即日「岐阜の事に付き而はぐず虫の小生〔野村〕も奮発せねばならぬ事と成り、昨今も運ひにいたし有之、御含被下たし」と返信している(219)。品川はさらに第九議会直前の同年一一月にも、木曽川改修の必要について、「木曽川改修費一件に付ては知事より一通り御聞取被下候事と存候。……山県奉職中より一部村長之大苦情あるにも拘はらず、今日まで実行し来りたる所以なり。一部之苦情又は議会之遅否等之為め、工事中止之姿と相成候ては不容易事に可相成と窃に痛心仕候」と山県の名前に言及しつつ強く尽力を求めている(220)。

この品川の圧力には無論、山県も関わっていた。山県は木曽川を含む岐阜三川分流への内務省の河川政策について、野村内相への書簡で、「何と歟事情御酌量三川分流之目的相達候様、老生〔山県〕に於ても相願候。此分流之事に付而は最初より関計有之因縁として、分流熱心者は尓今老生に向て頻に情願に及ひ候事故、老生之併而陳述に及候。若御閑暇有之候は、、三川之現況御一覧相成度不堪希望候。帝国之地位地勢よりしても、治水之事業は一里単簡に難相成状況は今更論弁は不用之事にて猶御熟慮所願候」と重ねて不満を露わにしている(221)。山県は「帝国之地位地勢」からみた治水の必要を力説し、現場に足を運ぶよう強く促したのである。野村の側は、工事費不足額の請求は明治二九年度に「他の権衡」もあって厳しいため、三〇年度に予算を請求すると弁解するほかなかった(222)。

さらに野村は、こうして活性化した山県―品川の積極的治水要求のみならず、従来の省内からの「新消極的政略」の要請も活性化させることとなった。野村の対外折衝能力の低さは、内務官僚たちの不安を惹起し、省内からの突き上げを招く原因だったからである。その筆頭たる江木県治局長は、朝鮮滞在中の井上馨にあてた手紙のなかで、井上時代と野村時代の違いを「外部との関係」のあり方に見出している。

閣下〔井上〕御転任後本省大小の政務は別に其方針を変せしものなし。然れとも本省と外部との関係は、少しく趣を異にするに至るへしと存候。閣下御在職中は本省の意見計画は概ね他に容れられさることなく、所謂諸官衙等は敢て抗議抔を試むるものなく、而して他との関係極めて円滑なりき。去れとも今後は斯の如きの円滑を期するは中々容易の事にあらさるへし。是れ決して新大臣〔野村靖〕の威望足らすと云ふにあらす。[223]

江木や都筑のような内務省の局長層が抱く新大臣への不満の大きさを、ここから読みとることができよう。

野村内相下の治水問題をめぐる以上の権力状況の下で発生したのが、「公共河川法案」をめぐる内務省と土木会の対立である。すでに指摘されているように、内務省は当初から、都筑土木局長が作成した「公共河川法案」を、淀川改修費の追加予算案の提出と抱き合わせで第九議会に提出する予定だった。そもそも淀川の改修問題は、明治二七年に第七議会へ議案を提出する旨、井上馨内相時代に内示があり、同年七月二日付で京都府三〇万円・大阪府一〇〇万円・滋賀県二〇万円の負担で費用負担を行うことが内定したものの、日清戦争の開戦に伴い中断されていた。[224]戦争終結を待って明治二八年六月四日に提出された三府県知事が連署した野村靖内相宛の上申が、「既に本川〔淀川〕改修の予算按を第八議会へ提出せられんことを企望したるも、当時恰も軍国多事の時に際したるを以て暫く其〔沿川住民の〕熱情を鎮撫し置しに、今や和議既に成るの機に会し、本川改修予算按を第九議会へ提出せられんことを請願せり」と第九議会への提出を迫ったゆえんであった。[225]

しかし、これを受領したのは治水基本法の立法をめざす都筑土木局長であり、都筑は明治二八年六月二七日付で三知事宛に発した通牒で、「政府に於ても既に第五区土木監督署長に命して淀川改修工事の計画を調査せしめられたれ共、元来本事業たる極めて偉大なるか故に、其計画の適否、工費負担の方法及工事施行の順序等に付、尚本省に於て慎重の調査を遂くるに非れは何分の詮議に難被及候条、右様御了得相成度」と個別河川を越えた法体系への志向から、積極的な回答を留保した。都筑が一〇月四日、京都・大阪両府知事宛に「今回召集の地方官会議は主として河川法及其他土木法案に関する諮問会に有之候」と通牒を発したのも、淀川改修問題にあくまで内務省主導の「法律主義」の立場で臨む姿勢の表れであった。[226] そして、淀川改修運動の先頭に立っていた前土木会会長の渡辺千秋京都府知事が、「二府一県淀川熱も上騰」しているため「御英断」がなければ第九議会で面倒が起きると都筑を威嚇したように、[227] この都筑の姿勢は淀川改修運動を長年先導した地方官と内務省の間の緊張を増大させたのである。すでに第六議会での自由党案の衝撃があり、国庫補助の比率を規定し、河川改修を水害復旧から切断する公共河川法の策定を内務省は急がなければならなかった。しかも、治水行政は元来、予算削減のあおりもあって現場レベルでの工事担当者の士気が高くなく、特に空前の私鉄ブームが生じた日清戦争前後には、河川の調査測量に赴いたはずの土木監督署の技師がそのまま新設の鉄道会社に引き抜かれ、復任しないケースが問題となっていた。[228] 現場の混乱に惑わされず治水政策を着実に前進させるには、あらゆる現実を包摂しうる体系化への強烈な意志が必要であった。

かくして明治二八年一〇月には全二一九ヶ条に及ぶ「公共河川法案」が完成する。[229] これは沖野忠雄のような技術官僚の知見もふまえつつ、都筑の法制官僚の資質を総動員して立案した力作だったようである。[230] しかし、同案が明治二八年一一月に第四回土木会に諮問されると、事件が起きる。[231] 二一九ヶ条を誇った公共河川法案は、土木会委員の湯本義憲らの手でわずか一二ヶ条の「河川改修法」に圧縮されてしまったのである。土木会については、明治二八年二月、「土木会議員〔任意委員〕惣て硬派と称する国民協会、革新党、改進党に取りて、自由党若くは無所属して是迄政府に随従したるものは一人も其撰に入らす、若夫人物と伎倆を撰したりとするか、湯本〔義憲〕を除くの外は皆杜撰を免れす、為めに大に他の感触を害したる姿に御坐候」と報告されている。[232] 前年の制度改正で新設された、貴衆両院議員からなる一〇名以内の任意委員（総数は二〇名）の枠は、初回から議論が「杜撰」な「硬派」で多く埋められていた。

このような情勢で湯本のような長年の治水派議員が主導権を握るのは、自然なことだっただろう。

もっともこの都筑案の改変は、淀川改修を最優先したい側の心理からすれば、必ずしも想定外の事件ではなかった。土木会会長の渡辺千秋は一一月五日、都筑にあて「公共河川法之儀云々之通相成候場合に於ては、例の単行法案（即澱川更修法）を直に提出くれ候様請求有之哉も難斗候」と述べている。[233]ここで渡辺土木会会長は、煩雑な規定を持つ公共河川法案の通過と関わりなく、淀川改修法案を単独提出する要求が噴出することを示唆している。渡辺は京都府知事として淀川改修運動に尽力してきた人物であり、土木会で大川中心主義の観点から噴出した「単行法案」の先行提出論に対しても、心理的な親近感があったことは否めないだろう。

さらに湯本たちは、一一月一二日に渡辺会長に提出した「河川改修法に関する建議」を基に、表題を変えたほかはほとんど同内容の「淀川木曽川筑後川改修法」なる書類を作成し、さらに一二月七日付で野村内相宛に、淀川・木曽川・筑後川三川の改修速成を要望する、以下のような建議を提出した。

其河川法案（公共河川法案）たるや條項二百余條の浩瀚なるものにして、且本邦従来の慣習其他に影響を及ほすもの多々あるへし。若し之を制定して実行せんか、其れ必す河川と社会との従来の関係に変更を来さん。而して其利害は未た以て予測すへからす。是れ実に国家民人の利害に関する容易ならさる事項なり。河川法案の国家民人の利害に関する所是の如く大なるを以て、之を制定せんには深察詳慮精細なる調査を要す。故に河川法案は目下土木会の審議中にありと雖も、其可否の確定断案は容易に下すを得す。之に反して淀川・木曽川・筑後川改修事業の実施進行は、一日も忽諸に附すへきものにあらす。

すなわち彼らは、土木会の諮問に附せられた「公共河川法案」については先送りを要求したのである。「単行法案」＝三川改修法を提出した土木会委員は千坂高雅、西村捨三、湯本の三名であり、ほかに梶山鼎介、武井守正、佐々木正蔵、橋本久太郎が賛成した。[234]自由党の林有造が同調していないことが注目されよう。また淀川のみならず木曽川が入っていることは、土木会の造反と山県―国民協会の治水要求の関連を想像させる。そして以上の審議の経緯は、都筑のような法制官僚の視点からはまことに粗雑なものと映ったに違いない。

大河川改修を優先するこの法案は、一一月一三日の閣議で渡辺蔵相の反対で否決されたもの(235)の、こうした積み上げ式の地方利益要求により、自慢の「公共河川法案」が原型をとどめないほどの改変を被ったことに、都筑土木局長が憤怒したのも無理はなかった。都筑は一一月二四日、内務省内にも浮上しつつあった「淀川改修法案」の単独提出論を断固として葬りさるべく、自らの辞職をかけて野村内相を叱咤した長文の書簡を認めている(236)。

昨夜以来淀川之件に関し種々思考仕候処、到底法律は今回之〔第九〕議会に間に合候事無覚附と存候。加ふるに湯本〔義憲〕輩之手に成り各法律は不充分極まるものなるべきは明なる事と存候。故に若し淀川工事を本年中に着手するものとせば、全く無法律にて歩むか、左なくば湯本輩より提出したる有名無実、漸か十二、三ヶ条之法律を以て歩むの外無之と存候。……外部強迫之結果終に大臣〔野村〕に於て右方針を取らざるを得ざるに至るの御考案に御座候はゞ、小生〔都筑〕一身之義は何卒過日願ひ出候通り御処分被下候様奉願候。

すなわち都筑は、淀川改修工事が「無法律」ないし湯本の「河川改修法」を基に実施されることの問題性を説き、野村内相の対応次第では辞職も辞さない姿勢を明らかにしている。注目すべきは、「外部強迫」によって野村が淀川工事に着手する可能性を牽制している点である。ここでいう「外部」は、おそらくは治水に熱心な国民協会議員や地方官であり、あるいは品川や山県までも潜在的には含むものだろう。そして都筑は、淀川改修問題が土木局の「一局唯一の大問題」だとした上で、書簡の末尾では、淀川改修工事の予定を来年以降に延期し、「当初之方針」を貫いて河川法の制定を最優先するよう強く訴えている――「小生の飽まで希望致し候処は、矢張り当初之方針通り淀川の如き大事業は法を要す、而して其工事たる必ずしも一年待つこと能はざるものと云ふを得べからざるに付き、今年末に法と予算とを揃へて帝国議会へ提出すべしとの方針を採らる、事に御座候」。そしてここには他方、都筑においても、来る第九議会における議会への一定の譲歩は顧慮せざるをえない論理が反映されているのである。

以上のように、土木会の紛糾によって淀川などの大河川改修法案を単独提出する動きが強まったものの、公共河川法の制定をあくまで求める都筑土木局長が辞職をかけて野村内相に迫ったため、事態は膠着してしまった。一二月に入ると、他の土木関連法案とともに公共河川法案の議会提出が見合わされることとなった。しかしそれは淀川改修工事の断念と不可分だった。一二月下旬、対立の調停を買って出た内海忠勝大阪府知事に対し、野村内相は「予め河川法案否決の場合を想像して之が準備をなし淀川に限り単行法として提出するが如きことは到底行はれ難し」と応じている。[237]土木会が求める三川改修法案の単独提出は、基本法たる公共河川法案の提出を阻まれた内務省に受け入れがたかったのである。明治二八年末におけるかかる対立の固定化は、地方官が非制度的手段で先導してきた旧来の治水費国庫補助の方式が、政治的な有効性を失いつつあることの端的な証左であった。

次節では、このように伊藤内閣の統治機能不全が治水問題で顕在化していくなかで、自由党の存在意義を発見し、その政権参入を演出することになる白根専一の政党指導が分析されることになる。

第三節　対外硬連合から保守党連合へ

(i)　国民協会の三つの戦後構想

日清戦争後、第九議会の開会を前にした国民協会には、およそ三つの政治的選択肢が存在した。第一は、戦前以来の対外硬連合の維持・強化を図っていく路線であり、熊本国権党の安場保和が中心であった。特に日清戦争中の明治二七(一八九四)年九月一九日、国民協会事務所で秘密会が開かれ、佐々友房や大岡育造など一二名が集合したときには、改進党と国民協会が分裂したとの風説が生じた原因として、副会頭の品川弥二郎が日清開戦に伴い政府批判の抑品川に忠告する方針が評決された。[238] 日清戦争中の対外硬派の雰囲気をよく伝える挿話である。

制を説いて回ったことが参加者たちから指弾された。そして最後は安場の「独意」によって、世上の疑惑を解くよう

しかし、品川は、国民協会の対外硬派への傾斜に批判を強めていた。第八議会直前の一二月一八日の党大会前には、協会内の不穏な情勢を察知し、協会幹部に「国民協会が積年確守せし本領を忘るゝ様なる事有之ては相済ず候間、代議士諸氏は元より同志之士は一点之私心なく大会にて激論痛議、腕力を出すまでに（同志外之人に向っては堅く禁物）御討論有之度祈り申候。……どうぞ臨時（第七）議会之立派なる一致之決議を無にせぬ様に、第八議会之無事経過して海外に在る我同胞之安堵して奮戦あらん事を祈るなり」と挙国一致ムードに水を差さないよう釘を刺している。[239] そして品川は明治二八年初頭までに、対外問題については旗幟を鮮明にせず、是々非々を意味する同会の「洞ヶ峠」主義で乗りきる方針を固めた。明治二八年一月、大浦兼武（山口県知事）は品川に対し「洞の峠云々委細、愚子（大浦）の如きも相分り居候に、過日安翁（安場）より例の我々盟約書を除き呉れと申来り候に付、断然此際不同意と決答、何れ同志上京の上に議論決すへしと申送」ったと報じている。[240] この「盟約書」とは、かつて選挙干渉後、白根派（小松原英太郎・大浦兼武・北垣国道・松平正直・小崎利準・船越衛・山田信道・内海忠勝・安場保和）の地方官が欽定憲法の擁護と民党勢力の防遏（藩閥―政党連立内閣の阻止）に向け結束を誓い合ったものであり、[241] そこから安場が脱退を申し出たことは、協会と対外硬運動の結びつきの終焉を象徴していたといってよい。さらに清との講和交渉が進捗した三月下旬にも、安場が熊本で国民協会から自立志向にあることが伝えられている。[242]

実際、品川は早い段階から外交問題をめぐる問責派（対外硬派）に批判姿勢を明らかにしており、自由党を通じて改進党対策を図るよう野村内相に建言していた。[243] こうした品川の政党指導が実り、明治二八年六月一五日の問責派の決議には全党派中、国民協会のみ出席しなかった。また国民協会全体としても、明治二九年二月一五日に内閣弾劾上奏案が提出されるまで表立った形での政府批判は表明されなかった。[244] 安場について明治二八年一二月には「近来殆ん

ど世を去る程迄に沈静せり」と報じられている。(245) 安場や柏田盛文（鹿児島四区、当選三回、元自由党）(246)といった対外硬派は無視できない政治的影響力を持ちつづけたが、日清戦争後の国民協会内では決して主流派ではなかった。それでも品川は「洞ヶ峠主義」を自称することで、山県の三党鼎立論と整合性を保ちつつ、さらに不偏不党を謳うことで外交問題に由来する党内分裂を緩和できると信じたのである。(247)

第二の方向は、対外硬連合からは離脱しつつ、第三党としてキャスティング・ヴォートを握ることをめざす路線であり、佐々友房がその代表者であった。またこれは議論の枠組みとしては三党鼎立論や超然主義と親和的であり、当初協会の主流だったといってよい。佐々が対外硬運動と距離をとっていたことは、明治二八年五月二〇日に行われた各政党の交渉会での様子からも窺える。この日、鈴木重遠、佐々、河島醇、肥塚龍、重野謙次郎、重岡薫五郎、田口卯吉、河北勘七、志賀重昂、堀越寛介、犬養毅の一一名が集合し伊藤内閣へ向けた声明を発表したが、特に「閣僚の処置を非認する事」という項目をめぐって議論が生じた。これは問責派である河島が「閣僚は其責に任すへし」としていたのを、佐々が今日は挙国一致を要すると述べてより抑制的な表現に修正したものだった。この佐々の修正は、探聞書が報じるように、国民協会が「改進党の責任内閣問題の程度を更め、寧ろ其の精神を破壊」したものだとして、改進党員の不平を呼んだ。(248) 以上のエピソードからも、佐々の路線が改進党との分裂を批判した安場の路線とは異なる潮流にあったことが明らかだろう。

佐々の戦後構想で興味深いのは、山県でなく薩派の西郷従道を擁立した政権を企図していたことである。明治二八年一二月八日に佐々が品川にあてた、白根ほか幹部数名のみに閲覧を許した意見書(249)において、佐々は「首相（伊藤）留任之結果」のデメリットを列挙し、対外硬派が貴衆両院を網羅して結束することで「大切なる軍備拡張幷戦後経営問題之通過に障害を与ふる」こと、それによって伊藤内閣と自由党の提携が一層進み、党勢拡張と政党内閣への移行の危険を伴うことを指摘している。したがって国民協会が「一党之名誉を犠牲にして斡旋の労を執」って挙国一致を支える必要があり、キャスティング・ヴォートを握るには、政治対立の結節点にある伊藤の退陣が前提となる。実際、一一月から一二月にかけて伊藤が辞意を表明し、欧行を希望する一幕があり、これは協会にもある程度伝わっていた(250)。実際、これを党勢拡張の好機と捉えた佐々は、「首相〔伊藤〕引退之実挙候は丶、今度こそ西郷〔従道〕侯適任者に相違無之と存候」と期待を露わにしたのである(251)。

ただ、佐々の伊藤退陣・西郷首班のシナリオは、品川経由で山県に送付されたものの、予算編成を終え、議会開会を控える状況ということもあって、「一応最なる高按なれとも余り一方に傾向せし議論には無之歟」と即日斥けられてしまった(252)。一一月前半にやはり佐々から伊藤退陣を持ちかけられた逓相の白根も、「一喝不同意を唱へられ、互に論難数次にして」物別れに終わらざるをえなかった(253)。要するに品川を除いて、佐々の長年の悲願だったと思われる西郷首班構想は、協会関係者の間ですら支持を得られなかったのである。そこで佐々は、伊藤内閣―自由党の連携強化を阻止すべく、一二月中旬から第二のシナリオである党勢拡張戦略＝「所謂第二部之運動」に移行し、「倶楽部様のもの」の新設といった党組織改革に加え、協会内の対外硬派を政府への圧力材料として活用するという新たな形での政治的均衡点を模索する。すなわち、品川に「只今暫く一方（政府幷自由党）には十分強気に而御応接被成置度不堪切望候。協会中一と纏め之儀は兎に角微力之あらん限尽力可仕、此際生輩がわる物になり一番相働度内決仕候間、此儀は御安神可被下候」と要請したように(254)、佐々は伊藤内閣―自由党に強硬姿勢をとりつづけることで、協会中央と安場の間で深刻化していた亀裂を修復し、ひいては内閣からの譲歩も引き出そうとの一石二鳥を狙ったのである。その意味で、翌明治二九年二月一一日、韓国皇帝がロシア大使館へ避難し、日露関係が急速に緊迫化し、対外硬派が再活性化する機運が生じたことは、第三党として挙国一致の「斡旋」をめざす佐々にとって福音だった。

かくして国民協会は明治二九年二月一五日、露館播遷をふまえた内閣弾劾上奏案を提出する。そしてこれは協会の対外硬性の発露ではなく、佐々が党内調和のため「わる物」を演じた帰結だった。それは佐々が翌一六日、「協会今日之動作は実に大事之場合に而、一挙一動天下を動すに足るの実力有之候」と高揚した筆致で、硬派の佐々木正蔵の抑制を品川に要請したことからも窺えよう[255]。その点でこの上奏案は政略だった。それゆえ、佐々は自らの隠れた意図を理解したと思われた協会幹部の大岡育造について、「大岡は（和田〔彦次郎〕も同様なり）流石に政事通なり」と評したのである[256]。これにより議会は一〇日間の停会となり、前途は予断を許さなかった。実際、伊藤腹心の伊東巳代治も、改進党・革新党・国民協会という旧硬六派はもちろん、無所属議員たちにも賛成の動きが生じ、上奏案が可決されてしまう可能性に、議会再開の直前まで神経を尖らせていた[257]。

しかるに、佐々が協会の前途を托したこの政治的上奏案は、協会内部から撤回を迫られることになる。これを主導した人物こそ白根である。白根は元来、協会内の対外硬抑制に尽力してきた人物だった[258]。二月一三日午後に第一報を受けて以来、日露衝突の可能性に不安を抱きつつ事態を見守ってきた白根は、二一日朝、六月の山県・ロバノフ協定に結実する、山県訪露の閣議決定という一報を携えて品川を訪ね、「聞けば聞く程椿山翁〔山県〕之大名誉又大難題と申す外なし。実に一喜一憂交至次第に御座候」と上奏が山県の対露交渉を阻害しかねない可能性を示唆しつつ説得し、数日以内に代議士会を開催し上奏案撤回で協会内をまとめるよう、「議決は引下け之方勿論可然、修正抔之論は最早今日之場合内外ともに対して不得策と奉存候」と念押しした[259]。さらに白根は当日中に、おそらく優柔不断な品川の決心が揺らぐことを警戒してこれを協会幹部の大岡にも明かし[260]、大勢を動かせなくした。実際、白根がもたらした山県訪露の報は、品川の選択肢を決定的に狭めた[261]。山県に直談判し「老兄〔佐々〕のみ打死はさせまじく」とした品川の抵抗も空しく[262]、白根が設定した二三日の山県系の会合で、山県、清浦、白根、品川、佐々の間で撤回の方針が合意された。同日、品川と面会した井上馨は、国民協会がすでに撤回でまとまっている旨を確認し、伊藤首相に「定て白根より御聞取歟とも存候得共、御安心之為」一応これを報告すると書き送っている[263]。

かくして二四日の代議士会を経た二五日、第九議会の衆議院で例外的に紛糾点たりえたこの上奏問題は、提出者の国民協会が自由党と協力して自ら上奏案を否決するという、一見不可解な経緯で幕引きを迎えた。事態の責任者である佐々は、「敗軍之将」と称して当日議場に姿を現さなかった(264)。撤回に憤激した対外硬派の総帥安場は、はしごを外した佐々を名指しで糾弾しつつ、柏田盛文らとともに国民協会を脱会した(265)。協会内の反主流派である対外硬派の不満を上奏案提出によって慰撫しつつ、同時に内閣に圧力をかけ、おそらくより好条件の下での与党化も視野に入れていた佐々は、政局操縦能力への自負も相俟って、友敵関係の可変性にあまりに楽観的だった(266)。この二月二五日の上奏案の否決によって、佐々路線は対外硬路線とともに協会内の主導権をほぼ失ったといってよい。以後、対自由党接近への協会内の反発はイデオロギーの次元で間欠的に浮上するものの、日清戦争後には保守政党である自由党―国民協会の政策志向が概ね収斂していく。改進党を中心に自由党と対抗しうる新党の結集をめざしていた対外硬連合が、国民協会の合流を最終的に断念し、「進歩党」として出発したのは、この一週間後の三月一日のことであった。

ところで、山県訪露の決定過程は、すでに指摘もあるように、外交政策の主導権を外務省が掌握する目的から、陸奥宗光外相が演出したものであった(267)。陸奥は三月四日、訪露をめぐる藩閥内の混乱を「児戯的劇場も最早一段落となるべし」と総括しているが(268)、この陸奥の外交指導において、以上みたような国内政局への配慮がどこまであったかは不明である。ただ、陸奥と白根が結果として多くの局面で利害を共有していたことは強調されてよい(269)。そしてここに第三の路線として、佐々と同様に対外硬連合とは決別しつつ、同時に品川の「洞ヶ峠主義」からも脱却して、より明確に自由党と接近を図る路線が浮かび上がってくる。白根はこの時期、伊藤系官僚の伊東巳代治としばしば連絡をとり合っているが、白根は国民協会の現状について「頗る曖昧疑訝之廉も不尠」と述べ、「洞ヶ峠主義」の撤回に向けて品川に迫ることでも合意している(270)。そこでまず、日清戦争前後の自由党と国民協会との連合形成の試みについて、簡単に振り返っておきたい。

日清戦争後、自由党と国民協会の「聯合」工作を当初主導したのは井上馨である(271)。井上に伊藤に対しても「自由党之輩に御話し之点も同様〔国民協会に〕御談語有之候は、、品川は充分老伯之政略賛助之働きをなし候は敢て不疑候。神速を尊ひ申候」と両党を対等に扱うように要請している。[272] こうした経緯から、『東京日日新聞』が自―国提携を報じ、双方がただちに機関紙上で報道を否定したものの、『自由新聞』の側は七月一七日の宣言書に同意する有志者とはいつでも同一運動を行うと、提携への強い否定はしなかった。[273] そして自由党と伊藤内閣の提携が発表された際、『中央新聞』も「吾人は伊藤内閣が自由党と秘密的聯合を避けて公然相提携するに至りたるを視、寧ろ其挙動の光明なるを称せざるを得ず」と超然主義からの離脱を好意的に評したのである。[274] そして白根との提携交渉の進展を受けた伊東巳代治の『東京日日新聞』が一一月二一日に国民協会の対政府提携の動きを報道すると、「洞ヶ峠」主義を掲げる品川は慌てて『中央新聞』紙上で「自由党の真似をして政府と結托して一も二もなく御無理御尤と申事をする様なやじではない」と打ち消したものの、[275] 自―国連合の潮流は否定しがたいものとなっていた。

また自由党の側でも、対国民協会提携の選択肢は日清開戦前後から高まっていた。第六議会開会前には対外硬連合から自由党への切り崩しの動きも生じており、[276] また星は四月二六日の臨時党大会で、板垣に「自由党は現内閣の裨政を救ふ談合的弾劾上奏を為すへしと慫慂」したが、採用されなかった。[277] 第六議会解散後、自由党は早い段階から国民協会と提携を模索した。佐々は後に、日清戦争後、第二次山県内閣後の「彼我隔意なき合體」にはいたらないものの、両党の「聯合」が成立していたと回想している。佐々によれば、第五議会で衆議院議長と議員の地位を追われていた星亨は、明治二七年三月の議員復職後、腹心の井上敬次郎を通じて佐々に会談を求めた。この会談自体は破談に終わったが、「他日遼東半島還付に対する攻撃の議論議会に沸騰したる際、我か国民協会か自然自由党と聯合するに至りたるは此浜野屋の会合か自ら其伏線を成せり」と佐々は後に述べている。[278] また、第七議会前にも竹越与三郎が「過日星亨、佐々に逢たしと度々申出候」と伝えており、[279] 少なくとも星がこの頃国民協会への接近を図ったのは間違いないだろう。松田正久の伝記も、第七議会中に自―国連合の動きが具体化したとき、星が「今自由党にこのことを云つては党議が治まらぬから、この問題はそつと伏せてたゞ何となく合同してはどうか」と非公式の形態にとどめるよう述べたと伝えている(280)。第七議会で反伊藤内閣＝自由党の「国民連合」結成を目論んでいた徳富蘇峰が、「改進党に対する国民協会の仕打」に憤慨している点からしても(281)、対外硬争点が後景化した日清開戦の時点で、すでに政界再編の目が生じていたと思われる(282)。

自由党内の主流派である土佐派も、やはり国民協会に秋波を送っていた。明治二八年一二月五日の党定期大会は、伊藤内閣との提携交渉を主導した林有造・河野広中・松田正久の三人が新たに政務委員に指名されるなど、政権参入に向けた重要な意味を持つ党大会だったが、この大会の演説で板垣総理は「我党は未だ議会に多数を得ませんので自然議会の問題に就きましては他に交渉をせぬければなりませぬ」と「他」との交渉の必要性を演説で強調している(283)。これは明らかに国民協会を意識した表現であった。また、露館播遷に伴う国民協会の内閣弾劾上奏案提出で議会が停会された折も、自由党は党論で対外硬派を非難した上で、「本年度の予算案に就て我党は国民協会及其他同志諸士の協力に依り速に之を査定し」たと国民協会にはいかにも同情的な評価を与えたのである(284)。

政府内でも国民協会は「与党」と認識されていた節がある。たとえば原敬は明治二九年一月九日の日記に「今年は自由党並に国民協会政府と提携するが為め政府案都合宜し」と記している。また渡辺蔵相も二八年一二月、政府の明治二九年度予算方針を松田正久と河野広中に内示したことに鑑み、自由党との「権衡」をとるべく、国民協会の今井磯一郎と薬袋義一にも機密に属する予算方針を明かしている(285)。日清戦争前には対外硬連合の一角として内閣の敵とみなされた国民協会は、戦後は一転、事実上の与党の一角を占め、旧敵だった自由党とも提携を模索する勢力となっていたのである。そして先述したように、自由党の林・河野・松田が伊藤内閣との交渉のテーブルに着いたとき、政府委員として末松や伊東と姿を現したのはほかならぬ白根だった(286)。こうした経験から、白根は土佐派のみならず河野とも交渉経路を有していた(287)。たとえば井上馨はこの頃「品川子苦心を以国民協会も漸々〔内閣〕責任論え同意せさる様相見へ、尤愉快を覚へ候間は此上尚尽力有之候様河野〔広中〕歟又は白根大臣を以てなり御伝言被成下度候」と述べている。[288] また白根は逓相として臨んだ東海道鉄道の複線布設問題でも、河野への働きかけを通じて翌日の代議士総会で原案復活に方針を反転させていた。[289] 次にみる河川法成立とその帰結としての自由党政権参入が円滑に進んだ背景にあったのも、かかる地方問題をめぐる自―国連合の気運の高まりにほかならなかった。

(ii)　河川法成立の政治的意味

明治二九年二月における河川法の成立も、以上みたような白根の自由党観の転換にひきつけて、理解されなければならない。先述したように、明治二八年末までに公共河川法案をめぐる路線対立は固定化してしまい、従来の地方官は地方問題を中央に媒介する機能を失いつつあった。そして治水政策を作動させる新たな主体として浮上したのが、自由党であった。明治二九年に入ると、淀川流域の水利委員や代議士たちは従来の地方官に依存した方式に見切りをつけて自由党との提携を選択し、淀川改修への協力を快諾した林有造を通じて伊藤の承諾を得ることに成功する。[290] ここで地方問題を媒介する主体が地方官から政党に移行したことは大きな画期であり、[291] この内閣の自由党への接近が第九議会で河川法案と淀川改修の交換が復活する前提となる。その結果、二月の土木会では都筑が全六七条にまで縮小された河川法案の審議を急がせ、三月の衆議院本会議では、湯本がかつて全否定した同案通過を促す事態が現出した。そして「公共」の二字が削除されていく過程で、河川工学的観点に基づく従来の費用負担区分が消滅し、国庫補助への行政の裁量が拡大されたことで、(旧) 河川法は戦後の高度成長期まで存続する政治的生命力を獲得する。[292]

また淀・木曽・筑後三河川改修をめぐる追加予算三〇〇万円についても、運動のために長期上京していた岐阜県会議員の山田省三郎は、両院の通過を見届けるとともに地元に、関係府県の有志や湯本などの両院議員に対し、「本期議会において斯く治水に追加予算を通過せしは諸君の国家を思ふの篤きによる。感謝の至に堪えず」とする五十余通の同文の電報を一斉に発し、これは大垣電信局の創設以来のレコードとなった(293)。河川法の成立をみて、三河川の流域以外の地方からも河川法への期待が寄せられ、「河川法案も愈両院通過相成候趣きに候。就ては明年度には是非共、九頭竜川改修相成る様御尽力被下度奉希望候」といった声も挙がったのである(294)。

林が淀川改修問題への協力を約束したのは、明治二九年一月―二月初頭の間と思われる。しかし、かつて自由党提出の「府県非常土木費国庫補助法案」に敏感に反応した内務省が、同じ自由党から持ち込まれた河川法案の通過のための条件を、はたして容易に受け入れることができただろうか。都筑や江木にとってそうした提案の受け入れは屈辱だったのではないだろうか。すなわち、地方官が収拾できなかった問題を自由党が収拾するには、伊藤内閣と自由党の提携関係を前提に、複数の政治集団を調整できる藩閥側の人間が必要となる。調整役としてまず考えられるのは、内務省に強い基盤を持ち、治水問題を長年唱導してきた山県である。実際、同年一月三一日には渦中の湯本が山県に「治水費云々の件」に関する封書を出している(295)。内容は定かではないが、この封書は山県に治水問題前進への寄与を求めたものだろう。だが、山県は事態収拾に向けた役割を果たすことなく、むしろ河川改修への早期着手を訴え続ける立場を貫いた。一月二八日には野村内相に「先日は御妨仕候。其節御話し致候河川改修論は如何相成候哉。若剰余金有之候は、木曽筑後両川にても御着手相成候方得策と察申候」と剰余金による木曽・筑後両川改修の早期着手を求めている(296)。渡辺蔵相や伊藤首相に、あるいは改修法案の単独提出に抵抗する省内の都筑に対し、強く出るよう求めているのである。山県はこの三日前にも野村に「昨夜御談合仕候様夫々え御説諭充分貫徹致し候様至急御配慮所願候。此段之状況とては市制特例も甚だ懸念罷在候」と地方制度改革をめぐる対自由党交渉の余地を狭める書簡を送っており(297)、伊藤が自由党員の地方官登用を打診したこととともに(298)、野村が一月末に内相を辞任する一因を作ったといってよい。山県には、公共河川法案と淀川改修案の二律背反を解決する意図も能力もなかった。

妥協点の形成過程を知ることは現時点では難しい。しかしこの調整を担うには、野村内相にない政治的資質が必要である。第一に、都筑に二一九条から六七条への法案縮減を納得させられる人物でなければならない。第二に、国民協会や地方官、土木会を抑止できなければならない。第三に、山県本人からも一定の自立をしていなければならない。自由党との交渉能力が高ければさらに望ましい。

当時、このすべての条件を満たす可能性があったのは、おそらく白根専一であった。そこでまず、白根の政治的位置を確認しておきたい。野村内相が辞表提出した際、伊藤首相が最初に後任に指名したのは白根逓相であった。「本人〔白根〕は内務に於而縁故も不浅事故、容易談判行届可申」というのが白根に託された役割であり、内務官僚の統制能力を積極的に評価されたのである[299]。実は、明治二九年一月三一日に、野村内相を囲む形で、芳川法相・渡辺蔵相・白根逓相の三閣僚と伊藤が参加した会合が行われていた。この前日、渡辺蔵相が言論の自由や地方制度改革での議会への譲歩を提言していたように[300]、議題は自由党が要望する地方制度改革や地方官への党員の登用に関するものだったと思われる。しかし野村は会合の日の夜、辞表を提出した。野村の辞表を受け取った伊藤は「芳川・渡辺・白根三大臣御談合之結末とも大に齟齬せしを以、一時大に驚き候」と応じている[301]。逆にいえば、白根はこの三一日の合意事項を推進し、内務省と自由党の条件交渉を円滑に遂行できる人材として見込まれたのである。実際、野村辞任の際には、提携条件となった地方制度改革要求について野村の肩を持つ山県に対し、白根が自由党の説に賛同したという報道も存在した[302]。結局白根は「内務は重任迚も後進輩之当る処に非らざる」と内相への転任は固辞したものの、これが結果的に板垣の内相就任への道を開いたことは確かな事実だった。白根が板垣入閣について何らかの批判や妨害を試みた形跡はない。換言すれば、少なくとも消極的には、板垣内相の就任に賛同していたのである。白根は野村内相の議会工作能力に不信感があったようであり[303]、官僚制の限界を補う行政推進要因としての役割を、自由党に期待したのではないだろうか。

そして治水問題でも、第九議会における自由党と国民協会の足並みは揃っていった。二月二七日、自由党は代議士総会で治水問題については「即決」すると決定した。同日、議会では湯本らが淀川・木曽・筑後三川改修費の追加予算提出と本年度中の工事着手（利根川など一一川にも次年度以降に順次着手）を要望する「治水に関する建議案」を提出している。この二つの動きは連関していたと考えてよいだろう。前土木会会長であり、自由党とも交渉経路を持っていた白根が、河川法案の上程・成立に直接的関与をしたかどうかは、現時点で明らかにしえない。しかし河川法と淀川改修の交換が迅速に再始動しえた一つの背景に、内相の打診にみられる白根の政治的役割の増大と、日清戦争後に白根が推進した国民協会—自由党間の緊張緩和という権力状況の変化があったことは、指摘してよいと思われる。いずれにせよ、地方問題を統御する全国大の法律たる河川法の成立は、議会開設以降、国庫補助獲得のため中央に発せられてきた未分化のエネルギーの利益集約機能が政党に移行していくことを象徴するものだった。

もちろん大河川中心で中央の統制のみ多い河川法体制は実際には敬遠されつづけ、初期議会期のような河川改修への混淆・拡大は限定されていたものの、しばし単年度ごとの水害復旧費の獲得に政党は傾注せざるをえなかった[304]。しかし日清戦争後、二度目となる滋賀県知事職を去るにあたり、籠手田安定が事務引継に残した口述で、「昨年（明治二九年）大水害の時に際し政府に請ふ所あらんとし、不肖安定、上京するに当りてや、県下五名の代議士及県会議員常置委員或は有志会と称するもの前後上京し、所謂無責任の言議を試み、大臣及局長等を歴訪し、濫りに知事行政の職権に立入り、以て権限の紊乱を致せしの事実あり。……実に不都合の極と謂はさるを得す。彼等郷里に帰るの日、得意揚言して曰く、夫の云々の事件は吾等尽力の末政府之を許したり、曰く復旧工費補助金の幾分は吾等奔走の結果漸くにして之を得たりと」と憤懣を述べたように[305]、中央—地方を媒介する知事の「職権」への競合者としての政党の台頭は、地方官の役割の終焉と同義だった。

地方官連合の総裁である白根が、日清戦争後に自—国提携を促していったのも、かかる政党の媒介機能への着目が、大きな契機となっていたのである。しかも自由党内では、猟官との批判を想定して、各地方団体の代表者によって内務省へのポスト要求を自主規制する合意がなされていたほか[306]、統治経験から遠ざかって久しい板垣は、内相に就任早々、おそらく面識が少ない有力地方官の近影写真を取り寄せさせる有様であった[307]。地方官と省内の一部〔自由党の三崎亀之助県治局長など〕の間に、松岡康毅次官に代えて、熊本県知事の松平正直を内務次官にする運動が生じていたことも[308]、内務省や地方官の側に、自由党の政権参入に積極的に順応する一面があったことを物語るものであろう。第六議会以来、自由党土佐派の治水政策が、国庫補助をめぐる地方間調整のコストを避け、府県会レベルに受益―負担の議論を委ねるものだったことも、この共闘関係の背景にあったかもしれない。

もちろん、国民協会内部で作成された四月二〇日付の「同志の方向に就て」という書類が危機感を募らせながら述べるように[309]、伊藤が板垣を「政党総裁としての入閣」ではなく、かつての黒田内閣の後藤象二郎や大隈重信と同等の「元勲としての入閣」だと発言したことで、「薩摩派及山県派」も閣議決定を認めた側面があったのは否めない。地方官たちにも衝撃が走った可能性は大きく、板垣入閣の直前、和歌山県知事の沖守固は「極めて秘密の要件」と題した県会議長宛の指示書で、自由党入閣の可能性を必死に打ち消しており[310]、板垣入閣の当日には「推考候に、昨日之内閣会議に白根〔専一・逓相〕・高島〔鞆之助・拓相〕等は同意之押印致候哉」との不安の声もあった[311]。「政党総裁としての入閣」か「元勲としての入閣」かをめぐる曖昧さは、四ヶ月後の第二次伊藤内閣の崩壊に際して問われることになる。

しかし、四月三〇日、野村内相辞職後の後任人事と衆議院の治水建議をめぐる閣内調整に尽力してきた芳川法相は、在欧中の山県にあてた書簡で、第九議会の顛末について、次のような明るい筆致で報告を行っている。

御出立後、議会も都合よく百事予期之通り相運、僅々両三日間之延会に而閉会に相成候。軍国之経営も経済之企画も、逐次予定之軌道を運行可致事と被存候。予而御掛念を蒙り候内務省之提出に係る河川法、随而淀川・岐岨〔木曽〕川等之治水費一千五百万円之案は意議なく通過し、意外之仕合と存申候。御安意被下度候。板垣〔退助〕伯も終に本月十四日を以入閣、内務大臣之恩命を被拝候。就而は小生〔芳川〕之〔内相と法相〕兼務も右と同時に被解、一大重任を卸ろし大に安心仕候。[312]

河川法案や三大河川改修費の通過を「意外之仕合」と総括し、板垣の入閣に安堵感すら漂わせる芳川の筆致からは、自由党政権参入への警戒心をほとんど感じとることができないのである。

(iii) 超然主義による統合の終焉

そして、明治二九年八月に第二次伊藤内閣が松方・大隈の入閣問題で紛糾したとき、『中央新聞』はこれに関する伊藤内閣の「某大臣」の次のような談話を掲載している[313]。

内閣に変動あると否とは暫らく措き、今専ら喧伝せらるゝは所謂功臣網羅策といふが如きものなれども、斯の如き説は全く憲法実施前、即ち前世期の説のみ。……立憲政治は少くも政治上の意見を二個に分け、其の是非得失を互ひに討究するを一利益とす。正直にいへば、我輩が所謂撰挙干渉と呼ばれし当時の撰挙に於ける盡力は、畢竟是よりして政論の分界を明白に立つる積りなりしなり。去れば〔本年四月の〕板垣〔退助〕伯の入閣といふも実は甚だ妙に覚ゆ。伯は元勲とは申せ其の後に自由党を控ゆればなり。併しながら是を政論の折合着きしものとすれば、先づ姑らく差支なしとして可ならん。但だ大隈〔重信〕伯に至ては如何。厳然たる政府反対党たる民間党の首領にあらずや。此の人をして、功臣網羅とか元勲内閣とかいふ名字の下に折合が着くとせば、立憲制度の妙味と軍制時代と果して何の撰ぶ所かある。

ここで「某大臣」は、伊藤内閣が挙国一致に向けて進めている「功臣網羅策」を「憲法実施前」の構想にすぎないと一蹴している。なぜなら複数の利害が対立・調整される過程こそが「立憲制度の妙味」だからである。超然主義の建前は保ちつつ、政党を自律した提携対象として選定する姿勢が窺えよう。批判の矛先は続けて、大隈を党首として政権参入の機会を窺う野党の進歩党にもおよぶ。

進歩主義を執って国政の改善を期するを任とする世の党派及び新聞が、曖昧にも全く相容れざる伊隈〔伊藤と大隈〕両老を打て一丸とせんと希望するが如きは何ぞ。憲政実施後、政流漸く東西に分る、に方って、近来の政論は之を清むるの功なくして却って元勲とか功臣とかの名字を藉て之を掻濁す趣あり。……大隈伯今日若し此の儘に入閣せば、後藤〔象二郎〕よりも尚ほ酷き点に於て譲るまじ。伊侯も自から期する所あり且つ輿論も大隈の入閣を渇望せば、宜しく先づ反対の意見を実行するの覚悟なかる可らず。是なければ立憲政の妙味なきにあらずや。

注目すべきは、談話者が単に大隈の無定見な入閣を批判するだけではなく、伊藤内閣＝自由党と「反対の意見を実行するの覚悟」を迫っている点だろう。ここで進歩党は、「立憲政の妙味」を支えるいわばもう一方の極として理解され、鞭撻されている。すなわち超然主義と親和的なこの人物は、政党政治とは原理上敵対する立場にありながら、同時に対抗勢力としての政党の存在意義を積極的に評価しており、憲法実施後の政治が発達していくためには、藩閥から自律的に「政流」を二分しうる、これら複数の政治集団間の競合が不可欠だと述べているのである。

記事でほとんど種明かしがなされているように、「某大臣」の正体は白根にほかならない。そして、陸奥宗光の機関誌『世界之日本』は先の記事をわざわざ取り上げた上で、若干留保を付しながらも「少壮志を抱くものは皆な古物内閣に反対する也。「政治界の迷信」を排するもの我輩のみならんや」と、「某大臣」＝白根への強い共感を表明している。[314] 実際この後白根は、八月二七日の閣議でも、松方・大隈の「勧誘を試して拒絶せられ而して伊藤侯は此の両伯入閣せざれば見込なしとの決心ならば実に失体の極度に達すべし」と述べ、内閣全体の議論を総辞職へ導いていった。[315] そのことはまた、伊藤の挙国一致内閣を斥ける点で、陸奥とも利害が一致していた。[316] 元来、白根の逓相就任を伊藤に推薦したのは陸奥だったとされ、明治三〇年八月に危篤に陥った際も、陸奥は「自分は今度は愈々もう駄目だけれども、白根は未だ若いし是から仕事が出来る男だ、好くなりつつあるとは実に結構だ、よく会つて来て呉れたと非常な喜び様であつた」といわれている。[317]

複数の政治集団間の競合にこそ「立憲制の妙味」があると理解する、第二次伊藤内閣の崩壊過程における白根の主張は、その意味でも陸奥の志向と符合するものであった。山県系では例外的に、「議会が出来た以上は政党の出来たのは必然で仕方はない。自然に出来るものに反抗したからとて仕様がない。此方も亦大政党を起すべし。優勝劣敗で実力があるものが勝つが可い」と語っていた白根は、[318]超然主義の内部から政党間競合を評価するにいたったのである。

こうした白根の自由党提携路線の継続は、第二次松方内閣に対する態度にも明瞭に現れている。「白根氏等余程熱心尽力之末今日之運に相成」と林有造から評されたように、[319]第一〇議会では自由党土佐派や末松・伊東などの伊藤系官僚と連携し、佐々友房を衆議院議長の候補とする自—国提携を推進した。[320]品川も「議長問題は即国民協会が〔自由党と進歩党の〕どちらに加担するかの標目と相成候」と認識していたように、[321]この佐々議長構想を通じて、国民協会が主導権を握る可能性を有していたことは、白根の政党指導の一つの到達点だったといってよいだろう。

ただ自由党では自—国接近に反発した石田貫之助[322]により河野広中議長論が台頭し、林・河野・松田の三政務委員が辞表を提出する事態となり、結局、進歩党の鳩山和夫に議長の座をさらわれてしまう。[323]すでに党総理を辞していた板垣は、伊藤系の末松謙澄に「先刻御話之末終に代議士総会に於て否決被為候。是れ畢竟小生微力之所致誠に不面目之至に御座候。此上は小生裏面の総理をも辞退致候に付此事を以て先方へ宜敷御挨拶被下度、何れ御面会之上陳謝可仕候」と詫びを送った。[324]原敬も一二月二三日の日記に「自由党国民協会と提携成らず遂に此結果に至れり」と記した。とはいえ常任委員長に自由党の谷河尚忠〔岩手一区〕を当選させ、他方予算委員会には元田肇委員長以下、一三名の協会員を当選させほぼ独占するなど、[325]第一〇議会では協会が第三党として最後の輝きを放った。

とはいえ保守党連合の負の遺産は双方において小さくなかった。国民協会との関係を契機とした自由党の内部分裂によって河野広中が離党し、松田正久が陸奥に党首への就任を提案する経緯はよく知られている。[326]板垣が入閣した際、陸奥派の内田康哉が盟友の原敬に「昨年〔明治二八年〕来陸奥伯御苦心之一段落とも被存候得共、今後は一層之御苦心を要すへき時機と被存候」と書き送ったように、板垣の入閣は政党政治をめざす陸奥の「苦心」の産物であると同時に、開放的な超然主義に包摂される点では今後のさらなる「苦心」を予想させるものであり(327)、実際、第二次松方内閣期は、陸奥派にとって「目下日本之天地はへどの出る様なる情況」（原敬）であった(328)。

他方、元来「国家主義」や「皇室主義」というイデオロギーを結集軸としてきた国民協会もまた、かつての民党たる自由党との提携には無傷でいられなかった。明治三〇年初頭に議員の脱会者が相次いだときには(329)、朝倉親為（大分三区、当選連続四回、のち政友会）から「今や我か協会は悲境之地位に陥らんとす」として、自由党との提携を公式に否定し、対自由党提携派の大岡育造が経営する『中央新聞』との関係を清算するよう、要求が品川副会頭に突きつけられた(330)。しかし、党勢を衰退させたにもかかわらず、自由党領袖の松田と、野田卯太郎を経由した国民協会との交渉ルートが存在したように(331)、自―国提携以外の選択肢が両党にあるわけではなかった。

自―国連合を構造化させた白根の路線が本格的な限界に直面したのは、第一次大隈内閣であった。伊藤の超然主義を斥けて国民協会代表として曾禰荒助を入閣させ(332)、さらに四月一九日に自由党と伊藤の提携交渉が暗礁に乗り上げたことで自―国連合は再び脚光を浴びる(333)。大岡育造は四月二六日、佐々友房への返信で「自由党に対し此際議長問題を以て交渉を開き旧情を温め候事、至極適当之御考按と奉存候」と述べている(334)。佐々でさえ自由党との提携復活を打診するにいたっていたのである。実際、国民協会の元田肇・大岡・和田彦次郎などから土佐派に接近が試みられ、土佐派もこれに積極的に呼応した(335)。国民協会幹事長の元田はこのとき「弔詞を述ふる心得にて板伯を訪問いたし候事に有之候。板伯も余程厚意を感し居り申候」と当時辞意をもらしていた品川に誇らしげに報じている(336)。五月一四日、自由党の片岡健吉が衆議院議長に、協会の元田が副議長に当選したのは、この再開された自―国提携の成果であった。第一三議会の開会を翌日に控えた五月一八日にさえ、ある自由党員は地元の代議士宛に「地方より視れば自由国民聯合強固とすれば今期は無事に閉院乎と被考候」と楽観的な展望を述べていたのである(337)。しかし土佐派の限界が、大岡や元田の限界となった。民党連合の再結成を松田正久や杉田定一が推進しはじめたとき、土佐派はこの気運に明確に乗り遅れ、国民協会は伊藤の下に取り残された。長く闘病中の白根は明治三一年六月一四日、再興された民党連合が第三次伊藤内閣を追いこんでいくなかで死去する。

この闘病の間にも、白根は地方官の信望を集めつづけていた。たとえば京都府知事の山田信道は、明治三〇年三月、自身より一七歳年少の白根が危篤に陥ったことを知ったとき、品川に次のように書き送っている――「白根氏病状御報道被成下誠に落胆仕候。過日来は弥快気に赴候事に而大に相喜候間、一両日跡に目白侯〔山県〕訪問之節も必す快復之噺とも仕候次第に候処、御書面之次第に而実に力を落し申候」[338]。山田は山県系官僚として伊藤内閣と自由党との提携に最も激しく反発した一人であり[339]、そうした人物が自由党との提携関係の構造化を図った白根を熱烈に支持しつづける構図は、一見奇妙に映る。しかし白根において自由党に接近することと、地方官の支持を権力基盤とすることとは、矛盾なく接合していたのである。

小括

元来、専門官僚制の強化や行政への着目を通じた藩閥体制の自己改革の回路は、憲法調査以来、伊藤博文が得意とするところであった[340]。しかし長期政権たる第二次伊藤内閣の下で、「和協の詔勅」以降、井上馨内相の辞任が象徴するように、治水政策をめぐって統治機能不全が露わになっていった。

本章では、自由党の政権参入の一つの条件として、治水政策をめぐる統治能力を自己主張できたことが重要だったことを指摘し、その過程で、従来地方官によって集約されていた地方問題を中央に媒介する機能を、新たに自由党が代替していったことを指摘した。そしてその背景にあったのは、第二次伊藤内閣の統治機能不全をふまえた白根専一による対自由党提携への転換であった。元来、議会システムに信頼を有していた白根は、自由党を行政疎外要因として忌避していたが、とりわけ第四議会以降、地方支部を通じた全国河川調査を通じて自由党が全国政治の情報集約機能を発揮したことは、白根をして、行政推進要因としての政党の役割を発見させたと思われる。自由党の側も単独過半数をとれない状況から、自―国連合に積極的に応じるなか、このような白根の自由党観の転換は、国民協会の権力的・政策的位置の変化を促すとともに、山県からも自立した官僚制内部の要請から自由党の政権参入を準備したのである。この目的を共有した陸奥と白根がともに、異なる思想的出自ながら、保守党と進歩党による政党間の競合を重視し、伊藤型の挙国一致構想を排する点で一致していたことは、象徴的であった。

　この過程はまた、日露戦争以降に進行する、学士官僚の登用を通じた地方官の政党化を、機能面で先取りするものでもあった。日清戦争後の時点で地方官の人的構成に大きな変化が生じたわけではないが、一方での全国政治の不可欠な担い手としての政党の浮上と、他方での府県庁内の地方行政機構の成熟とによって、地方官に求められる機能はいまや伝統的な「牧民官」のそれとは異質なものとなっていた。大正期以降、かかる官僚化の進展を前に、かつての「牧民官」たちの地方統治をベル・エポックとして懐かしむ声が挙がることもあった――「現在の府県知事は良二千石たらずして内閣々員の臣僕たるに馴化し、所謂親翁根性なる精神は弛を掃ふに至れり。殊に行政てう形式に専念し、経済思想の絶無なる驚くに堪えたり」（西原亀三[341]）、「〔明治〕三十年頃になると所謂知事型がそろそろ出来始めて〔「一かどの腕ッぷし骨ッぷしのある連中揃ひ」の地方官が〕段々骨抜きになつてしまつた」（石井省一郎[342]）など。しかし、権力分散的な国家形成期の地域開発に親和的だった「親爺根性」から、議会制下の全国一律の法に基づく中央―地方関係を前提とした「所謂知事型」への移行は、やはり不可逆的だったといえよう。

　もっとも、陸奥の白根の相次ぐ病死に伴い日清戦争後の政党政治はやや慢性化し、自―国連合も民党連合再結成も、新たな政治の安定を約束するものではなかった。とりわけ、府県レベルに受益―負担の議論を委ねることで地方利益の充足と行政的合理性の調達を両立させようとした前者は、地方間の利害調整のコストを払うことを遠心的な党内事情もあって放棄しており、したがって前者を支えていた地租軽減論の（実現可能性はともかく）存立という前提が崩れた日清戦争以降、与党としては厳しい立場に立たされることになる。次章では、かかる日清戦争後の文脈において、政権参入した二大政党間の競合が展開された銀行政策の領域を分析し、日清戦争以前の地方政策の限界を自由党―憲政会―政友会がいかに克服し、まがりなりにも第二次山県内閣以降の桂園体制の下で一党優位的な安定を達成するにいたったのかを検討する。

第四章　日清戦争後における政党間競合の帰結
――銀行政策、一八九五―一八九八

黎明期の日本の労働運動を支えたジャーナリストの横山源之助は、一九世紀の末に上梓した著書『内地雑居後之日本』（労働新聞社、明治三二年五月）のなかで、日清戦争が社会に及ぼした変化の大きさを強調して「今日各地方に機械工業設立せられ、煙突聳え、煤煙天に漲るに至りたる、戦争後俄に示せる事実にして、之より以前は差してわれ等の注意を惹けること少かりしなり。鉄工業起り、紡績工業起り、燐寸工業起り、硝子工業起り、今日見る所の機械工業の六七分迄は戦争後起りたるなり」と述べた上で、「戦争果して喜ぶべきか、喜ぶべからざるか」と問いかけた。賃銀と物価がともに高騰したことの両義性を指摘するこの横山の文章は、戦争が国内社会に与える影響の複雑さを物語っている。しかも、日清戦争後には、金本位制移行と内地雑居によってグローバリゼーションが進行し、社会経済の複雑さの統御はより困難となる。戦後経営の前途は予断を許さなかったのである。

本章は、日清戦後経営という政治と経済の関係の巨大な再編期に、全国政治が二〇世紀初頭までにどのような形に収斂していったかを、銀行政策をめぐる政党間競合に注目して分析する。日清戦争は近代日本の最初の対外戦争であり、全国規模でナショナリズムの高揚と熱狂を喚起し、社会の軍事化を促進するとともに、世論の支持をめぐる政党の競合者としての軍のプレゼンスを上昇させていった(1)。ただ、この軍事化の時代は同時に経済成長と恐慌の時代であり、そこでは「強兵」の喫緊性を原則的に承認しつつも、経済官庁と政党を担い手とする「富国」自体により積極的な価値を置く複数の政策類型が現れ(2)、資源配分の方向をめぐる利害対立も尖鋭化した。日清戦争後、戦前の「立身」

に代わって「成功」のブームが到来し、高学歴の青年が従来の官界に加え実業界にも少なからず進出したように、[3] いわば国家に対する市場の自己主張が準備されつつあったのである。その端的な事例が、経済官僚とブルジョワジーの連携による「実業界の産業本部」の創出をめざして三回設置された農商工高等会議にほかならない。そして戦後経営に財界の指導者を参画させ、軍拡と経済力の培養を両立させる鍵として着目されたのが、政府系銀行による資金供給を通じた産業・貿易政策であった。[4]

こうした日清戦争後における経済政策の政治的比重の高まりを確認できるのが、以下の史料である。

実業者なる社会も岩崎〔弥之助・日本銀行総裁〕の意向一つに有之候。……実業家なる者并諸銀行社会抔に於ても、岩崎なる財力并日本銀行之勢力を合せたる財勢力を以て右等諸会社に向ふ時は、彼等衷心には政党方今之弊害を充分覚知候得共、目前金融起業等妨害を生する之想像念に迷惑を生する人情之常にて、迚も実業者之団結は之を望も不可成立は必然に有之候。[5]

これは明治三一（一八九八）年六月の隈板内閣成立前夜、当時第三次伊藤内閣の蔵相の地位にあった井上馨が、首相の伊藤博文にあてた手紙のなかで、中央銀行総裁の存在に言及したものである。周知のように地租増徴問題をめぐって第一二議会は紛糾し、第三次伊藤内閣は解散で応じたものの、最終的には政権を民党連合に投げだすことになる。そしてこの渦中で伊藤が企図し、井上に托された「実業者之団結」構想の限界を端的に告げたのが、右の井上書簡の趣旨にほかならない。もちろん民党連合に対抗した伊藤新党が十分な地方的基盤を構築できるかは、憲政党成立時点でかなり疑問視されていた。[6] ただ、ここで興味深いのは、三菱の「財力」と日本銀行の「勢力」が結合した、伊藤構想と対抗的な「財勢力」という集団のイメージを、井上蔵相が動員していることである。伊藤の断念を慫慂するための材料としてではあれ、蔵相である井上が、制度的には下位にある岩崎総裁を大蔵省の統制から離れた強大な主体として描写していることは、やはり注目に値する。

第一二議会に伊藤が強硬姿勢で臨んだ一つの背景は自—国連合再建の期待にあったと思われるが、第二次内閣の総辞職以来、経済政策に傾斜を強め、松方の金本位制導入へのオルタナティヴを模索していた伊藤にとって[7]、第三次内閣の試金石は、おそらく財政問題を含む第一次戦後恐慌への対応にあった。実際、国民協会では、第二次松方内閣の四三〇〇万円の公債売却を批判しつつ、横浜のサミュエル商会を介した政府主導での一億—二億円規模の外債募集によって国債消却・鉄道買上・増税を行う案が浮上しており、これは「今朝野の政治家及実業家か脳漿を絞つて此問題に注射してある。是は戦後経営からして俄に日本が膨張して旧日本の位地を離れて世界的に乗出す以上は財政及経済の二点が国家最大の緊急重要問題となるは当然」との観点から、新内閣の切り札とみられた[8]。金子堅太郎、曾禰荒助、桂太郎など新党構想にも賛同した閣僚が推進し、結局日の目を見なかった「工業銀行」構想は、おそらくこの系譜にあった[9]。右の井上馨の書簡も、岩崎総裁と大隈系政党の連合を強く意識したものであり、その限りで、日清戦争後の最大の政治的争点である伊藤新党問題が日本銀行統制の問題と連動していたことを示唆する。それだけに銀行家の糾合を前提とした伊藤に最終的に引導を渡したのが日本銀行総裁だったことは、象徴的な意味を持ったのである。

もっとも井上蔵相の捉えたこの風景は、岩崎個人というより、前総裁の川田小一郎[10]（一八三六—一八九六）時代に構築された権力布置に淵源するものだった。土佐藩出身の川田は、岩崎弥太郎の盟友として初期三菱の経営を支えたが、明治二二年九月に松方正義蔵相の要請で総裁に就くと、史上有数の強力な総裁として没年まで財界に君臨した。川田は行務を専ら私邸で執り、蔵相も私邸に呼び寄せたといわれる[11]。また川田は「伊藤、山県等の元老と殆ど五分の附合をし、渋沢〔栄一〕、大倉〔喜八郎〕等を眼下に見下して……威張って威張って威張り通した傑物」だったと昭和期にも回想されている[12]。要するに、長派指導者との「殆ど五分の附合」による川田時代、総裁の権力基盤は日本銀行内外で強化されていった。そして日清戦争後に極点に達するこの権力状況は、大蔵省の絶対的な優越を前提とした松方財政期の中央銀行観と大きく乖離していた。明治一四年政変後の経済政策における大蔵省と薩派の主導性に、自立した権力主体としてはじめて対峙しえた中央銀行総裁こそ、川田だったのである。

こうした大蔵省から自立した中央銀行総裁の政治権力は、政党の政権参入が進む日清戦争後の政治過程と軌を一にして現出した。日清戦争はポンド金貨建てで三億六〇〇〇万円におよぶ巨額の賠償金によって日本の国家を大きく変容させた。日清戦争後、歳出は八〇〇〇万円から二億五〇〇〇万円へ三倍に膨張し、財政基盤拡大に伴い未曾有の好況が到来して起業熱・投機熱が沸騰した。さらに財政資金が金融に活用され、日本銀行の国内民間貸出残額も三〇〇〇万円から九〇〇〇万円へ三倍に拡大する。(13) かかる経済状況の変化により、政治指導者が産業化や都市化といった新たな争点に積極的に対応し、国民に戦争の成果を還元する必要が生じていく。その過程で、日清戦後経営を先導する金融政策の選択の幅が広がり、日本銀行の政治的役割が増大するのである。しかも、日清戦争後の地方が専ら金融と地方財政を通じて受益したことと相俟って、(14) 銀行政策の政治過程には、自由党―憲政党―政友会/改進党―進歩党―憲政本党という勢力拮抗する二大政党の対立が鮮明に現れることになった。特に後者にとって経済政策は対外硬以上の政治資源だっただけに、この事例を通じて自由党系の優位が再定位される軌跡を再構成することができるのである。

以下では、各地方の利害を背景に銀行政策に政治的圧力を加えようとするこうした議会・政党の動向に注目しつつ、日清戦争後の国内金融をめぐる政治的文脈を総合的に考察する。(15) 特に、①金融上の中央―地方関係、②財政―金融関係、③藩閥―政党関係、という三つの問題領域の連関に留意しつつ、第一節では国立銀行処分問題を契機とする日清戦争後の自由党内の危機を、第二節では政権交代のなかで戦後経営の担い手として中央銀行総裁が台頭する過程を、第三節では最初の政党内閣の成立が経済政策をめぐる政官関係に与えた含意を、それぞれ検討していきたい。

第一節　戦後経営をめぐる自由党の動揺

(i) 自由党におけるポスト民力休養論の模索

前章にみたように、明治二九(一八九六)年四月に政権参入した自由党は、治水負担の体系化に貢献することで統治能力を自己主張した。ただ自由党の主張は国庫負担削減に重点があり、負担と受益の関係については、党内の遠心性もあって府県会レベルの議論に委ねがちだった。全国大の利害調整のコストを回避し、一律減税である地租軽減論を(実現性はさておき)唱えつづけることで、地方名望家の期待をつなぎとめていたにすぎなかったのである。

したがって、日清戦争後の急激な社会経済的変化のなかで地租軽減の選択肢が完全に消滅したことは、晴れて第二次伊藤内閣の与党となったにもかかわらず、自由党の地方問題への対応をむしろ困難にした。実際、日清戦争後の自由党の主張は政治的自由の拡大が主であり、地租減税論に代わる地方政策はほぼ積極金融の一択に限られていた[16]。それだけに、第九議会に提出された農工銀行法案の通過に賭ける自由党員の思いは切実だった。全国農事会(幹事長は前田正名)からも陳情を受けていたある自由党の県会議員は、帝国議会での審議状況について「頗ふる委員会之荏苒《じんぜん》延引するも、或は銀行高利貸者流の運動によるにはあらざるか。又貴族院の多数は銀行株主等に而占むる義に候得は、或は否決に至らさる哉と憂慮罷在候。願くは吾党多年唱ふる民力休養は此法を除きて他に良策を認めす候間、総理〔板垣〕へも篤々御陳情之上、速に衆議院の委員会をして貴族院に扼殺されさる様御運動相成度」と切迫した調子で地元福井県選出の代議士で北陸ブロックの領袖である杉田定一に訴えている[17]。

また、自由党の代議士である門脇重雄(鳥取三区)が著した『日本勧業銀行法農工銀行法正解』(博文館、明治二九年六月)には、渡辺国武蔵相が題辞を寄せたほか板垣内相と河野広中が序文を記しているが、河野はそこで、戦後経営の下では「所謂民力の休養も復た其力を休するに地無く、只之を転して以て大に積極の暢長を称し、因て国富の増殖を求むるの計に由らさるを得ず。去れば戦後経営なるものは、其の一方に於て民人の負担を促すのみにして已む可きに非ず。同時に民力暢養の機関を整へて之に伴はしめさる可らす」と述べ、海運セクターでの「航海奨励法」に対応する農業セクターでの「民力暢養の機関」を設置する必要を強調している。長年の「民力休養」の看板を放擲して、増税の反対給付を享受しようとする河野のような立場からも、北海道以外の全府県に置かれた農工銀行は、治水・道路など実現に時間のかかるインフラ事業とは異なる「富国強兵の捷径」(二一頁)として期待されたのである。

要するに、減税論を困難にする戦後経営の始動によって、自由党の積極主義を支えた条件が崩れ、「民力休養」の代替策を場合によっては農工銀行に見出さなければならないほど、自由党の地方政策の選択肢は狭隘化したのである。杉田は「農工銀行の大旨意は平民主義に而、豪族兼并を勉めて避ける趣に有之候」と述べているが[18]、下層農民保護という社会政策的な目標に引きつけない限り、日清戦争後になお「民力休養」を唱えることは難しかったのかもしれない。実際、商業銀行と抵触する条項の削除を求める貴族院との妥協をめざすべく、自由党中央も国民協会との政策提携を速やかに党議決定した。国民協会代議士の新井毫(群馬一区)は、同県の自由党の代議士高津仲次郎(群馬二区)に「多少の修正の為め押問答しては不成立と相成、虻蜂取らずの相成るの恐れありとて、自由・国民とも貴族院の修正を可認致し候事に党議決定致し、明日の第一日程にて即決成立せしむる事に相成候。……債券は勧業銀行税何程にても引受け候仕組に候得は、充分地方銀行も繰廻はし相附き方は確実な兎《ママ》も角も通過せしむるが良策と存候」と自―国提携の進捗を伝えている[19]。第九議会後の国民協会は、伊藤内閣への要求事項として「政府の保護を以て成立せる銀行枢要の執務者に協会員中より数名を推薦すること」も挙げており[20]、自・国両党の利害はここでも一致していた。

そしてかかる両院工作を前提に、自由党は進歩党の反対を抑えこむ形で、農工銀行法案の原案に、府県知事が設立委員(事実上、頭取や重役)の任免権を有するという大きな修正を加えている[21]。農工銀行法には元来、農工業の小生産者への長期低利融資という社会政策的な立法目的が存在した。しかし、後に阪谷芳郎(大蔵省主計局長)が「農工銀行は府県の勧業課の一部と考へ尽力せさる可らす」と述べたように、農工銀行の制度的な特質はむしろ、郡市町村その他の公共団体への無担保貸付、府県の公金取り扱い、府県による農工銀行株式の引き受けなど、地方行財政との関係が密接な点にあった[22]。ここに知事による農工銀行幹部の任免権も加わったことで、政党が地方官を通じて地方金融に影響力を拡大し、ひいては地方政治を掌握する重要な回路が開かれたのである。

ちなみに、政府の興業銀行構想の長い歴史のなかでも議会開設以降は農業銀行法案の提出が毎回準備され[23]、特に第二議会では積極政策として、内務省の信用組合法案、大蔵省の興業銀行／農業銀行法案、農商務省の農会法案の三者間で激しい競合が繰り広げられたにもかかわらず[24]、こうした地方金融強化策の魅力が政党から評価されることは、初期議会期にはほとんどなかった。それだけに、第九議会で自由党が、政府が提出した勧業銀行法案・農工銀行法案の通過に全力を注いだ事実は、日清戦争後の新たな状況を示すものにほかならなかった。

しかし、実際には、党内の「民力休養」論と「民力暢養」論の期待が集約された農工銀行法が、日清戦争後の自由党の苦境を救うことはなかった。第九議会後、農工銀行は各府県に設置されていくものの、殺到する資金需要を前に払込資本金が枯渇し、明治三四年から勧業銀行の代理貸付制度が始動するまで、農工債券を発行できたのは四六行中わずか五行にとどまった[25]。農工銀行にただちに進出したはずの政党は[26]、皮肉なことに二〇世紀に入るまでしばらく、地方の資金需要への期待に対しては応答能力を失っていたのである。かくして戦後の経済成長にもかかわらず、地方の要求に応答しえない自由党、特に土佐派の求心力は、急速に低下していく。この中央―地方関係の担い手をめぐる日清戦争後の変化こそ、全国的な資金供給者としての日本銀行総裁の台頭を促した前提条件であった。

(ii)　国立銀行処分問題と党内統治

こうした日本銀行の政治的肥大化を支える経済的肥大化を準備したのは、明治二七年一二月から翌二八年三月までの第八議会における国立銀行処分問題であった。そしてこのとき、星亨が改進党・国民協会双方と共闘を模索したように、この問題は、ポスト民力休養論の時代における政党間関係の変容を予告するものとなった。

最初に同問題の経緯を整理しておく。明治一五年に日本銀行が創設されるまでは、地方に分散した国立銀行（国法銀行の意味）を軸とする国立銀行体制が、日本の金融制度の基幹的枠組みであった。国立銀行は明治五年、伊藤博文の建議によりアメリカのナショナル・バンクをモデルに設立された。秩禄処分に伴う金禄公債を資本金に、紙幣発行権を持つ銀行を各地に設置することで、全国的産業化と士族対策の両立を図った政府の思惑にも支えられ、明治一三年までに全国で一五三行が開業する。この国立銀行体制の中核となったのが、岩倉具視が率いる旧大名層を株主とし、設立時の資本金が全体の四割（一七八二万円）を占めていた第十五国立銀行（以下、十五銀行）である。同行は西南戦争の戦費を調達するなど、政府財政と密着して発展し[27]、中央銀行の導入が取り沙汰された折にはその候補にも挙げられるなど、いわば国立銀行体制下の「中央銀行」であった。

しかし、明治一五年に松方正義大蔵卿が日本銀行を創設して財政と金融を分離（明治一八年から銀兌換制が始動）すると、大蔵省は国立銀行発行紙幣の償還を約束する妥協案を織り込みつつ[28]、日本銀行への紙幣発行権一元化を進めていくことになる。明治一六年の国立銀行条例再改正では、国立銀行の営業期間が開業二〇ヶ年以内に限定され、私立銀行への転換と所有銀行券の消却という路線が確定する。しかし、相当数の国立銀行が法案化の段階にいたって紙幣発行権消失への反発を露わにし、ここに第六議会から第八議会にいたる政治問題として国立銀行処分問題が浮上する。

国立銀行の人々にとって、議会政治との距離は元来遠いものではなかった。たとえば明治二三年六月の第一回貴族院多額納税者議員選挙にあたって激しい選挙戦が展開された静岡県では、候補者の第三五国立銀行頭取・小林年保が「若し余〔小林〕に賛成を表せん乎、当時の不融通なる金融は自在に且つ低利以て貸与せん。若し然らざれば金融の途を閉塞せん」と発言したとして反対陣営から非難されている[29]。日清戦争中、各地の国立銀行が一斉にロビー活動に向かう素地は、すでに存在したのである。そして早くも第一議会開会前の明治二三年九月一二日には、第一国立銀行ほか二九行が田尻稲次郎大蔵省銀行局長宛に「国立銀行紙幣消却延期願」を提出するにいたっている[30]。

もっとも、国立銀行処分をめざす第二次伊藤内閣にとって当面の難関と予期されたのは、貴族院だった。院内工作を担当した金子堅太郎（貴族院書記官長）は、明治二六年一〇月二一日、国立銀行処分に賛成の方向で土方久元宮相を説得するよう、議会指導者の谷干城に依頼した長文の手紙で、「此機会を軽匆に経過致候へは華族自身は勿論、本邦之将来は暗黒之悲境に陥り可申歟と憂慮罷在候。嗚呼六百之華族、此危急之時運を発見せさる乎。其祖先に対し王家に対し如何なる弁跪之途を有する乎。貴族院議員は此際傍遊閑々として坐視するの時ならんや。大〔に欠〕朝夕疾呼して華族之全力を尽し、〔国立〕銀行処分を講究すへきに、却而我等如き士族之口を煩し士族之脳を痛ましむるは抑何たる事ぞや。嗚呼貴族之末運に遭遇したるか。明治九年より十三年に日本の士族は悉皆滅失せり、士族之義挙勇膽は何こにあるか、殷鑒不遠之至言深可被膺乎。依て今後五ヶ年にて日本の貴族の運命も相定り可申、其盛衰は独り貴族而已に止らす皇室に大影響を及ほし候事故、排衆議断然たる処分を希望致候」と熱弁をふるっている[31]。国立銀行処分が危機にある「貴族」の正統性を左右する問題だと強調したこの金子の説得は奏功し、谷は貴族院で処分推進派の中核の一人となった[32]。この三日後の一〇月二四日には井上馨内相、白根専一内蔵頭、谷、金子の四名が土方宮相邸で華族財産について評議を行い、また二六日には浅野長勲《ながこと》、松浦厚、津軽承叙《つぐみち》、柏村信、三輪信太郎といった十五銀行の役員に、白根・金子を加えたメンバーが宮内省に集合し、十五銀行の処分の件が協議された[33]。

しかし、谷や十五銀行改革派の近衛篤麿[34]といった議会指導者から賛同をとりつけることに成功したにもかかわらず、浅野や松浦のような強硬な処分反対派議員をこの会合で説得することはできなかった。かくして明治二七年五月、第六議会に政府が「営業満期国立銀行処分法案」を提出（衆議院を通過するも解散で審議未了）したのを受け、十五銀行は議会解散後ただちに貴族院の華族議員宛に「万々一〔処分延期の請願が〕貫徹不致時は、諸君の御不幸不過之と存候」という脅迫的な文章を一斉に送付している[35]。このように、予定どおり処分を求める「継続派」（以下「処分派」と呼ぶ[36]）と、延期を求める「延期派」の対立が、貴衆両院を横断しつつ先鋭化していったのである[37]。

ただ、全国銀行団体が必ずしも延期論で結束していたわけではなく、当初は処分論の優勢も観測されていた。明治二七年一二月に東京で開催された全国国立銀行六団体の銀行問題委員会に、関西同盟銀行の代表として参加した大阪財界の実力者・松本重太郎も、かねての持論である「継続説」に尽力する旨を確言しており、日本銀行の側には当初、処分派の勝利を楽観視する向きもあった。(38) しかるに、巻き返しに向けた延期派の必死の工作は、やがて衆議院内部にその主張への広範な支持を生みだすにいたる。第八議会での衆議院の延期派の論理は、この問題で星亨とも共闘関係にあった改進党の鹿島秀麿（兵庫一区、当選三回）の日記の以下の記述に、概ね出揃っている。

地方分金、殖産興業の区域は何れそ。各地方にあり。随て資金の分在を要す。米国に洲《ママ》銀行ある事。一たひ中央に集め再ひ之を各地方に回収するに至る迄の間隙容易ならす。今や立憲政体となり、中央集権の弊を除き地方分権に移らんとす。然るに邦国の大機関大脈絡たる銀行制度をして中央に集権せしめ、其頭取の一嚬一笑に依て全国商工業の血脈たる資本を左右するか如き事あらしむるは由々敷事なり。通貨を一定せしむるか如きは理論上の事にして、実際経済社会の真相に達せさるもの、言のみ。政度文物百般の事皆漸を追ひ其進歩に随て改進す。然るに国家最大重要の財政制度に限り、急劇に理論の上級に急進せしめんとするは不得策、何加之、況んや目下日清戦争未聞の時、財政最も注意を要するの日に当て、従来全国各地に分権せるものを一中央に集収せんとするは危殆極れりと云ふへし。我国の〔国立〕銀行、往時に照すも、国家に功績を致したる事あるも、国家に難害を加へたる事なし。(39)

地方分権論と、漸進論と、戦時体制の要請が融合したこの延期派の立論は、やがて党派を越えた求心力を獲得していくことになる。(40) そして、一月二四日の衆議院委員会で国立銀行処分法案が一名の多数で可決されると、延期派議員はただちに「銀行問題に付点呼取調」を行った上で、二七日には料亭の伊勢勘で、星亨・河野広中・片岡健吉・工藤行幹・鹿島秀麿・中野武営・古荘嘉門ら超党派の代議士一九名が本会議での処分法案否決に向けて会合した。(41) 他方、

（後述のように）第六議会では対政府協力のため党議拘束をかけて処分案に賛同していた自由党では、当初延期案に記名していた一五名の議員が収賄批判の声もあって一月一七日に賛成を取り消したほか、当日の『自由新聞』でも延期案賛成論を載せた社説が板垣総理の命令で一欄丸々抹消されるなど、党内を二分する形で両派が熾烈な切り崩し工作と票読みを行った(42)。特に、星は内務省が行った新聞統制への批判を口実に、第六議会とは態度を一変させ、第八議会以降、片岡健吉とともに一貫して国立銀行処分反対の陣頭に立った(43)。

かくして第八議会では、第六議会と同一内容で、かつ挙国一致の力学が働きやすい戦時議会だったにもかかわらず、政府提出の処分法案が衆議院で否決され、しかも一月二八日には、中野武営・片岡健吉らが対案として提出した「国立銀行条例改正法案」（以下、延期法案）が可決されてしまう波瀾の事態となった。一敗地に塗れたかたちとなった日本銀行総裁の川田小一郎は早速、「敗後も……存外御気乗り薄き」対応に終始した渡辺蔵相への憤懣を吐露した手紙を伊藤首相に送り、特に「〔日本銀行が〕十五銀行と対当之争を為し候様見做され候は、極て好まさる事に御坐候」と記している(44)。元来、必ずしも十五銀行に強硬な姿勢をとっていなかった川田にとって、十五銀行の挑戦は中央銀行の威信への挑戦であった(45)。実際、日本銀行の側が「堂々たる帝国議会を金力を以て左右せんと欲し不測の大害を永遠に遺すものなり」と延期派の非を訴えたように(46)、延期派の国立銀行から自由党の主要な領袖への献金もなされており(47)、議場は地方国立銀行も含めた銀行間の代理戦争の様相を呈しつつあったのである。

そして、かかる延期論の噴出は内閣にとって、これを可決した衆議院にとどまらず、元来運動の発信源だった貴族院にも当然波及することが予想された。実際、第八議会ではこれまで長く政府系会派だった研究会が政府から離反し、特に領袖の清浦奎吾が「政府の人でありなから政府の説に大反対」であるため、研究会所属議員の三分の二は延期論に傾いたと報告されている(48)。従来、政府に批判的だった近衛と谷が政府案に賛成したのに対し、これまで与党的役割を果たしてきた研究会が政府案に反対する動きをみせたことで、元来「民党」志向の強い懇話会・三曜会ではなく、研究会を媒介とした新たな両院横断の可能性すら生じたのである。たとえば星はすばやく、国民協会の佐々友房を通じて延期派による両院横断に着手している[49]。また政府内の動揺を誘うべく、自由党内の造反派（星、片岡、河野、松田らの最高幹部）を軸とする延期派の衆議院議員三五名が、五組に分かれ「政府は銀行問題を以て政治問題と為すや否」について各大臣に「威嚇的訪問」を行った[50]。渡辺国武蔵相はこの時、黒田清隆（逓相）、榎本武揚（農商相）、芳川顕正（法相）、西園寺公望（文相）、野村靖（内相）の五大臣に対し、貴族院では国立銀行処分が華族財産を脅かすという危機感が募っているが、何としても延期法案の可決は阻止するよう訴える書簡を送っている。

例之〔国立〕銀行問題、追々御尽力被下候処、衆議院は或事情の為め延期案通過に至り候由、慨然之至に不堪、目下は貴族院にて委員審査中に可有之、就而は相願候迄も無之候得共、引続御迷惑なから非常之御心配を以同院議員に御勧告、至当之決議をなし、貴族院の貴族院たるを表明せられ候様御加勢奉希上候[51]。

おそらくこうした多様なルートを持つ諸閣僚が政治的総力を結集した結果、貴族院では二月一三日にようやく衆議院提出の延期法案を葬り去ることができたが、これは元来、処分法案の両院通過を当然視していた政府にとっては、あくまで最悪のシナリオを避けえたということにすぎなかった。

国立銀行処分問題の政治過程はまた、後段で分析する日本銀行課税問題と対照的に、超党派的に展開したことにも大きな特徴があった。しかしそれは党派性一般がこの問題に刻印されていなかったことを意味しない。そして当時の三つの主要政党のうち、国立銀行処分問題に最も翻弄されたのは、与党化を進めつつあった自由党であった。自由党では第六議会でかけていた処分賛成の党議拘束を解除して自由問題化するよう、板垣総理が党内の幹部層から猛烈な突き上げを受けていた[52]。この造反劇を主導し、政務委員・幹事ら党幹部を糾合したのは星であり、最終的には銀行問題への対応をめぐって板垣が総理辞任を申し出る騒動に発展するにいたる[53]。

ただ、板垣は幹部と対立していたものの、党内で孤立していたわけではない。総理辞任問題の発端も処分派代議士

（鈴木充美、重岡薫五郎、土居光華、伊藤大八ら）や院外団（奥野市次郎、井上敬次郎）が星の収賄の証拠を挙げた上で星派の取り調べを要求する「詰問」に動いたことにあり、辞表提出に星や栗原亮一が待ったをかけたことで一度落着していた[54]。板垣の辞意がどこまで真剣だったか疑問だが[55]、ほどなく再度の辞表提出の挙に出た板垣は次のように幹部を叱責し、党組織改革を要求している――「曩き〔二月上旬〕に銀行問題に付辞表を提出し、星亨等大に弁解せし為め一旦氷解したるも、爾来党規振はす、代議士は各自其欲する処を行ひ眼中殆んと自由党なく、又政務委員たる河野広中、星亨、松田正久、片岡健吉すら、今日の如き無責任なる行動を為すに至ては到底頼むに足らす。若し此儘に放任せは自由党は名ありて実なく、曩きに一身を犠牲に供し我党の為めに竭《つく》したる地下の同志に対し板垣は謝する処を知らす、畢竟責任の帰する処一に総理に在り、此際断然組織を改善するにあらすんは今日の衰運を挽回するの策なし[56]」。

そして、このように自由党の「地下の同志」まで持ちだして党規律の回復を訴える創業者板垣の呼びかけに対し、党内の延期派も、すでに貴族院で延期法案が否決されていたこともあって速やかに停戦に動いた。二月一五日には、河野、星、松田、片岡の四政務委員が「党務の不整理は独り総理〔板垣〕一人の責めのみにあらす」と連名の辞表を党幹事に提出した。幹事は部長会を開催した上で「板垣伯辞職せは地方の党員瓦解するや必せり。先つ総理の辞表を止め其衷情を叩き、一に板垣伯の意見に依るへし」との結論を出し、最終的に板垣はこの慰留を受けた[57]。かくして二月末までに党組織改革の方向がまとまり、総理の存置、副総理の設置と造反を主導した政務委員（四名）の廃止、幹事長（一名）の設置と幹事（二名）の存置、協議員（二〇名、三月に評議員一六名（長は林有造）の体制に再編）の設置が決定され、（本来は党大会での選挙が必要だが）暫定的に、板垣総理・河野副総理・松田幹事長が任命された。幹事には板垣の指名で石塚重平・山田東次が就任し、ここにようやく板垣の不満も収まった[58]。さらに銀行問題を引き金に激化した「党内紛擾」への反省から、党則のほか党規律維持の全一四条の内規も作成され、代議士総会、部長会に周知された[59]。ともあれ、この後しばらく試行錯誤を重ねる一連の党組織改革の背景にあったのは、初期議会期の民党のリソースの消失に伴う党内統治の弱体化にほかならなかった。

以上のように、第八議会の国立銀行処分問題をめぐって自由党は、当初予定した党議拘束を解かざるをえず、結果的に一定の党規律回復に向けた総理主導体制を築いたとはいえ、かくも激しい党内の分裂を招いたのである。これは地租軽減の展望が次第に失われていくなか、第九議会で農工銀行法案の可決に自由党が執着した心理と、基本的方向を一にするものであった。その意味で、国立銀行処分と農工銀行設立は同じコインの表裏の関係にあったのである。

(iii) 日清戦争後の中央銀行の経済的肥大化

国立銀行処分はまた、日清戦争後の日本銀行の社会的役割を増大させていく。両院と党派を横断して広がった延期論の中心は、十五銀行取締役（のち頭取）で貴族院議員（旧広島藩主）の浅野長勲であった(60)。浅野はかつて大隈外相期の条約改正反対運動で旧藩主層を結集させた人物であり(61)、国立銀行処分についても「政府干渉は非立憲的」として、伊藤や黒田といった政府首脳へのロビー活動を精力的に展開した。浅野は伊藤宛の書簡で、「紙幣発行の集権を確定する者にて立憲政体に反対の意向を表示」する処分法案に対し、延期法案は「全国の金融社会の安寧を維持する良策」だと断じている。浅野は、国立銀行体制下での金融の「分権」こそが「立憲政体」と整合的であり、全国経済の安定にもつながると指摘したのである。浅野の主張は伊東巳代治が「私情私利の化石たる醜案」「彼腐敗銀行者、腐敗華族、腐敗議員等」と憤慨したように多分に独善的ではあったが(62)、一面の真実を語ったものでもあった。

実際、延期派の立論のすべてが「腐敗」によるわけではない。金融「集権」化への不安は地域経済の観点から表明されることもあった。青森県選出の工藤行幹（立憲革新党、青森二区）は、次のように処分反対の理由を述べている。

> 我地方の例を引て見れば、是まで三井銀行が青森、弘前の二箇所に出店を設けて金融を付けて居つたのが、国立銀行の信用厚くなるに就いて遂に其三井銀行は引払つて、国庫の取扱、其他一般の経済社会の金融等は国立銀行

一つを以て成立つて居るのであります。是等は不幸にして閉店することになつたならば、先づ一地方の金融上に大なる変動を及ぼすであらうと思ふ。……斯の如きことは独り青森の地方のみならず他にも必ずあると思ひます。(63)県内の金融は「国立銀行一つを以て成立つて居る」という工藤の訴えは切実だった。青森のような遠隔地にとって国立銀行体制の解体は死活問題だったのである。(64)こうした葛藤は、貴族院処分派の谷干城が、「今日に於て青森、宮崎と云ふやうな所の金利を見ても非常に高くなつて居るが、是等はまだ日本銀行の十分に其責任を盡さぬ所」と遠隔地への「責任」を問題視したように、(65)日本銀行のあり方を地域経済救済の文脈で新たに争点化していく。

また延期派のうち日本銀行へのイデオロギー的反発に強く傾斜したのは、東京商業会議所の中野武営（立憲改進党、香川一区）だった。他の延期派と同様、中野も国立銀行が各地の「経済の機関」として果たしてきた役割を強調するが、中野の場合、国立銀行の地域貢献を評価する工藤と異なり、日本銀行の特権の解消をめざす理念的契機がより突出している。中野は、国立銀行処分を行えば「日本銀行の権利は増すが各銀行は日本銀行の従属者同様に看做される結果を来す」、「日本銀行が今日に在てすら随分社会に対する勢力はひどいものである。吾々が嘆息致すことが屢々あるのである」と述べ、政府市場不介入の原則論から日本銀行の不当性を弾劾したのである。(66)もっとも、「日本銀行に対する感情」を国立銀行処分に性急に結びつけるこの論法は、田口卯吉（帝国財政革新会、東京八区）にたしなめられる。田口は「日本銀行の権利を殺ぐ」ことは大賛成でも、それは延期論と別個の争点だと冷静に指摘している。

盍ぞ国立銀行の特権を解いて日本銀行の特権に帰する其下働に吾々が思はれる理由がござりませうか。……吾々はもう今までの此明治の世界は或は一会社に特許をやり一会社に保護をやり金をやる、斯う云ふことは随分ござりまして種々きたない歴史を持つて居りますが、今後彼此国会政治となりました以上は、最早特許を与へると云ふやうなことは成るたけしたくない。(67)

「私位国立銀行の仲間に交際の多い者は或は諸君中にはなからう」と語る田口は、延期論もまた国立銀行の「特権」

擁護に寄与することになると正確に見抜いていた。田口の枠組みでは、日本銀行も国立銀行も「国会政治」の装置を通じて、明治前期の政府保護会社の系譜に連なる「きたない歴史」を浄化しなければならなかったのである。

以上みてきたように、国立銀行処分に反対する衆議院延期派の論理は、各地の地域的旧慣を重視する工藤と、理念的な日本銀行批判に傾斜する中野の二つの立場に概ね収斂するものだった。このうち、川田的な中央銀行観に対する最強の対抗者として登場したのが、河島醇（立憲革新党、鹿児島五区）にほかならない。後に日本勧業銀行初代総裁に就任し、第二次松方内閣の経済政策のブレーンとなった河島[68]は、大蔵省出身ということもあって高い政策能力を誇る人物であった。国立銀行処分法案委員会の委員長を務めた河島は、自ら発言するにあたり、「我が帝国に於て憲法を制定せられ議会開設せられて既に四年に相成ります。而して……斯の如き公益に関する大関係を有つ議案と云ふものは恐く今回が始〔ママ〕めてであらうかと考えて居ります」と述べている。河島の「公益」実現策とは、全国を六区画に分割し、それぞれに「九州銀行」「北陸銀行」「北海道銀行」などの各区画名を冠した「其地方地方に於て所謂銀行の主権者とも名〔づ〕けられる勢力ある銀行」を設立することで、日本銀行の全国的影響力の極小化を図るものであった。[69]過渡的な構想にとどまるといえ、ここで河島が府県レベルでの個別利益の噴出を統御しつつ、日本銀行の拡張に拮抗しうる全国大の視点を、延期派の立場から示したことは重要である。「全亜細亜全宇宙間が即ち経済社会である」という開放的な経済秩序を奉じる河島によって、地方金融の円滑化を説く工藤と中央銀行の肥大化を厭う中野の主張が、経済圏広域化の構想を繋留点として総合される余地が、第八議会にはあったのである。

処分派議員は執拗に国立銀行体制の難点を指摘した。第一に十五銀行以外の国立銀行は必ずしも延期論に固執する必要がなかった。三崎亀之助（自由党、香川四区）によれば、公債証書の利子の変動で生じる紙幣償却満期の不足額は五六〇〇万円だったが、うち三〇〇〇万円は十五銀行発行紙幣であり、他の国立銀行が負うリスクは相対的に小さかった。[70]したがって、全国銀行団体の陳情に屈して延期派に転じたことで川田から「頗る無定見なり」と痛罵された渋沢栄一が、延期論は国立銀行「各個の意見」と乖離した「表面上の輿論」だと弁解したのには、[71] 一定の根拠があったのである。第二に国立銀行体制は経営基盤の面で多く動揺していた。所謂「士族銀行」について、先述の三崎は「随分御気の毒なのが地方に続々あると云ふ事実は今日に於て認めて居る」と述べている。また信濃銀行頭取の小坂善之助（無所属、長野一区）は、「大なる銀行では十五国立銀行一つで其他の国立銀行としては悪口を言へば破れ銀行と云ふて宜い位のもの」と全般的な経営難を強調し、各地の「破れ銀行」を救済すべき立場の「彼の十五銀行は多くの資本金を持ちながら全国に一箇所の支店を設けず、こるれすぽんでんすの契約をして居るものでもなし、十五銀行は社会に毒を流して居ると云ふことは吾々の認めて居る所であります」と全国的金融網の不在を厳しく指弾した。[72]

　となると、処分論の論理的な帰結としては、経済社会を統合しうる「中央銀行の権力」が要請されることになる。たとえば三崎は、「中央銀行が微々たる銀行で一の私立銀行のために左右せられ、或は他の銀行のために鼻息を伺ふと云やうなことでは銀行の金融たる権力は行はれぬのである。則ち中央銀行の権力のために経済社会の組織が維持出来るのである」と述べ、「権力」を議会が監視する必要は指摘しつつ、全国経済の中核を担う中央銀行の役割を積極的に位置づけている。[73] さらに鈴木充美（自由党、三重一区）は、日本銀行を「国家の秘蔵むすこ」と捉え、にもかかわらず国立銀行統制の義務を果たしていない、というやや屈曲した論理で処分論を援護射撃した。[74] 第八議会では、十五銀行の腐敗を糾弾する処分派と地域経済の安定化を訴える延期派の論点が十分リンクしないまま後者が勝利したが、論争の過程で日本銀行が「公益」を独占する萌芽は生じていたといえよう。

　そして、日清戦争の終結に伴う戦後経営の始動と経済情勢の変化は、河島が「十五銀行派」と「日本銀行派」の「利益の争」と総括した[75] 第八議会の構図を崩壊させた。九一行の国立銀行が継続論に与するなど、[76] 戦時の不安感を糾合した十五銀行の求心力は失われており、第九議会では河島が延期・処分合同案で抵抗し、星も中野武営らとともに延期派として別個の「国立銀行処分法案」を提出したが、政府の処分法案が多数の支持で通過する。注目すべきは、第六議会解散後に川田が延期派国立銀行の代表者に与えた約束（無利子救済資金の貸付）の履行が、院外の福沢諭吉や一部議員から疑問視されていたこともあり[77]、政府提出案第五条に「日本銀行は私立銀行となりて営業を継続せんとする国立銀行より前項に依り政府に納付すへき金額借入の請求を受けたるときは、無利子にて之を貸付すへし」と約束を法文化する文言が追加されたことである。この第五条第二項の解釈に、法案委員会の論議は集中した。

最も問題となったのは、形式上株式会社である日本銀行が仮に不支払を表明した場合、行政が強制措置をとりうるかという点だった[78]。政府委員の添田寿一は、第二項は日本銀行の負担となるどころか、「国立銀行紙幣の発行せらる丈は兌換銀行券が発行力を増す訳でございます」と述べ、第二項は政府・日本銀行・国立銀行「三方の目的を達し」たものと誇ったが[79]、無利子貸付を「情誼上の所謂親切心」と説明していた大蔵省が「情誼」を法文化したことでかえって問題は複雑化した。ここで事態は思わぬ方向に展開する。二月三日、前川槇造（無所属、大阪三区）により、継続する国立銀行が要請した場合、蔵相が日本銀行総裁に無利子貸付を「命令」できる修正が加えられ、大蔵省委員が反対するも可決された。これは元来、会社を行政処分する形式を避け「行政官に行政上の処分に之を任せる」形式に代える法技術的修正にすぎなかった。添田も修正を批判しており、日本銀行統制が議論の焦点だったわけではない。

しかし、今回も委員長を務めた河島は、委員会では修正案を消極的に支持するにとどめたにもかかわらず、本会議では修正案を積極的に支持する演説を行う。すなわち河島は、蔵相の命令について「今後大蔵大臣の責任と云ふものは一層重きを加へるであらうと思ふ」と述べた上で、「殊に我戦後の経済は……財政上に於ては年を出でずして殆ど五億万内外の公債を吾々人民は擔はなくてはならず、普通経済社会に於ては今後各事業の勃興と共に巨額の資本を之に投じなければならぬ所であります。斯の如き戦後の経済、即ち膨張の結果、非常に財政及経済社会に変動を来す事がございますが故に、此変動に対するところの処置、其監督の方法」が焦点となると指摘し、修正の意図を戦後の日本銀行統制に読みかえたのである[80]。実際、第二項削除を要求した工藤行幹も、「今の大蔵大臣」の無責任ぶりを理由に挙げるなど、[81]第五条第二項はその審議過程で、国立銀行処分に伴う「集権」化を蔵相が監督するという新たな含意を大蔵省の意図も裏切るかたちで埋め込んだ。そしてこの修正案が本会議の結論となった。以上から、国立銀行なき地域経済の救済をめぐる蔵相―総裁間の役割分担が、延期派にも配慮を示しつつ確定する。[82]日清戦争後の経済的肥大化を担う日本銀行の位置が再確認される一方、大蔵省は「命令」を通じた日本銀行統制の経路を手にしたのである。国立銀行処分問題がこの時期に争点化したことには内在的理由があり、日清戦争とは単に時期が重複していたにすぎない。しかし議会の審議を経ることで、国立銀行処分は日清戦後経営と接続されたのである。

また、継続営業する地方国立銀行の保護方針が法文化された点にのみ、この問題の歴史的意義があるわけではない。より重要なのは、この政治過程を通じて、地方（ないし政党）の側からも日本銀行の肥大化が要請されたことである。全国的金融網の整備策には、第一に既存の国立銀行を前提とした地域経済救済があったが、処分派が十五銀行の支店不在を中央金融機関としての正当性に引きつけて難じたように、第二に政府の手で国立銀行の外部に地方金融機関の新設を求める声もたえず存在した。先述のように農工銀行は政党の利益媒介に資することができず、ゆえに中央銀行だけに期待が集中する構造があったのである。この構造こそ中央銀行総裁の権力の源泉であった。

この全国的金融網の構築という新たな課題に向けて視点を全国化させていったことで、日本銀行は、中央のみならず資金需要が増大した地方においても、高い求心力を獲得することになる。明治二六年一月一六日、既存の大阪に加え北海道・仙台・下関への支店増設の可否を問うた大蔵省の諮問に対し、手形割引の際の低信用と現地経済事情への不案内から「意外の損失」がしばしば生じ、第一・三井両銀行も各地で支店撤退を余儀なくされている、と日本銀行は否定的に答申している。[83]元来、支店網の拡張に積極的だったのは日本銀行の側だったが、[84]明治二三年恐慌は全国大の視点を後景化させ、個別的な救済を行う「最後の貸し手」機能に自らを特化したのである。だが、日清戦争後かかる態度は大きく修正を迫られた。すなわち日清戦争中から戦後にかけて、北海道、名古屋、台北、京都、福島への支店・出張所の設置があいつぎ、京都では支店昇格運動が、また北陸羽二重産地では地元銀行による支店誘致運動が、それぞれ展開された。また、今日の研究者が日清戦争後の経済的肥大化を象徴する事例とする大阪でも、自由党が実業家層の糾合に苦慮するなか日本銀行支店が既存の機能を大きく拡充させ、在来の同盟銀行手形交換所を解体に導いている[85]。しかも、明治二三年以来実施されてきた日本銀行の株式担保金融にはかなり地域差が存在しており、これは日本銀行の支店・出張所の配置にも起因したため、各地が誘致運動を展開する誘因となっていた[86]。国立銀行処分問題が、内在的には処分自体に起因する論点（地域経済論）を主旋律としながらも、無視できない外在的な副旋律として、日清戦争後の中央銀行を全国的視点の（再）獲得へ方向づける政治力学を内包していたゆえんである。

しかし過度に上昇した中央銀行への期待値はやがて原理的批判へ反転していく。明治二九年三月、『読売新聞』は次のように述べている。

遠隔地方に在ては日本銀行紙幣流通せずして、政府不換紙幣の汚穢したる而かも将に切断せんとするもの（国立銀行発行紙幣）を逐用し、且又貸出割引に就て見るも、日本銀行の貸出割引に因て最も利便を得るものは、僅に基本支店ある東京、大阪、馬関附近の人民に過ぎずして、其他の地方に至ては金利猶非常に高く、其金融の困難得て名状すべからざるものあり。是れ豈に国家が日本銀行の創立を許可して紙幣発行の特権を附与する趣意に背くものにあらずや[87]。

支店増設への期待感を膨らませつつ、「遠隔地方」を包括しうる金融網の構築の遅れを、「紙幣発行の特権」に伴う義務に背くものだと批判するこの社説は、本来論敵であるはずの日本銀行課税論と、意外なほど論理を共有している。課税論に反駁するには、日本銀行の資金供給能力の代替しがたい重要性を説き、「中央銀行の名に背かざるの責務」を実践するほかない[88]。だが、「責務」たる全国的金融網の整備が停滞する限り反駁は困難になる。明治三〇年末からの第一次戦後恐慌以降、課税論が正当性を獲得し、日本銀行が財政問題に組み込まれたことは、経済的肥大化の政治的代償であった。国立銀行処分は、十五銀行に代わって全国的資金配分の期待を集約する日本銀行の肥大化を促すとともに、その存立根拠が大蔵省と議会（政党）の双方から厳しく問われる前提も準備したといえよう。

そして自由党が日清戦争前の「民力休養」に代わる政策体系を打ち出せないなかで、土佐派中心の党運営の動揺は、このように銀行（地域金融）問題を通じて鮮明に立ち現れてきていたのである。やがて日本銀行総裁に代わり憲政党が銀行政策の主導権を握っていくにつれ、党内の重心も星・松田に移行することになる。第二節ではその権力移行の過程の過渡期に位置した川田・岩崎両日本銀行総裁の台頭と、彼らの政治的基盤の推移について、分析を加える。

第二節　中央銀行総裁の台頭と政権交代

(i)　日清戦争前の中央銀行――「封建」「郡県」「超然主義」

以上みた社会的要請の高まりに応じて、中央銀行自体が置かれた政治的文脈も変化してくる。そこでまず日清戦争前の日本銀行の状況を概観しておく。先述のように、明治一五(一八八二)年の日本銀行設立以前には、国立銀行体制の下で十五銀行が擬似中央銀行的な機能を期待されていた。しかし、前節の処分派の主張の根拠ともなった、各地の国立銀行を救済しうる全国的金融網が整備されない限り、阪谷芳郎が指摘したように、既存の十五銀行に代わる新たな資金配分の主体が要請されてしまう(89)。その意味で、中央銀行の「中央」は日本の政治地図上での地理的「中央」でもあって、設立当初から全国的な役割を期待されていたのである。

ちなみに、日本銀行設立当時の大蔵卿だった松方正義は、中央銀行制度を導入することの意義を、次のような明治維新以来の歴史的文脈に沿って説明している。

顧ふに我邦の銀行は譬へば猶ほ封建の制の如くし、百五十許の銀行相視る事奏越啻ならず、或ひは一時危急に迫ることあるも互に相救援するの親なく、縦令相救済援せんと欲するも、常に自特に汲々として復た他を顧みるに遑あらざる者なり。今や政治上の郡県已に其形を成すと雖ど、財政上の封建未だ其跡を絶たず。是れ蓋し我邦の財政と政治と雙進置行する能はざる所以ならんか(90)。

ここで松方が「封建」―「郡県」の対概念によって日本銀行創設を根拠づけている点に注目したい。日本の現状に「政治上の郡県」と「財政上の封建」との混在を看取した松方は、国立銀行体制と中央銀行制度をトレード・オフの関係で捉え、「財政上の郡県」化の必要を宣言したのである(91)。

もっとも、「封建」から「郡県」への移行は、実際は折衷的なものとならざるをえなかった。第一に、政府内にも十五銀行を擬似中央銀行として盛り立てる動きが伏在した。明治二二年には、当時黒田清隆内閣の外相だった大隈重信の主導で、帝国議会開設前に東海道線、大阪―神戸線、中仙道既成線の三路線を三六〇〇万円で十五銀行に払い下げる構想が浮上し、華族優遇というメディアの批判が集まるなか、東京―青森間を結ぶ日本鉄道会社の大株主として、これを機に全国の鉄道網を一手に掌握しようとした十五銀行の側も積極的に呼応したものの、同年一〇月に欧州から帰朝した山県有朋が、政治・軍事双方の観点から鉄道払い下げを非難したため、中止となった経緯があった(92)。

第二に、「財政上の郡県」とは異なる過渡的な経済秩序が、一九世紀の日本列島には存在していた。すなわち、東京・大阪の大銀行中心ではなく、「連帯為替」構想に基づく地方大銀行主導の全国的な決済機構としてのコルレス網の存在がそれであり、この全国的コルレス網各地域ブロックでの銀行同盟会（九州、中国・四国、奥羽・北海）の組織化を伴いつつ、下からの分権的な経済秩序を構築していたのである。しかもこの経済秩序と初期日本銀行は実際には相互補完的であり、かかる「封建」の残滓こそが、発券特権を持つ各地の国立銀行を全国的規模で統御するという明治日本の中央銀行の特質を造形していた(93)。こうした地域ごとの私的結社たる銀行同盟会の叢生は一面で、政党や学協会と同じく明治一〇年代の「会の時代(94)」の産物でもあった。

もちろん、そこに「封建」と「郡県」のせめぎあいが生じなかったわけではない。コルレス網の起点となった九州銀行同盟会では、明治一七年四月、山田海三（第一四七国立銀行支配人、鹿児島県会副議長、同商法会議所初代会頭）が「大日本帝国々立銀行を日本銀行へ合併するの建議」を提出している。山田は「我国封建の制已に没滅すと雖も、銀行社会に於ては未た恰も群雄割拠封建の形勢を存するもの」と指摘し、国立銀行を日本銀行の支店として「恰も郡制県庁を配置するかに擬し」、全国の銀行社会をかかる原理の下、畿内、東海、東山、北陸、山陰、山陽、南海、西海、北海道の九ブロックに分割再編するよう訴えた。山田の議論は一定の説得力があったのかもしれない。しかし、翌年五月の同盟会では、山田建議について、「若夫れ政務上の便宜而已之れ量て民智の進度を察せず、強て画一制度の下に支配せんとする時は、必ず人民自治の萌芽を剪殺して諸業競争の進路を擁塞し、社会百般の事業は悉く皆沈滞腐敗」するという観点から、「寧ろ全国の銀行は旧に依て独立し、競争すべきは競争し協力すべきは協力し、聚散離合皆其各行の随意たらしむるの優れるに若かす」と不同意の結論が導きだされる。「画一」ではない「地方分権経済」こそが、「競争」を通じた社会の活性化を促し、「国家富強の目的」の達成に資するという観念は根強かったのである。[95]

さて、このように「封建」の残滓が制度化された日本の経済社会において「財政上の郡県」を促進すべく成立した日本銀行は、同時に、全国運動としての自由民権運動と対峙する松方財政の政治的産物たることを免れなかった。形態は株式会社ながら総裁・副総裁は官選（任期五年）であり、理事も株主総会において排他的に選出することはできなかった。また、資本の五割を政府が出資し（うち二五〇万円分は、明治一七年に皇室財産編入）[96]、残る株式の取得にも大蔵卿の許可を要した。行政府の権限を幾重にも保障する、こうした制度的防壁によって、同じ政府系銀行でも、改進党と結託した株主たちが頭取人事を揺るがした横浜正金銀行のようなケースは生じえなかったのである。[97]

創設者松方の政治的意思が直截に反映されたのは、総裁人事であった。初代総裁の吉原重俊は大蔵少輔から転任した薩摩藩出身の官僚であり、井上馨が不満を漏らしたように[98]、松方の影響力が看取される人物だった。[99]吉原の病没後、大蔵省大書記官、副総裁を経て明治二一年二月に第二代総裁に着任したのが、仙台藩出身の富田鉄之助である。富田は藩閥に反骨心を秘めた人物であり、副総裁時代から、松方が次期の総裁と目した加藤済銀行局長と確執があった。松方も加藤の病没に伴う富田の昇格を前に、薩摩藩出身の園田孝吉の副総裁就任を条件にするなど、統制力の確保を試みる[100]。そして翌明治二二年九月、富田は、横浜正金銀行への低利円融資をめぐる対立から松方に更迭された。松方財政期の中央銀行は、このように人事・政策両面で強力に統制されたのである。

ここで第三代総裁に着任した人物こそ、川田小一郎であった。松方は川田が後任に決定すると伊藤に早速、「日本銀行総裁交迭之儀も御談合仕置候通り夫々相運、〔黒田〕内閣に而も何も異議無御坐候。川田義は両三度緩々談合も相遂け候処、さすが同人丈に而何も了得大安心仕候。省中も銀行も皆々大悦ひ罷在候」と伝えている[101]。そして川田は、金融政策における財政の比重低下を背景に、明治二三年恐慌で積極的な救済融資を行って日本銀行依存の経済秩序を造形する一方、明治二五年一一月には貸出「寛開」方針を打ちだしてこれを支持する渡辺国武蔵相と批判する松方前蔵相の対立を誘発し、最終的に自らの経済政策上の主張を貫徹することに成功した[102]。

こうした総裁の経済的影響力の増大に伴い、政治的影響力もまた増大する。鉄道国有論者であった川田は、第三議会で鉄道買上法案撤回を求めた谷干城を批判し、このため一部から「政府党」とみられたが、「予は元来日本銀行の事務多忙にして迚も政治上に意を用ふるの遑なく一意只我経済社会の安楽と同銀行の隆盛とを希望するのみなれば、別に政府の味方となりて奔走する等の事あるべき訳なし。去とて全く政治上の事に意見なしといふにあらず」とこれに反駁している[103]。「政府党」に収斂せずに「政治」化する志向性を、川田は元来有していたのである。実際、総裁の立場に鑑みて参加を固辞したものの、明治二五年初頭には品川弥二郎内相が計画した吏党系議員主催の実業家相談会の目玉として、川田の名前が挙がっている[104]。

もっとも川田において経済界実力者や貴族院議員の地位が決定的な政治資源となることはなかった。貴族院議員としての川田は、第四議会で取引所法案委員長を務めたほかは目立った活動をしていない。第二章でみたように、第四議会で伊藤内閣が自ら提出した「特別地価修正法案」を貴族院で否決させるべく、伊東巳代治を通じた工作を試みた際も、伊東が川田に送った檄文は、他の貴族院議員たちに送付されたそれと全く同文であった(105)。貴族院内での川田の存在は、格別目立ったものではなかったのである。

初期議会期の川田がより情熱を傾注したのは、日本銀行の将来を担う人材を外部から積極的に招聘することだった。外務省出身の河上謹一は、日本銀行取調役に着任まもない頃、行内の空気を次のように伝えている(106)。

> 総裁〔川田〕は位地以外之尊敬を以て〔河上を〕待遇致呉候は、全く銀行内格別之人物無之ためと存候。実際重役之面々も銭勘定位は呑込居候得共、経済大局之話は更に不相分模様に被存申候。

河上の厚遇が、「銭勘定」よりも「経済大局」を見据えた人物を希求する川田のイニシアティブの下で進められたことが窺える。このように川田在任時、日本銀行は、官庁から鶴原定吉、薄井佳久、片岡直輝、法曹界から植村俊平、民間から山本達雄、高橋是清、帝国大学から志立鉄次郎、土方久徴、井上準之助といった人材を広く結集したわけである。そしてこれは、松方以来の古参幹部とは異なる人的基盤を行内に扶植する上でも、決定的に重要であった。

いま一つ重要だったのは、河上が右の書簡で「全体日本銀行の如き経済之大局に当り候者、万一にも政党之機関と相変し候様之結果と相成候而は経済社会之不幸不過之候故、党派軌〔軋〕轢之盛なる今日、殊に超然主義を守る、政党以外に立つ事最も必要」と主張していたように(107)、こうした新たな経路での専門性の結集によって、「経済之大局」に挑むための「超然主義」という自己規定の論理を日本銀行官僚たちが手にしていったと思われることである。政党の介入可能性が狭小な軍事や外交の領域での超然主義とは異なり、彼らは政党をいわば「経済社会」の秩序をめぐる潜在的競合者として捉える視点を持っており、やがて大蔵省から自律した政策形成を模索していくのである。

ともあれ、川田総裁が強力な指導を開始した初期議会期、中央銀行が組織として凝集力を発揮する前提は一定程度胚胎していた。ただ、議会の厳しい予算削減のため財政規模には制約があり、明治二三年恐慌後の対応についても、改進党内に不況対策への批判があったのを例外として[108]、主要な政治対立を誘発しなかった。そのため、川田の政治的影響力も消極的なものにとどまった。しかし戦争賠償金の獲得に伴い、戦後経営を担う中央銀行の全国的役割があらためて問い直され、それによって、戦後経営をめぐる競合がまさに日本銀行を焦点として活性化することになる。

(ii) 日清戦争後の中央銀行の政治的肥大化

川田が政治的人格を形成する第一の契機となったのは、約二億円の戦費を要した日清戦争であった。当時の日本の脆弱な経済力にもかかわらず、外債に頼らず最初の対外戦争を可能ならしめ、これを遂行に導いたのは、中央銀行総裁であった。川田は日清戦争後の明治二九年二月、株主を前にした事業報告の席でその自負を力強く語っている。

回顧すれば一昨〔明治〕二十七年開戦以来、天皇陛下の御陵威と従軍将士の忠武とにより連戦連勝の光栄を輝かし遂に平和克復の局を収むるに至りしが、其間に於て本行が財政金融の機関として応処せし処も亦聊か記憶すべきことあるを信ずるなり。……惟ふに交戦一年の久しきに亘り軍資を要すること一億八千万円に及び、而して軍需嘗て欠乏を告げず市場亦逼迫を訴へざりしもの、〔日本銀行の〕右等の施設亦未だ与る所なくんばあらざるなり[109]。

「右等の施設」とは、①民間貸出額を政府貸上に転用し、かつ年五％の低利を容認したこと、②軍事公債募集に先立ち、応募する有力銀行家と事前協議したこと、③市場が公債応募可能な経済力を備えるべく配慮し、公債発行遅延による収支不足は政府貸上金によって補填したこと、の三点を指している。要するに川田は、戦時の「本行」が外債募集という非常手段に頼ることなく[110]、政府財源の調達と民間金融の調節の双方で十全に機能したと誇ったのである。

さらに明治二七年末から、財政が破綻した朝鮮政府の内政改革を名目とする、五〇〇万円の対朝鮮借款供与構想が始動するが[111]、ここでも川田は重要な役割を担った。翌二八年一月三〇日、川田は伊藤首相の斡旋により、広島大本営で天皇に拝謁する機会を得ている。これは戦時の国家統合に中央銀行総裁が参画することが衆知された点で象徴的な光景であった[112]。そして伊藤は拝謁当日、「朝鮮国国債応募斡旋に関する内達」を綿密な準備を経て川田に発している[113]。朝鮮公債の応募取りまとめを期待された川田の努力は最終的に実らなかったが、この過程で伊藤が属僚や蔵相を介さず川田と直接接触して合意をなしたことは、日清戦前の関係からの大きな変化だった[114]。以上の貢献から、川田は同年一〇月、民間出身で最初の——すなわちかつての主家たる岩崎家より先に——男爵に叙されることになった[115]。また、総裁のみならず、中央銀行全体の地位も戦争を通じて上昇した。たとえば川田叙任から四ヶ月が経過した明治二九年二月、与倉守人・三野村利助・川上左七郎の古参の三理事に加え、川田が登用した山本達雄・薄井佳久・河上謹一の三局長と鶴原定吉・首藤諒の二支店長にも叙勲が行われている。特に山本営業局長には唯一、高位の旭日小綬章が授けられた（ほか七名は瑞宝章）。

しかし、川田の政治的人格形成のより大きな契機となったのは、日清間の講和が結ばれた明治二八年四月に本格化する戦後経営であった。明治二九年二月下旬、広島から大阪に戻って療養していた川田は、大蔵省出身の成川尚義（三重県知事）宛の書簡で、早くも日清戦争後における「経済之戦争」を展望している。

追々軍人之足も洗へ候時節も程遠からす、今日は外交政略に取候而も又昔日来比し恐る恐る我国を心配するにも及ひ申間敷、果して然は是より弥六ッヶ敷相成は経済之戦争に可有之、目下政府部内に於ても大経済家と目ざす財政之機軸を握り居候人も無之様被相考、夫是枕を高くして病床に臥し居候場合に無之〔後略〕[116]。

戦争終結が近々見込まれるなか、「外交政略」に代わる戦後の課題と川田が認識したのが、国際的な経済競争、すなわち「経済之戦争」である。だが、現伊藤内閣には「大経済家と目ざす財政之機軸を握り居候人」がおらず、戦後経営にふさわしいだけの強力な経済指導体制が整っていない点に、川田の批判は向けられていた。元来、川田は、日本史上での「英雄豪傑」が政治の領域に偏っており、維新以来の社会経済の近代化にもかかわらず、「〔経済の領域で〕

未た英雄豪傑と称す可き程の人物は鮮なく、独り政治論に至ては蓋し長足の進歩をなし、言論漸く自由を得て誠に理論の多き世の中となれり。而して其度合に比し、国家富強の本源たる実業家に乏しきは慨嘆に堪へさる次第に候」との憤懣を抱えた人物だった(117)。しかし日清戦争後の新たな政策的要請は、日本銀行総裁の政治的比重を上昇させる。それは、一時の「感情」で反応が両端に振幅する「市場人心」をいかに適切に誘導するかという要請である。川田のみるところ、「凡そ事の盛衰とも事実に先て偏向し易きは市場人心の常」であり、講和以後の景気回復ムードが三国干渉への不安で吹き飛んでしまったこと（これを受けたのが明治二八年七月の公定歩合引き下げ）、その後一転、「眼前軍隊の凱旋軍功の賞賜等益々人心を鼓舞すべき事実の現出」から「殆んど適度の範囲を逸出したるが如」き好況が生じたことは、同じコインの表裏であった(118)。こうした政府と市場双方への働きかけを強めつつ、日清戦後の経済成長に即した積極的金融政策を推進するのが、来るべき「経済之戦争」を前にした川田の戦後構想だったのである。

もっとも、川田のように、軍備拡張よりも経済を戦後経営の高次の課題とみる意識は、エリート間である程度共有されており(119)、問題はむしろ、政策の基調を拡大と緊縮のどちらに置くかという対立にあった。実際、井上馨が「〔日清戦争後は〕内はもっぱら経済に注目して上下一般に倹約及び忍耐の気風を涵養」せよと説いたように(120)、川田の積極主義的戦後構想は政府内の異論を容易に喚起しうるものであった。このうち日本銀行との対立姿勢を鮮明にしたのは、榎本武揚率いる農商務省である。当時農商務次官だった金子堅太郎は、普仏戦争と南北戦争における戦勝国の先例をふまえ、戦後恐慌の到来を警戒する勤倹論を唱えており(121)、それは益田孝や渋沢栄一など、井上とも立場の近い実業家から共感と賛同を以て迎えられた。だが川田は、金子の回想によれば、次のように強い反対を表明したという。

> 農商務省の意見は戦勝の名誉を減殺するものなり。独逸亜米利加の失敗の歴史を引証して我戦勝国の国民を警戒することは甚た時機を失したものである。政府は宜しく会社を増設し工場を新設して商工業の拡張をこそ奨励すへし、又日本銀行は此等の新設会社及新規の計画に対しては充分なる資本を供給するから商工業家は日本銀行に

来りて資金を要求すへし。

さらに川田は主要な銀行家を銀行集会所に召集し、腹心の山本達雄営業局長を通じて「農商務省の方針」より「日本銀行の方針」に従うよう勧告した。(122) 回想のなかで金子が、農商務省と対峙する「大蔵省及ひ日本銀行」のうち、大蔵省の松方や渡辺ではなく川田の名前にのみ言及しているのは示唆的である。金子において、「戦後の経営」の主導権が農商務省でも大蔵省でもなく、日本銀行総裁の手に握られていたという記憶は、長く尾を引いたのであろう。

実際、川田に戦後の強力な経済指導を期待する立場は、広く存在した。先の成川を経由する形で、前蔵相の松方もまた川田の病状を懸念し、日本銀行の「行務」より「財政上之仕事」を上位に置くよう懇請している。(123) あるいは川田蔵相というプランが、松方がやむなく蔵相に就任する明治二八年三月の時点で検討されていたのかもしれない。しかし、伊藤と松方の仲介役を担ったのが川田であったように、(124) 川田は政治の前線からは一定の距離を保ってあくまで中央銀行総裁として権力基盤を強化することに集中したのである。山本達雄を伊藤に紹介したのも川田であり、川田は逡巡する山本に対し「(伊藤と)やはりつきあつた方が銀行の為にもよい」と諭したと伝えられている。(125) また、川田が八月、海外貿易の拡張に向けて横浜正金銀行と日本銀行の連携を深めるべく、腹心の高橋是清と山本(営業局長と取締役の兼任)を派遣したのも、金融政策を総合化する志向の現れとみて大過ないだろう。(126) こうして伊藤との政治的紐帯に支えられつつ、中央銀行主導の戦後経営の枠組みが次第に輪郭を結びはじめていく。

そうした枠組みを基礎づける総裁の政治的影響力の上昇は、二つの局面で看取することができる。第一は日本銀行増資問題である。川田は明治二八年八月、松方蔵相宛の上申で「日清戦争事件漸く其局を結ひ候上は是より本行か益々業務を伸張し経済社会の輿望に応ふは国家に対する義務に可有之、……益々信用を鞏固ならしむる義必要と奉存候」と述べている。「信用」を強化するために経営規模の拡大が必要だと述べているのである。これを受けて現状の二〇〇〇万円から三〇〇〇万円への資本金増額が閣議決定された。(127) だが、伊藤が松方の入閣にこだわったことで疎外された渡辺前蔵相の周辺では、この増資問題を経済問題ではなく政治問題として捉える向きがあった。渡辺の手元に残された大蔵省罫紙の文書には、同年三月の渡辺蔵相更迭の理由を、増資をめざした伊藤と川田の「密議」に求めた記述がある。[128]少なくとも渡辺側にとって、この「増株事件」の第一義的な意味は、従来の蔵相優位の権力関係が転倒した点に見出さざるをえなかったのだろう。この文書を読んだ渡辺が、伊藤が大蔵省をさしおき、日本銀行に過剰に肩入れしているように感じたことは、想像に難くない。

第二に、右の帰結として、第二次伊藤内閣末期に川田蔵相擁立構想が浮上する。[129]松方の辞任を受け明治二八年八月以来再登板していた渡辺蔵相が、二九年八月、軍事公債一〇〇〇万円を募集できず予算編成の展望を失ったことが、その端緒となった。だが、渡辺が辞表提出の際、「総裁の行為の我政策を妨ぐるものある」と言い捨てたといわれるように、[130]問題の淵源は、日清戦後に台頭しつつある実業家の支持が不可欠な、公債募集をめぐる総裁との対立にあったようである。[131]松方が当初後任に擬せられたものの、就任条件とした大隈入閣が自由党の反発を呼び、ここに川田の名前が急浮上する。土佐派の領袖の林有造と「竹馬の交」の川田への工作は、板垣と伊東の手で進められた。蔵相就任の打診に対し川田は、「愈々御請する場合とならば、松方、岩崎其他何人に対して何等差障なきは勿論、仮令大蔵次官以下の総辞職を見るも決して驚かす。日本銀行には幸い熟練のものも多少養成し居れば其の辺には毛頭介意する所なし」と積極的に応じている。大蔵省と比肩する日本銀行の人材の充実ぶりを強調する川田の口吻は、中央銀行総裁が大蔵省全体に敵視されている構図を、図らずも照らしだすものであり、実際に伊藤は、川田蔵相、鶴原定吉次官、山本達雄日本銀行総裁、高橋是清正金銀行頭取、という布陣を検討していたといわれる。[132]他方で川田は、井上馨や渋沢の蔵相就任という代案には、辞職を賭けて抵抗する姿勢を打ちだした。ここからは、井上や松方といった財政通の藩閥指導者とではなく、課税問題で対立する自由党との提携を選択する川田の柔軟な政局観を見出すことができよう。総裁・蔵相兼任体制も視野にあったと思われる川田任用案は、松方・大隈の入閣という最悪のシナリオを回避しつつ、伊藤の支持も期待できる、板垣と伊東の唯一の切り札であった。

しかし伊藤は、板垣と伊東が期待した以上に、功臣網羅による挙国一致の枠組みに執着しており、伊東の独走には強い難色が示された。伊藤は伊東巳代治にあて「去十七日伊皿子会合に於て五大臣〔黒田班列・大山陸相・西郷海相・高島拓植相の薩派四大臣と板垣内相〕に対し、博文好手段なきに依り外・蔵両大臣其人を得る様斡旋を依頼したる事に付、此際各大臣より之意見を聞すして川田に面会は不都合なり。目下来磯は御断り相成置度候」と独断での対川田工作を厳しく批判している(133)。板垣が自党の未来を托した川田案が流れた帰結として、八月二七日に伊藤内閣は辞職し、九月一八日、薩派と進歩党の提携からなる第二次松方内閣が成立した。自由党は閣僚の椅子をわずか四ヶ月で失った。伊藤の下でのみ与党化が可能だという限界を、自由党はまだ越えられなかったのである。

同時に以上の過程からは、自由党土佐派と伊東の限界も浮かび上がる。板垣や林はここで与党の継続を図るため、党議である日本銀行課税問題との十分な党内調整を経ずに川田入閣工作を進めたと思われる。かつて第八議会で国立銀行処分問題が生じさせた党内統治の混乱を思えば、このような土佐派主導での与党化戦略に、内閣—与党関係の点でも無理があったことは明らかだった。ちなみにのちに明治三〇年二月に河野広中が脱党したとき、河野推戴運動の中心となるのが、日本銀行課税を最も強硬に主張した石田貫之助だったことは示唆的である。土佐派主導の藩閥との提携をめぐる党内対立の一つの焦点に、銀行問題が存在する構図は健在であった。

第二次松方内閣における川田の位置を知ることができる材料は多くない。一一月四日夜、関西出張中の川田を心臓発作が襲い、不慮の死を遂げてしまうためである。しかし興味深いことに、期せずして最後の公的発信となった同日の談話で、川田はかつて自身も推進した積極金融論を牽制する姿勢を明確にしている。すなわち、川田は日清戦争直後の「開放主義」が「縮少主義」に転じたとの批判を念頭に、「余の関する所にあらざれば、仮令大蔵大臣〔松方〕の命たりとも余の職に在る上は其〔事業濫増〕勢を長ぜしむる能はず」と述べ、日本銀行の活動の基礎たるべき基準として、「信用」を「主義」に対置した。[134] ここに、戦後経済のさらなる膨張に歯止めをかけ、内外の貸出拡大要求を防遏しようとする川田の指導方針再編は明らかである。[135] 実際、川田が出張する理由となった日本銀行大阪支店による金融恐慌の救済融資問題である。川田はこれを独断で行った川上左七郎理事（松方の義弟）を一〇月追放した。要するに、川田の上昇の決定的な足がかりは積極主義的戦後構想にあったが、より重要なのは、「主義」に先立つ「信用」の観念を軸に、財政当局からの自立が一貫して追求・強化されたことであった。川田は「信用」という金融内在的な論理を掲げることで、松方財政期以来の金融が財政に従属した藩閥支配とは異なる枠組みの提示に成功した。「信用」という表現には多分に、自律的な官僚機構による政治的自己主張としての側面が刻印されている。川田が体現した中央銀行総裁の政治権力にはそのような新しさがあったのである。

陸奥が経営する雑誌『世界之日本』は、大阪支店の救済融資について「大坂の経済家が兎角に人為の手段を恃まんとするの性情を見るべく、此によりて松方伯等の如き愛嬌家が其地に人望ある所以を見るに足らんか」と厳しく批判した上で、この視察のための出張中に死去した川田について「我輩は彼の経済策に対して同意すべからざるもの少からざりき。然れども彼の経歴と云ひ、力量と云ひ、彼れまた一個可惜の人物たりしを掩ふ能はざる也」と評している。[136] 川田の視察目的がむしろ「人為の手段」への統制にあったことを、『世界之日本』の記者が知っていれば、あるいはその「経済策」への評価も若干違ったものとなったかもしれない。

川田は晩年、日清戦争以来の事歴を記した『日本銀行財政史』編纂を行員に命じている。[137] この事実は、川田が日清戦争後の日本銀行に戦前と断絶した固有の歴史的役割を認めていたことを物語る。川田はその意味で中央銀行の肥大化を象徴する人物だったのである。また、明治二九年二月には日本初の本格的洋式石造となる本店が完成し、三月の落成式で忽然と威容を現していた。[138] 着工当初、川田は巨額の建築費への「世論」の批判を想定し、「他年公論定まるの日初て余が今日の所見に左担するもの、多きを見るに至らん歟」と反論している。[139] 政費節減論に代表される現在の

「世論」より未来の「公論」に希望を託した川田の国家的使命感は、日清戦争後その充足の場を得たのである。

川田没後、第四代総裁に就任した岩崎弥之助は、その権力環境を継承する。岩崎は松方―大隈の提携を周旋するなど、すでに一定の政治力を備えていた経済指導者であった。実際、第二次松方内閣成立時、進歩党内の薩派を代表する長谷場純孝（鹿児島三区、当選連続四回）は、「新人物登用」を促す書簡を大隈と松方に送り、農商相の候補として、前田正名と併せて岩崎の名前を挙げたという[140]。また三菱でも、明治二六年に岩崎弥太郎の嫡子久弥が合資会社社長に就任していたものの、「弥之助は隠居之位置に相立居候得とも、其実久弥未た名議に止り実権は矢張り弥之助に有之」（川田）だった[141]。政治経済双方に基盤を持つ岩崎が総裁にふさわしいかは、はたして閣議の議論を呼んだ。大隈外相が田尻大蔵次官を、清浦奎吾法相が（松方の蔵相兼任に鑑み）正金銀行頭取の園田孝吉を、それぞれ後任に挙げたのは、岩崎個人への不信というより川田のような政治的総裁の出現を忌避する心情が共有されていたためだろう[142]。特に、臨時政務調査委員会を通じた経済政策への影響力増大をめざしていた大隈は、総裁が独自の政治的意思を発動しないよう、松方―田尻ラインによる大蔵省の統制の下に総裁を組み込み、非政治化する志向を有していたと思われる。しかし、与党党首の大隈が反対し岩崎自身消極的だったにもかかわらず、ほかならぬ松方が重ねて懇願したことで、一一月九日に岩崎新総裁が誕生した[143]。岩崎人事にはおそらく、伊藤が川田に接近した経緯をふまえた対抗措置の側面もあった。岩崎は別に総裁の地位を得なくとも松隈内閣で相応の地位を占めただろう。しかし松方としては、日清戦争以来の伊藤の影響を遮断するためにも、岩崎クラスの総裁を欲する心理があったのではないだろうか。

そして岩崎は、田口卯吉が「日本銀行総裁にして内閣構造者《カビネット・メーカー》たらんと欲するが如き野心」を批判したように、川田と同様の政治的総裁であった[144]。しかし単に総裁としてみたとき、岩崎は決して川田のように協力な指導を行えたわけではなかった。第一に、川田が集めた人材が行内で台頭しており、岩崎は総裁専制に代えて合議制を採用し、彼らを統御する必要があった。副総裁こそ設置しなかったものの、川田股肱の局長たちを理事に昇格させた点に岩崎の配慮が現れている。第二に、岩崎は川田時代末期の消極路線を継承し、これを貸出制度改革として結晶させた。中央―地方関係において日本銀行支店より私立銀行の支店網強化を優先したのもその一端である。第三に毎週の営業成績を官報経由で公示し、また「諸局の首位」として検査局を設けるなど行政機構を整備した。すなわち戦争を契機に肥大化を促進した川田の後継者として行内外で制度化を促進する課題を負った総裁の権力は、岩崎個人の政治力と裏腹に逓減していく。中央銀行総裁の政治権力は、総裁であること自体が最大のリソースだった川田時代と異なり、経済界指導者という外在的なリソースに依拠しはじめたのである。

なお、日本銀行関係者でこの時期プレゼンスを上昇させたのが高橋是清である。松方内閣では金本位制移行が政権の看板政策であったが、貨幣制度が最大の争点となった一八九六年アメリカ大統領選挙と政権の始動が重なっており、自由銀派の支持の下、銀価回復を公約とした民主党が勝利を収めた場合にも対応できるよう、銀本位制から離脱していち早く徹底した金本位制を採用する必要を高橋は主張している(145)。国内外の政治的変動を前に、金融政策の安定的基盤を模索する「超然主義」はより洗練されたといってよいだろう。

第三節では、中央銀行が日清戦争後の財政問題と連動したことで惹起された政治対立の展開を、特に政党内閣である隈板内閣の成立にひきつけた上で叙述する。そして末尾で、憲政党が全国大の資金配分政策の掌握に着手したことが、立憲政友会の創設にいたる伊藤新党運動に投じた陰影についても、若干の考察を試みたい。

第三節　分水嶺としての第一次大隈内閣

(i)　政党内閣の成立と中央銀行改革

日清戦争後、財政膨張の下で総裁の政治的比重が増大したのと対照的に、第一次戦後恐慌後は財政緊縮の要請の下で蔵相の政治的比重が増大する。財政危機の要因は、健全財政の期待を背負って成立した松方内閣が台湾関係費の予想外の膨張もあって活性化する各省の予算要求を統御できなかった点にあった。伊藤系官僚の末松謙澄が「財政之始末日に非なる様子に御坐候。各省之要求は弥増加し営業税には民間之不平続出し、此始末には頗る極困難可申候」と総括したように、予算編成の混乱を伝える同時代の証言は少なくない[147]。そこに戦後恐慌が到来して公債募集の選択肢を失った松方は、地租増徴法案の提出を余儀なくされ、財政膨張の責を前任の伊藤内閣に帰しつつ退陣したのである[148]。

かくして、予算統制能力にとどまらず、地租増徴問題をめぐる政党との折衝能力など広い意味で財政の果たす政治的役割が次第に大きくなっていく。明治三一（一八九八）年一月の第三次伊藤内閣成立に際し、財政整理を断行し「各省府県殆とむしり取り主義の要求」を統御できる「剛毅達識の人」が待望されたのは[149]、対省庁／対地方の双方で統制力を発揮する蔵相が要請された時代状況を表している。そうした「剛毅達識の人」を任じたのは井上馨であった。膨張的戦後経営から脱却を打ちだした井上蔵相は、他省庁から「井上主義」と警戒されつつ桂太郎陸相と連携して四七〇〇万円の歳出削減を宣言する[150]。井上はこの実績を背景に、資本逼迫を訴える経済界救済にも主導権を発揮した。すなわち戦後経営の枠組みの修正に伴い、戦後経営の主体の再編が進行する。蔵相の比重増大に伴い総裁独自の役割は次第に縮小し、しかも戦後に昂揚した積極金融への期待感が今度は日本銀行に逆流することで、恐慌対策をめぐる大蔵省と日本銀行の対立が次第に先鋭化していくのである。以下では、金本位制の下で構造化した積極主義と消極主義との対抗[151]を、特に隈板内閣期の財政―金融関係に見出していきたい。

第二節でも述べたように、岩崎総裁下の日本銀行は、川田時代と対照的に、その活動を制度化する方向に向かっていた。岩崎時代最大の特色は、貨幣供給量を抑制して市場の日本銀行依存を解消しようと試みた貸出制度改革（明治三〇年六月―）である[152]。だが、岩崎の方針は戦後恐慌救済が喫緊の課題に浮上するにつれ、強い政治的反作用を醸成した。特に岩崎が公定歩合二厘引き上げによる通貨収縮↓物価下落政策をとる数日前に、三菱が山陽鉄道・九州鉄道・日本郵船株など三万株以上を売却したことは、鉄道買上論や興業銀行設立論に結実する、政治の側からの日本銀行批判の導火線となった。[153] 具体的には以下にみる批判を通じて、岩崎改革への政治的反作用が集約されていく。

第一の批判主体は、藩閥の内部から現れた。当時駐仏公使であった、長派の曾禰荒助がそれである。「〔駐仏公使在任中の〕四ヶ年間経済と申事にのみ頭を入れ居り候」と友人の品川弥二郎から評されるほど外資導入論に傾倒していた曾禰は、[154] まさに岩崎の貸出制度改革と軌を一にして、外資導入銀行設立構想をメディア上で唱道しはじめる。その内容は、日本の国家予算に相当する二億五〇〇〇万円を日清英仏独の資本から導入し、政府も一割の利子保証を与えて「日本銀行に倍する大銀行」「亜細亜に於ける唯一の中央金融機関」を新設する壮大な計画であった。「大銀行」は当然、既設の日本銀行と競合的な関係にあり、実際、曾禰は「日本銀行は反対すべきも結局日本銀行の組織営業方針は機宜に適せぬゆえ之を廃するも可なり。彼の帝国議会の賛同を得るには手段あり意とするに足らず」と述べるなど、積極金融を実質化するため、議会の支持を背景とした日本銀行の解体すら示唆している。[155] そしてこうした曾禰の社会的発信は、恐慌で景気が悪化し、内地解放によるグローバル化も迫るなか、まだみぬ「大銀行」に期待した輿論に大いに訴える効果を持ったのである。[156] 以上の提言が実際に採用されることはなかったものの、経済的争点をめぐる曾禰の求心力は、この間たしかに向上していた。曾禰は第三次伊藤内閣で初めて入閣を遂げ、法相のポストを得ることになるが、この時、山県の周辺では、伊東や金子などの伊藤系官僚に対抗する形で、曾禰の農商相就任(「曾禰回復論」)が企図されている。[157] 経済政策に適性を備えた山県系官僚として、この一〇ヶ月後に第二次山県内閣の農商相となり、三年半後には第一次桂内閣の蔵相となる曾禰の、大臣キャリアの出発点に、中央銀行改革＝解体論が存在したことは、やはり留意されるべきであろう。曾禰や桂といった伊藤新党構想に当初賛同した閣僚の間でこの「工業銀行」構想が有力な対議会策として浮上し、結果的に奏功しなかったことは、冒頭にみたとおりである。

いま一つの、そしてより強力な批判主体となったのは政党であった。自由党においては、岩崎時代を通じて、かつて川田総裁との接近を試みた土佐派の斜陽が着実に進行していた。明治三〇年一一月に松田正久・杉田定一が企図し、駐米公使の星亨も緊急帰国して推進された対薩派提携論は、最終的に潰え、また実現可能性にも乏しかったとはいえ、伊藤から自律的な対藩閥提携の手段が真剣に追求された意味において、のちの第二次山県内閣との提携の前史というべきであり、自由党史上の画期であった。それゆえ、土佐派の栗原亮一は、自由党内、特に地方支部のレベルで根強いこうした薩派提携論に敏感に反応し、「杉田〔定一〕氏は評議員会に於て（条件附大臣の椅子を二つ）の話に賛同有之候。夜見世の植木屋て一般の投け売りの物品を、我全党の歴史と交換するは馬鹿の極なり」とこれを強く批判した[158]。栗原のいうように、当時レームダックの第二次松方内閣から提示された「大臣の椅子」は、たしかに「投け売りの物品」にすぎなかったかもしれない。しかし、第四議会後から伊藤に付き従ってきた「我全党の歴史」の正統性もまた、党内では失われつつあったのである。

第一次戦後恐慌の発生を機として、外資導入論・鉄道国有論を介した自由党系政治家と鉄道資本家の相互接近が進んだことは、坂野潤治氏が先駆的に指摘している[159]。第一次世界大戦前の不況対策の中心は国債償還による金融緩和策であり、実際、明治三一年四月から一二月の間に約三七〇〇万円の日本銀行の買いオペが行われた[160]。そして、井上蔵相が懸念せざるをえなかったのも、自由党と連携しつつ、恐慌対策の積極金融に便乗を図る雨宮敬次郎ら鉄道資本家（「株屋」）の動向であった――「鉄道国有論は宜敷、外債募集・金融々和も宜敷候へ共、一歩を誤れは徒に株屋を益するのみにて全国経済に何之益する所も無之間敷、此点は井上伯熟考中に相見候」[161]。そして後に岩崎自身も「日本銀行攻撃論」を警戒したように[162]、自由党の積極金融論は多くの場合、日本銀行批判を伴うものだったのである。そして元来、銀行問題に対しては、行政的合理性とは異なる視点から強硬な批判を唱える傾向のあった非土佐派（松田・杉田）の主張が、こうした経済状況の下でより強まることは当然であった。

だが第三次伊藤内閣では、蔵相と総裁の政策的親和性（限定的金融緩和と増税断行[163]）が批判の噴出を押し止める上で

の進展を傍観した。

幸いした。井上の政策体系には、膨張的戦後経営への批判と相俟って、中央銀行の肥大化を忌避するエートスが刻印されており、井上と同じく中央銀行の制度化を志向する岩崎には、統制を貫徹しえなかった。当時岩崎に向けられた、のちの共和演説に結実するような財閥批判と日本銀行批判のいずれにも井上は同調できず、総裁の大蔵省からの自立の進展を傍観した。

しかし、川田がかつて総裁の自立性を支えるべく動員した、組織の論理としての「信用」の観念の現実的効力は確実に弱まっていた。したがって、井上の葛藤を共有しない政党が政権を獲得したとき、日本銀行への積極金融要求はより直截に顕現する。土佐派が国民協会との関係もあって民党連合への気運に乗り遅れたのに対し、杉田定一とともに対進歩党合同を主導した松田正久は、隈板内閣で要職の蔵相のポストを獲得し、日本銀行批判の急先鋒となった。そしてこの批判はまた、憲政党を構成する旧自進両党の調和の観点からも要請された。明治三一年八月、前代議士の福島勝太郎（山下倶楽部、静岡一区）が大隈首相宛に送付した「経済界救済之儀に付建議」と題する意見書は、板垣が唱える「幹線鉄道国有」と大隈が唱える「内国公債買上」という二つの経済政策を総合する必要を訴えた上で、その双方に抑制的とみられた岩崎総裁を、以下のようにやり玉に上げている。

我国第一流金満家にして日本銀行総裁の職に在るは、権力平均の憲政主義に反するものにして、本人其人の為めにも世人に異名を負はせらるゝか如き、甚た気の毒の至と存候。日本銀行総裁の如きは、身自ら大財を有せさる適任者にあらされは国民の安堵を得難かるへし。目下実業社界に不平の充満するは固よりの事と致候。且前段述るか如く、臨機特別の制限外兌換券発行の如き、現総裁にては如何可有之哉。此事須らく御高按あらまほしく奉存候。(164)

すなわち政党内閣の下で、政策の不満にとどまらず、財閥と中央銀行の兼任という形態自体が「憲政主義」に逆行するものと非難にさらされる構造が生じていた。(165)また党内融和の要請の背景には、同月実施された第六回総選挙で三〇〇議席中二六三議席を獲得したものの、候補者調整に成功したのは六七％の選挙区であり、星が公認を得られなかったことが示すように、地租増徴反対を唱える進歩派の優位で進んだことで、連立与党内に亀裂が生じていたことがあった。(166)政党の政治参加を象徴する巨大連立与党であったがゆえに、日本銀行批判がより高まったのである。

そして、恐慌対策と予算編成という二つの困難に直面した松田蔵相は、地租増徴には手をつけず、前者の観点から金利引き下げを、後者の観点から財政悪化への協力（課税）を、それぞれ日本銀行に突きつけていった。このうち、対立の直接の引き金となったのは金利政策である。松田は一〇月八日、岩崎総裁を非難する意見書を新聞に公表し、内閣成立時すでに留任のリスクを自覚していた岩崎は、大隈首相の援護のないまま辞任の道を選んだ。勝利した松田は早速、添田寿一次官と連携しつつ日本銀行課税と保証準備高の拡張の法案化を省内で準備していく。(167)以上の帰結を、蔵相による公定歩合認可権の「害用」と批判した『時事新報』は、今後「技倆経験共に大蔵大臣を陵ぐが如き人物」ではなく、財政当局者の干渉を容易に招く「凡庸の輩」が総裁に就任する可能性を案じている。(168)「凡庸の輩」が政党の影響下にあるとき、事態はより深刻であった。

したがって、後任総裁問題は小さくない政治的争点となった。与党では星の発言力が増大しており、旧自由党系の日本銀行進出を警戒する、桂・西郷両軍部大臣と旧進歩党系閣僚（大隈・大石・尾崎）の利害が一致し、閣議では山本達雄理事が後任に選出される。(169)山本はこの直前、貴族院議長の近衛篤麿に「日本銀行の内情並に岩崎の専横に付慷慨談」を漏らすなど、岩崎総裁体制には批判的な人物だった。(170)以上の人事の背景には山県系官僚の深い憂慮が存在した。追々地方官を歴任した古沢滋は岩崎の辞職につき、「日本銀行は竹内綱、星亨、雨宮敬次郎等陰謀の結果と奉存候。追々種々の怪物現出可致と奉存候」と山県に報じている。(171)また山県自身も、腹心の品川に発した書簡のなかで、日本銀行が政党化する危惧を次のように表明している。

日本銀行総裁も辞表呈出之由、是より大会社各銀行は党類之巣窟と相成可申察候。勿論曾而御話し致し候様、行

> 政機関より社会必要之機関を手に入候はては渠等〔政党〕之目的は達し不申、却而一層急激にどしどし改革に着手候方将来為邦家歟と察候。[172]

山県にとって、政党の侵攻目標は「行政機関」から「社会必要之機関」に移っており、総裁辞職がその橋頭堡とならぬよう中央銀行改革を鼓舞する必要があったのである。山県のいう「改革」が政党の積極金融論に曾禰のそれを対置するような具体性を備えていたかはわからない。だが山県の組織防衛的論理は、たとえば桂太郎陸相が井上蔵相下の日本銀行を政府に公然と「火の手を挙け」うる主体と理解していたこと[173]と併せて考えると、この後藩閥・政党・日本銀行三者が辿った権力関係の推移を、一定程度説明すると思われる。すなわち、自由党は日本銀行攻撃でたしかに山県の警戒を招いたが、日本銀行が藩閥の統制下にない以上その警戒は相対的であり、場合によっては日本銀行統制に向けた突破口となる。まして、自由党系がポストよりも課税に標的を限定していれば、日本銀行を共通の敵とする提携は可能だろう。第一三議会ではこの構図が実現する。

そして政党内閣の側でも、日本銀行と対抗的な「大銀行」構想が憲政党に接近した添田大蔵次官の手で推進されていた。すでに明治三一年初頭、金子堅太郎[174]がアメリカのモルガン商会からの外資導入をめざして、杉山茂丸と興業銀行期成同盟会を組織していたが、由利公正や藤田伝三郎の賛同を得たこの構想に対し、第三次伊藤内閣と対蹠的に、隈板内閣の「與党は皆な賛成した」。おそらくこれを受け、一〇月初旬には大隈首相の元に添田寿一大蔵次官が起草した「有価証券専務即ち外資共通機関の大銀行案」が届いている。ここで添田次官は、株主と緊張を抱えた十五銀行の減資を唱える谷干城に便乗する形で「例の新銀行と第十（ママ）五銀行と連結」する案を提示している。「例の新銀行」は興（工）業銀行構想を指すと思われる。すなわち日本最初の政党内閣の成立に伴い、日本銀行発の資金供給ルートを経由しない「大銀行案」の具体化と体系化が急速に進展したのである。[175]明治三三—三四年の第二次戦後恐慌以前から、国内金融政策における日本銀行の政治的比重はかくも低下していた。

以上記述したように、最初の政党内閣たる隈板内閣の成立は、岩崎時代に流動化した総裁の政治権力を解体に導くとともに、政党主導の政策形成の可能性と限界を示す重要な転換点となった。では、銀行政策をめぐる権力状況は、第二次山県内閣で藩閥と政党の提携が再進行するなか、いかに固定されていくのかを次に分析する。

(ii)　日本銀行課税問題の政治過程

ここでもまず日本銀行課税問題[176]の経緯を整理する。中央銀行に納税を求める日本銀行課税論の起源は、明治二四年二月に田口卯吉が『東京経済雑誌』に発表した論文に遡る。その論旨は、日本銀行が兌換券の発行で得る利益は国家が付与した特権に基づく以上、株主に還元せず国庫に納付して歳入を補塡せよ、というものである。この論文を受けてか、一二月の第二議会で高梨哲四郎（無所属、東京六区）が「日本銀行券に関する質問書」を提出している。高梨の主意書は「紙幣発行の権は社会公共の権にして一私立会社の権に帰せしむへからさることは経済学上の原理なり」との一文で始まっており、やはり「利益」の国庫納入を強く要求していた[177]。これは、議会に登場した課税論の最初の事例と考えてよいだろう。また、第二議会の予算委員会では石田貫之助が、第一議会に続き日本銀行交付金五〇万円の三〇万円削減を主張した。そのなかで石田は、中央銀行課税の将来的な必要を指摘しつつ「本年の此国会に向つて昨年の如き問題にして問題の山を為して一も其の効を奏せす、唯議案の共進会になる様な有様になつては詰らない。殊に此の新問題は成る可く省く。是は私のみならず自由党の意見がそれにあるのであるから調べては居るが、只今では之を提出する事は見合はせると云ふ考を持て居る」と述べている[178]。交付金の削減はあくまで課税の代替案だったのである。実際、石田は後に「余は第二議会に課税法を提出せんと試みしが、当時未た之を党議と為すの運に至らず、漸く第四議会に至り始めて之を党議として提出するを得たり」と回顧している[179]。

そして、元来は超党派的に支持されていた課税論は、明治二五年一一月、石田の発議によって自由党の党議に採択され、「日本銀行課税法案」として第四議会に提出された。注目すべきは、この過程で星亨による強い支持があったことである。すなわち、一一月一五日の党定期大会では、石田の発議に対し、中島又五郎・三崎亀之助の二名から「此の問題の可否如何は一般商業社会に及ぼす影響大なるを以て十分の考察を要するものなれば、兎も角今日の原案中よりは取り除くべし」との反対意見が出された。しかし、この意見には星がただちに原案維持を唱えて両者を批判し、三崎との議論の応酬の末、最終的に原案が多数で可決された[180]。ここでの星の行動がどれほど党大会の帰趨を制するのに資したかを知ることはできないが、星が他の領袖より明示的に課税論の党議採択を支持したことは確かであった。なお石田は旧愛国公党系の人脈に属しながら「土佐派の裏切り」に参加せず、河野広中と接近した人物である[181]。その点で日本銀行課税問題は、自由党内で反目しがちな星派と河野派を結ぶ一個の繋留点としても機能したのである。

この課税法案は、日本銀行に純益金の六％に相当する金額と諸経費を控除した残額の半額を納税させる内容であり、またそれを通じて納税者たる国民の負担公平化の声に応答したものであった。だが、自由党には同時に理念的要請にとどまらない戦略的要請も存在した。すなわち石田とともに提出者となった伊藤徳太郎（千葉）は、「消極的の仕事にも金が要り、積極的の仕事にも金が要りますのであります。此の如く国庫に金が要ります時分に於いて日本銀行の如き一つの財源を見当てましたのは私の竊に喜んで居ります所であります」と述べている[182]。ここで伊藤徳太郎は日本銀行を明快に「財源」と見なし、具体的には地租軽減（「消極的の仕事」）と航路拡張（「積極的の仕事」）を両立させる点に課税の意義を認めている。いいかえれば、初期議会期の自由党は課税問題を金融問題としてではなく、財政問題として解釈し、自党の民力休養論と積極主義論の結節点にこれを位置づけたのである。

しかし、「財源」に照準を合わせた自由党の政策体系は、中央銀行制度に関する積極的・内在的な展望をほとんど欠いていた。党の方針が積極主義へ舵を切るなか、政費節減論と親和的な課税論を政治的に正当化するのは難しく、法案は衆院で否決される。これに対し、改進党周辺には支店増設論への傾斜がみられた。たとえば後に革新党を経て進歩党に合流する中村弥六〔同盟倶楽部、長野六区〕は、課税法案の対案として「日本銀行に関する建議案」を提出し、博多・熊本・広島・新潟・仙台・函館への支店の設置を優先すべきとした。また、これに先立つ課税法案の審議でも犬養毅〔岡山三区〕が「内地のみならず、或は仁川であるとか浦潮斯徳辺りに〔支店を〕遣らせると云ふ考が政府の方でもあらうと思ふが、其御考があるならば大体の計画が聴きたい」と発言し、政府委員松尾臣善が「見込は立ちまい」と応じるなど、第四議会では展望なき課税論と見込みなき支店増設論の競合が原初的に現出したのである。[183] しかし、課税論は十分な社会的支持を獲得するにはいたらなかった。まず、紙幣発行によって生じる利益ではなく営業全体の総利益に課税する自由党の方式には、課税自体には肯定的な実業家や銀行家の間でも反発が少なくなかった。[184] また院外では、日本銀行の意を受けた東京銀行集会所と東京商工相談会が反対の意見書を作成し、議員たちに配布した。[185] 特に東京銀行集会所は、課税は国民の負担を間接的に増大させる上、日本は欧州と違って「金融自然の潮流」がない以上、「庫中に巨万の游金を蓄へ」る必要があるとして課税に反対しており、[186] この議論は議員たちにも説得的であった。それゆえ、課税論を支持した福沢諭吉の社会的影響力についても、日本銀行の側は「福沢翁のみ議論は如何と案し居候処、一般の輿論に相成所に而無之、却而翁の不名義を醸出し候様の論説に而少しも心に掛け候程之事も無之、是丈は安心の事」と言明できたのである。[187]

もっとも、中央銀行課税は欧州では通例となっており、非課税論陣営にも長期的には受容可能であった。第四議会以降、課税自体に原理的反対は一貫して存在せず、日本銀行は時期尚早論で対抗し続ける。川田総裁も自由党の党議採用には強く反発しつつも、議会が課税を決議した場合は配当金を株主ではなく政府に納付するまでであって、「官撰に由て総裁たる小生に於て之に違背するの理なし」と議会による拘束を是認していた。[188] では、初期議会期に正当性を獲得できなかった課税論は、なぜ第一三議会では憲政党〔旧自由党〕主導の下で正当性を獲得できたのだろうか。日本銀行総裁が領導した日清戦後経営は、そもそも課税論の原理とは背反するものではなかったのか。

実際、日清戦争後に積極主義を掲げて与党化した自由党にとって、中央銀行をめぐる自己撞着はむしろ増幅した。[189] 実際には第九議会で石田が提出していたにもかかわらず、自由党自身、「我党の宿論」たる同案について「戦後経営問題の起るに及ひて久しく提出の機を得さりし」と数年後回顧せざるをえなかったのである。[190]「中央銀行の権力」と親和的な戦後経営が始動したことによって、党内では石田のように非妥協的な利益税（納付金）方式に立つ伝統的課税論者の影響力が後退し、また議会内でも対抗的課税論の台頭が促されることになる。第九議会では石田案とともに審議未了になったものの、進歩党では阿部興人（徳島）がより温和な発行税方式の課税法案を提出している。阿部はここで、「戦後の経営」に向け課税を一度延期し、「日本銀行をしてまう一段発達せしめたい」と述べている。[191] 阿部案は総じて戦後経営を担う中央銀行の肥大化を歓迎する論旨であり、後に憲政党も発行税方式を採用したように、石田の付す課税条件が年々厳格化するのに比して現実的だったといえよう。自由党の課税論が孕んでいた、積極主義を主張しつつ、その金融的基盤たる「中央銀行の権力」を批判（＝課税）するという矛盾がここに顕在化してしまう。

この矛盾を解決する鍵は積極金融論と銀行分業論を接合することにあった。すなわち、星亨率いる憲政党は、肥大化した中央銀行の機能を各種特殊銀行に分有させることで、積極金融論を維持しつつ、日本銀行課税を「財源」として処理する方法を体系化した。山県内閣と憲政党とが提携して臨んだ第一三議会では、「日本銀行納付金に関する法律案」とあわせて「兌換銀行券条例中改正法律案」（保証発行限度を八千五百万円から一億二千万円に拡張）が、また特殊銀行関連でも「日本興業銀行法案」「北海道拓殖銀行法案」「農工銀行法中改正法律案」が提出された。日本銀行批判に抑制的な大隈が、特殊銀行の増設にきわめて批判的だったのと対照的に、[192] 憲政党は第一三議会終了後、「本期議会に於て金融機関の整備発達に力を致したるは未曾有の事」と満足げに総括しており、[193] 課税論が政治的な正当性を獲得するには、中央銀行統制を下支えするかかる銀行分業体系の整備が不可欠であった。

その意味で、かつての「大銀行」構想の系譜に連なるインパクトを持ち、憲政党がやはり党議で支持した日本興業銀行法案の議会審議が、松田正久ら九州派の強いイニシアティブで進められたことは、小さくない意味があったと思われる。星・松田という二人の党指導者がそれぞれ日本銀行課税と興業銀行設立への合意形成に中心的役割を担ったことが、憲政党による銀行政策の体系化を可能にした重要な基盤であった。そしてかかる銀行政策の体系化によって地方名望家の農外投資を支える金融網が創出され、かつ同じ第一三議会での地価修正法案の通過によって西南・東北地方の名望家の利害対立が解消されたことは、農会法制定（明治三二年）を背景とする系統農会の全国的普及にも支えられて、農業利益の実現を目的とする彼らの全国的な結集を準備していくことになったのである。(194)

ちなみに、このうち興業銀行法案は、提出者の金子が「日本銀行は其当然なる商業銀行の職分を尽し居れば足るなり」と述べたように、新銀行に日本銀行の見返り担保品制度を継承させ、中央銀行の機能を「商業銀行の職分」に限定する狙いを有していた。(195)これに対し、明治三〇年以来形成されてきた、横浜正金銀行との外資導入独占体制の解消を懸念した日本銀行は、『東洋経済新報』誌上で猛烈な反＝興業銀行キャンペーンを開始し、(196)課税論と銀行分業論（興業銀行論）への困難な二正面作戦を展開する。そして、一連の大蔵省の統制強化の試みに、伊藤―自由党との関係を重視したかつての川田を継承しようとする山本は、むしろ憲政党の星と積極的に妥協を行うことで事態を打開しようと試みた。(197)もちろん中央銀行の肥大化の条件は失われてきており、こうした彌縫的な打開策に限界があったことはいうまでもない。しかし、山本は機密金三万円を投入して議会工作を行い、(198)課税方式を大蔵省が主張する納付金方式から発行税方式に軟着陸させることに成功する。当初企図していた課税方式が山本＝星の連携のため貫徹しなかったことは、第二次山県内閣の蔵相となっていた松方に、伊藤の影を感じさせるものだったかもしれない。

実際、課税を主張していた憲政党が納付金方式から発行税方式に急転換したことは、大蔵省の強い反発を呼んだ。特に焦点となったのは、制限外発行の拡張との政策上の整合性であった。たとえば大蔵省主計局長であり、当時予算編成で実力を発揮しつつあった阪谷芳郎は、法案審議の最中、隈板内閣期に同僚（参事官兼監督局長）だった自由党の栗原亮一にあてた手紙で、「此修正によれは一ヶ年凡百三十五万円の収入を政府に先取すること、なり、主計局の方には差支なけれども、元来保証準備無税発行三千五百万円を増加したるは金利を低落し金融を疎通するの目的に出たる儀にして、一方に於て制限を拡張しなから一方に百三十五万円を先取するときはつまり制限拡張なきと同一に帰着し経済上甚た意味なきこと、なり、寧ろ制限も拡張せす発行税も課せさる規制を可とすると存候。依て何とか政府の原案に引戻し度ものには《〔ママ〕》、此儀は〔栗原の〕御在省中にも数々御相談申上利害は善く御承知の儀に付、御含置被下御高配相願度候」と抗議している[199]。党内の伝統的課税論者もまた、憲政党の方針転換に反発する動きをみせた。すなわち石田貫之助の画策により、明治三二年二月九日付で憲政党政務委員にあてて「日本銀行課税案之義に付昨日之議決正当ならさる者と存候間、再議に附せられ度此段及請求候也」と明治三一年に初当選した政治経験の浅い代議士が多くを占める一一名の連名で再審要求が寄せられた[200]。大蔵官僚として専門的観点に立つ阪谷と、特権を解体するという民党的理念に立つ石田は、日本銀行批判を介して期せずして共闘関係にあったのである。しかし、この原則主義的な納付税方式が結局復活することはなく、山県も課税方式の転換を受け入れた。

そして善戦したとはいえ、山本が課税自体を防ぎえなかったことは変わらず、総裁の威信低下は避けられなかった。議会も山本の立場を理解した上で、追撃の手は緩めなかった。議会による日本銀行統制の必要を唱えた大岡育造（国民協会、山口三区）は「今の大蔵大臣の下に今の日本銀行は能く柔順でありませうけれども」と断った上で、「日本銀行の総裁の少し力の強い人が居つて大蔵大臣の弱い人が出ますと云ふと、日本銀行は大蔵省が命令しても少も肯きやあしないことが度々あるのです」と指摘している[201]。そもそも、憲政党のいま一つの「宿昔の希望」だった保証発行限度額の拡張も、議会の承認が不要な制限外発行を抑制する効果があり、政党が議会経由で金融政策に介入する余地を拡大するものだった[202]。総裁権力の亡霊は容易に清算されなかったのである。

こうしてついに課税論の壁が突破されたことは、課税論以外の領域においても中央銀行の後退をもたらした。蔵相と議会の影響力が拡大したことの衝撃は、鶴原定吉が「外に頼って得たる力をもって内を圧迫せんとするが如き傾向」と山本を批判したように(203)、自立した主体たりえない総裁の信任問題としてやがて日本銀行内部に波及することになる。明治三二年二月、理事に昇格した鶴原営業局長の後任をめぐる不満を機に、薄井佳久、河上、鶴原（以上理事）、片岡直輝（大阪支店長）、志立鉄次郎（西部支店長）ら幹部一一名が一斉に辞表を提出したいわゆる「日本銀行ストライキ事件」である。彼らはみな川田が招集した人材であり、岩崎時代に合議制の下でその実力を伸長させていた。日本銀行の地位低下の不安が募るなか、行内の政策決定において合議制の枠組みを軽視する総裁を前に、反＝山本連合が急速に結成され、おそらく山県内閣からの一定の支持も見込んだストライキが勃発した。

しかし、山県内閣はこれに決然とした態度で臨んだ。松方蔵相は当初、ストライキ派に与して総裁罷免に傾きかけたが、山県・桂と閣外の井上はストライキ派の処分断行で一致していた。さらに、内閣と憲政党の仲介者を任じる伊藤が最終局面で介入する。伊藤は二月二八日、伊東巳代治への手紙のなかで「如斯悪弊増長せしむるに於て将来秩序の維持は不可望事にして政府の威信にも関し候事と存候間、此際内閣に於て断乎として総裁を保護せられ候事最も肝要と存候」と総裁保護を強く主張し、これが決定打となった(204)。伊藤が同日、二通目の伊東宛書簡で「三菱抔にては利息引下げに不同意を唱居候哉に承及候」と述べていたように、「秩序」を動揺させる「潜勢力」には、岩崎弥之助およびそれと結びついた大隈系政党が想定されていたと思われる(205)。こうして、伊藤の要請の下、山県内閣は四ヶ月前に憲政党進出の防波堤とした山本総裁を、あらためて官僚機構の出先と位置づけ、ストライキを、日本銀行政党化の影を再召喚する反体制的な行為として斥けたのである。こうして敗れた叛乱幹部たちは野に下り、事件は収束に向かう。

ちなみにこのとき、空洞化した日本銀行に、一一年ぶりの「副総裁」として横浜正金銀行から復任した銀行家こそ、高橋是清であった。隈板内閣期の動乱のなか、高橋は日本銀行や台湾銀行など特殊銀行の人事に携わり、金融の政治化という新たな状況に対応していった。当時高橋のもとに日本銀行問題で対峙した桂と板垣の双方から接近が試みられていることは、高橋の以後の政治的上昇を窺わせる傍証となるだろう。日本銀行は日露戦争の前までしばらくこの山本—高橋の体制で運営されることになる。[206]

ストライキの危機を脱した山本総裁は、明治三二年五月二日から二九日にかけ全国（大阪・京都・北陸・名古屋）を巡視した。その途次、福井市で開催された実業家懇親会に参加した際、日本銀行の支店設置が予定されていた金沢市からの移転をめざす同会の動きを、「何事も地方的感情に制せられて重大問題を処するの軽挙出でざらんことを望む」と批判した。[207]かつて川田とともに、全国大の積極主義的戦後構想を推進した山本が、ここで「地方的感情」という、延期論と異なって中央指向性の強い対抗的規範に直面し、それを遮断したことは、資金配分を介して権力基盤を強化してきた中央銀行の変化を象徴するものである。山本の全国巡視にはおそらく、第一三議会終了後、明治三二年九月の府県会選挙に向けて各政党がはじめて地方遊説を本格化させ、全国的な「政治の季節」が訪れていた状況に対抗する意図があったと思われる。[208]当時伊東巳代治が「政界は地方之殷盛に引替へ、中央は極めて落莫之感あり」と表現したように、[209]政治の主要な舞台は地方に移り、地方利益が政党間対立の一焦点として浮上していたのである。[210]この全国的な現象は、中央銀行総裁の役割が縮小するのに伴い、金融上の地方利益に応答する新たな主体として、政党勢力が全国への資金配分政策を主導しはじめる時代の到来を予兆するものであった。さらに第二次戦後恐慌が日本銀行の対民間貸出激減と対政府貸出激増をもたらし、日本銀行依存からの自立が各地で急速に促されていく。[211]

このように世紀転換期に経済社会が再編され、従来重視されてこなかった農業部門と中小企業部門においても各種経済団体が官僚制の下で新たに組織化されていくと、[212]中央銀行の役割はしばらく政党の関心を呼ばなくなる。明治三四年六月、第四次伊藤内閣に代わって第一次桂内閣が発足したとき、伊藤を支持し、政友会創設にも資金協力していた山本総裁は冷遇された。[213]翌三五年度の予算編成に向けて、既設の日本銀行—正金銀行ルートではなく、新設の興業銀行を経由した政府主導の外債募集交渉が、山本の強い抗議を押しきって進行する。山本は自立性をなお確保しようと試みたが、明治三六年一二月の任期終了に伴い曾禰蔵相に更迭された。後任は大蔵省理財局長の松尾臣善であり、「松尾さんは全然大蔵省の支店」[214]だった。さらに主計局長の阪谷芳郎は「従来予算編成の実権大蔵省に移り各省は予算に付いて一々大蔵省に交渉して之れを協定し、閣議の如きは殆んど形式に外ならざるの実あるを以て、大蔵省主計局長を能く説き得たるものは金額の多きを得、之を説くに拙なるものは要求を斥けらる。其取捨一に主計局長の脳裡に存するものゝ如し」と評されるような、予算編成上の実権を備えつつあった[215]。

こうして日露戦争を前に、日本の財政金融政策は、大蔵省を軸とする山県系の桂首相―曾禰蔵相―松尾総裁ラインの下で一体化する。しかしこの山県系支配も、日露戦後経営の下で高橋是清が政治的に台頭していくに伴い、次第に綻びをみせていく。ここに政党内閣による財政金融政策の時代がはじまるのである。

小　括

本節では、日清・日露戦間期の政治史を、国内銀行政策をめぐる政治対立に注目して描いてきた。元来、強い藩閥的性格（特に薩派のそれ）を刻印され、財政に従属した非政治的主体であることを期待された近代日本の中央銀行は、日清戦争後、川田総裁の指導の下で松方の時代と断絶した政治的肥大化を実現した。特に川田は積極政策のみならず、「信用」の概念を通じて政治的自己主張を行った。しかし、金融の非藩閥化を進めた川田の時代が終わると、二度の戦後恐慌への対応のなかで金融の自律領域は次第に縮小し、次の大きな対外戦争までに再び財政の下に組み込まれる。金融が再び活性化するには、川田と異なり政府系機関に縁故を有しつつ、農工銀行を通じて全国の資金配分の担い手へ成長していく政友会[216]の財政能力にも呼応する高橋の時代を待たなければならない。

この過程はまた、藩閥体制が次第に集団指導体制から政党と官僚勢力の協調体制へ転換し、藩閥の中心が伊藤から山県に移行する過程とも、密接に並行していた。伊藤は、川田への接近にみられるように、日清戦争後の経済状況の変化に敏感に反応し、財政・金融問題を自身の新党構想に取りこもうと試みた。しかし、専門性と民主性の双方の担い手が組織として自立するなか、挙国一致の超然主義を理想とし、[217]「模範的政党」に固執しつづける伊藤の選択肢は次第に少なくなっていた。山県と近い佐々友房は、地方の国民協会の支持者からの質問に答える形で、「御書中往々超然内閣云々之語あり。此語は邦人之常套語に相成居候而今更致方なきも、此全く伊藤侯の造語に外ならす。世上之素人等皆誤られ居候に外ならず」という興味深い説明を行っている。[218]いまや「超然内閣」に固執しているのは山県ではなく、むしろ伊藤の方だと強調したわけである。[219]

これに対し、隈板内閣の成立過程で求心力を劇的に向上させた山県は、日清戦争後の時点では断片的に存在した反伊藤の象徴としての支持を確固なものとし、二度の議会運営を通じて、伊藤内閣がなしえなかった重要法案（地租増徴、府県制・郡制改正、大選挙区制導入）を通過させ、桂園体制への移行を準備した。日清戦争後に伊藤と松方の対抗が尖鋭に現れた金融問題を通じて、松方が山県の側に接近したことが象徴するように、伊藤系官僚が専ら立憲制の導入期に要請される法制官僚に収斂していたのに対し、日清戦争後に要請される経済官僚は多くが山県の下に結集していく。中央銀行ポストがその後山県系の側に握られたのも、その意味で当然であった。

伊藤は巻き返しに向けた新党構想で、国民協会—帝政党の系譜を、既成政党に対しフリーハンドを保つ拠点に想定していたというが、[220]星亨とその系列新聞が憲政党と国民協会の合体という「保守合同」（非「進歩派」連合）をしばしば呼びかけていたこともあり、[221]山県系の帝国党に参加したか否かを問わず、旧国民協会員の代議士にとって、旧自由党系が中心の伊藤新党への合流は心理的抵抗が少ないものとなっていた。[222]伊藤新党運動が慢性的に持続するなか、憲政党内でも伊藤が第三次内閣の失敗を挽回するために「自帝両党」を糾合する選択肢をとるだろうことは、ある程度見透かされていた。[223]憲政党との単独提携を発表する七月八日の直前まで、伊藤は大選挙区制の下での選挙実施を視野に入れつつ、元勲の井上馨と西郷従道の入党を模索するなど[224]、既成政党色を排した挙国一致政党としての正統性調達をめざしていたが、実現しなかった。星も利益誘導の果実を十分手にしないまま、山県との提携を続けていた。地方利益については対極的な志向を持ちながら、ともに政治指導の行きづまった伊藤と星の妥協の均衡点が、総裁専制の規定や天皇の勅許に象徴される、立憲政友会の超然主義的な外貌であった。

この間、政党は主に議会を通じて金融政策に介入した。積極金融論と銀行分業論を接合した自由党系は、中央銀行自体には「財源」以上の意味を見出さなかった。それは対藩閥提携を円滑化する前提となるとともに、日清戦争後、大隈系政党に対して憲政党が伸長したことの積極的な理由を説明しよう。特に星と松田が土佐派に代わって憲政党の金融政策を体系化していく上で大きな役割を果たした。そして政党がこのようにして全国的金融網の設計に寄与したことは、これまで地域的経済圏内での投資活動を行い、民力休養を支持してきた地方名望家が、全国的金融網を介して中央発の資金配分システムに次第に統合され[225]、国税レベルの受益―負担関係を受容する上で大きな役割を果たした。こうした全国大に横断的に結合する地方名望家が、立憲政友会の支持基盤となっていったのである。

しかし、政策形成の回路設計過程での自由党の貢献は、政策形成の質の向上に寄与しなかった。それは日清戦争後、伊藤が金融への関心を急速に増大させていったにもかかわらず、その実、経済社会の糾合という政治課題を主導できなくなっていく過程とパラレルだった。これに対し、金融調節への感受性を備えた大隈系政党は、支店増設論や発行税方式をいち早く提起し、また岩崎総裁時代には日本銀行に最も近接したものの、隈板内閣下では与党の積極金融論に押しきられ、中央銀行に関する統一した政策体系をついに示しえなかった。日本銀行課税論は金融の政治化を促し、総裁権力の斜陽を決定づけたが、日本銀行支店増設論は政策論として十分な政治的内実を欠いていたのである。そして、日清戦争後の政党間競合は、負担公平化と不況対策を求める国民の声に沿って中央銀行批判に傾斜した隈板内閣の未熟な銀行政策に帰結し、政党の統治能力への不信感を広げた。続く第二次山県内閣が桂園体制の原型として安定を誇ったことは、当時の政党が藩閥と原理的な対抗関係を築きえなかったことを、象徴するものだった。

しかし、桂園体制を通じて政友会は次第に藩閥を凌駕する力を蓄積していく。さらに、大正二(一九一三)年に発足した桂新党の政綱では、政友会の鉄道政策に対抗する独自の地方政策として、全府県への設置を将来の目標に掲げつつ、日本銀行支店を秋田、仙台、長野、新潟、静岡、富山、岡山、松江、香川、熊本、鹿児島、沖縄に新設する壮大な第一期計画が打ちだされている。[226] ここに再生された日本銀行支店増設論のうちに、政友会型の積極政策、あるいは金融の政治化に必ずしも収斂しない、全国大の金融調節を第一義的目標に据えた地方統治構想の生成を認めることもできるだろう。実際、大正期には、高橋是清、山本達雄、若槻礼次郎、浜口雄幸といった大蔵・経済官僚の政党化を大きな契機として、日本銀行重役のポストが二大政党双方から注目を浴びることとなり、日露戦争後の大陸への対外膨張によって生じた国際金融の地平の拡大にも支えられつつ、政府系銀行をめぐる政党間競合はここに新たな段階を迎えていくことになるのである。

終章　旧体制の軟着陸による全国政治の安定

第一節　初期議会の経験とは何だったのか

ここまで本書では、明治二三(一八九〇)年の帝国議会開設に伴い、それ以前の府県レベルとは異質な全国大の利益を議論する全国政治のアリーナが現出し、その下で伸長した政党と再編された藩閥が新たな均衡に到達する力学を考察した。そして藩閥が比較的長く自律性を保った財政政策や外交政策ではなく、藩閥―政党関係の変化を端的に観察できる地方政策(北海道政策、地価修正政策、治水政策、銀行政策)をめぐる政治過程を分析することで、近代日本の初期議会の経験を、新たなゲームのルールに基づく行動様式が浸透して全国レベルでの脱封建化が完了する、国民国家形成の最終段階として位置づける視点を示すことができたと考える。

本書を通じて得られた知見を要約すれば、以下のとおりである。

初期議会期に噴出した、最も時代を象徴し、政治対立の基調を形作った要求は、地租軽減である。地租軽減要求の背景には、自律的な地域経済圏での活動を前提に、中央政府との受益―負担関係を強いて望まない地方名望家の心理と、全国政党をめざしつつも遠心的・多元的な党内構造に苦慮する民党の現実があった。民力休養論には内在的な限界もあったが、しかしそれは議会を通じて表出された国民の輿論だった。したがって地租軽減が困難な限り、党組織が脆弱な民党になしえない全国大の観点からの地方間調整の課題は、国家建設の担い手として集団指導体制をとっていた藩閥に突きつけられる。民力休養論との対峙を通じて、藩閥はその統治能力を問われたのである。

しかし、帝国議会に先立つ十数年の間に府県会が社会に根を下ろし、府県レベルの政治的凝集性が形成されているなかで、社会的基盤を欠いた藩閥がとりうる選択肢は多くなく、自己改革を試みるたびに自らの統治能力の限界を浮かび上がらせていく。第二議会を前にした井上毅の有名な「積極主義」意見書は元来、民党連合の切り崩しを図るというより議会制下の政府内改革の可能性を問うものであった。第一章で論じた北海道「独立論」はそうした潜在的可能性を追求した政策構想だったが、最終的には次期政権をにらんだ自由党との接近材料に換骨奪胎されてしまう。「積極手段」というときの積極性の内実が真摯に問われる機会は結局なかったといってよい。

かかる政策革新の不在がより露わになったのが、第二章で扱った第四議会である。住民に国政参加の権利がなく、そのために内地の政治的協調に利用された北海道と異なり、ここで政治過程に投入された地価修正問題は当時最大の社会的要請の一つであり、しかも地租軽減とは異なり地方間対立を惹起する点で、藩閥に全国大の観点から利害調整を要求するものだった。しかし、山県有朋を斥けた伊藤博文による回答は「和協の詔勅」であり、藩閥と政党の最大公約数であった行政改革（政費節減）が公約化された反面、この過程で貴族院の自律化もはじまり、両院調整の困難から地価修正の実現は第二次山県内閣まで待たなければならなかったのである。

こうした限界は第三章で取り上げた治水政策で一挙に顕在化する。第四議会の公約を重視した井上馨内相は、官僚層からの支出抑制の要請と地方官からの支出増大の要請の間で、さらには伊藤と山県の間でも調整力を喪失していく。非選出勢力の間では対自由党接近への反発が共有されていたが、反応は分極しており統御は困難だった。この間隙を縫って治水問題で台頭したのが与党化に向け統治能力を自己主張する自由党であり、自由党は日清戦争後、国民協会と協調して河川法を通過させ、政権参入を実現する。この過程で第二次伊藤内閣が官僚層を統御できず統治機能不全に陥ったことは、伊藤に代わって山県系が、対議会交渉の次元でも中心になる時代の到来を示していた。

そしてこの趨勢は、日清戦後経営への対応策として政治対立の焦点となった銀行政策をめぐる政治過程から、より鮮明にみてとることができる。第四章では、中央―地方を媒介する役割を担いはじめた自由党（土佐派）が、政権参入過程で発揮した「積極主義」の前提を失わせた地租軽減論の終焉と地方金融論の不振によって低迷するなか、大蔵省から自立した戦後経営の先導者として中央銀行総裁が政党間競合にも対応しうる地位を築くも、藩閥に再包摂されていく過程を分析している。二度の戦後恐慌と民党連合の再結成によって総裁の権力基盤が解体すると、全国的資金供給の役割は再建された憲政党―政友会の系譜へ中長期的に継承されていき、また日本銀行は大蔵省とともに、政党のカウンターパートとなる山県系の支配に組み込まれていったのである。

以上のように、藩閥対政党という二元論的図式で展開した一八九〇年代の政治過程は、その実両者とも対立を胚胎し、しかも抑止しうるリーダーシップを欠いたため対立が拡散しがちだった。帝国議会という新たな制度のプレッシャーの下、地方をめぐって参入する主体が相互に予測可測性を欠いたまま行動せざるをえない状況がその背景にあった。こうした拡散した対立が二〇世紀初頭に整理され、桂園体制という均衡点に到達するには、中央―地方を媒介する政党の参画によって全国政治の予測可能性を増大しつつ、藩閥も専門性を代表する山県閥に自ら縮小再編して議会政治に対応していく必要があった。相次ぐ危機のなかで旧体制は政策内在的かつ能動的に政党と対抗＝提携する態勢を整えることで、かろうじて軟着陸しえたのである。

政党をはじめとする藩閥外勢力のたえざる糾合を通じて、権力の可変性を確保してきた伊藤にとって(1)、これはやや皮肉な事態であった。伊藤は元来、機構や制度の創出を通じて政治に創造性を与える国家形成期の政治指導者であり、既存の制度や組織を与件とした政治指導には不向きだった。戦時議会と第九議会を除き、伊藤は首相として臨んだ議会で毎回、解散か詔勅に頼っている。本書が取り上げた時期に伊藤が試みた政治改革が多く、選挙制度や貴族院といった議会運営に関するものだったことは、伊藤が感じていた困難の所在と、その困難がついに解消されなかったことを象徴する。開放的超然主義に立った「師父誘導者」の下の調和と均衡ではなく、政友会と山県閥という相互に異質な利害を持つ組織間の交渉に支えられた政治が、桂園体制の原型たる第二次山県内閣までに準備されていったのである。政党が浮上しえた一つの要因は、かかる「立憲カリスマ」の下での自己改革の構造的限界であった。

第二節　政治参加の時代における中央と地方

議会開設後の政党が浮上しえたいま一つの要因は、その政治社会における役割に則して説明されなければならない。本書が試みたのは、党内統治に脆弱性を抱えつづけた政党が、この制約の下でも議会開設以降、段階的に政治社会における比重を増大させていった逆説的な力学への接近である。本書の理解では、議会開設後の中央―地方関係、とりわけ受益と負担の均衡に不可欠な「統治の論理」をめぐる情報回路の体系化に最も寄与したのが自由党系であった。全国大と府県大というマルチレベルの利害を政党が調整・統合する枠組みが、明治中期には大正期以降ほど確立していないからこそ、政党が自らの全国的役割を展望していく過渡期が、浮上の要因を析出する上で重要となる。(2)

近年の政党システム論では、政治における「利益」の含意を経済的な資源の配分に限定せず、有権者と政策過程の、ないし国家と社会の媒介者として情報を縮約して提供する「情報的機能」が注目されている。(3)それはまた、社会学者ニクラス・ルーマンが指摘するところの、「コンセンサスのチャンスをテストしたり濃縮したりすることによって集合的に拘束力のある決定を準備するのに役立つすべてのコミュニケーション」としての《政治》に必要とされる「組織」――たとえば政党――が、「集合的に拘束力のある決定」をまだ行いえない段階から果たしうるという情報集約機能にもつながるものだろう。(4)こうした情報集約を担う全国的メディアとしての政党像は、本書で取り上げた、統治能力を（自己主張はしても）十分に備えたといいがたい一九世紀末の自由党―憲政党を理解する上でも示唆的である。日露戦争後や第一次世界大戦後の政党の時代に先立つこの時期、政権政党は「統治の論理」を掲げて脱封建化とナショナルな集権化・均質化を推進したのであり、その限りで政権政党たりえたのである。

かかる「統治の論理」のメディアとして自由党系が台頭していくには、議会のコントロールの下で地方問題を効率的・超地域的に決済する普遍的な基準を整備し、地方官や国立銀行といった「封建」的な夾雑物を排除することが重要な意味を持った。したがって、政治参加の単位としての地方は積極的な否定の対象となった。知事や府県会のような地方的単位ごとの団結より、超地方的主体としての政党像こそが要請されたのである。それは何より遠心的な党組織の現実から不可避に要請され、混乱を重ねつつ到達した立場であった。特に初期議会では関税自主権の不在ゆえに保護政策の余地が少なく、利益団体の活動も概して不活発だったこともあり[5]、自由党においても党としての利益誘導が具体化することはなく（第二次山県内閣下の星亨でさえ行いえなかった）、統治への協賛が前景化した。明治日本が全国政治を速やかに定着させた上で自由党の役割はやはり決定的だった。

ただ、帝国議会開設後の脱封建化の要請に、藩閥以上に機敏に対応しつづけた自由党系の情報集約は同時に、社会からの部分利益の要求を、異質な利害を調整する機会と捉えず、常に全体利益（「公益」）の名の下に抑圧しつづける、同調圧力の強いやや息苦しい政治文化の定着にも一役買った。特に一八九〇年代に議会政治に移行するなかで、私的利益の分化や対立を公的に解決する「政治」が忌避や否定の対象となり、利害の追求が非倫理的な価値とみなされるようになった[6]。さらには、「選挙区の利害」に拘束される代議士像を否定し、自らが部分利益ではなく全体利益の担い手だと自己主張する土佐派のような言説が、「公益」実現の唯一の道であるわけでもない。かつて国会開設前夜に自治党に参加した青木周蔵が述べるように、選挙区で実務経験を有する代議士が、選挙区の具体的利害を背負うがゆえに「其脚曾て選挙区の地を踏まざるが如き代議士、若くは地方の徳望絶無にして唯だ黄白を散じて当選したる代議士」よりかえって全国的な視野に立つ場合もあるかもしれない(7)。かくして、様々に多様な地方の利害が一つの全国政党に代表され、「地方利益」という全国大の一元的ディスコースが形成されていくと、明治中期まで存在したような中央の政治を相対化しうる連邦制的な政治参加の余地も、次第に失われていくのである。

また、政党がスタンダードを設定し、画一的な地方政策の作動に寄与したことは、藩閥体制の下でまがりなりにも機能していたような公共的領域に過剰な政治の圧力が加えられる事態ももたらした。ただ、中央レベルではまだ官僚との切磋琢磨の機会が存在した。より深刻な影響を及ぼしたのは、地方官や農工銀行を通じて政党がより直接に掌握した地方政治である。そこではたとえば、本来事業として喫緊性が高いはずの治水が、党勢の拡張に資さないという事情から道路や鉄道とは対照的な「消極的」事業と位置づけられ、不当に軽視されてしまう事態も生じた(8)。

そして「積極的」事業の集積は、日清戦争後には全国的な地方財政の膨張として現れた。明治三四年七月、憲政本党（旧進歩党）の地租増徴批判一点張りの姿勢に批判的だった代議士の島田三郎は、「国税独世論の問題となりて、地方税の負担更に大に民力を凋敝するを知らざるが如し。……国税に於て地租若干を増加する時、天下囂然として民力凋衰の害ありといへり。然るに地方税として此巨額を土地に課す、地力如何ぞ伸ぶるを得んや」と述べている(9)。島田の暫定的試算によれば、二〇年で埼玉県の地方税の総額は三五万円から一七四万円まで一三九万円増加し、地租割・戸数割はそれぞれ、八倍強・二倍半に達していた。中央レベルの地租増徴の容認論／反対論のいずれの立場からも「若干」増にすぎない国税レベルの増税が「輿論の問題」となる一方で、地方税の議論が国民から忘却され、短期的には不要な道路や学校の濫造が、住民の負担能力を越えて静かに進行していく。さらに、こうした地方政治の貧困は中央にもやがて上向し、政策決定の過程から地方利益の分節化に必要な緊張感を失わせていくだろう(10)。

国民国家において議会に地方利益要求が寄せられるのは当然であり、それ自体は一義的に批判しえない。部分利益全般を否定する政党は、伊藤が構想したような単一の「模範的政党」にとどまることになるだろう。国家と社会の媒介者として私的利益を国家利益に変換する政治的技量こそが政党に問われるものだからである。しかし、パッケージ化され、地方ごとの多様性を閑却した均質な「地方利益」からは、「総花」・「利益交換」といった量的議論しか導かれず、そこでは有限な経済資源の下で政策の質的な優先順位を議論し、決定するために必要な利害調整のコストの問題が著しく後景化する。そして地方の側が量的な対等性を求めて競合を重ねるのを受けて、中央政府の側も政治的コストを極力回避すべく、自治体の負担能力や地方間の差異を軽視した均質な利益誘導に終始する。それは、国民を代表する多数政党が、合理的な統治と両立しうるような部分利益を適切に語る言葉を持たず、前者の正当化を専ら最優先していった、初期議会期の日本政治の一つの象徴的な帰結であった。

第三節　二〇世紀の国民国家への展望

ともあれ、帝国議会開設後の一〇年を通じて、日本の国民国家統合は順調すぎるほど進行した。そして対外的独立を達成した日露戦争後は、国家の発展と地方の発展がダイレクトに結びつけられ、地方を介して国家と国民の運命の同一性が信じられるにいたる。(11) いまや、地方利益を公益の名の下に正当化することが容易になったのである。しかも地方改良運動を通じて地域社会に伝統的に存在した受益者負担の原則が解体され、行政上のサービスを全く介さない「篤志家」イデオロギーに頼った負担の正当化が図られたことで、受益の契機を切断された自治体の側にはかえって、原敬の政友会が展開したような利益誘導政策への赤裸々な期待感が昂進していった。(12)

もっとも、日露戦争後には議会に統合の軸を置く一九世紀国家からの断絶も除々に顕在化していく。実際、関税自主権の回復を前に地主中心の全国農事会と商工業者中心の商業会議所の利害対立が表面化し、(13) かかる都市―農村対立の構造化に伴い、「農村問題」の認識や解決のあり方も地方・農業・階級という三つの利益をめぐる複雑なものとなり、それぞれの政治過程を（農村生活に内在的な領域を後景化させつつ）活性化させていく。[14] そして産業発展に伴うこうした利益の多元化のなかで、政党のそれまでの利益集約も大きく再編を迫られる。第一次世界大戦後には、国家機能のマクロ・ミクロ両レベルでの肥大化を背景に、[15] 既成政党は労働者や青年団といった新たな社会層の要求への応答を試みたものの、[16] 世界恐慌にたえうる国民統合能力は持ちえなかった。

また一九世紀的な国民国家形成の限界を示すもう一つの指標が、帝国への発展である。明治国家は後発国民国家であると同時に、対外膨張によって植民地を獲得し、異民族支配を行った後発帝国でもあった。本来的に閉じた政治体である国民国家と多民族国家である帝国の間を架橋することは、政治的にも規範的にも決して容易ではない。事実、対外戦争に国内体制の閉塞を打破する「改革と進歩」の契機を見出す一種の正戦論の立場から、日清・日露戦争を一貫して支持してきたキリスト者の植村正久は、日露戦争後、「領土拡張勢力発展は、国民の栄誉であると同時に、恐るべき精神問題を齎し来たる事件なりと考えねばならぬ」と記した。[17]「恐るべき精神問題」としての植民地統治は、植村にとって、戦争の道徳的正当化をはるかに困難にする思想的課題と受け止められたのである。

対外膨張の過程で現出するこの「国民国家の政治構造と帝国建設との間の危険な矛盾」[18] を意識的か無意識的か引き受けつつ、二〇世紀の日本の国家は民主化と帝国建設の二つの要請の下、国土計画の導入や地方都市への着目、地方財政調整制度といった、一九世紀の国民国家と親和的だった均質な「地方利益」に収斂しない新たな政策課題を模索していった。[19] それは戦間期の議会制不信の声を斥け、ネーションが元来内実や起源を欠くがゆえに生じる国民国家の自己超克の可能性に希望を托したヨーロッパの知識人[20]とも通じる、世界史的な課題であった。しかし、かかる戦間期の国家機能の変容過程で、議会や政党がどのような役割を果たしたのかという問題は、日本の国民国家統合のメカニズムを全国政治の始動という限定的な局面から分析したにすぎない本書の射程を、すでに大きく超えている。

注

序章注

(1) ここでいう「全国」とは、戊辰戦争から廃藩置県にいたる統一国家建設と立憲制導入の過程で、明治政府が均質な統治を及ぼすべき範囲（いわゆる「内地」）と観念していた青森から鹿児島まで（二〇世紀初頭に北海道が、第一次世界大戦前後に沖縄が編入）を指すものであり、琉球や小笠原諸島、樺太といった、国境画定の過程で帰属（意識）が争点化する日本列島の外縁を包摂するものではない。その意味で、国民国家の領域的一体性への懐疑を（同時代人にも研究者にも）さほど喚起しない、相対的に同質性の高い政治社会（本州・四国・九州）を主たる対象としている。しかし本書で強調したいのは、近世期からナショナルな一体感が醸成され、民族や宗教をめぐる社会的亀裂も稀薄な、かかる相対的に同質的な政治社会においてさえ、南北に長い日本列島では、近代化の過程で様々な社会的軋轢や地域間対立が顕在化せざるをえなかったことであり、そうした廃藩置県以来の日本全国レベルの利害調整の問題が、最終的に帝国議会開設後の政治過程に浮上する力学こそ、問われなければならないのである。

なお、「全国化」は選挙研究で用いられる概念だが、本書ではこの議論との接続は特に考慮していない。川人貞史『選挙制度と政党システム』（木鐸社、二〇〇四）、平野浩「投票行動から見た「執政部―有権者関係」の変容」（日本比較政治学会編『リーダーシップの比較政治学』早稲田大学出版部、二〇〇八）。

(2) 有名な明治七年の「民撰議院設立建白書」も例外ではない。河野有理『明六雑誌の政治思想――阪谷素と「道理」の挑戦』（東京大学出版会、二〇一一）一九二―一九八頁。また坂野潤治「明治国家の成立」（井上光貞ほか編『日本歴史大系　近代Ⅰ』山川出版社、一九八七）三二九頁も参照。

(3) この点に関する問題提起として、菅原光「マジック・ワードとしての立憲主義」（五百旗頭薫・松田宏一郎編『自由主義の思想家と政治思想』中央公論新社、二〇一四）五七―六四頁。また、幕末に顕在化する有志大名の政治参加を、「幕藩制国家の枠組みを超えるものではなく、まさにその論理から導き出されたもの」と位置づけるのは、藤田覚『幕藩制国家の政治史的研究――天保期の秩序・軍事・外交』（校倉書房、一九八七）三四二頁。

(4) 岡義武『近代日本政治史Ⅰ』（篠原一・三谷太一郎編『岡義武著作集』一、岩波書店、一九九二）一〇一―一〇二頁。佐藤誠三郎「大久保利通」（同『死の跳躍を超えて――西洋の衝撃と日本』千倉書房、二〇〇九所収、初出一九六五）。

(5) 小林延人『明治維新期の貨幣経済』（東京大学出版会、二〇一五）。

(6) 鹿野政直『戦前・「家」の思想』（創文社、一九八三）四二頁以下。

(7) 「旧慣」の政治史上の含意は、五百旗頭薫『条約改正史――法権回復への展望とナショナリズム』（有斐閣、二〇一〇）を参照。

(8) 林田亀太郎『明治大正政界側面史』上（大日本雄弁会、一九二六）一七二頁。また、明治期の小選挙区制の実態については、末木孝典「明治期小選挙区制における選挙区割りと選挙区人口」（『選挙研究』三〇―一、二〇一四）を参照。

(9) 宮地正人『幕末維新変革史』下（岩波書店、二〇一二）二五七―二五九頁。鈴木楠緒子『ドイツ帝国の成立と東アジア――遅れてきたプロイセンによる「開国」』(ミネルヴァ書房、二〇一二)第七章。河野有理「政体　加藤弘之と福澤諭吉」(同編『近代日本政治思想史』ナカニシヤ出版、二〇一四)。

(10) この主題についての貴重な示唆として、山室信一『法制官僚の時代——国家の設計と知の歴程』(木鐸社、一九八四)三四頁、前掲、五百旗頭『条約改正史』一二一頁。

(11) 前田愛「明治ナショナリズムの原像」(同『幕末・維新期の文学』法政大学出版局、一九七二)三三八頁、有馬学「明治維新と地域社会」(季武嘉也編『日本の近現代——交差する人々と地域』放送大学教育振興会、二〇一五)三八—四一頁。他方、そうした振幅も含め、「国民国家的公共圏」としての「国体論的ナショナリズム」への収斂性を強調するのは、安丸良夫『文明化の経験——近代転換期の日本』(岩波書店、二〇〇七)一四—一五頁。

(12) Peter Duus, *Party Rivalry and Political Change in Taishō Japan*, Harvard University Press, 1968, p. 241.

(13) 有馬学「議会・政党・選挙」(前掲、季武編『日本の近現代——交差する人々と地域』)、鳥海靖「初期議会における自由党の構造と機能」(『歴史学研究』二五五、一九六一)を参照。この点については、国民国家論の立場の研究者にも一定のコンセンサスが存在する。牧原憲夫『シリーズ日本近現代史2　民権と憲法』(岩波新書、二〇〇六)二〇三—二〇四頁。

(14) 飯塚一幸「初期議会と民党」(明治維新史学会編『講座明治維新5　立憲制と帝国への道』有志舎、二〇一二)六三—六六頁。稲生典太郎『暖かい本』(沖積舎、一九八六)九四—九八頁。議会の存在が納税要件を満たさない農民、労働者や女性といった非有権者の政治参加を促したことについては、アンドルー・ゴードン『日本の200年』上(森谷文昭訳、みすず書房、二〇〇六)二六三頁、末木孝典「初期議会期における市民の政治参加と政治意識」(慶應義塾大学『近代日本研究』三〇、二〇一三)。

(15) 苅部直「文明開化の時代」(大津透ほか編『岩波講座　日本歴史15　近現代1』岩波書店、二〇一四)二六五頁。

(16) 封建制の清算過程で中央議会が当初の地域代表的性格を後景化させ、地域法や特別法に代わる全国一律の統治モデルに基づく共通の法を策定していく力学は指摘されているが(青木康編『イギリスの近世・近代史と議会制統治』吉田書店、二〇一五)、日本の帝国議会の場合、開設に先行して下位レベルの会議体が府県ごとに定着していたことが、初期条件として大きく異なる。また、日本よりはるかにラディカルな遠心性を初期条件とした近代中国の事例として、深町英夫編『中国議会１００年史——誰が誰を代表してきたのか』(東京大学出版会、二〇一五)。

(17) 利益政治の基底的な成立条件に関する最良の歴史研究として、有泉貞夫『明治政治史の基礎過程——地方政治状況史論』(吉川弘文館、一九八〇)、松沢裕作『明治地方自治体制の起源——近世社会の危機と制度変容』(東京大学出版会、二〇〇九)。

(18) この断絶についての示唆的な記述として、前掲、松沢『明治地方自治体制の起源』四一三頁注(62)。

(19) M・ウィリアム・スティール「地方政治の発展——北多摩の場合」(小島康敬訳)(同『もう一つの近代』ぺりかん社、一九九八)三一〇頁以下。山口輝臣「近代前期の構造」(三谷博・山口『19世紀日本の歴史——明治維新を考える』放送大学教育振興会、二〇〇〇)一六〇—一六一頁。地方紙の定着の含意については、加藤秀俊・前田愛『明治メディア考』(河出書房新社、二〇〇八、初版一九八〇)一一六—一二〇頁も参照。また、地域社会の近代化の過程における旧藩ファクターについても、近年、社会経済史での蓄積が進んでいる。平下義記「明治の中の「旧藩」」(広島大学『史学研究』二八七、二〇一五)。

(20) 松沢弘陽「公議輿論と討論のあいだ」（『北大法学論集』四一—五・六、一九九一）四五〇頁。また、近代日本の議会制の作動条件をめぐる幕末の思想史的含意について、三谷太一郎「幕末における公共観念の転換」（佐々木毅・金泰昌編『公共哲学10　21世紀公共哲学の地平』東京大学出版会、二〇〇二）、長妻三佐雄「三宅雪嶺の維新史論」（同『公共性のエートス——三宅雪嶺と在野精神の近代』世界思想社、二〇〇二）七八—七九頁。

(21) 明治一七年一二月一六日付永田荘作宛島田三郎書簡、大宮市史編さん委員会編『大宮市史　別巻二　永田荘作関係書簡集』大宮市、一九九五）七九—八〇頁。島田は府県大の統合と全国大の統合の質的な相違を前提とした上で、架橋の担い手を政党に見出していたと思われる。当初、府県会闘争を先導した改進党が、府県内での地域党派の分立を「封建旧時の他藩を見るが如き思ひ」と批判していたことについては、伊藤隆「明治十年代前半に於ける府県会と立憲改進党」（坂根義久編『論集日本歴史10　自由民権』有精堂、一九七三、初出一九六四）一四八—一四九頁。

(22) 近年、マルチレベルの政治体の存在を与件とした重層的秩序である欧州統合の進展が、翻って近世近代移行期に誕生したナショナルな政治体への関心を喚起し、一九世紀の国民国家形成のメカニズムに新たな光を投じている。Stefano Bartolini, *Restructuring Europe: Centre Formation, System Building and Political Structuring between the Nation-State and the European Union*, Oxford University Press, 2005. 邦語文献に、ステファノ・バルトリーニ「中央—周辺関係の転換」（小川有美訳、山口二郎・山崎幹根・遠藤乾編『グローバル化時代の地方ガバナンス』岩波書店、二〇〇三）。また、連邦国家と単一国家の分岐を考察した比較政治の著作として、Daniel Ziblatt, *Structuring the State: The Formation of Italy and Germany and the Puzzle of Federalism*, Princeton University Press, 2006.

(23) 石井寛治『日本流通史』（有斐閣、二〇〇三）一一二—一一四頁。佐々木隆「明治時代の政治的コミュニケーション（その2）」（『東京大学新聞研究所紀要』三三、一九八五）一五七頁。

(24) 竹越与三郎『新日本史』下（西田毅校注、岩波文庫、二〇〇五、初版一八九二）一九二頁。

(25) 橋本寿朗・大杉由香『近代日本経済史』（岩波書店、二〇〇〇）八一頁。

(26) 北岡伸一「政治史と経済史の交錯」（『社会経済史学』八〇—一、二〇一四）。また、全国レベルの交通と政治の相互作用に着目した先駆的な仕事として、加藤秀俊「明治二〇年代のナショナリズムとコミュニケイション」（同『文化とコミュニケイション　増補改訂版』思索社、一九七七）も参照。

(27) 鈴木淳『維新の構想と展開』（日本の歴史20、講談社、二〇〇二）二七〇頁。議会開設後の国家—社会関係の変化については具体的な展望が示されているわけではない。

(28) 三谷太一郎「増補版はしがき」（同『増補　日本政党政治の形成——原敬の政治指導の展開』東京大学出版会、一九九五）一〇頁。

(29) 御厨貴『明治国家形成と地方経営——一八八一—一八九〇年』（東京大学出版会、一九八〇、のち同『明治国家をつくる』藤原書店、二〇〇七所収）。以下では二〇〇七年版から引用する。

(30) 同右、一四頁。

(31) 総辞職慣行のゆるやかな定着と世代交代に伴う急速な機能強化について、村瀬信一『明治立憲制と内閣』（吉川弘文館、二〇一一）、伏見岳人『近代日本の予算政治1900-1914——桂太郎の政治指導と政党内閣の確立過程』（東京大学出版会、二〇一三）。

(32) 北岡伸一「包括政党の合理化」（同編『国際化時代の政治指

導』中央公論社、一八九〇、原論文一九八一）二三四頁。川人貞史『日本の政党政治　1890-1937年――議会分析と選挙の数量分析』（東京大学出版会、一九九二）四七―五二頁。

(33)　坂野潤治『未完の明治維新』（ちくま新書、二〇〇七）二三〇―二三二頁。なお、近世の武士とは異なる実力者集団としての「士族」という選良観念が、「天下国家」志向を掲げた愛国社に継承されていくことを指摘するのは、坂本多加雄『明治国家の建設 1871-1890』（日本の近代2、中央公論新社、一九九九）一七一―一七八、二三四頁。また板垣の政党指導が「一種の軍事英雄」の資質に依拠していたと位置づけるのは、松沢裕作「地方自治制と民権運動・民衆運動」（前掲、大津ほか編『岩波講座　日本歴史15　近現代1』）一五五頁。

(34)　鳥海靖「帝国議会開設に至る「民党」の形成」（前掲、坂根編『論集日本歴史10　自由民権』所収、初出一九六三）。塩出浩之「議会政治の形成過程における「民」と「国家」」（三谷博編『東アジアの公論形成』東京大学出版会、二〇〇四）。この過程で政治小説の相対化も進んだ。木村洋『文学熱の時代――慷慨から煩悶へ』（名古屋大学出版会、二〇一五）四〇―四四頁。また、中央―地方関係の再編を促した大同団結運動の政治思想史上の含意について、松田宏一郎「「近時政論考」考（一）」（『東京都立大学法学会雑誌』三三―一、一九九二）、同『陸羯南』（ミネルヴァ書房、二〇〇八）五四―六四頁も参照。

(35)　「板倉胤臣日記」（千葉県史料研究財団編『千葉県の歴史　資料編　近現代一』千葉県、一九九六）明治二四年六月一九日の条、六一三頁。引用後半は板垣の発言。なお、米原謙『中江兆民とその時代』（昭和堂、一九八九）二二〇―二二二頁も参照。

(36)　たとえば自由党系の民権家で衆議院議員（兵庫三区）になる法貴《ほうき》発《はつ》は、関西支部（倶楽部）設置の動きを牽制した明治二二年の板垣退助宛書簡の草稿で、「従来東西隔絶して困却致し候事は、閣下〔板垣〕も御承知之事に御座候。況や近来世間人（之れは私論僻論なれとも）動もすれば土佐派と謂ふに於てをや」と述べている。堅田精司・富樫守編『法貴発草稿集――兵庫県における自由民権家』（非売品、一九六四）九〇―九一頁。

(37)　明治二四年五月五日付立入奇一宛島田三郎書簡、渡辺得次郎編刊『名家尺牘釈文』（一―三、一九二四―一九二六、国立国会図書館所蔵、以下『釈文』）三、一一九頁。

(38)　大石嘉一郎「初期帝国議会下の民党運動」（同『近代日本の地方自治』東京大学出版会、一九九〇、初出一九六一）。有馬学「ムラの中の〈民党〉と〈吏党〉」（近代日本研究会編『年報・近代日本研究19　地域史の可能性』山川出版社、一九九七）。

(39)　飯塚一幸「地域社会の変容と地方名望家」（『歴史科学』二一九、二〇一五）。

(40)　前掲、川人『日本の政党政治　1890-1937年』三二―三八頁。

(41)　三谷太一郎「政友会の成立」（前掲、三谷『増補　日本政党政治の形成』所収、初出一九七六）。

(42)　坂本一登『伊藤博文と明治国家形成――「宮中」の制度化と立憲制の導入』（吉川弘文館、一九九一）。

(43)　この点で、南北戦争以後のアメリカ合衆国の政党制を連邦制と関連づけて論じた、岡山裕「中央・地方の二元論を超えて――政治間関係論とその比較分析の可能性」（『ロシア・東欧学会年報』二九、二〇〇一）、同『アメリカ二大政党制の確立――再建期における戦後体制の形成と共和党』（東京大学出版会、二〇〇五）から特に示唆を受けた。また、全国政党の成立条件をめぐる比較政治分析として、Pradeep Chhiber & Ken Kollman, *The Formation of National Party System: Federalism and Party*

Competition in Canada, Great Britain, India, and the United States, Princeton University Press, 2004.

（44）富国強兵は民力休養と異なり、同時代のキーワードではない。前者の用法の変遷については、鈴木淳「富国強兵」（尾形勇ほか編『歴史学事典』一三、弘文堂、二〇〇六）を参照。

（45）三谷太一郎「大正デモクラシーの意味」（同『大正デモクラシー論　第三版――吉野作造の時代』東京大学出版会、二〇一三、初版一九七四）一四頁。

（46）中村尚史『地方からの産業革命――日本における企業勃興の原動力』（名古屋大学出版会、二〇一〇）iii、三二六―三二七頁。

（47）同右、三一四頁。中村尚史『日本鉄道業の形成――1869-1894年』（日本経済評論社、一九九七）第二部。

（48）日清戦争前（明治二七年三月）の第三回総選挙で地方利益が争点化した画期性を指摘しつつ、それが後年の星亨や原敬の政党を通じた利益誘導とは「全く異質の事態」だったと指摘するのは、伊藤隆・坂野潤治「杉田定一・坪田仁兵衛関係文書にみる明治二十年代の選挙と地方政治」（東京大学『社会科学研究』一七―一、一九六五）二二〇頁。この「異質」性が解消（政党化）していく政治的条件については、本書でも若干の示唆を提供したい。

（49）佐々木隆『藩閥政府と立憲政治』（吉川弘文館、一九九二）。

（50）この契機として明治二〇年の条約改正問題を位置づけるのは、五百旗頭薫「国士官僚の明暗」（『外交』一〇、二〇一一）。

（51）室山義正『近代日本の軍事と財政――海軍拡張をめぐる政策形成過程』（東京大学出版会、一九八四）。高橋秀直『日清戦争への道』（東京創元社、一九九五）。

（52）伊藤之雄『立憲国家の確立と伊藤博文――内政と外交、一八八九―一八九八』（吉川弘文館、一九九九）。同『立憲国家と日露戦争――外交と内政、一八九八―一九〇五』（木鐸社、二〇〇〇）。

（53）小宮一夫『条約改正と国内政治』（吉川弘文館、二〇〇一）。

（54）松下孝昭『鉄道建設と地方政治』（近代日本の社会と交通10、日本経済評論社、二〇〇五）。

（55）有泉貞夫『星亨』（朝日新聞社、一九八三）二六九頁。

（56）有馬学『「国際化」の中の帝国日本 1905-1924』（日本の近代4、中央公論新社、一九九九）三二一―三二二頁。

（57）五百旗頭薫『大隈重信と政党政治――複数政党制の起源　明治十四年―大正三年』（東京大学出版会、二〇〇三）。

（58）村瀬信一『帝国議会改革論』（吉川弘文館、一九九七）。同『帝国議会――戦前民主主義の五七年』（講談社、二〇一五）。同「「神様」と常識人」（『日本歴史』八〇七、二〇一五）。前掲、同『明治立憲制と内閣』。

（59）国民協会については従来、少数の例外を除いて、独立したアクターとして分析されることが少なかった。第四議会での藩閥と自由党との接近によって「積極主義から対外硬へ」転換して改進党と共闘した国民協会は、日清戦争後には、板垣を入閣させた伊藤内閣への反感をさらに増幅させ、政権参入の願望を募らせつつ山県系勢力の衆議院における一角となっていく。このような坂野氏の枠組みに対し、これまでも、日清戦争前についてはその「対外硬」的側面のみならず「積極主義」的側面が、また日清戦争後については山県ではなく伊藤への期待感の存在が、特に大岡育造に着目しつつ指摘されたものの（米谷尚子「現行条約励行をめぐる国民協会の実業派と国権派」（『史学雑誌』八六―七、一九七七）、村瀬信一「帝国党ノート」（『日本歴史』五一八、一九九一））、全体としては坂野氏の理解が踏襲されてきたといえる。

　しかし、山田信道、佐々友房、大浦兼武といった山県に親近感を持つ熊本系人脈だけではなく、著者はむしろ非熊本系の人脈に注目すべきと考える。前者のみに注目する限り、日清戦争後に国民協会の実質的指導者となる白根専一や大岡育造といった、対自由党提携に積極的な領袖の存在が、後景化してしまうためである。なお、日清戦争後の自由党―国民協会の提携の試み自体も、断片的事実としてはすでに指摘されているが（升味準之輔『日本政党史論』二（東京大学出版会、一九六六）二七一頁、酒田正敏『近代日本における対外硬運動の研究』（東京大学出版会、一九七八）八六―八七頁、前掲、伊藤『立憲国家の確立と伊藤博文』一八五―一八八、二一九―二二〇頁）、そうした試みの政治史的意味を系統的に追跡した先行研究は存在していない。

(60) 明治三〇年三月二日付星亨宛陸奥宗光書簡、神奈川県立公文書館所蔵「山口コレクション」2199400828。

(61) 前掲、五百旗頭『大隈重信と政党政治』三頁。

(62) 坂野潤治『明治憲法体制の確立――富国強兵と民力休養』（東京大学出版会、一九七一）四九、六一頁。

第一章注

(1) 「明治四年・斗南行役日記」明治四年九月一〇日の条、「渡辺文書（憲2）」一〇三一。

(2) 岡義武「明治初年の「蝦夷地」とイギリス」（同『黎明期の明治日本―日英交渉史の視角において』未来社、一九六四）、前掲、岡『近代日本政治史I』一〇九―一一一頁。樺太問題を焦点とした、維新政府の北海道政策については、秋月俊幸『日露関係とサハリン島――幕末明治初年の領土問題』（筑摩書房、一九九四）、麓慎一「維新政府の北方政策」（『歴史学研究』七二五、一九九九）、同「維新政府の東アジア政策」（新潟大学『環日本海研究年報』一三、二〇〇六）、榎本洋介『開拓使と北海道』（北海道出版企画センター、二〇〇九）、ロシア側の動向については、麓慎一「日本開国期における帝政ロシアのサハリン島政策」（『東京大学史料編纂所研究紀要』一九、二〇〇九）、同「維新政府の成立とロシアのサハリン島政策」（『北海道大学スラブ研究センター研究報告集』二〇〇六）を参照。また、戦前期の日露間・日ソ間の漁業問題を包括的に論じたものとして、神永英輔『「北洋」の誕生――場と人と物語』（成文社、二〇一四）第一部がある。

(3) 近年、ドイツの公文書を利用した諸研究によって多くの事実が解明されている。アンドレアス・H・バウマン「日本国土が狙われる（第1部）駐日領事ブラントの蝦夷地（北海道）植民地化の概略とそれにかかわったゲルトナー兄弟の出自」（日本大学『国際関係研究』三二―一、二〇一一）。箱石大「戊辰戦争とプロイセン」（日独交流史編集委員会編『日独交流１５０年の軌跡』雄松堂書店、二〇一三）。同「戊辰戦争に関する新たな史料の発見」、福岡万里子「戊辰戦争に関与したシュネル兄弟の「国籍」問題」（箱石大編『戊辰戦争の史料学』勉誠出版、二〇一三）。

(4) 幕末の蝦夷地経営において、防衛分担に動員された東北諸藩が要請する分担地域の分領化と、幕府直轄政策の間に緊張関係が存在したことは、菊地久「函館奉行所の14年」（『北海道開発の視点・論点』北海学園大学開発研究所、一九九八）四九四頁。

(5) 明治二二年一一月一四日の永山武四郎道庁長官による「北京」設置の建議を受け、法制局の審議を経て、同年一二月二五日、第一次山県内閣は上川離宮の建設を閣議決定した。国立公文書館所蔵「公文類聚」第一四編第一三巻所収。なお黒田は開拓使廃止後の明治一五年五月、札幌離宮の建設を提言している。落合弘樹『明治国家と士族』（吉川弘文館、二〇〇一）二六四頁。

(6) たとえば、開拓使存廃問題が政治日程に浮上した明治一四年前後に岩倉具視が作成したと思われる伊藤博文宛の覚書には、次のような皇室制度への配慮が滲んでいる（伊藤博文関係文書研究会編『伊藤博文関係文書』（全九巻、塙書房、一九七三―八一、以下『伊藤文書』）三、一三七―一三八頁）。

一、廃使置県不都合之事。
一、北海道に北京《ほつきよう》被置度の事。
　右は御定相成相当之場所等取調被仰付る事。
一、帝室にて北海道の内御所有相成度候事。

また、岩倉は明治一〇年七月一五日、自らが設立した華族監督機関（華族会館部長局）の督部長として発した指示書で、「〔華族で〕居常懶惰唯飲酒に耽り放蕩暴漫なる者は、改良校に入らしめ平時漫りに外出を禁し、……改良校に入らしむるも尚改心を期し難きは、三ヶ年間北海道に赴かしめ開墾又は鉱山等に従事し艱苦を実験せしめは、自ら天与の本性を発出し遂に良人たるを得へし。且其学ふ所を以て公事に竭《つく》すへく自資の道も亦立つを得へきなり。而して其費たる毎年纔《わずか》百二十円許に過きさるへし。若し如此の人あらは将に開拓長官〔黒田清隆〕に依頼して処分するあらんとす」と述べ、華族制度の維持・強化の観点からも、北海道開拓に意義を認めていた。尚友倶楽部・華族史料研究会編『四條男爵家関係文書』（同成社、二〇一三）二二六―二二七頁。

（7）三谷太一郎『ウォール・ストリートと極東――政治における国際金融資本』（東京大学出版会、二〇〇九）第Ⅰ部。

（8）中村政則・石井寛治「明治前期における資本主義体制の構想」、中村・石井・春日豊編『日本近代思想大系8　経済構想』（岩波書店、一九八八）五〇一―五〇二頁。塩出浩之『越境者の政治史――アジア太平洋における日本人の移民と植民』（名古屋大学出版会、二〇一五）二九―三四頁。

（9）鳥尾小弥太「恵の露」（明治三四年五月、同『得庵全書』（非売品、一九一一）一一二五―一一二六頁。鳥尾は明治二年以来、陸奥と政治的立場の違いを超えて親しい関係にあったという。

（10）明治一一年五月二六日・三〇日付品川弥二郎宛青木周蔵書簡、『品川文書』一、一六三、一七一―一七二頁。かかる青木の志向が持続したことは、明治一七年九月一五日付書簡、同右一八〇頁。

（11）明治二一年に竣工した北海道庁旧本庁舎と前年二〇年に挫折した洋風化首都計画の間に、明治国家の中心と周縁の空間的距離を越えた「共振現象」を見出すのは、御厨貴『権力の館を歩く』（毎日新聞社、二〇一〇）二七〇―二七一頁。また、宗教的精神と科学技術に支えられた近代の北海道開発に、「明治文化史」や「明治精神史」をむしろ周縁の側から先導する側面があった点を強調するのは、下村寅太郎「ある日の対話」（『下村寅太郎著作集一〇　美術史・精神史論考』みすず書房、一九九五）。

（12）たとえば、尾崎行雄は「我が北海道は正に北緯四五十度の間に在り。欧の普、仏、墺、伊、瑞士、白耳義、米の新英諸州と恰も其位地を均ふす。是北海道は我日本全国中に在て最も人類の発達に適するの地なる也。……北海道盛に開くれば其実更に九州を二倍して之を得るに均しく、北海道若し開けざれば二箇の九州を合せて之を失ふに均し」と述べている（「北海道論」（明治一九年二月）、尾崎咢堂全集編纂委員会編『尾崎咢堂全集』二（公論社、一九五五）四七四、四七八頁）。

（13）実際、払い下げを受けた関西貿易社が北海道開発に期待していた直輸出政策は、大隈重信の経済政策との親和性もあり、交詢社系の原理的な批判を招くものではなかった。小路田泰直『日本近代都市史研究序説』（柏書房、一九九一）九〇―九一頁。

（14）開拓使の行政機構としての特質については、清水昭典「北海道における地方制度形成について（四・完）」（『北大法学論集』二二―三、一九七一）四六六―四七六頁。

(15) 永井秀夫「北海道開拓政策の転換」(『北海道大学文学部紀要』七、一九五九、のち同『日本の近代化と北海道』北海道大学出版会、二〇〇七に増補の上で所収)。北海道問題を中央レベルの政治過程との相互作用の下で論じた先駆的な業績である。

(16) 前掲、坂野『明治憲法体制の確立』第一章第二節。

(17) 前掲、佐々木『藩閥政府と立憲政治』一七二―一七六頁。松下孝昭『近代日本の鉄道政策――1890―1922年』(日本経済評論社、二〇〇四)四〇―四二頁。

(18) 北海道には、明治二一年の市制・町村制が施行されず、明治二二年の衆議院議員選挙法も適用外とされるなど、当初は沖縄県とともに立憲制の外部に置かれた。北海道が国政・地方政治双方への参政権を獲得し、内地化を遂げるのは、明治三三年の選挙法改正(北海道で三議席)と翌三四年の北海道会法によってである。

(19) 前掲、塩出『越境者の政治史』第一章。

(20) 幕末からの経済資源を持つ薩摩商人が、開拓使が先導する海産物の対清輸出貿易に果たした役割を解明し、北海道開拓が大久保利通―黒田清隆という薩摩閥の権力資源となる構造を析出した、政治経済史の優れた著作として、黄栄光『近代日中貿易成立史論』(比較文化研究所、二〇〇八)を参照。

(21) もちろん、薩派は北海道のほかにも、海軍や警察、財政金融機構などに権力基盤を広げていたが、少なくとも議会開設期まで、伊藤や山県と比肩されうる薩派の国家指導者は黒田だけであった。

(22) 明治二四年六月六日付井上馨宛伊藤博文書簡、「井上文書(翻刻)」二五頁。

(23) 春畝公追頌会編『伊藤博文伝』中(純正社、一九四〇)七五二頁。また、盟友の井上馨も「薩人に当分は充分施政為行」が好ましいとして伊藤に同調している。明治二四年五月二五日付伊藤博文宛井上馨書簡、『伊藤文書』一、一四三頁。

(24) 第一議会の予算委員会で、吏党系の国民自由党(香川三区)に属する綾井武夫は、「大抵御承知の通り衆議院の希望は政府の官制が大き過ぎる、或は俸給が高過ぎると云ふことは、大抵衆議院の多数の意見になつて居ります」と発言し、政府委員渡辺国武も「自然の結果として巨多の改革」が必要だと認めている(『衆・委』一、一六二頁)。なお議会からの省庁再編圧力という点では、局レベルの廃合論にとどまる民党よりも、廃省論にまでふみこむ吏党の方が強硬だった(久木幸男「一八九〇年前後における文部省廃止問題」(『横浜国立大学教育紀要』二五、一九八五)一二〇―一二四頁)。大成会が予算闘争より官制改革を重視したことには、徳富蘇峰も一定の評価を与えている(明治立憲制研究会「明治立憲政治の形成過程(二)」(東京大学『社会科学研究』四八―二、一九九六)二四一頁)。

(25) 明治二四年七月三〇日付松方正義宛陸奥宗光書簡(写)、国立国会図書館憲政資料室所蔵「陸奥宗光関係文書」(以下、「陸奥文書」)六一―一五。罫紙は農商務省。

(26) 明治二四年八月一日付品川弥二郎宛白根専一書簡、『品川文書』四、二七二頁。右の陸奥書簡と同様に、松方首相が企図した貴族院勅選議員の政治任用への批判である。

(27) 明治二四年七月五日付伊藤博文宛井上毅「第二議会対策意見」、井上毅伝編纂委員会編『井上毅伝・史料編』(全八巻、國學院大學図書館、一九六六―二〇〇八、以下『井上毅伝』)補遺二、六五―六六頁。本史料には、それまで内容が知られていなかった「第一」の部分が、新たに付け加えられている。本書では、この部分での井上毅の批判対象を、「伊藤が第二議会対策として打診してきた政府党構想」と解釈しており、この解釈が妥当であれば、第二議会後の伊藤新党構想がこの時期から胚胎していた点に加え、「第二」以降で展開される有名な「積極主義」が、直接的には前内閣の「籠城主義」よりも伊藤の議会構想へのオルタナティヴとして打ちだされたことが明らかになる。後考を俟ちたい。

(28) 牧原出『行政改革と調整のシステム』（東京大学出版会、二〇〇九）一二九頁。

(29) 陸奥は第一議会での山県内閣の対議会交渉を「是れ必竟政府の譲与し得へき程度を協定し得たるに過きすして、政府の意思の如く議決せしめたるに非さる」と批判し、衆議院の「全会を制するの術策」として、交通体系を再編して各地方の地価を一変させ、民党の民力休養論の前提をゆるがす鉄道政策に剰余金を投入するよう提言している。「陸奥文書」六二―一五。罫紙は内閣。

(30) 明治二四年六月一三日・一五日付斎藤修一郎宛陸奥宗光書簡控、「陸奥文書」五六―一・五六―三。

(31) この過程をメディア史の観点から論じたものに、有山輝雄『陸羯南』（吉川弘文館、二〇〇七）一〇一―一〇四頁。

(32) 明治二二年一〇月五日・一三日・二四日付大隈重信宛福沢諭吉書簡、早稲田大学大学史資料センター編『大隈重信関係文書』（全一一巻、みすず書房、二〇〇四―一五、以下『大隈文書』）九、一九〇―一九二頁。なお、福沢は事件の報を受けて「中村道太さんもとうとつぶれたり。……唯今は中村を外にして米商会社の存廃恰も国家問題となり、中村は已に割腹したると同様、何事が起りても疼痛は覚へざること、被存候」と突き放した感想を述べている。明治二四年六月二四日付中上川彦次郎宛福沢諭吉書簡、慶應義塾編『福沢諭吉書簡集』七（岩波書店、二〇〇二）九〇頁。

(33) 明治二四年六月二九日品川弥二郎宛陸奥宗光書簡、『品川文書』七、一六一―一六二頁。演説の内容については、城山静一述『米商会所演説筆記』（国友清人刊行、明治二四年八月）を参照。城山はかつて明治一四年政変後に、中島信行を総理として大阪で結成された、代表的な自由党系結社「立憲政党」に参加した人物であり、演説の名手として知られていた。高久嶺之介『近代日本の地域社会と名望家』（柏書房、一九九七）一五九頁。

(34) 実際、米商会所処分は改進党の資金源を攻撃する効果があったようであり、井上馨はこれで大隈が「手詰り」に陥ったと理解していた（明治二四年一〇月六日付野村靖宛井上馨書簡、国立国会図書館憲政資料室所蔵「野村靖関係文書」（以下「野村文書」）六一―一―一九）。また、自由党関係者の間でも、「為之（米商会所処分）常誇多銭改進党殆無生色矣。……大隈末路失脚失財可憐哉」と同様の観察が存在したことは、北茨城市教育委員会編『北茨城市史別巻七　野口勝一日記Ⅲ』（北茨城市、一九九三、以下『野口日記』）同年六月二三日の条を参照。

(35) 明治二四年六月三〇日松方正義宛陸奥宗光書簡、千葉県文書館所蔵「梅田家文書」ア七〇。

(36) 明治二四年六月二九日付陸奥宗光宛田中不二麿書簡、『品川文書』七、一六二頁。前掲注(33)、品川弥二郎宛陸奥宗光書簡。

(37) 前掲、佐々木『藩閥政府と立憲政治』一五三頁以下。

(38) 明治二三年三月下《（カ）》旬、青木周蔵（外相）宛陸奥宗光書簡草稿、「陸奥文書」五七―六。なお、関連は不明だが、同年に伊藤博文枢密院議長の周辺で「立憲政治の地方官に要する特能」と題する機密の演説案が準備されている。作成年代未詳、伊藤博文宛伊東巳代治書簡、『伊藤文書』二、四六九―四七一頁。

(39) 塵海研究会編『北垣国道日記「塵海」』（思文閣出版、二〇一〇、以下『北垣日記』）明治二四年八月一〇日の条、三四二頁。同年七月三一日付品川弥二郎宛中井弘書簡、『品川文書』五、二四五―二四七頁も参照。

(40) 明治二四年七月二八日付品川弥二郎宛西村捨三書簡、『品川文書』五、三一四頁。また政府の官制調査委員会でも、いったん会議が議了したにもかかわらず、品川内相が地方官増給論を提起したため再び紛糾する一幕があった。伊藤隆・尾崎春盛編『尾崎三良日記』（全三巻、中央公論社、一九九一―九二、以下『尾崎日記』）中、同年七月一〇日の条。
(41)　明治二四年六月九日付品川弥二郎宛安場保和「政費節減に付官制規則の改正を希望する意見積書」（「品川文書（1）」九二〇）。
(42)　明治二四年六月二二日付品川弥二郎宛藤村紫朗書簡、『品川文書』六、二九五頁。なお地方官としての藤村については、前掲、有泉『明治政治史の基礎過程』第一章を参照。
(43)　「公文類聚」第一四編第六巻所収。
(44)　明治二四年三月二三日付周布公平宛山県有朋書簡、尚友倶楽部・松田好史編『周布公平関係文書』（芙蓉書房出版、二〇一五、以下『周布文書』）九〇頁。
(45)　これは財務部と直税／間税署の違いを除けば、一般府県の一房二部三署制とほぼ同一の機構体系であった。青山英幸・今野隆夫「明治中期北海道庁文書の保存と編さん規則について」（『北海道道立文書館研究紀要』三、一九八八）五八頁。
(46)　植木枝盛「北海道人民の請願」、北海道議会事務局編刊『北海道議会史』一（一九五四）六九頁。
(47)　明治一三年二月一二日付三条実美・岩倉具視宛黒田清隆意見書、多田好問編『岩倉公実記』下巻（原書房復刻一九六八、初版一九〇六）六六四―六六八頁。
(48)　佐々木隆「黒田・井上和解会談」（『日本歴史』五六一（一九九五）。大津事件のような国家的危機の場合はその限りでない。
(49)　「北海道庁長官の更迭」『朝野新聞』明治二四年六月一四日。明治二五年二月九日付松方正義宛奈良原繁書簡、松方峰雄ほか編『松方正義関係文書』（全二〇巻、大東文化大学東洋研究所、一九七九―二〇〇一、以下『松方文書』）八、七九頁も参照。
(50)　三島は札幌―根室間を直線道路で結び、これに沿って屯田兵村を置き、全北海道を皇室御料地とする構想を有していたという。前掲、鈴木『維新の構想と展開』二八八頁。
(51)　明治二四年六月一二日付松方正義宛品川弥二郎書簡、『松方文書』八、三二〇―三二一頁。
(52)　明治二四年六月一〇日付品川弥二郎宛渡辺千秋書簡、「品川文書（1）」七一九―三一。
(53)　明治二四年六月一三日付品川弥二郎宛白根専一書簡、『品川文書』四、二七一頁。
(54)　明治二四年六月一二日付渡辺千秋宛品川弥二郎書簡、尚友倶楽部・長井純市編『渡辺千秋関係文書』（山川出版社、一九九四、以下『渡辺千秋文書』）一一四頁。
(55)　前掲、「北海道庁長官の更迭」。
(56)　明治二四年六月六日付伊藤博文宛山県有朋書簡、『伊藤文書』八、一二六頁。前掲注(22)、井上馨宛伊藤博文書簡。奥谷松治『品川弥二郎伝』（高陽書院、一九四〇）二五六―二六二頁。
(57)　明治二四年六月八日付岩村通俊宛品川弥二郎書簡、伊藤隆・坂野潤治「岩村通俊関係文書」（一―三、『史学雑誌』七八―一一―七九―一、一九六九―七〇、以下「岩村文書」）二、七三頁。池田さなえ「品川弥二郎と御料地」（『信濃』六七―七、二〇一五）。
(58)　前掲注(54)、渡辺千秋宛品川弥二郎書簡。
(59)　明治二四年六月二四日付松方正義宛品川弥二郎書簡、『伊藤文書』五、二五〇―二五一頁。
(60)　明治二四年一二月二四日付松方正義宛永山武四郎書簡、『松方文書』九、六九頁。
(61)　明治二四年六月一五日付松方正義宛伊藤博文書簡、『松方文書』六、四四一頁。同日付伊藤博文宛松方正義書簡、『伊藤文書』七、一七九頁。

(62) 明治二四年五月二七日付吉田清成宛堀基書簡、京都大学文学部日本史研究室編『吉田清成関係文書三　書翰篇3』（思文閣出版、二〇〇〇）六八頁。また、同年五月二九日付吉田清成宛湯地定基書簡、同右、二一〇頁も参照。

(63) なお、札幌製糖会社は北海道製麻会社とともに、十勝アイヌが鮭漁業で得た共有金（五万三千円）のうち二万五千円の共同運輸会社の株券を、道庁の橋口文蔵の名義で両社の株券に換えて財源としていたが、前者は道庁理事官の親族による放漫経営だったため、株式偽造事件を引き起こし倒産した。昆布漁業で得た日高アイヌの共有金も、やはり札幌製糖会社の株券に換えられ、同じ運命をたどった。高倉新一郎『新版アイヌ政策史』（三一書房、一九七二）五〇五—五〇七頁、井上勝生「札幌農学校植民学と有島武郎」（『北海道大学大学文書館年報』四、二〇〇九）六—九頁。「共有財産」の議会での争点化については、麓慎一『近代日本とアイヌ社会』（山川出版社、二〇〇二）五三—六三頁。

(64) 前掲注(42)、品川弥二郎宛藤村紫朗書簡。

(65) 明治二四年六月一八日付佐野理八宛品川弥二郎書簡、国立国会図書館憲政資料室所蔵「憲政資料室収集文書」（以下「憲政文書」）一〇—一—一二。

(66) 明治二四年七月二三日付渡辺千秋宛品川弥二郎書簡、『渡辺千秋文書』一〇四—一〇五頁。

(67) 明治二五年一月三〇日付品川弥二郎宛渡辺千秋書簡、「品川文書（1）」七一九—二〇、第二信。

(68) 明治二一年一〇月一五日付徳富蘇峰宛曾我祐準書簡、伊藤隆・坂野潤治・酒田正敏編『徳富蘇峰関係文書』（全三巻、山川出版社、一九八二—八七、以下『徳富文書』）二、二二一頁。また、藩閥の国防政策批判を結集軸とした当時の徳富と曾我の連携は、柴崎力栄「国家将来像と陸海軍備をめぐる海軍と徳富蘇峰」（『大阪工業大学紀要人文社会篇』五六—一、二〇一一）を参照。

(69) 明治二四年六月二三日付品川弥二郎宛渡辺千秋書簡、「品川文書（1）」七一九—一二。

(70) 以上は、北海道大学附属図書館北方資料室所蔵「鈴木米三郎氏白仁武氏談話」（北海道史編纂掛、一九一八）に拠る。

(71) 白仁は文久三（一八六三）年生、柳川藩出身。必ずしも下級藩士の家ではなかったが、学資金を苦労の末、旧藩ネットワークを通じて捻出し、上京を果たした人物だった。上京に際しては父親から特に、学資を流用して放蕩した場合の自害用短刀が手渡されている。内山一幸『明治期の旧藩主家と社会』（吉川弘文館、二〇一五）二二一—四、二三一頁。明治四二年頃には、東京帝国大学出身者を中心に、「事務的政治を排して人材政治を実現する」旨を標榜した少壮官僚の集団「十人組」を、床次竹二郎・伊沢多喜男・井上友一らと結成したという。柴田宵曲『明治の話題』（ちくま学芸文庫、二〇〇六、初版一九六二）七九頁。

(72) 前掲注(70)、「鈴木米三郎氏白仁武氏談話」。

(73) 明治一《カ》九年七月二九日付松方正義宛渡辺千秋書簡、「梅田家文書」ア八〇。吉田は当初、農商課長として西南戦争後の県の士族授産政策を推進した。

(74) 明治二四年七月一一日付松方正義宛野津道貫書簡、『松方文書』八、一一二頁、および前掲注(66)、渡辺千秋宛品川弥二郎書簡。また、同年八月五日付遠藤達宛安部井磐根書簡（写、国立国会図書館憲政資料室所蔵「安部井磐根関係文書」（以下「安部井文書」）六三—二五所収）も参照。

(75) 「北海道庁亦一人の薩人なし」『読売新聞』明治二四年八月二三日。

(76) 「北海道通信」『朝野新聞』明治二四年九月九日。

(77) 書記官に遠藤達、曽我部道夫、参事官に吉田醇一、白仁武、

財務長に鈴木米三郎、が配置された。曽我部は宮城県書記官からの転任であり、白根内務次官と親しい船越衛宮城県知事の推薦によるものだったと思われる。明治二四年八月二〇日付品川弥二郎宛白根専一書簡、『品川文書』四、二七五頁。

(78)『東京経済雑誌』五八七（明治二四年八月）三三四頁以下。

(79) 皇室・華族の北海道との関わりについて、永井秀夫『日本の歴史25　自由民権』（小学館、一九七六）三四四―三四五頁。

(80) 明治二四年八月二三日付松方正義・品川弥二郎宛渡辺千秋書簡、「品川文書（1）」七一九―一九。添付の「北海道急要事件」なる書類には、①明治二四年度剰余金五百万円を北海道拓殖事業に支出、②北海道議会、③北海道土地払い下げ規則の改正、④同令実施に関する費用、⑤北海道地方費、⑥新官制組織と拓植事業の関係、⑦北海道集治監の囚徒について監獄則に特制を設定、の七項目が挙げられているが、保護会社問題は含まれていない。

(81) 明治二四年八月二二日付松方正義・品川弥二郎宛渡辺千秋書簡、「品川文書（1）」七一九―一八。

(82) 北海道編刊『新北海道史』四（一九七三）二〇八―二〇九頁。

(83) 明治財政史編纂会編『明治財政史』（明治財政史発行所、一九〇四）五六九頁。

(84) 国立公文書館所蔵「松方家文書」第一八冊所収。

(85) 明治二四年九月三〇日付松方正義宛渡辺国武書簡、『松方文書』九、三四頁。

(86)「渡辺北海道庁長官の評判」『郵便報知新聞』明治二四年九月一八日。「北海道通信」『朝野新聞』同年九月二〇日。

(87)「公文類聚」第一五編第一〇巻所収。

(88) 宮下弘美「創業期の北海道炭鉱鉄道会社」（北海道大学『経済学研究』三九―二、一九八九）六一頁。

(89) 時期は下るが、官吏侮辱罪による板垣の起訴まで検討される事態を惹起した明治二五年一月五日発行の『自由党党報』号外「自由党宣言書」では、北海道政策への批判もなされている（同年一月一二日付野崎啓造宛武久克造書簡、『松方文書』八、三三七頁）。宣言書中、「内閣大臣の職務に対して侮辱」にあたるものと警視庁の武久が認めたのは、次の部分である。

　北海道は新開の地たるを以て内地と其制を異にし、未た地方議会の設あらす。開拓の事業多くは薩人の手に帰し、開拓使官有物の払下は曾て世上に大波瀾を起したる事あり。……期〔斯〕る非常なる低価を以て之を払下けたるは藩閥の勢力を利用して国家の経済を紊乱する者に非すや。……若し尚ほ藩閥の権力を恃んで開拓の事業を私するか如きの事行はれは、利源の開通と防禦の整頓とは得て望む可らす。

自由党の矛先は何より、藩閥が国家的事業を「私」する点に向けられていた。なお、事件の詳細は、佐々木隆「自由党「党報」告発問題をめぐって」（『新聞学評論』三四、一九八五）を参照。

(90) 明治二四年一〇月一五日付品川弥二郎宛白根専一書簡、『品川文書』四、二七九―二八〇頁。なお、注(87)の閣議書には、「法制局第一（大蔵省への移管）は姑く該局議に拠るも可なりと雖も、其第二は法文上便宜上農商〔務〕省に移すを以て至当とす」とする付箋が添付されているが、これは白根次官が右の書簡で用意したものと完全に一致しており、白根の意向が省内の最終的な意思決定に規定的な影響を及ぼしたことが推測できる。

(91) 明治二四年一〇月三日付松方正義宛品川弥二郎書簡、『松方文書』八、三〇一頁。

(92) 明治二四年一〇月一〇日付伊藤博文宛伊東巳代治書簡、『伊藤文書』二、一四六頁。

(93)「屯田兵拡張の議閣議に上らんとす」『郵便報知新聞』明治二四年一〇月六日。同年七月の陸相宛屯田兵司令官「屯田兵拡張に関する建議」(『品川文書(1)』一一七二)も参照。次期の道庁長官となる北垣国道(京都府知事)も第二議会解散後、「屯田兵を拡張し運河を開鑿するを以て目下の急務となす」という意見を道内の新聞に発表しており(『北海道毎日新聞』明治二五年一月二〇日)、有力地方官の間でも一定の支持があったと思われる。

(94) 松方はこれに対して即日、「北海道えいつれ之筋なりと振向申度奉存候」と返信している。明治二四年一〇月三日付品川弥二郎宛松方正義書簡、『品川文書』七、七〇頁。

(95) 『衆・委』一、二六八頁。

(96) 『衆・本』三、三九七頁。

(97) 大垣市奥の細道むすびの地記念館所蔵「松本荘一郎関係文書」(以下、「松本文書」)三一―二九。本文書の閲覧に便宜を図ってくださった同館の大木祥太郎氏に篤く御礼申し上げる。

(98) 明治二四年九月二八日付松本荘一郎宛中根重一書簡、「松本文書」九一―三五。

(99) 明治二四年九月二一日付榎本武揚宛黒田清隆書簡(写)、宮内公文書館所蔵「榎本子爵家所蔵文書」所収。

(100) 前掲、鳥海「初期議会における自由党の構造と機能」二一頁。この板垣の遊説については、同行した自由党代議士の高津と龍野が日記を残している。丑木幸男編『高津仲次郎日記』一(群馬県文化事業振興会、一九九八)明治二四年七月二八日―九月六日の条、「龍野周一郎日記」(国立国会図書館憲政資料室所蔵「龍野周一郎関係文書」一五九、複数の名称があるが以下「龍野日記」と総括する。また書簡類については、「龍野文書」と略記する)同年六月二四日―九月一六日の条。

(101) 実際、明治二一年の後藤象二郎の東北遊説では、北海道行を想定した形跡はなかった。塩出浩之「明治立憲制の形成と「殖民地」北海道」(『史学雑誌』一一一―三、二〇〇二)七九頁。

(102) 清水昭典「明治中期地方政治の一例」(『北大法学論集』四〇―五・六下、一九九〇)七九七頁。中元崇智「栗原亮一と旧自由党系のアジア通商計画」(『日本歴史』六八三、二〇〇五)七三頁。

(103) たとえば以下を参照。「当道小樽表に於て林有造氏等の致居る築出し壱件は最初の計画は中断相違の傾きありて、林氏は金策の為め高知表へ立越居候哉の場合に及、此場合に付込同氏と協力致候はゝ、今明年落成の後は数万円の利益を得せしむる哉に心得申候。……小樽表は他日交易開港場と可相成候はゝ案外不測の好地と相成可申候」、明治二二年一月一〇日付笹森儀助宛久慈保次郎書簡、笹森儀助書簡集編纂委員会編『笹森儀助書簡集』(東奥日報社、二〇〇八、以下『笹森書簡集』)一〇一頁。

(104) 船津功『北海道議会開設運動の研究』(北海道大学図書刊行会、一九九二)一七―一八頁。

(105) 同右、二一頁、三〇頁注(45)、二九九―三〇三頁。

(106) 「小樽の懇親会に於ける板垣伯の演説大要」、北海道史編纂掛「道庁時代史料(政治部)下」(編纂年不明、北海道大学附属図書館北方資料室所蔵)所収。

(107) 「龍野日記」明治二四年七月三一日の条。

(108) 『野口日記』明治二三年一一月二三日の条。

(109) 河西英通『近代日本の地域思想』(窓社、一九九六)一三三―一三五頁。同「大井憲太郎と初期議会自由党」(『歴史評論』四四三、一九八七)一二九―一三二頁。また、政党の「合同」ではなく「連合」を通じて複数党派の共存の余地を確保しようとした大井の政党観に着目し、一党単位での多数派形成をめざす星亨の政党観と対比させた優れた論考に、塩出浩之「帝国議会開設前後の諸政党と大井憲太郎」(『史学雑誌』一〇七―九、一九九八)。

(110) 「塩田奥造君談話の七(明治三八年三月)」、野沢鶏一編著『星亨とその時代2』(川崎勝・広瀬順皓校注、平凡社東洋文庫、一九八四）三三二頁。

(111) 小山博也『明治政党組織論』（東洋経済新報社、一九六七）四七頁。また、星の主導の下で代議士政党への移行が進んだこの党大会では、大井派の影響力が強かった常議員会に代わる参務会の設置にあたり、原案では議員候補者組織を明記していたものの、蒲生仙・工藤行幹といった九州・東北地方の党領袖の反対で結局採用を見送られている（前掲、伊藤『立憲国家の確立と伊藤博文』六一、六三頁）。明治二六年四月の地方支部制度の採用後、自由党中央が九州の統制に高い優先順位を与えた（村瀬信一「明治二六年九月の自由党九州遊説」『日本歴史』六四五、二〇〇二）背景も、かかる分権的な党内構造にあったといってよい。

(112) 前掲、塩出「帝国議会開設前後の諸政党と大井憲太郎」六八頁。

(113) 前掲、高久『近代日本の地域社会と名望家』一八七頁。

(114) 前掲、鳥海「初期議会における自由党の構造と機能」五七頁。

(115) 前掲、升味『日本政党史論』二、二一二―二一三頁。

(116)『自由党党報』一一、二五頁。

(117) 大井憲太郎「移住民論」『日本』明治二四年九月二〇日、平野義太郎・福嶋新吾編『馬城大井憲太郎伝別冊　大井憲太郎の研究』（風媒社、一九六八）六一―六二頁。なお、自由党壮士による北海道開拓を論じたものに、高村聰史「自由民権と北海道」（三鷹市教育委員会編刊『多摩の民権と吉野泰三』一九九九）。

(118) 大井や岡本柳之助の「北海道義勇兵」構想については、前掲、塩出『越境者の政治史』九六頁。板垣の安全保障観については、真辺美佐「民権派とヨーロッパの邂逅」（小風秀雅・季武嘉也編『グローバル化のなかの近代日本』（有志舎、二〇一五）二八頁。ただ、北海道義勇団の壮士はしばしば議員を脅迫しており、自由党部長会でも問題視されていた。第二議会解散に伴い、大井の判断で一度解散されている。明治二四年一二月二三日・二四日・二七日・二八日付徳大寺実則宛園田安賢探聞書「秘第五九号・号外報告・秘第六八号・秘第七三号」（宮内公文書館所蔵「秘密探聞報告」所収）。

(119) 当時『北門新報』に在籍していた中江は第二議会前、渡辺について「彼れ弁給敏慧なるも到底大将に非す。今後恐くは自身の智慧にて独相撲を取りて土俵の外にすへり落ちはせぬかと被気遣申候」とその未来を的確に予測しつつ、「永山は玉の如く水精の如く菩薩の如く、可然輔佐さへ有れは二度の勤も随分宜しからんと愚考仕候」と屯田兵司令官の長官再兼任に期待感を示している（明治二四年一一月一五日付大隈重信宛中江兆民書簡、『大隈文書』八、一三一頁）。また、この頃に執筆されたと推測される論説「常備軍と土着兵」でも、中江は「特に柴別利鉄道成就するの暁には、我北海道は直に是れ「バルカン」半島と同様の地勢を成す可ければ、安心して済まし込み居る訳には往かざる可し。然れば土着兵の制を用ひて且つ訓練の実をして常備軍に劣らざる様做す可きこと、是れ兵家の最も当さに意を留む可き所なり」と義勇兵構想と親和的な「土着兵」構想を展開している（松本三之介ほか編『中江兆民全集』一三（岩波書店、一九八五）二八六頁）。
　中江の北海道時代については、松永昌三『中江兆民評伝』下（岩波現代文庫、二〇一五、初版一九九三）二二一―二二四頁。また、徴兵制軍隊に収斂しない明治前期の軍隊構想の多様性については、尾原宏之「軍事　河野敏鎌と津田真道」（前掲、河野編『近代日本政治思想史』）一八三頁を参照。

(120)「龍野日記」明治二四年八月三日―一六日の条。溝口市次郎筆記「板垣総理の一行（北海道）」（『龍野文書』一六〇）八月一一日の条。伴野外吉『獄窓の自由民権家たち』（みやま書房、一九七二）一一九―一二八頁も参照。

激化事件の特赦以降も釈放されなかった人々であり、党事務所でも継続的な支援を続けていた。明治二六年三月一八日付北海鉄窓在監諸士一同宛龍野周一郎書簡、「龍野文書」一二九—一〇。

(121) 「大黒座に於ける板垣伯の演説」、「道庁時代史料（政治部）下」所収。前掲、船津『北海道議会開設運動の研究』一四七頁。

(122) 「六百五十万円は北海道に貰ひたし」『東京日日新聞』明治二四年九月三日。本多新「家庭物語」永井秀夫編『北海道民権史料集』（北海道大学図書刊行会、一九八六）六九〇、七〇三頁。

(123) 前掲注(66)、渡辺千秋宛品川弥二郎書簡。

(124) 明治二四年一二月六日付品川弥二郎宛陸羯南書簡、『笹森書簡集』一二一—一二二頁。

(125) 明治二四年一二月一〇日付徳大寺実則宛伊藤博文書簡、前掲、『伊藤博文伝』中、八一一頁。

(126) 明治二五年一月九日付松方正義宛品川弥二郎書簡、『松方文書』八、二九四頁。

(127) 明治二四年一二月付、松方正義・品川弥二郎宛渡辺千秋意見書「北海道開拓の件」、『松方文書』一一、六〇—六六頁。

(128) 『時論』五（明治二四年一一月二五日）一—五頁。『時論』は、札幌農学校出身の民権家で後に大井憲太郎の片腕となる柳内義之進を主筆として、明治二四年二月に創刊された。高級紙の扱いだった中江兆民主筆の『北門新報』との役割分担で、渡辺長官批判を目的に創刊されたという。「金子元三郎氏口述」（小樽市編刊『小樽市史』二、一九六三）四二八頁。柳内については、松沢弘陽「札幌農学校と明治社会主義」（『北大百年史　通説』ぎょうせい、一九八二）六二三—六二四頁、河西英通「北海民権家の軌跡」（永井秀夫編『近代日本と北海道』河出書房新社、一九九八）。

(129) 『時論』六（明治二五年一月五日）三一—三二頁。

(130) たとえば永山武四郎は北海道議会の熱心な支持者であった（北海道編刊『新北海道史』四（一九七三）七五頁）。

(131) 品川弥二郎内相宛都筑馨六参事官「北海道行政組織に関する意見書」、「井上文書（憲）」六六〇—四。作成年代は、明治二四年八月—一二月の間だと思われる。

(132) 渡辺とは別の立場から同様の危機感を表明したのが、中江兆民である。中江もまた、「北海道二三の都会地を歴遊したる眼を以て北海道の政策を論ずる者」を強く批判し、北海道の現状に見合う特別会計を支持している（「北海道施政に付兆民居士の嘆」『信濃毎日新聞』明治二五年三月一〇日、松本三之介ほか編『中江兆民全集』別巻（岩波書店、一九八六）一七二—一七三頁）。こうした北海道特別会計化の志向は、本書で指摘してきた植民地統治的な北海道政策への志向と、やはり親和的なものであろう。

(133) 「岩村文書」三、八一—八二頁。福島相馬藩出身の藤田は、かつて岩村が道庁長官への赴任にあたり、山田顕義法相を通じて地方裁判所からリクルートした人物であった。藤田鵬卿（九万）『風簷楼遺稿』（藤田環、明治三三年三月）に岩村が寄せた題辞。

(134) 前掲注(59)、松方正義宛品川弥二郎書簡。

(135) 明治二四年一二月二〇日付松方正義宛渡辺千秋書簡、『松方文書』九、六九頁。

(136) 明治二四年一二月二一日付品川弥二郎宛渡辺千秋書簡、「品川文書（1）」七一九—三〇。

(137) 品川を追いこんだこの有名な選挙干渉が、当時独走傾向にあった地方官への監督責任（前掲、佐々木『藩閥政府と立憲政治』二一四頁）の点だけとっても、政治的責任を免れないものだったことは論を俟たない。しかし、本書で確認しておくべきは、反民党的な地方官の間にも、帝国議会の運営をめぐって二つの異質な考え方が存在したことである。たとえば、県下で死者八名、負傷者九二名を出す激烈な選挙干渉を行った佐賀県知事の樺山資雄は、責任追及が第三議会で噴出した後の、自己正当化を含む発言ではあるが、「小官〔樺山〕は当初内務大臣〔品川〕に向ては、撰挙干渉は国家之為に取らさる処にして、伊藤〔博文〕伯は憲法発布前年地方官へ示さるゝに、国会を開き議会之度合立憲政治之実を揚る能はす、却而国家之害となるときは断然国会を中止することにすへし、右は欧羅巴にも其例も有之と断言せられたる事も有之……解散又解散して終に憲法中止となるを論拠」と、憲法停止論の立場から品川の「国家忠良の人物」選出論を批判したものの、すでに各地方官と内務省の合意ができており、採用されなかったと述べている（明治二五年七月二六日付高嶋鞆之助〔陸相〕宛樺山資雄書簡、国立国会図書館憲政資料室所蔵「樺山資英関係文書」五〇―一〇四）。すなわち樺山は、明治二一年に伊藤が地方官を前に行った超然主義演説を正当性の根拠として、品川の選挙干渉政策に、民党とは対蹠的な議会軽視を極限化した論理で批判を加えていた。逆にいえば、品川以下の内務省には、威嚇と暴力も辞さないことでようやく見出しえた「善き議会」を尊重する「立憲的」精神は存在したのである。

　なお、樺山のような明示的干渉のほかにも、当局の恣意的な法運用に基づく演説会や言論への干渉も広く行われたことについては、末木孝典「明治二十五年・選挙干渉事件と大木喬任」（慶應義塾大学『近代日本研究』二八、二〇一一）、同「明治二十五年・選挙干渉事件における言論統制」（『同』二六、二〇〇九）参照。いずれも、今日の選挙干渉研究の水準を示す興味深い論考である。

(138) 第三議会前の品川が、法制局が作成した、議会と融和的な内容の「鉄道会議法案」に賛同する姿勢を示していたことは、前掲、松下『近代日本の鉄道政策』第一章第五節。

(139) 品川は第三議会前、地租軽減ないし地価修正を渡辺国武大蔵次官に打診した形跡がある。渡辺は「地租之儀至極御尤に奉存候。右は何分絶対的に反対は申訳にも参り兼候に付、第二期議会に於ては別紙之通り反対いたし置候儀に有之候」と積極的な回答を保留しているものの（明治二五年二月二九日付品川弥二郎宛渡辺国武書簡、「品川文書（1）」七一四―一）、注目に値する。

(140) 松方もこの頃、伊藤宛の手紙で「井上毅且伊東巳代治は御教戒相守今日迄終日終夜之勉強は勿論、且親睦は無申迄実に感心の至りに不堪候。右両君の輔助にて小生〔松方〕も今日迄どうやこうやと相務申候」と伊藤系官僚たちの尽力ぶりを称え、伊藤への依存姿勢をより鮮明にしている。明治二五年一月四日付伊藤博文宛松方正義書簡、『伊藤文書』七、一四四頁。

(141)『井上毅伝』二、四四〇頁。

(142) 明治二五年二月一日付松方正義宛品川弥二郎書簡、『松方文書』八、二九六―二九七頁。

(143) 明治二五年一月二四日付渡辺国武宛井上毅書簡、『井上毅伝』四、六九一頁。

(144) ただし、北海道改革において井上毅や山脇玄といった法制官僚たちが最も力点を置いていたのは、土地払い下げ規則の改正であった。明治二五年一月二五日・二八日付松方正義宛井上毅書簡、『井上毅伝』四、五六五―五六六頁。

(145) 前掲、佐々木『藩閥政府と立憲政治』二二〇―二三二頁。以下、新党問題についての事実経過は、基本的に同書に拠る。

(146) 明治二五年一月二七日付井上馨宛伊藤博文書簡、「井上文書（翻刻）」二六頁。

(147) 明治二五年二月五日付伊藤博文宛陸奥宗光書簡、『伊藤文書』九、一五八―一五九頁。

(148) 明治二四年一二月二三日付岡崎邦輔宛陸奥宗光書簡、伊藤隆・酒田正敏『岡崎邦輔関係文書・解説と小伝』（自由民主党和歌山県支部連合会、一九八五、以下『岡崎文書』）一〇二頁。
(149) ここで格下の品川が招聘されているのは、元勲会議の議題の一つとして「北海道大体論も相談」が挙げられており、北海道関係の論点の取りまとめが期待されたためだろう。明治二五年一月三〇日付品川弥二郎宛松方正義書簡、『品川文書』七、七七頁。
(150) 明治二五年一月三一日付伊藤博文宛松方正義書簡、『伊藤文書』七、一四五頁。
(151) 函館分県論の系譜については、桑原真人「近代北海道における分県運動について」（『地域と経済』五、二〇〇八）に詳しい。
(152) 明治二五年二月二日付伊藤博文宛品川弥二郎書簡、『伊藤文書』五、二五二頁。
(153) 明治二五年二月二日付品川弥二郎宛渡辺千秋書簡、「品川文書（1）」七一九―一三。
(154) 詳細は不明だが、新聞報道によれば、①道庁権限拡張（植民部と函館支庁設置）、②特別会計法施行、③継続費設定、④土地払下規則改正、⑤保護会社整理などが挙げられたようである。
(155) 明治二五年二月一九日付松方正義宛渡辺千秋書簡、『松方文書』九、八一頁。
(156) 明治二五年二月一九日付渡辺千秋宛伊藤博文書簡、『渡辺千秋文書』一一頁。
(157) 村瀬信一「明治二五年初頭の政府党計画をめぐる若干の考察」（『日本歴史』六〇〇、一九九八）。
(158) 「佐々木高行日記（写）」明治二五年三月一九日の条、国立国会図書館憲政資料室所蔵「憲政史編纂会収集文書」六二〇所収。
(159) 北岡伸一「福沢諭吉と伊藤博文」（同『独立自尊――福沢諭吉の挑戦』中公文庫、二〇一一所収、初出二〇〇三）。
(160) 「渡辺北海道庁長官の要求」『国会』明治二五年二月八日。陸羯南も当時「北海道庁長官辞表云々之事」に言及している。同年一月一七日付笹森儀助宛陸羯南書簡、『笹森書簡集』一二四頁。
(161) 明治二五年二月二六日付渡辺千秋宛品川弥二郎書簡、『渡辺千秋文書』一〇六頁。
(162) 明治二五年二月二六日付品川弥二郎宛渡辺千秋書簡、「品川文書（1）」七一九―九。
(163) 『原敬日記』一（福村出版、一九八一、以下『原日記』）明治二五年二月二九日の条。
(164) 明治二五年二月二八日付陸奥宗光宛後藤象二郎書簡、「陸奥文書」五―三九。
(165) 「臨時内閣会議」『郵便報知新聞』明治二五年三月一日。
(166) 明治二五年二月二七日付松方正義宛黒田清隆書簡、徳富猪一郎編述『公爵松方正義伝』坤（公爵松方正義伝発行所、一九三五）四三九頁。
(167) 明治二五年三月三日付松方正義宛渡辺千秋書簡、『松方文書』九、七五頁。
(168) 明治二五年三月五日付山県有朋宛品川弥二郎書簡、尚友倶楽部山縣有朋関係文書編纂委員会編『山縣有朋関係文書』（全三巻、山川出版社、二〇〇六―〇八、以下『山縣文書』）二、二〇〇―二〇一頁。また、同日付井上馨宛品川弥二郎書簡（「井上文書（憲）」七三六「御書翰各筆」所収）にも、同様の表現がある。
(169) 「国民協会運動の方針定まる」『国会』明治二五年六月二四日。
(170) 一三日付佐々友房宛品川弥二郎書簡、国立国会図書館憲政資料室所蔵「佐々友房関係文書」（以下「佐々文書」）五六―一三。明治二五年四月―六月頃に作成されたものと推測される。
(171) 明治二五年三月六日付井上馨宛伊東巳代治書簡、「井上文書（憲）」三一二―一。
(172) 「北海道庁長官」『朝野新聞』明治二五年三月一六日。
(173) 志賀重昂「渡辺千秋氏の教を待つの書」『国会』明治二五年

三月二七日。志賀は当時、『国会』の編集長。
(174) たとえば、「奈良原氏遂に北海道庁長官たらん」『国会』明治二五年三月一九日などを参照。
(175) 明治二五年三月一一日付松方正義宛渡辺千秋書簡、『松方文書』九、六一—六三頁。
(176) 日本国有鉄道北海道総局編刊『北海道鉄道百年史』上(一九七六)九七—一一七頁。
(177) 以上、原暉之『北海道の近代と日露関係』(札幌大学経済学部附属地域経済研究所、二〇〇七)一九—二九頁。
(178) 明治二四年九月二〇日付松本荘一郎宛堀基書簡、「松本文書」七二—三。
(179) 明治二五年三月二四日付松方正義宛渡辺千秋書簡、『松方文書』九、八〇頁。
(180) 明治二五年三月二四日付黒田清隆宛渡辺千秋書簡、岩壁義光監修『黒田清隆関係文書CD-ROM版』(北泉社、二〇〇二)。
(181) 「渡辺北海道庁長官の談話」『時事新報』明治二五年三月二七日。
(182) 明治二五年四月二三日副島種臣(内相)・松方正義(首相)宛堀基意見書、「井上文書(憲)」六六〇—六。実際、七月に実情調査に派遣された井上勝鉄道庁長官も、九月六日付の逓相宛報告で線路変更は適当な処置であり、私設鉄道条例との抵触が疑われた利子補給の特権も存続を認めた。これを受けて九月二八日、逓信省は「線路変更願書」に今回限りの特別認可を指令している。前掲、『北海道鉄道百年史』上、一二四—一二六頁。
(183) なお、同じ内務省系紙でも『国会』と『朝野新聞』の北海道改革をめぐる論調は対照的であり、前者は守勢に立つ薩派に概して好意的である。改進党の犬養毅は、陸奥が品川と対抗する文脈で『国会』に働きかけたことを示唆しているが(明治二四年一二月一九日付阿部繁太郎宛犬養毅書簡(『新編 犬養木堂集』岡山県郷土文化財団、一九九二、六九—七〇頁)、陸奥が内地化と逆行する機構改革に批判的だった点を考えると、興味深い観察である。
(184) 明治二五年三月二四日付渡辺国武宛井上毅書簡、『井上毅伝』四、六九四頁。
(185) 明治二五年三月二六日付松方正義宛黒田清隆書簡、『松方文書』七、四二〇頁。
(186) 「煤煙猶漠々」『東京日日新聞』明治二五年三月二九日。
(187) 「黒田伯の憂慮」『朝野新聞』明治二五年三月二九日。
(188) 明治二五年四月二日付岩村通俊宛松方正義書簡、「岩村文書(三)」八七頁。
(189) 明治二五年三月三〇日付陸羯南宛品川弥二郎書簡、西田長寿・植手通有・坂井雄吉編『陸羯南全集』一〇(みすず書房、一九七七、以下『陸文書』)一四一頁。
(190) 明治二五年三月三〇日付品川弥二郎宛渡辺千秋書簡、「品川文書(1)」七一九—二八。新内相の副島は、解任の不当性を訴える堀の陳情にも応じなかった。四月上京した北垣国道(京都府知事)の日記には、松平正直(熊本県知事)と「北海道庁近来の方針は内務の指示に依る事」について話したという記述がある。『北垣日記』同年四月二三日の条。
(191) 『自由党報』一〇(明治二五年四月一〇日)。
(192) 「道庁を廃して省を置くの議」・「北海道庁の改革」『日本』明治二五年三月二九日・三〇日。
(193) 「北海道庁官制改正の事」『東京朝日新聞』明治二五年四月一日。
(194) 「植民省大臣次官の候補者」『国会』明治二五年三月三一日。
(195) 以上、藤野近昌編「堀基君民業計画に関する北海道拓殖史料」(一九一八、北海道立図書館所蔵)五〇—五六頁。舘林藩出

身の藤野は、慶應義塾に入塾した後、明治一四年に鹿児島県警部、二一年に北海道庁官吏、二二年から二五年まで北炭の役員を歴任した（前掲、『福沢諭吉書簡集』七、三九二頁）。この史料は、藤野が亡き盟友である堀の功績を擁護すべく編纂したものである。もっとも、開拓使にも縁のある経済官僚の吉田はともかく、長派の最有力者の一人である山田に白羽の矢が立った理由は不明だが、第一次山県内閣期の神祇官復興運動に閣内で最も熱心に反応した（山口輝臣『明治国家と宗教』東京大学出版会、一九九九、一八三頁以下）点からして、皇室制度の維持・強化の観点から北海道開拓に期するところがあったのかもしれない。

　なお、第四議会前までに、こうした富籤や道債を募集しての「北海道総督府」構想（総督は皇太子、副総督は閣僚同班の親任官）が内地化志向が強い札幌住民にも浸透していたことは、前掲、船津『北海道議会開設運動の研究』二七六、二八六頁。

(196)「北海道善後の経綸（一）」『国会』明治二五年三月二五日。

(197) 明治二五年七月二一日付山田顕義宛堀基書簡、日本大学大学史編纂室編『山田伯爵家文書』三（日本大学、一九九五）六二—六四頁。

(198) 第五議会中に改進党の大隈重信が「道庁権限拡張の事も賛成なれとも殖民省とするに及はす」と述べたように（前掲、船津『北海道議会開設運動の研究』三二九頁）、二つのヴァージョンの差異は同時代人にも理解されており、また内務省がめざしていた前者は民党にも受容可能なものだった。

(199) 前掲「松方家文書」第五五冊には、この時期作成されたと思われる年月日未記載の閣議書が所収されている。

(200) 明治二五年四月二日付井上馨宛松方正義書簡、「井上文書（憲）」四〇二—一〇、同日付松方正義宛井上馨書簡、『松方文書』六、二二二—二二三頁。同年四月三日付松方正義宛渡辺千秋書簡、『松方文書』九、七〇頁も参照。

(201) 明治二五年四月三日付渡辺千秋宛品川弥二郎書簡、『渡辺千秋文書』一〇六—一〇七頁。品川は翌四日にも、北炭の石炭採掘を「炭価を廉にし海外に九州炭と争ふの結果は海外の市場を利するのみにして、我国の経済上に於ては最も不利なる結果を生するものと謂はさるを得す」と批判し、炭鉱と鉄道の事業分離を提言した、農商務省罫紙の書類を発送している。同右、一〇七—一〇九頁。

(202)「渋沢氏松方首相を訪ふ」・「炭鉱鉄道会社の後任者」・「渡辺長官再度の要求を拒絶す」、『国会』明治二五年三月二七日・三一日・四月一日。

(203) 明治二五年四月二日付松方正義宛渡辺千秋書簡、『松方文書』九、六四—六五頁。

(204) 明治二五年四月六日付松方正義宛渡辺千秋書簡、同右、六九—七〇頁。

(205) 明治二五年四月八日付渡辺千秋宛黒田清隆書簡、『渡辺千秋文書』八二—八三頁。

(206) 前掲、伊藤『立憲国家の確立と伊藤博文』一一三—一一六頁。

(207) 明治二五年五月三日付岡崎邦輔宛陸奥宗光書簡、『岡崎文書』一〇八頁。

(208)『衆・本』四、一七—一八頁。

(209) 同右、一六二—一六三頁。

(210) 前掲注(197)、山田顕義宛堀基書簡。

(211) 坂井雄吉『井上毅と明治国家』（東京大学出版会、一九八三）二五七—二六二頁。

(212) 明治二五年五月一一日付児玉仲児宛陸奥宗光書簡、「陸奥宗光の書簡」（『粉河町史研究』一三、一九八二）六八—六九頁。

(213) たとえば自由党の菊池侃二は、幹部の松田正久と河野広中にあてた書簡で、現状では楠本正隆、末松謙澄といった吏党系議員が後任議長に選出されるのが「必然」であり、「我自由主義者の一挈、若くは固く〔改進党との民党〕連合の為し得らる、場合までは、中島〔信行〕君をして其儘其地位を得たしむるの得策を信候」として、板垣を通じて中島議長に辞意の撤回を勧告させるよう強く訴えている。明治二五年三月二三日付松田正久・河野広中宛菊池侃二書簡、国立国会図書館憲政資料室所蔵「河野広中関係文書」（以下「河野文書」）書翰の部六七六—二。

(214) 実際、後に星に反発して脱党する青森県選出の自由党代議士・榊喜洋芽は、衆議院議長選挙の前日、「晩又々議長候補の為事務所会し議、他改進及独立と合はす。夜二時帰寓」と一本化の失敗を日記に記している。「榊日記」（青森県立図書館所蔵）明治二五年五月一日の条。榊については、河西英通「初期議会下の一東北代議士の歩み」（『弘前大学国史研究』七一、一九八〇）参照。

(215) 前掲、有泉『星亨』一六五—一六六頁。「下院議長は、日本全国士民中最大第一の名誉ある位地を有する者なれば、帝室よりも宜く之に相当せる待遇を附与すべし」というのが、陸奥の年来の主張であった。江村栄一編『日本近代思想大系9　憲法構想』（岩波書店、一九八九）二二五頁。

(216) 明治二四〔五カ〕年四月二二日付徳大寺実則宛園田安賢探聞書、宮内公文書館所蔵「近時民間の政況報告、合綴・板垣大隈両伯告発事件報告　司法大臣田中不二麿」所収。また当日大井が「地租軽減の問題は今回是非共提出せさるを得す」と民力休養論の党議決定を迫ったものの、板垣が「地価修正と云ふ事は議論喧しく実に困難なる問題なり」と応じて、確定議とすることは回避された。

(217) 星亨「農業と條約との関係」（『大日本農会報告』一三〇、明治二五年五月）三一—三五頁。

(218) 以上、明治二五年五月一六日付山県有朋宛伊藤博文書簡、『山縣文書』一、一一八頁。

(219) 明治二五年五月一六日付伊藤博文宛伊東巳代治書簡、『伊藤文書』二、二〇〇頁。

(220) 明治二五年五月一八日付伊藤博文宛山県有朋書簡、『伊藤文書』八、一二七—一二八頁。

(221) 前掲、佐々木『藩閥政府と立憲政治』二四八—二四九頁。

(222) （明治二五年五月）品川弥二郎宛桂太郎書簡、千葉功編『桂太郎発信書翰』（東京大学出版会、二〇一一、以下『桂書翰』）二五二—二五三頁。小林道彦「児玉源太郎と統帥権改革」（同・黒沢文貴編『日本政治史のなかの陸海軍』ミネルヴァ書房、二〇一三）九四頁。

(223) 明治二五年六月一三日付伊藤博文宛井上馨書簡、『伊藤文書』一、二四八頁。

(224) 明治二五年六月一四日付松方正義宛黒田清隆書簡、『松方文書』七、三三七頁。同年六月一四日・一六日付西郷従道宛黒田清隆書簡、「西郷従道家書翰帖」十・七、『島津家文書マイクロフィルム集成』（東京大学出版会、二〇〇二）所収。

(225) 明治二五年六月一八日付松方正義宛渡辺千秋書簡、『松方文書』九、七一頁。これに対して松方も「会社検査之義は最早数日に相渉、余り遅々相過候間、此両三日を限り万結了相成度候様有之度」と渡辺の抑止を図っている。同年六月一九日付渡辺千秋宛松方正義書簡、『渡辺千秋文書』二一九頁。

(226) 明治二五年六月二三日付笹森儀助宛陸羯南書簡、『陸文書』四九頁。渡辺は陸を評価しており、三月二四日には笹森儀助に「陸実氏義御申越、〔渡辺〕千秋過日日本新紙感読、同氏之具眼は夙に敬慕罷在候」と書き送っている（『笹森書簡集』一二六頁）。笹森については、沼田哲「「北方の人」の「南嶋」への視線」（同編『「東北」の成立と展開』岩田書院、二〇〇二）参照。

(227) 「入閣条件として政府の方針につき意見」、国立国会図書館憲政資料室所蔵「伊東巳代治関係文書」（以下「伊東文書」）三三七。井上馨の主張を伊東が代筆した、という体裁を取っている。

(228) 明治二五年七月一二日付松方正義宛井上毅書簡、『松方文書』六、三八九―三九一頁。

(229) 明治二五年七月一四日付松方正義宛平山成信書簡、『松方文書』六、一五四頁。同年七月一五日付伊藤博文宛末松謙澄書簡、『伊藤文書』五、四一六頁。末松は「今度北海道長官を勅任にする」としているが、道庁長官は既に勅任官なので、親任官の誤り。

(230) 「河野新内務大臣の北海政策」『朝野新聞』明治二五年七月二〇日。

(231) 「北海道庁官制改正の議決定す」『国会』明治二五年七月二〇日。

(232) 「北海道庁長官の更迭」『朝野新聞』明治二五年七月二一日。北垣の内務次官就任の経緯は、高久嶺之介「京都府知事最末期の北垣国道」（同志社大学『社会科学』七四、二〇〇五）に詳しい。

(233) 「北海道庁の官制改正」『国会』明治二五年七月二四日、「北海道庁官制改正に就て」『朝野新聞』同七月二七日。

(234) 「渡辺氏の人望は地に堕ちたり」『国会』明治二五年七月二一日。八月に物産共進会の開催を控えていた道庁内では、堀解任の余波で鉄道が開業されず、渡辺長官への不満が高まっていた。

(235) たとえば以下を参照。「丁丑兵乱〔西南戦争〕之際、故大久保内務卿の知遇を辱くし、薨去以来十有余年来、鹿児島県奉職中より閣下〔松方〕の眷顧を仰き居候間、〔渡辺〕千秋の性行は万御熟知被下置候」（明治二五年七月一三日付松方正義宛渡辺千秋書簡、『松方文書』九、七七―七八頁）。

(236) 「渡辺内務次官の心事」『東京朝日新聞』明治二五年七月二一日。渡辺へのインタビュー記事。

(237) 明治二五年七月二八日付沖守固宛陸奥宗光書簡、国立国会図書館憲政資料室所蔵「沖守固関係文書」五三。

(238) 明治二五年七月二〇日付岡崎邦輔宛陸奥宗光書簡、『岡崎文書』一一二頁。

(239) 「黒田伯渡辺次官を喜ばず」『国会』明治二五年七月二四日。

(240) 明治二五年七月三〇日付松本荘一郎宛黒田清隆書簡、「松本文書」九一―五。

(241) 『衆・本』六、一一〇一頁。明治二六年二月二八日。また、堀から線路変更の正当性について陳情を受けた伊藤首相は、黒田に圧力をかけてこれを自制させたようである。前掲、「堀基君民業計画に関する北海道拓殖史料」一〇―一一頁。

(242) 対露交渉や内閣交代など重要局面では元老として存在感を保った。佐々木隆「黒田清隆の対外認識」（近代日本研究会編『年報・近代日本研究17　対外政策の創出』山川出版社、一九九五）。

(243) このの ち堀は貴族院議員（勅選）となったものの、北海道政への復帰を諦めてはいなかった。海軍軍令部長で薩派の伊東祐亨は、明治三一年一一月、隈板内閣の崩壊により杉田定一道庁長官の更迭が確実となった際、新内相となった海軍長老の西郷従道に、勝海舟の神戸海軍操練所の同窓でもある「友人」堀の登用を強く懇願している（同年一一月一一日付西郷従道宛伊東祐亨書簡（写）、前掲、「西郷従道書翰帖」二所収）。

毎々恐縮且鉄面皮之次第に御座候得共、予而御配慮奉煩候堀基儀今一回々復之企望を懐き、今回は本人〔堀〕熟知之北海道々長之栄位を奉し度心願に御座候。……既に該長官之御内定も被為在候得は〔実際は翌一二日、園田安賢が長官就任〕、他に何とか本人相応之場所は被為在ましくや。重々奉恐入候得共、本人か回復之道相立候様御盡力被成下候に付而は我々友人輩も大に僥倖仕候に付、何卒御盡力之程偏に奉願上候。

(244) 前掲、佐々木『藩閥政府と立憲政治』二八二—二八三頁。

(245) かかる黒田の「必要とあれば行政官が軍事も担う……武士的な官僚観」に対する山県有朋の危惧が、明治一一年に参謀本部が設立される背景となった可能性を示唆するのは、鈴木淳「官僚制と軍隊」（前掲、大津ほか『岩波講座　日本歴史15　近現代1』）二二〇—二二二頁。

(246) 明治一四年八月二〇日付大隈重信宛佐野常民書簡に添付、『大隈文書』六、四三頁。

(247) 明治三三年八月二八日に行われた黒田の葬儀について、戦間期に農政運動の指導者となる岡田温は、当日の日記に「今朝俄に冷気を加へたり。黒伯葬式。議杖兵二大隊。造花は恩賜のしきみ壱対と各宮様よりの送り物のみなりし。会葬者其他〔同年二月に死去した〕品川子爵の十分の一にも及はず」と書きとめている。川東竫弘原文校閲・脚注『帝国農会幹事　岡田温日記』一（松山大学総合研究所、二〇〇六）四七一頁。

(248) 『北垣日記』明治二五年九月六日の条。

(249) 狩野雄一「拓殖務省の設置と北海道」安岡昭男編『近代日本の形成と展開』（巖南堂書店、一九九八）五〇—五一頁。北垣にとって拓殖務省の設置は、北海道の再軍事化を図る高島鞆之助などの薩派軍人とは異なる文脈から、歓迎すべきものだった。

(250) ただ、第二次伊藤内閣で内相を務めた井上馨は北海道「独立」の伏流に極めて批判的であり、北海道市町村制度の立案などを通じて、内地化を促進していった。明治二八年一月一八日付江木千之（県治局長）宛井上馨書簡、伊藤隆「〈資料紹介〉「江木千之・江木翼関係文書」「小泉策太郎関係文書」」（『社会科学研究』二六—二、一九七五、以下「江木・小泉文書」）六五頁。

(251) 明治二八年一二月一二日付大隈重信宛加藤政之助書簡、『大隈文書』四、五頁。

(252) 清水唯一朗「隈板内閣における猟官の実相」（『日本歴史』六七四、二〇〇二）。

(253) 三谷太一郎「戦時体制と戦後体制」（同『近代日本の戦争と政治』岩波書店、一九九七）三七—三八頁。日清戦争後の「新領地」に政府に反対する「民党の人々」のフロンティアを見出した福沢は、日清戦争前には北海道に「壮士」を移住させ、「良民」化しようと試みた。「北海道と予戒令」『時事新報』明治二五年二月九日、『福沢諭吉全集』一三（岩波書店、一九六〇）所収。

(254) 実際、西郷従道は高嶋陸相に、白根が辞職するような事態なれば「薩長之間全く離隔いたし、向来何等之不幸惹起候哉も難計」と述べて、むしろ白根の内相昇格を訴えたといわれる（明治二五年七月一一日付松方正義宛高嶋鞆之助書簡、『松方文書』八、四三三頁）。また、明治二五年一二月二六日、黒田は北炭社長職の官選決定への喜びを西郷従道に伝えた手紙のなかでも、「賢台下白根内蔵頭殿へ三度迄御足労煩したるの結果也。……白根殿之御書翰迄も拝見、実に同社の幸福社長初め大歓喜之事と愚考」（写、「西郷従道書翰帖」六所収）と記している。

(255) 白根派地方官は概して、渡辺長官とその改革に批判的であった。薩派と同様、そこに民党への過剰な歩み寄りを読みとったのであろう。一例として、明治二五年七月二〇日付伊藤博文宛内海忠勝（神奈川県知事）書簡、『伊藤文書』九、七七頁。

(256) 植民省的発想を継承する高嶋らが実現させた拓殖務省（明治二八年六月設立、台湾（南部局）と北海道（北部局）を管轄）の設置論に、白根は明確な反対を示している。（同年後半）一〇日付伊藤博文宛末松謙澄書簡、『伊藤文書』五、四三七頁。

(257) 連邦制を通じた利益表出が閉ざされた政治社会において議会が国民国家形成期に地方利益を吸い上げる唯一の場となることは、飯田芳弘「「国民国家」の時代」（平島健司・飯田『改訂新版　ヨーロッパ政治史』放送大学教育振興会、二〇一〇）九九頁。

(258) 前掲、船津『北海道議会開設運動の研究』三一六―三二一頁。

(259) 佐藤司「明治中期の拓植政策と北海道協会」（法政大学『日本近代史研究』五、一九六〇）一四―一六頁。北海道の鉄道敷設について、渡邉恵一「明治期北海道における私設鉄道設立運動」（鹿児島大学『経済学論集』四九、一九九八）、同「北海道鉄道（函樽鉄道）の成立」（野田正穂・老川慶喜編『日本鉄道史の研究』八朔社、二〇〇三）も参照。

(260) 『北垣日記』明治二七年五月一六日の条。

第二章注

(1) 一院主格説とは、憲法第六七条に規定された、「政府の同意」が必要な六七条費目（俸給費や庁費が主）の廃減要求を、各院（事実上、衆議院）の予算査定終了時に院ごとに行うとする解釈であり、第一議会では「両院主格説」（両院の査定を統一した上で政府に廃減要求を行う）との間で大きな論争となった。後者は、①衆議院の優位を厭う谷などの貴族院議員、②藩閥政府との妥協を厭う民党内の硬派、さらに③貴族院を衆議院の防波堤とする観点から伊東巳代治が、それぞれの思惑から主張したが、いわゆる「土佐派の裏切り」を惹起した天野動議の成立によって最終的に一院主格説が確定する。以来、初期議会の一大争点となる六七条問題の帰趨は政府―衆議院交渉に委ねられ、貴族院は排除された。

こうした六七条問題の政治的意味については、岡義武「帝国議会の開設」（『国家学会雑誌』五八―一、一九四四）、同「第一議会に関する若干の考察」（前掲、篠原・三谷編『岡義武著作集』一、初出一九四六）が先駆的な研究であり、前掲、佐々木『藩閥政府と立憲政治』第一・二章が今日の水準を示している。佐々木氏は、専門官僚にとって官僚制の組織利害に直結する六七条費目の防衛が政治的結集の契機となり、藩閥との緊張を造形した事情を教えてくれる。また、第一議会で衆議院と対抗関係にあったはずの藩閥政府が、衆議院を重視する一院主格説を採用した意図については、水林彪「第一議会における憲法第六七条問題と第三議会における民法典論争」（『法学協会雑誌』八九―一二）一二三頁が示唆的である。さらに、第一議会における「法実証主義的な憲法解釈」の定着が、以降の政治過程を中長期的に拘束する側面を強調した近年の研究に、中林真幸「財政国家の成立」（同編『日本経済の長い近代化』名古屋大学出版会、二〇一三）九一―一〇七頁がある。ただ、明治憲法の起草過程で井上毅が「既定の」の三文字を条文に挿入した時点で、海軍拡張をはじめとする重要な新規事業への議会の予算審議権は保障されており（前掲、坂井『井上毅と明治国家』一八六―一九一頁）、第一議会での議論の帰趨が「富国強兵」の成否に与える効果は限定的だった。

(2) 初期議会期の地価修正問題の政治的な重要性に着目した先行研究として、前掲、鳥海「初期議会における自由党の構造と機能」二三―二四頁、および前掲、塩出「議会政治の形成過程における「民」と「国家」」六一頁以下が優れている。

(3) 「貴族院令之修正を必用とする議」、「憲政文書」一四二一―八。特に有爵議員（計一四七名）の欠席率が高かったようである。この史料の作成者は不明だが、伊達宗城から大給恒にあてた封筒が同封されている。

(4) 『尾崎日記』明治二三年一二月四日の条。

(5) たとえば、曾我は後年、「我々も随分質問を長くして長い時間を費したこともありますが、実は何故に質問のために時間を費やしたかと考へて見ると、討論終局が忽ち出ますに依って時間を引かんとしても引きやうがない」と発言しており、谷もまた「討論終局」に「我々は最も苦しめられたこともあります」と振り返っている。『貴・本』一五、六〇〇、三九七頁。明治二三年三月二日・二月一七日。

(6)『貴・本』四、三八五頁。明治二五年六月一三日。貴族院事務局編刊『貴族院先例録』(一九二五)一六二―一六三頁。後者については、国分航士氏のご教示を得た。

(7) 内藤一成『貴族院』(同成社、二〇〇八)四七頁。

(8) たとえば第一議会において、一院主格説に関する動議を提出した大成会の末松謙澄が「予算に就いて、政府と議会との関係に就いては貴族院を眼中に置かなくして方向を極めるが宜しいと言いたい位、併し此の言葉は高く言へば障るか知りませぬが……私の精神はそれ位である」と発言したとき、末松と対立する立場の民党勢力が過半数を占めていた議場は「満場大笑」に包まれている。『衆・本』二、二八七頁。明治二四年一月八日。

(9)「民党」と「吏党」の区分は、明治二四年一二月二〇日付伊藤博文宛金子堅太郎書簡(伊藤博文編『秘書類纂　帝国議会資料』上(原書房復刻、一九七〇)四三四―四三五頁)に拠る。「民党」には「勤倹尚武」派(谷・三浦)と三曜会(近衛)が、「吏党」には研究会の千家尊福や中山孝麿が挙げられている。ただ、この有名な区分は、谷が「勤倹尚武」建議案を提出したという特定の政治状況の下で、かつ貴族院の包括的な統御をめざす金子の視点から、友と敵を枠づけた呼称であり、政治集団としての実体をそのまま反映したものではない。本書では、後世の史家の理解を規定する金子の「民党」・「吏党」二元論を相対化するための一助として、「民党」内部に分割線を劃す可能性を示唆したい。

(10) ジョージ・アキタ「議会制度成立期における貴族院の相対的独立性について」(有馬学・三谷博編『近代日本の政治構造』吉川弘文館、一九九三)五―六頁。

(11) 佐々木克「初期議会の貴族院と華族」(京都大学『人文学報』六七、一九九〇)四四頁。

(12) 渡辺国武「第一議会日誌」(「渡辺文書(尚)所収」)明治二三年三月五日の条。三浦安は第一議会開院式に際し、大礼服に徳川家茂から拝領した金造りの日本刀を差して出席したといわれる。尚友倶楽部調査室・内藤一成編『新編　旧話会速記』(社団法人尚友倶楽部、二〇〇四、以下『旧話会速記』)一二三頁(山口弘達(子爵、研究会)の発言)。前掲、内藤『貴族院』四九頁。なお、渡辺日記の閲覧にあたっては、尚友倶楽部の上田和子氏から格別のご高配を賜った。記して御礼申し上げる。

(13)『旧話会速記』二〇八―二〇九頁(杉渓言長(男爵、旧三曜会)の発言)。三月五日の議事録には、「午後一一時一五分閉場」とある(『貴・本』二、六七七頁)。ちなみに勅選議員の木場貞長は、「時計を止めるということはその時が発明でなくて、県会などで始終やって居った」と証言している。

(14) 前掲、渡辺「第一議会日誌」明治二三年三月七日の条。

(15) 明治二四年三月一日付伊藤博文宛伊東巳代治書簡、『伊藤文書』二、四九六頁。

(16) 明治二三年七月一五日付伊藤博文宛谷干城意見書、『伊藤文書』六、一六二頁。

(17) 作成月日未詳(明治二五年初頭)弘田正郎宛谷干城書簡、島内登志衛編『谷干城遺稿』(上・下巻、原書房復刻、一九七〇、初版一九一二、以下『谷遺稿』)下、五七〇―五七一頁。

(18) その代表例が山県である。山県は当時、腹心である品川弥二郎内相にあてた私信で、「将軍〔谷〕之意見書一読候処、実に白面書生之論にて苟も政治家之眼中に可入ものに無之、其論たるや茫漠、其主旨たるや浅薄老儒之迂説、識者之一咲《ママ》に附し去ものなれとも、又満天下目下之民情には尤も適合せしものにて、議員中にも不平家と盲瘂家とは必らす雷同附和《ママ》するもの者尠からすと痛嘆至極に候」と激烈に批判している（明治二四年一二月一二日付品川弥二郎宛山県有朋書簡、「品川文書（1）」七三〇―一五〇）。谷の「勤倹尚武」論はむしろ政府への提言が主眼であり、山県との政策的距離も実は必ずしも大きいものではない。しかし、猜疑心の強い山県の眼には、衆議院の民党との連携を目論んだ「浅薄老儒」の反政府的行動と映ったのである。

(19)　前掲、佐々木「初期議会の貴族院と華族」四七頁。明治二四年一二月一三日付谷干城宛三浦安書簡、国立国会図書館憲政資料室所蔵「谷干城関係文書」（以下「谷文書」）三四四―二も参照。

(20)　明治二四年一二月一九日付伊藤博文宛九鬼隆一書簡、『伊藤文書』四、三四八―三四九頁。谷は同じ日の日記に「余、千家氏の反駁に答へて盡く撃破す。終に九十と七十余との差にして消滅す。遺憾の至なり。此際奇怪なる事甚だ多し」と書きつけている（『谷遺稿』上、八七七頁）。

(21)　『尾崎日記』明治二四年一二月一四日の条。

(22)　「明治二十四年小澤男免官に就て某官への書」、『谷遺稿』下、五六七頁。表題は編者による仮題。

(23)　明治二三年一一月五日付大隈重信宛田中正造書簡、『大隈文書』七、二二六頁、東島誠『〈つながり〉の精神史』（講談社、二〇一二）一三五―一三六頁。明治一〇年代における改進党の対華族接近については、坂本一登「華族制度をめぐる伊藤博文と岩倉具視」（『東京都立大学法学会雑誌』二六―一、一九八五）を参照。

(24)　前掲第一章注(216)、徳大寺実則宛園田安賢探聞書。

(25)　明治（二四）年（一二）月（五）日付徳富蘇峰宛竹越与三郎書簡、『徳富文書』一、一二六―一二七頁。この一二月に議員となった曾我は、第二議会解散後まもない頃、来る第三議会を展望して「三、四月には必す新議員召集可相成、其節政府党多数を占むれは好し、若し民党多数なれは内閣総辞職と申様に可相成、今日之勢にては十人は十人迚も政府党多数を得る見込なしと申居候。去るにしても内閣新設立にて随分混雑も来し可申、兎も角も本年は日本政治上大変革之年ならんも不可知、世事愈多事、此等之境界を経過して、始めて立憲国之体裁を得るならんと思へば、是も亦楽み多き事に御坐候」と今後の民党躍進への期待感を息子に語っている（明治二五年一月七日付曾我祐邦宛曾我祐準書簡、柳川古文書館所蔵「曾我祐準関係史料」（以下「曾我史料」）六一―一〇三）。

　また曾我が貴族院でいち早く「最早政治に奔走するものは政党によらずんば何事も出来ぬ」と認識していたことは、近衛篤麿日記刊行会編『近衛篤麿日記』（全六巻、鹿島研究会出版会、一九六八―六九、以下『近衛日記』）三、明治三一年一二月二日の条。

(26)　『旧話会速記』二一四―二一五頁（杉渓言長の発言）。同一一七―一一八頁、前掲、内藤『貴族院』六四―六七頁も参照。

(27)　『華族同方会報告』三二（明治二五年三月）一頁。天皇の完全な無答責を保障しようとした近衛のプログラムについては、坂井雄吉「明治憲法と伝統的国家観」（石井紫郎編『日本近代法史講義』青林書院新社、一九七二）六三―六六頁を参照。

(28)　明治二五年一月二四日付松方正義宛蜂須賀茂韶書簡、『松方文書』六、一〇三頁。また近衛の憲法論のうちに、おそらく議院内閣制との親和性を読みとった井上毅は、「此気峰に而誘導されては困申候」とこれを批判している。同日付渡辺国武宛井上毅書簡、『井上毅伝』四、六九一頁。

(29)　宮内庁編『明治天皇紀』六（吉川弘文館、一九七一）二九一―二九二頁。また、メーチニコフ『回想の明治維新』（渡辺雅司

訳、岩波文庫、一九八七）二八一頁も参照。

(30) 佐藤誠三郎「調停者としての岩倉」（前掲、同『死の跳躍を超えて』所収、初出一九八一）。

(31) 明治二五年五月二三日付松方正義宛近衛篤麿書簡、『近衛日記』別巻、六〇八頁。

(32) 『尾崎日記』明治二五年五月二四日の条。

(33) 明治二五年五月二七日付伊藤博文宛井上毅書簡、『伊藤文書』一、四三七頁。

(34) 『貴・本』四、二四三—二四四、二四八—二五六頁。明治二五年六月六日。谷と研究会の共闘関係を先駆的に指摘したものとして、芝原拓自「帝国憲法体制の発足と貴族院」（遠山茂樹編『近代天皇制の成立』岩波書店、一九八七）三四七—三四八、三六五頁。また前掲、小林『明治立憲政治と貴族院』一五一—一五三頁は、谷が支持基盤たる「民党」議員の主張を代弁するよりも、その抑制に向かう行動準則があったことを示唆している。

(35) 明治二五年六月九日付井上毅宛谷干城書簡、『井上毅伝』五、一五六—一五七頁。

(36) 谷の批判を受けて、井上は六月一二日、長文の返書二通を送っている。そのなかで井上は、自身の「一部不成立の説」（甲）と谷の「全部不成立の説」（乙）双方のデメリットを挙げた上で、「甲乙の結果は上院の為には同一分量なるへきも、予算不成立は憲法の面目を傷け国運の進歩を妨くること如何そや。而して豈独政府の都合のみと謂はんや」と、貴族院の予算審議権確保に固執する谷の姿勢に対し、強い皮肉をまじえた反駁を加えている。『井上毅伝』四、四六六—四七〇頁。

(37) 湯川文彦「明治初期における官民訴訟の形成と再編」（『日本歴史』七九〇、二〇一四）八九頁。

(38) 第一議会の末期には、数量的な根拠を挙げて政府を批判する「地価修正論者」に対し、大蔵省内の統計資料で理論武装をして対抗する必要を訴えた、次のような政策論争的姿勢が政府内に現れている——「敵は材料を以て攻め、味方之空手には困り申候。……田舎地頭どのに談話するには空手にては承知せず、公にすべきものあれば此際公然上梓して新知〔聞〕上にて争するも可なるべし」（明治二四年二月二七日付渡辺国武宛品川弥二郎書簡、「渡辺文書（MF）」所収）。なお、大蔵省の地価修正問題への対応について、今村千文「初期議会期の地価修正」（近代租税史研究会編『近代日本の形成と租税』有志舎、二〇〇八）も参照。

(39) 渡辺隆喜『日本政党成立史序説』（日本経済評論社、二〇〇七）三一四頁。

(40) 小山博也「明治前期における地租軽減論の展開」（東京大学『社会科学研究』七—六、一九五六）。長岡新吉「明治二〇年代の地租軽減論について」（前掲、宇野編『立憲政治』所収、初出一九五九）。住友陽文「明治地方自治制における町村自治の位置」（愛知教育大学『歴史研究』四一、一九九五）一九—二三頁。

(41) 『貴・本』四、二八〇—二八四頁。明治二五年六月七日。

(42) 谷にとって民力休養の手段は、地租軽減／地価修正より税権回復に求められていたと思われる。第一議会開会まもない時期、日本銀行総裁の川田小一郎（勅選議員）は同郷の佐々木高行との会話で、「貴族院にてはまだ口外せぬが、谷君の関税論は富田鉄之助〔前日本銀行総裁〕の煽動に出でたり。谷君は何時も他に利用せらる、は困つた事なり」と海関税に関する建議案を準備していた谷を批判している（作成年代未詳「佐々木高行日記」、津田茂麿『明治聖上と臣高行』（原書房復刻、一九七〇、初版一九二八）七一六頁）。なお、税権回復と民力休養を結びつける立論については、前掲、小宮『条約改正と国内政治』一三一頁、前掲、五百旗頭『大隈重信と政党政治』二〇〇頁を参照。

(43)「予算案議定細則案」第一〇条「議院に於て憲法第六十七條に掲載したる歳出の款項を廃除又は削減せんとするときは政府の同意を求むることを議決すべし」のこと。注(44)の書簡は「第十一条に政府の同意を求むるは廃除削減之議決前云々と有之候を、谷子爵の要求に而致刪除度との事」とするが、第一〇条の誤り。

(44) 明治二四年二月一七日付伊東巳代治宛伊藤博文書簡、「憲政文書」七三。『貴・本』二、五六五、五八四頁（同年二月二六日）の谷の発言も参照。

(45) 前掲、芝原「帝国憲法体制の発足と貴族院」三五七頁。同時代の批判の一例として、坂東勘五郎『第四期貴族院非地価修正論弁駁』（林清志刊行、明治二六年二月）を参照。

(46) 明治二四年三月一五日付坪田仁兵衛・川端伊左衛門・阿部精宛杉田定一書簡、福井県文書館寄託「坪田仁兵衛家文書」（以下「坪田文書」）C0005-00213(005)。

(47) 前掲、佐々木『藩閥政府と立憲政治』二五八頁。

(48) 西村茂樹「往事録」（日本弘道会編『西村茂樹全集』四、思文閣出版、二〇〇六）四九三頁。

(49) 以下、第四議会の事実経過については、注記しない限り、前掲、佐々木『藩閥政府と立憲政治』第五章に拠る。

(50) 大澤博明『近代日本の東アジア政策と軍事――内閣制と軍備路線の確立』（成文堂、二〇〇一）。

(51) 前掲、室山『近代日本の軍事と財政』一九〇―一九二頁。

(52) 清国海軍の建設については、馮青『中国海軍と近代日中関係』（錦正社、二〇一一）第一章。また、かかる示威行動の背景について、岡本隆司『李鴻章――東アジアの近代』（岩波新書、二〇一一）一七三頁も参照。

(53) 前掲、室山『近代日本の軍事と財政』一九三―一九六頁。ただ日清開戦前の段階で、日本海軍の戦闘能力への列強の専門家の評価は高かった。大澤博明「均衡論と軍備」（北岡伸一編『国際環境の変容と政軍関係』中央公論新社、二〇一三）二五―二七頁。

(54) 明治二五年一〇月一一日付大山巖宛伊藤博文書簡（写）、宮内公文書館所蔵「大山公爵家文書」九。

(55) 前掲、坂井『井上毅と明治国家』二七五頁、前掲、佐々木『藩閥政府と立憲政治』二九六頁。なお、第四議会の帰趨を左右した伊藤と井上毅の天皇観の相違について、坂井雄吉「井上毅の天皇観」（石井紫郎・水林彪編『日本近代思想大系7　法と秩序』岩波書店、一九九二、付録月報）も参照。

(56) 前掲、佐々木『藩閥政府と立憲政治』二九四―二九五頁。もっとも、実際に地租軽減法案の通過を主導したのは改進党より自由党であり、これに田中正造は憤慨している。明治二五年一二月三日付大隈重信宛田中正造書簡、『大隈文書』七、二三五頁。

(57) 明治二五年一二月一七日付のメモ、家近良樹・飯塚一幸編『杉田定一関係文書史料集』二（大阪経済大学日本経済史研究所、二〇一三）二四九頁。それゆえ、自由党内には「大艦」費が否決された際にも、一定の逡巡が存在した。「軍艦の死を弔す（社説）」『自由』明治二六年一月一二日。なおこの事実自体は、前掲、塩出「議会政治の形成過程における「民」と「国家」」六五頁がすでに指摘するところである。

(58) この日、政府系議員の井上角五郎が「軍艦製造費は無論否決と存候。地価修正派も自由・改進に属するものは、東尾〔平太郎〕・天春〔文衛〕などまで否決説を取り居り候」と臨時内相の井上馨に報じている。明治二六年一月九日付井上馨宛井上角五郎書簡、「井上文書（憲）」四九―四。

(59) 本書はこの固執を、自由討議費目との取引材料という政局の要請に則して理解しているが、六七条費目自体に、藩閥が積極的に防衛を試みるだけの内在的要請があったと解釈する余地も無論ありうる。藩閥政府が円滑な統治の要請上、新進の抜擢をたえず行う必要があったため、政費節減要求に十分対応できなかったとする構図を示すのは、伊藤隆・福地惇「藩閥政府と民党」（『岩波講座　日本歴史15　近代2』岩波書店、一九七六）二七一頁。

(60)　山県は、事後承諾を利用した議会の突破（「幾数十回にても議会を解散」）という強硬策を官僚に語る一方で、「聯合内閣」のオプションにも言及していた（明治二六年一月一〇日付野村靖宛山県有朋書簡、「野村文書」三―六―一）。山県の強硬姿勢のかかる含意について、前掲、小宮『条約改正と国内政治』一三一頁に優れた示唆がある。憲法停止論は当時の官僚に広く浸透しており、第四議会中の山県は、官僚層の期待を集める対議会硬派としての要請と、議会運営の現実的責任者としての要請の間で、苦慮することになったといえよう。

なお、憲法停止論は当時盛んに唱えられたものの、憲法停止の危機が実際に現出する可能性はきわめて狭小だったというのが、今日の代表的な見解である。安田浩『近代天皇制国家の歴史的位置』（大月書店、二〇一一）第七章、坂本一登「伊藤博文と山県有朋」（伊藤隆編『山県有朋と近代日本』吉川弘文館、二〇〇八）一三二頁、西川誠『明治天皇の大日本帝国』（天皇の歴史7、講談社、二〇一一）三四六頁。

(61)　明治二六年一月七日付伊藤博文宛井上馨書簡、『伊藤文書』一、二五〇頁。

(62)　明治二六年一月八日付山県有朋・黒田清隆・井上馨宛伊藤博文書簡、「井上文書（翻刻）」三〇頁。なおこの書簡は「陸奥文書」五八―二にも所収されており、藩閥の三人の指導者のみならず、外相の陸奥にも周知された方針だった可能性がある。

(63)　実際、杉田定一は、第四議会での民力休養法案の審議状況について「地租軽減案は貴族院にて否決せられ、地価修正案も彼院にて向来如何がいたすか運命未だ定まらず、実に切歯憤慨之至りに耐へず」と敵意を増幅させている。明治二五年一二月二八日付坪田仁兵衛宛杉田定一書簡、「坪田文書」C0005-0009(033)。

(64)　「貴族院の地位置《ママ》（社説）」『精神』二〇（明治二六年一月二五日）一頁。『精神』は後述のように近衛篤麿の機関誌。

(65)　前掲、芝原「帝国憲法体制の発足と貴族院」三五七頁。曾我は谷とは別行動で、地価修正賛成を訴える意見書を配布しており、自由党の機関紙でも報じられている。「田畑地価特別修正法案に付委員会の報告に反対する意見」『自由』明治二六年一月一三日。

(66)　明治二六年一月一八日付伊藤博文宛井上馨書簡、『伊藤文書』一、二五〇―二五一頁。西園寺に先立って谷と鳥尾が撤回の実施を迫ったとき、井上はこれを黙殺している。しかし西園寺の撤回論への合流は、井上にも想定外の事態だったと推測される。

(67)　明治二四年九月一六日付伊藤博文宛蜂須賀茂韶書簡、『伊藤文書』六、三九二頁。実際に実現したのは明治二六年一一月。

(68)　明治二九年一〇月八日付徳富蘇峰宛阿部充家書簡、『徳富文書』三、六八頁。このとき蜂須賀前議長が後任に推薦したのも、西園寺の方であった。近衛と西園寺の微妙な関係を窺わせるものとして、明治二八年一月三一日付伊藤博文宛西園寺公望書簡、『伊藤文書』五、五二―五三頁も参照。なお、公家政治家としての西園寺のライバルは当初、元老院を基盤とした柳原前光だった。長井純市「柳原前光と明治国家形成」（福地惇・佐々木隆編『明治日本の政治家群像』吉川弘文館、一九九三）。

(69)　霞会館貴族院関係調査委員会編『貴族院職員懐旧談集』（霞会館、一九八七）八頁。

(70)　第二議会では九三対八〇で近衛が、第三・第四議会ではそれぞれ九七対八二、九七対六六で西園寺が、全院委員長に当選しており、実際、「貴族院に於る各派交渉の濫觴は全院委員長の選挙に在りて明治二十五年に発したり」といわれている。大正六年一月鍋島直虎記「研究会小史」、尚友倶楽部史料調査室・小林和幸編『幸倶楽部沿革日誌』（芙蓉書房出版、二〇一三）一七四頁。

(71) 「地価修正と特別市制」『国民新聞』明治二六年一月一三日。谷自身は第四議会前、法典延期問題での議会の議決を尊重し、「憲法の中線」を「歩行」するよう伊藤に提言した書簡のなかで、同時に述べて、「野父〔谷〕が如き閑人も近日に至り鉄道線路競争委員、地価修正恐迫委員等日々攻に参り面倒に不堪候。当局者之繁忙推察に余あり」と地価修正問題における内閣との連帯感を滲ませている。明治二五年一〇月一四日付伊藤博文宛谷干城書簡、『伊藤文書』六、一六七頁。

(72) 「貴族院議員の周旋」『日本』明治二六年一月二六日。ただ、「調停主働者」とされた近衛は、まもなくこれを断念している。「議会は必然解散せらるべし」『自由』同年二月二日。

(73) 「政府と民党を誤るもの」『国民之友』一八〇（明治二六年二月三日）四七頁。

(74) 前掲、『得庵全書』九八六頁。

(75) 明治二六年一月一四日付秋山恕卿（和歌山県書記官）宛沖守固書簡控、鳥取県立博物館所蔵「沖家文書」（以下「沖文書」）二一七。自由党の機関紙でも、「同院は開会以来の活気を帯び、傍聴席には衆議院議員百七十二人、各府県上京委員二百名も傍聴して議事を諦視したりし」と報じられた（「田畑特別地価修正案」『自由』同年一月一四日）。秋田県上京委員として貴族院の審議を傍聴していた、国民協会の院外団で反地価修正派の成田直衛は、「地価修正案昨日来大議論なり」と日記に記している（「成田直衛日記」（東京大学法学部近代日本法政史料センター原資料部所蔵、以下「成田日記」）同年一月一四日の条）。

(76) 『貴・本』四、二八七—二八八頁。明治二五年六月七日。

(77) 『貴・本』五、二三三頁。明治二六年一月一四日。曾我が討論終局動議の提出を警戒している点について、同二四〇頁も参照。

(78) 明治二六年一月一六日付伊藤博文宛伊東巳代治書簡、『伊藤文書』二、二三九頁。

(79) 明治二四年一一月一八日付伊東巳代治宛伊藤博文書簡、伊東文書を読む会「伊東巳代治関係文書」所収伊藤博文書翰翻刻（上）」（『参考書誌研究』四七、一九九七）一四頁。

(80) 『貴・本』五、二三四頁。明治二六年一月一四日。

(81) 前掲注(75)、秋山恕卿宛沖守固書簡控。

(82) 長妻廣至『補助金の社会史——近代日本における成立過程』（人文書院、二〇〇一）三五〇—三五一頁。

(83) 初期議会期の近衛については、史料的制約もあって多くを知ることができない。そこで以下、近衛の機関誌『精神』を素材として、無署名記事であっても、近衛の政治的主張が一定以上反映されていると考え、これを積極的に活用する。同様のアプローチとしてはすでに、山本茂樹『近衛篤麿——その明治国家観とアジア観』（ミネルヴァ書房、二〇〇一）がある。

(84) 「民力休養の希望を如何せん（社説）」『精神』三（明治二五年五月一〇日）。

(85) たとえば、渡辺国武蔵相も、初期議会期の両院関係を「開議会以来……貴衆両院之間に葛藤いたし居候地価修正、監獄費国庫支弁之両案」と表現している。明治二七年七月一八日付伊藤博文宛渡辺国武書簡、『伊藤文書』八、二九七頁。

(86) 「貴族院の地価修正」『精神』二〇（明治二六年一月二五日）一〇頁。

(87) 『貴・委』一、二一九頁。明治二五年一二月一九日。

(88) 自由党の貴族院批判の矛先も「唯々諾々政府の命令は何事にも黙従する御用議員」だけではなく、「頑々囂々衆議院の議決は何事をも反対する固陋論者」に向けられていた。「貴族院と衆議院（社説）」『自由』明治二六年一月八日。

(89)「地租問題の主義を一定すべし（地租制度取調会議の設立）（社説）」『精神』一七（明治二五年一二月一〇日）。無署名ではあるが、近衛自身の手になる社説と推定してよいだろう。

(90) 右の社説に先立ち、三曜会内には「地価地租委員会議」なる構想も存在したようである（「三曜会の趨勢」『自由』明治二五年一二月三日）。実際、三曜会は第四議会開会直前の一一月二五日、「地租及地価の件委員を置くこと」を決議し、続く三〇日には「地価修正に付委員会を設くるの件法律案として提出の事」を「相談会」の議題としている（中央大学「久世家文書」研究会編「貴族院議員子爵久世通章の日記」（『大倉山論集』六〇、二〇一四）同年一一月二四〔五カ〕日・三〇日の条）。この「委員会」構想と「地租会議」の関係は未詳であり、組織構成や議案の形態（法律案か建議案か）について意見の対立があったことを想像させるが、いずれにせよ、三曜会が貴族院の会派で例外的に、地価修正問題の前進に向けた組織的行動をとっていたことは疑いえない。

(91)『貴・本』五、二九四頁以下。明治二六年一月一九日。

(92)「傍聴机案」『自由』明治二六年一月二一日。

(93) 言及されているのは、前掲の『精神』社説を批判した足立孫六「貴族院三曜会派の地租問題を論ず」『自由』明治二五年一二月一四日。足立は地価修正派議員のなかで対貴族院工作を担う委員七名の一人に選出されていた（『自由』同年一一月一九日）。

(94) 近衛建議への反発の例として、「地価修正派委員総会」『自由』明治二六年一月一九日、「地租会議建議案と地価修正派」『東京朝日新聞』同年一月二一日、「地租軽減派の運動」『読売新聞』同年一月二七日。

(95) 議題が地租会議設置の建議案から次の「官有原野貸下及払下の請願」（青森県上北郡横浜村長ほか一五名提出）に入った途端、多くの議員が退席し、蜂須賀議長は「御退席になつては定足数に足らぬ様になります」と警告している（『貴・本』五、三〇三頁）。結局、退席者が止むことはなく、定足数未満で延会となった。

(96) 明治二六年一月一三日・一六日付伊藤博文宛伊東巳代治書簡、『伊藤文書』二、二三八、二四〇頁。

(97)『衆・本』六、七〇一頁。明治二六年一月一六日。

(98) 明治二六年一月二三日付山県有朋宛井上毅書簡、『山縣文書』一、一八七—一八八頁。

(99) 陸奥宗光「閣僚論議の経緯」（外務省罫紙、「陸奥文書」六二—一〇）。陸奥の日付には、二、三日のずれがあると思われる。

(100) 明治二六年一月二三日付品川弥二郎宛山県有朋書簡、「品川文書（1）」七三〇—一二〇。

(101) 事後承諾の決行を哀願する山県に対し、これまで終始宥和的だった井上馨もこの点では譲らなかった。明治二六年一月三〇日付井上馨宛山県有朋書簡、「井上文書（憲）」五八三—一。

(102) 明治二六年二月一日付伊藤博文井上馨書簡、『伊藤文書』一、二五二頁。

(103) 伊藤が二月九日、陸奥宛の手紙で閣議の通過を祝して「畢竟老兄〔陸奥〕之御助力居多今更申迄も無之」としつつも、同時に翌一〇日の発表前の情報漏洩に警戒を促していることからすると（「陸奥文書」一〇—二二）、九日の閣議当日まで、陸奥にさえ勅答による打開については明示されなかったのではないだろうか。九日の閣議直前に記されたと思われる陸奥広吉宛陸奥宗光書簡、萩原延壽編『日本の名著三五　陸奥宗光』中央公論社、一九八四）三八五頁も参照。また陸奥の周辺で詔勅政策への批判があったことは、『原日記』明治二六年二月一四日の条。

(104) 明治二六年二月八日付伊藤博文宛山県有朋書簡、『伊藤文書』

八、一二九頁。同日付山県有朋宛伊藤博文書簡、『山縣文書』一、一一八―一一九頁。

(105) 前掲、佐々木『藩閥政府と立憲政治』三四〇頁。

(106) 佐々木隆『明治人の力量』（日本の歴史21、講談社、二〇〇二）一〇二頁。

(107) この六七条方針の転換を政府内で推進した一つの核は、渡辺国武蔵相だったと推測される。「詔勅の結果」（大蔵省罫紙、檜山幸夫総編集・伊藤博文文書研究会監修『伊藤博文文書六七　秘書類纂　議会一〇』ゆまに書房、二〇一一所収）二六八頁。なお、前掲、坂野『明治憲法体制の確立』三三―三四頁、前掲、佐々木『藩閥政府と立憲政治』三三五―三三六頁も参照。

(108) 『原日記』明治二六年三月一六日の条も参照。

(109) 明治二六年二月一七日付井上馨宛伊藤博文書簡二点、「井上文書（翻刻）」三一―三二頁。

(110) 檜山幸夫総編集・伊藤博文文書研究会監修『伊藤博文文書六八　秘書類纂　議会一一』（ゆまに書房、二〇一二）五一頁以下。罫紙は内閣。

(111) この新文相人事に陸奥や後藤が批判的だったことは、前掲、村瀬『明治立憲制と内閣』一六〇頁を参照。

(112) 実際、伊藤は第五議会開会に先立ち、もし衆議院で政府批判が高まった場合、「内閣信任問題をプロボーク〔provoke〕する迄に遣り付け見度、勿論議会に対し責任を負内閣にあらされは採否は至尊にありとするも、我より戦を挑むも方今日之事態上或は可然共存候」と、内閣弾劾上奏案との対決も視野に入れた強気の姿勢を示していた。明治二六年一一月一五日付伊東巳代治宛伊藤博文書簡、「憲政文書」六。

(113) 前掲、『伊藤博文文書六八　秘書類纂　議会一一』六四頁。

(114) 第四議会後に試みられた一連の内閣機能強化策が、専ら伊藤のリーダーシップに拠っていたことは、前掲、村瀬『明治立憲制と内閣』一六六頁を参照。

(115) 実際、伊藤自身は第四議会後から、大選挙区制導入の実現を早くも企図しはじめたようである。新党結成を準備していた明治三二年二月二〇日の選挙法改正期成同盟会の席で、伊藤は「実は明治二十六年に、私は此〔記名投票の〕選挙法を改正せざるべからずという説を唱え出したのでありますが、当時にあっては憲法及び憲法附属の諸法典を私と取調に従事した連中も悉く私に向て異存を唱え」たと述懐している。瀧井一博編『伊藤博文演説集』（講談社学術文庫、二〇一一）二二四頁。

(116) 「議事録　臨時政務調査会」国立公文書館所蔵「諸雑公文書」一八三六。明治二九年一〇月三〇日。大隈が翌三〇年四月の農商相兼任に伴い、金本位制移行後の国内工業保護の観点から「工務省」設置構想を始動させたのも、かかる「真の行政整理」の一環といえよう。工務省構想については満薗勇氏のご教示を得た。

(117) 『伊藤文書』八、二九五頁。

(118) 前掲、高橋『日清戦争への道』二七九―二八〇頁。これは航路拡張法案とともに自由党への配慮であったと考えてよい。自由党の県支部レベルで、第五議会での「党勢拡張上唯一の手段」として地価修正問題への期待が存在したことは、和歌山県警察本部原蔵「稿本　政党沿革史」和歌山県史編さん委員会編『和歌山県史　近現代史料』（和歌山県、一九七八）一四一―一四二頁。

(119) 明治二六年二月二四日付井上毅宛伊藤博文書簡、『井上毅伝』五、五四頁。

(120) 明治二六年一月一九日に閣議に回覧され、三一日に蔵相への照会案が作成されたが（国立公文書館所蔵「請願建議関係文書」請願四三一）、続く第五議会で、渡辺蔵相は建議の不採用を表明した（『貴・本』七、五一頁。明治二六年一二月八日）。

(121) 実際、伊藤の近衛に寄せる期待感は、条約改正問題で対立して以降も終生変わることはなかった。後年、伊藤博文の旧蔵史料の調査を行った新聞記者の伊藤亀雄によれば、伊藤は受信した書簡の整理にあたり、近衛の書簡については例外的に自筆の写し（副本）を添付し、大切に保管していたという。伊藤亀雄「指導者としての近衛公（伊藤公爵家の文庫を見る）」（『支那』二五―二・三、一九三四）八五―八九頁。

(122) 明治二六年一月二二日付井上馨宛山県有朋書簡、「井上文書」一、一五八二―六。同日付山県有朋宛井上馨書簡、『山縣文書』一、一七〇―一七一頁。『尾崎日記』下、同年一月二七日の条。

(123) 坂野潤治『近代日本の出発』（大系日本の歴史13、小学館ライブラリー、一九九三、初版一九八九）二三〇頁。前掲、小林『明治立憲政治と貴族院』一五五頁。また前掲、芝原「帝国憲法体制の発足と貴族院」三五二―三五三頁は、詔勅後は一転、予算成立をめざして政府との妥協に転じた谷のうちに、「勤倹尚武」論者としての一貫性を見出す、魅力的な解釈を提示している。

(124) 「如何にも非常絶無の大変と考ふれば、又非常絶無の処置を為さゞる可らす《ママ》」、明治二四年五月四日付陸羯南宛谷干城書簡、『陸文書』一六〇―一六一頁。前掲、有山『陸羯南』一五〇頁。

(125) 明治二三年「三曜会主意書」、『近衛日記』別巻、三九八頁。また近衛は、下院の「大臣告発権」を「憲法国の条件」として最も重視したその卒業論文でも、下院と内閣を媒介する役割を「高等法院ないし上院」に見出している。「国務大臣責任論」（『郁文会誌』一―三、明治二四年七月―九月）。

(126) 近衛は二月一〇日の「和協の詔勅」を受け、二一日に自身の名義で刊行した「慨世私言」（『精神』号外）において、議会の弾劾的上奏案から今後天皇を切断するため「堂々たる一大政党を形つて真正なる政党内閣の準備」を進める必要を訴えている（前掲、山本『近衛篤麿』六七頁から重引）。なお、『精神』では早い時期から将来的な政党内閣への移行論が提示されている（「立憲政体と政党内閣（社説）」『精神』八、明治二五年七月二五日）。

(127) この点で興味深いのが、陸奥宗光の機関紙『世界之日本』が日清戦争後に展開した貴族院改革論である（「貴族院を如何せん（社説）」『日刊　世界之日本』明治三〇年一月一九日）。同紙は、貴族院の存在意義を、民撰議院に対する「緩和、調停の勢力」として「持重、保守の議論感情を代表」させる点に見出した上で、①公侯二爵も含めた「貴族」全体の共通選挙（互選）を導入、②多額納税者議員はアメリカの上院のように各府県会による推薦に変更、③「今日貴族院の最大欠点」である勅選議員は廃止、といった民主的正統性を高める具体案を挙げている。③にみられるように、貴族院が専門性の担い手たることは求められていない。

(128) 「調停不成立顛末」『読売新聞』明治三五年一二月二一日。

(129) 明治二六年一二月一一日付伊藤博文宛末松謙澄書簡、『伊藤文書』五、四二四頁。

(130) 小林和幸「初期貴族院多額納税者議員の政治的位置づけ」（犬塚孝明編『明治国家の政策と思想』吉川弘文館、二〇〇五）一七九―一八二頁。この会合では、三曜会の近衛とともに、懇話会の谷も「地価修正特別委員」に選出されているが（一八一頁）、従前の経緯からして、積極的に参画したとは考えにくい。

(131) 鎌田勝太郎（多額納税者議員）の発言、『旧話会速記』二四〇頁。

(132) 前掲、小林「初期貴族院多額納税者議員の政治的位置づけ」一九四頁。

(133) 明治二六年八月二五日付西郷従道宛有地品之丞書簡（写）、「西郷従道家書翰帖」三所収。

(134) 大山梓編『山県有朋意見書』（原書房、一九六六）二二〇―

二二二頁。

(135) 以上、前掲、室山『近代日本の軍事と財政』一九七―一九九頁。第四議会から日清戦争にいたる時期の正貨政策と甲鉄艦輸入問題をリンケージさせた優れた分析をしている。また日清戦争後、日本の海軍拡張費がイギリス主導の国際金本位制の下で安定的に確保されたことを強調するのは、小林道彦『大正政変――国家経営構想の分裂』（千倉書房、二〇一五、初版一九九六）三―七頁。

(136) 明治二六年一一月八日付伊藤博文宛井上馨書簡、『伊藤文書』一、二五五頁。ただ同構想の採用は、「政略上之行懸り且慥なる将来財源を得るに非されは容易決行難致」との理由で見送られた。輸出税全廃論による議会の多数派工作については、同年一一月一一日付井上馨宛田口卯吉書簡、「井上文書」三九二―七も参照。

(137) 明治二六年四月二七日付牧野伸顕宛広橋賢光書簡、国立国会図書館憲政資料室所蔵「牧野伸顕関係文書」書翰の部七八―一。広橋は初期研究会の最大の功労者の一人だったという（山口弘達の発言、『旧話会速記』一一六頁）。

(138) 明治二六年四月二七日付伊藤博文宛井上馨書簡、『伊藤文書』一、二五四頁。

(139) ある勅選議員は、第二議会で千家が貴族院第六部長に就任したときの光景を、強い怒りをもって日記につづっている（「議会雑録」（「沖文書」二四六）明治二四年一一月二一日の条）。

千家得色あり。村田〔保〕不快、窃に云、何そ有爵者の権力ある。千家笑て高崎五六に戯る。云、開会中不参議員には罰を与るの部中内規を定ん。高崎撫然、〔千家〕他を見て笑ふ。余〔沖守固〕高崎を顧て云、与君進退を共にせん。〔千家〕大笑一言なし。千家の戯言は、乃千家の千家たる所以なり。

また同日の日記には、千家による研究会組織化活動についても「千家は名家の子孫なり。雖然、僅に神官の教育を受け世界の大勢を知らず、政治の何物たるを解せず、名を研究会に托し私党を結はんとす。自其力を図らす余〔沖〕を愚弄せんとす」といった罵言が書き連ねられている。

(140) 「鍋島直彬日記」（鹿島市民図書館所蔵「鹿島鍋島家資料」一八六）明治二七年一月五日・一五日・二三日・三〇日の条。また、日清戦争後に谷が貴族院に提出した有名な「軍備緊縮」上奏案が、一面で軍拡反対を強硬に唱えるこうした自派議員の統御に向けた「調停策」でもあったことは、前掲、坂野『明治憲法体制の確立』一三七―一三八頁がすでに指摘している。

(141) 小林和幸「初期貴族院における「対外硬派」について」（『駒沢大学文学部紀要』六二、二〇〇四）一八八頁。前掲、小林『明治立憲政治と貴族院』一八〇頁も参照。実際、近衛は明治二七年七月五日、「近衛公爵の対外硬派」なる記事を掲載した日報社に対し、即日抗議文を送っている（『近衛日記』別巻、六二一頁）。

(142) 「在野党の覚悟（社説）」『精神』二一一（明治二六年三月五日）。「条約改正論の譲歩時代（社説）」『精神』二一四（同年四月二〇日）五―六頁。それゆえ近衛は国民協会にも概して批判的であり（明治二六〔カ〕年三月二一日付井上馨宛近衛篤麿書簡、「井上文書」三七六―一）、日清戦争後にも「怪物は飽迄怪物なり」と切り捨てている（『近衛日記』一、明治二九年二月二〇日の条）。

(143) 大山卯次郎編刊『松岡康毅先生伝』（一九三四）一五〇頁。

(144) 坂井雄吉「近衛篤麿と明治三〇年代の対外硬派」（『国家学会雑誌』八三―三・四、一九七〇）二〇三、二二五―二二六頁。

(145) 『尾崎日記』明治二七年一月二五日の条。本意見書については、『近衛日記』別巻、七六―七七頁や、『谷遺稿』上、一二二―一二五頁に同文が収録されており、この事実自体も、前掲、芝原「帝国憲法体制の発足と貴族院」三七五頁がすでに指摘している。

(146) 前掲、小林『明治立憲政治と貴族院』九〇―一〇〇頁。

(147) 同右、一八三―一八五頁。谷は一月九日に渡辺清らと伊藤邸を訪問しているが（『谷遺稿』上、九〇〇頁）、主な議題は外交問題だったと推測される。この忠告書は、貴族院改革意見書とともに二七日の閣議で回覧された。

(148) 明治二七年五月一四日付伊藤博文宛金子堅太郎書簡、『伊藤文書』四、五九頁。年代の推定は、前掲、小林『明治立憲政治と貴族院』二一八頁による。

(149) 日清戦争後における伊藤の貴族院改革構想については、前掲、小林『明治立憲政治と貴族院』二五五頁、内藤一成『貴族院と立憲政治』（思文閣出版、二〇〇五）九八―九九頁を参照。

(150) 前掲、坂井「近衛篤麿と明治三〇年代の対外硬派」。

(151) 明治二七年一月三〇日付品川弥二郎宛安場保和書簡、『品川文書』七、二八八頁。

(152) 伊藤の政治指導者としての特質を「周旋家」に見出す理解として、前掲、北岡「福沢諭吉と伊藤博文」三二三―三二四頁。

(153) 服部之総『明治の政治家たち』上（岩波新書、一九五〇）一一四頁。

(154) 日清戦争後の県境確定問題への貴族院の取り組みも、一県レベルを超えた広域的問題への対応の一環として捉えられよう。宇野俊一「帝国議会と県境確定問題」（千葉歴史学会編『千葉史学叢書4　千葉県近現代の政治と社会』岩田書院、一九九七）。

(155) ルードヴィッヒ・リース著、原潔・永岡敦訳『ドイツ歴史学者の天皇国家観』（講談社学術文庫、二〇一五、原著一九〇五）一〇二頁。妥協の名人たる伊藤と対比されている。

(156) のちに近衛は、近衛首班構想の熱心な主張者だった鍋島直彬（懇話会）の来信について、「別段の用向にあらず、例の通り「国家の為」の四字甚だ多し」と日記中で苦言を呈している（『近衛日記』三、明治三三年八月七日の条）。また、第一次大隈内閣が貴族院与党たる三曜会・懇話会向けに開催した予算内示会の際も、同志たちの冗長な質疑を批判して、「聴くもの漫りに説を吐きて要領を得ず、これ他の聴者の頗る迷惑する処なり」と突き放した感想を記している（『同』二、明治三一年一〇月二四日の条）。

(157) 自身の「支那保全」論に対する形容。明治三三年一一月八日付安部井磐根宛近衛篤麿書簡、「安部井文書」一七〇―一イ。近衛の権力観については、前掲、坂井「近衛篤麿と明治三〇年代の対外硬派」二〇二、二二五―二二六、二五五頁を参照。

(158) 明治二七年六月二七日付徳大寺実則宛園田安賢探聞書「乙秘第五八五号　近衛公爵の遊説拒絶」（宮内公文書館所蔵「警視庁秘報廿七年一月」所収）。

(159) 『近衛日記』二、明治三一年一二月二日の条。

(160) 明治二三年時点で六一名（総員二五一名、二四％）だった勅選議員は、明治三〇年には一一四名（総員三三一名、三四％）に増加した。また第三議会まで勅選議員を務めた西村茂樹は、三度の議会を振り返って、華族議員と多額納税者議員が「無学無智」だったと回顧している（前掲、「往事録」四九四頁）。かかる視線は、他の勅選議員にもある程度共有されていたと思われる。

(161) 前掲、小林『明治立憲政治と貴族院』一九〇―一九一頁。

(162) 明治二九年三月二五日付伊藤博文宛伊東巳代治書簡、晨亭会編刊『伯爵伊東巳代治』上（一九三八）一九四頁。

(163) 明治三〇年七月一二日付鍋島直彬宛大給恒書簡、福岡市博物館所蔵「鹿島鍋島家文書」二三七二。『近衛日記』二、同年六月一〇日、七月一一日の条。

(164) 明治三〇年一一月一七日付吉田孫一郎・十時一郎宛曾我祐準書簡、柳川古文書館所蔵「吉田家文書」E―3―1。

(165) 佐々木隆「内務省時代の白根専一」（伊藤隆編『山県有朋と近代日本』吉川弘文館、二〇〇八）八一頁。

第三章注

（1）前掲、坂野『明治憲法体制の確立』第二章第二節。

（2）佐々木隆「壮士次官・白根専一」（『日本歴史』五〇〇、一九九〇）六一頁。また、白根を「協会の影の実力者」と位置づけるのは、同「明治三十一年の伊藤新党問題（上）」（『聖心女子大学論叢』九一、一九九八）三三頁。

（3）明治二九年三月三〇日付伊藤博文宛陸奥宗光書簡、『伊藤文書』七、三三二頁。白根とともに同席した他の政府委員は、伊東巳代治と末松謙澄。

（4）内務次官時代の白根については、前掲、佐々木『藩閥政府と立憲政治』第三・四章、前掲、同「内務省時代の白根専一」がまず参照されるべき業績である。

（5）明治二五年一月一四日付松方正義宛白根専一書簡、『松方文書』八、三四四頁。

（6）明治二九年二月一日付伊藤博文宛芳川顕正書簡、『伊藤文書』八、二七三頁。白根が固辞したため、板垣入閣まで法相の芳川が内相を兼任した。板垣人事への白根の態度を示唆するものに、「板垣伯と内務大臣」『東京朝日新聞』明治二九年四月八日。

（7）実際、清浦奎吾は欧行中の山県に板垣の入閣を報じた手紙のなかで、「是は今更驚く程のことにも無之、提携之結果此事あるは自然の勢」であって、「閣員中には殆んど異論者も無之」という状況なので静観したいと述べている（明治二九年四月三〇日付山県有朋宛清浦奎吾書簡、『山縣文書』二、五七頁）。また、芳川法相も山県に「同伯〔板垣〕入閣之議を総理大臣より提出之折、閣員において何人も更に異議を容るゝものなく少時之間に決定に相成候」と板垣の入閣の予定調和性を強調している（同日付山県有朋宛芳川顕正書簡、『同』三、三二六頁）。

（8）この構想の存在自体は、白根より元老の山県有朋や井上馨の役割を強調したものだが、すでに知られるところである。序章注（59）の升味、酒田、伊藤各氏の文献を参照。

（9）日清戦争後の政党間関係は、隈板内閣の下で二六〇議席超を獲得した第六回総選挙を例外として、自由党系・進歩党系の議席が概ね拮抗しており、単独過半数を獲得できない二大政党が対峙する構図になったため、第三党の国民協会が年々議席を減らし、党勢衰退が続いていたにもかかわらず、これを糾合して過半数の獲得をめざす誘因は二大政党双方に伏在していた。

（10）鳥海靖「鉄道敷設法制定過程における鉄道期成同盟会の圧力活動」（東京大学教養学部『歴史学研究報告』一三、一九六七）、和田洋「初期議会と鉄道問題」（『史学雑誌』八四—一〇、一九七五）。前掲、松下『鉄道建設と地方政治』。

（11）前掲、有泉『星亨』二六九頁。前掲、伊藤『明治立憲制の確立と伊藤博文』一三一頁。

（12）前掲、松下『近代日本の鉄道政策』第三・四章。長井純市「第六議会と鉄道同志会」（『日本歴史』四六一、一九八六）。

（13）前掲、有泉『明治政治史の基礎過程』二六三頁。

（14）御厨貴「水利開発と戦前期政党政治」（同『政策の総合と権力——日本政治の戦前と戦後』東京大学出版会、一九九六、初出一九八五）一〇三—一〇六頁。

（15）以上、前掲、飯塚「初期議会と民党」七六—七八頁。

（16）坂本一登「井上毅と官吏任用制度」（『國學院法學』四〇—四、二〇〇三）三六六頁。

（17）谷口裕信「明治中後期における郡制廃止論の形成」（『史学雑

誌』一一三―一、二〇〇四)。

(18) そのことは、第九議会における河川法の成立と道路法・港湾法の不成立の分岐の要因を、再検討することにもつながる。前掲、有泉『明治政治史の基礎過程』二五七―二六二頁。稲吉晃『海港の政治史――明治から戦後へ』(名古屋大学出版会、二〇一四)。

(19) 高橋裕『国土の変貌と水害』(岩波新書、一九七一)三七―三八、四〇―四一頁。同『川と国土の危機――水害と社会』(岩波新書、二〇一二)一九、二七―二八頁。

(20) 北上川、最上川、阿武隈川、阿賀野川、信濃川、利根川、庄川、富士川、大井川、天竜川、木曽川、淀川、吉野川、筑後川の一四川。ただ、このうち実際に明治二〇年から改修工事が着手されたのは、北上、最上、信濃、利根、富士、天竜、木曽、筑後の八川にすぎなかった。

(21) この点への最も行き届いた考察として、葦名ふみ「明治期の河川政策と技術問題」(『史学雑誌』一一五―一一、二〇〇六)。同論文は必ずしも政治争点に収斂しない河川問題の歴史的広がりに着目してきた、近年の研究潮流の到達点というべき業績であり、本章も多くを負っている。最近の研究動向については、土田宏成「日本近代史研究における最近の土木史関連研究について」(『土木史研究 講演集』三〇、二〇一〇)参照。

(22) 治水派議員としての湯本については、小川誠「治水・水利・土地改良の体系的整備」(農業発達史調査会編『日本農業発達史』四、中央公論社、一九五四)、山崎有恒「初期議会期の治水問題」(『立命館史学』一六、一九九五)、小久保拓「初期議会期の吏党議員」(『法政史学』七四、二〇一〇)参照。特に小久保氏の論文は、「吏党」系議員の「現状に即した政策要求」を再評価する観点から、「湯本家文書」を駆使しつつ、第四議会で広範な支持を調達しえた湯本の軌跡を解明した。これに対し本章は、国民協会―地方官が要求を肥大化させ、むしろ治水政策の不安定化要因となっていく側面を強調する点に、論旨の違いが存在する。

(23) 岩木川、御物川、荒川、多摩川、矢作川、九頭竜川、紀ノ川、高梁川、遠賀川、の九川。

(24) 前掲、長妻『補助金の社会史』第二章。

(25) 飯塚一幸「濃尾震災後の災害土木費国庫補助問題」(『日本史研究』四一二、一九九六)八〇頁。前掲、長妻『補助金の社会史』とともに水害復旧費国庫補助問題に関する先駆的業績である。

(26) 会計検査院「地方土木費補助に関する意見」、「松方家文書」第四一冊二三。前掲、有泉『明治政治史の基礎過程』二五二―二五三頁も参照。

(27) 国立国会図書館憲政資料室所蔵「三島通庸関係文書」五一八―三。

(28) 以上の記述は、前掲、葦名「明治期の河川政策と技術問題」一一三―一一七頁に拠る。また、治水問題をめぐる明治一〇年代の地方政治状況については、日比野利信「明治前期治水負担問題の成立過程」(『九州史学』一一七、一九九七)、同「福岡県における治水費負担問題の展開」(『福岡県地域史研究』一六、一九九八)が、今日の研究水準を示している。

(29) 渡邉直子「地方税の創出」(高村直助編『道と川の近代』山川出版社、一九九六)一五九―一六〇頁。

(30) 前掲、長妻『補助金の社会史』四七―五〇頁。

(31) 渡辺尚志『東西豪農の明治維新――神奈川の左七郎と山口の勇蔵』(塙書房、二〇〇九)一五二―一五四頁。

(32) 神山恒雄「社会資本の形成」(明治維新史学会編『講座 明治維新8 明治維新の経済過程』有志舎、二〇一三)二二三頁。

(33) 『衆・本』二、一〇二〇頁。請願の全体数については、前掲、末木「初期議会における市民の政治参加と政治意識」九五頁参照。

(34) 明治二四年一月二〇日付田中政義・田中平太郎ほか治水委員宛佐々木正蔵書簡草稿、「佐々木正蔵備忘録」（小郡市史編集委員会編『小郡市史』五（小郡市、一九九九）一〇九四頁。

(35) 明治一九〔カ〕年一〇月一四日付西村捨三（内務省土木局長）宛鎌田景弼・安場保和（佐賀県・福岡県知事）連名書簡、『釈文』二、一一九―一二〇頁。もっとも、政党への対応をめぐる両県知事の足並みが揃っていたわけではなかった。常置委員会と対決した安場の治水問題への対応については、東條正「福岡県令・県知事時代」（安場保吉編『安場保和伝 1835–99』藤原書店、二〇〇六）二八七頁以下。

(36) 「治水協会要旨」（『治水雑誌』一、明治二三年一二月）。

(37) 西村捨三『御祭草紙』（大林帳簿製造所、一九〇八）五七頁。山田については、今津利治「山田省三郎と木曽川治水」（『岐阜県博物館調査研究報告』一三、一九九六）も参照。

(38) 以上、明治二三年一二月二日付高木貞正宛山田省三郎書簡、秋山晶則「高木家文書調査報告（補遺の十）」（『名古屋大学博物館報告』一六、二〇〇〇）一二五頁。岐阜県で一五年間郡長を勤めた高木については、羽賀祥二ほか「高木貞正日記の研究」（『名古屋大学附属図書館研究年報』一二、二〇一四）参照。

(39) 明治二四年一二月一五日付品川弥二郎（内相）宛鈴木隆（三重県参事官）書簡、『品川文書』四、四一一頁。

(40) 土木会の前身たる「中央治水会議」構想の人員や規定については、明治二四年七月五日宛伊藤博文宛井上毅書簡（『伊藤文書』一、四一七頁）、同年七月一一日付金原明善宛小野田元熙書簡（『品川文書』二、四二六頁）、明治二五年一月一一日付渡辺国武宛井上毅書簡（『井上毅伝』四、六八八頁）、同年二月二三日付西村捨三宛井上毅書簡（同右、四七六―四七七頁）などを参照。

(41) 同右所引、金原明善宛小野田元熙書簡。

(42) 明治二四年一月二四日付松方正義宛山県有朋書簡、『松方文書』九、一四八頁。

(43) 国立国会図書館憲政資料室所蔵「大山巌関係文書」九―(二)。

(44) 前掲、佐々木『藩閥政府と立憲政治』九九―一〇一頁。原田敬一「第一議会における「地租軽減」実現の可能性について」（『鷹陵史学』二八、二〇〇二）。同『帝国議会 誕生』（文英堂、二〇〇六）二一六―二四四頁。

(45) 西師意《もろもと》『治水論』（清明堂、明治二四年六月）に湯本が寄せた序文。民間の反堤防思想の担い手である西については、前掲、高橋『国土の変貌と水害』一一〇―一一四頁。

(46) 伊藤との微妙な緊張について、前掲、佐々木『藩閥政府と立憲政治』一〇七頁。明治二四年二月二四日付松方正義宛山県有朋書簡、『松方文書』九、一九〇頁も参照。

(47) 戸崎増太郎編刊『養老田趣意書――付・山田省三郎君逸話』（一九〇一）一九―二一頁。

(48) 明治二四年一一月三〇日付品川弥二郎宛西村捨三書簡、『品川文書』五、三一八頁。

(49) 「品川子の治水談」『大坂朝日新聞』明治二五年一一月六日。服部敬『近代地方政治と水利土木』（思文閣出版、一九九五）二三三頁。

(50) 明治二四年九月七日・九日付品川弥二郎宛松方正義書簡、『品川文書』七、六八―六九頁。

(51) 明治二四年九月七日付松方正義宛品川弥二郎書簡、『松方文書』八、三〇五頁。

(52) 『治水雑誌』一一（明治二五年九月二八日）二四頁。

(53) 明治二五年三月一〇日付品川弥二郎宛山県有朋書簡、「品川文書（1）」七三〇―三三一。内務省内では国庫支弁への否定的意

見が主流で山県への呼応論は弱かったと思われるが、それでも第一・第三議会での治水関係の請願が「実に百三十五通の多きに上」ることや「民力を休養するの必要」は認識されていた。「明治二十五年度功程報告」（国立公文書館所蔵「記録材料」所収）六七―六八頁。

(54) 前掲、御厨『明治国家形成と地方経営』一四二―一四九頁。鈴木淳「軍と道路」（前掲、高村編『道と川の近代』）一二七頁。この時期の鉄道政策における国会開設要因について、鈴木淳・西川誠・松沢裕作『史料を読み解く4　幕末維新の政治と社会』（山川出版社、二〇〇九）八八頁も参照。

(55) 前掲、御厨『明治国家形成と地方経営』一五九、一六二頁。

(56) 土木会を第二次伊藤内閣期に相次ぎ設置された審議会の一環として位置づける視角を提起するものに、村山俊男「土木会に関する基礎的研究」（『神戸大学史学年報』二一、二〇〇六）。

(57) 前掲、佐々木『藩閥政府と立憲政治』二六九頁。また、土木政策をめぐる第三議会での中央交渉部の奮闘が、地方官が国民協会に入会する誘因となったことを示唆するものとして、小崎利準（前岐阜県知事）著刊『国民協会に入会するの趣旨』（明治二七年二月、国立国会図書館所蔵）を参照。

(58) 松沢裕作『町村合併から生まれた日本近代』（講談社、二〇一三）一三二―一三三、一六九頁を参照。また、利益の多元性や競争の契機を排除する山県（系官僚）の調和的な地方秩序観が、広く共有されていたことは、前掲、松田『陸羯南』五九―六二頁。

(59) 小出範治郎編『治水会沿革概要』（治水会、一八九四、国立国会図書館所蔵）。以下の記述も同じ。

(60) この経緯は、前掲、小久保「初期議会期の吏党議員」二九頁以下。第四議会後には、岐阜県治水協会二一五六名が連署した感謝状が湯本のもとに届けられた。「湯本代議士へ感謝状」『中央新聞』明治二六年六月三日。

(61) 明治二六年二月二五日付湯本義憲宛斎藤多吉（逢隈村村長）書簡、埼玉県立文書館所蔵「湯本家文書」七二七二。

(62) 明治二五年二月、大隈重信宛井上彦左衛門書簡、『大隈文書』二、二頁。

(63) 監獄費国庫支弁法案が否決された第三議会の時点で、内務省警保局長から大阪府知事宛に、以下のような通達がなされている。「監獄費国庫支弁は貴族院に於ては大多数を以て通過したるにも不拘、終に衆議院に於て否決候為め其実施を見るに至らさるは既に御承知之通りに有之、就ては政府は更に復た次回の議会〔第四議会〕に向て該法案を提出せらるへき義とは推察候得共、従来の行掛等より将来を想像するに該法案は次回議会も通過を見るに至らさる哉も難保と存候」（明治二五年六月一七日付山田信道宛小松原英太郎書簡、大阪府公文書館所蔵「秘書綴　明治二二年六月―明治二六年四月」所収）。同法案が民党との差異化を意図していたことは、赤司友徳「明治中期における監獄費国庫支弁問題とゆるやかな制度変化」（『九州史学』一六九、二〇一四）八一―一〇頁を参照。

(64) 明治二六年一二月二〇日付大岡育造「山県〔有朋〕大将に上る書」（草稿、東京都立中央図書館所蔵「渡辺刀水旧蔵諸家書簡」二六九三）。大岡育造『第五帝国議会報告及意見書』（明治二七年一月、国立国会図書館所蔵）七―九頁でも、国民協会が政府批判を強めた契機が第四議会であり、特に詔勅後の行政整理公約化の主導権を民党に奪われたことが大きかったことが窺える。

(65) 「成田日記」明治二六年二月一二日の条。国民協会における議員と院外団の対立について、同年二月六日付佐々友房・古荘嘉門宛品川弥二郎書簡（「佐々文書」五六―五）も参照。

(66) 永田松三編刊『第四回帝国議会紀要』（＝国民協会系、明治二六年三月）九八、一〇二頁。

(67) 同右、九〇頁。

(68) 「成田日記」明治二六年一月二五日の条。前掲、佐々木『藩閥政府と立憲政治』三四三―三四四頁。

(69) 前掲、長妻『補助金の社会史』八一―八二頁。

(70) 当初、新聞に湯本、佐々木が中国地方水害を視察するという誤報が掲載されたが、安場はこれに便乗した。明治二七年一〇月一七日付品川弥二郎宛安場保和書簡、『品川文書』七、二八七頁。

(71) 明治二六年一〇月一九日付井上馨宛西村捨三書簡、「井上文書」一三四―二。

(72) 明治二六年九月二一日付井上馨内相請議「二十七年度治水費予算並土木監督署組織及土木監督署予算の件」、「公文類聚」第一七編第二六巻所収。

(73) 前掲、「治水会沿革概要」一一―一六頁。もっとも、第四回大会での治水会規約の制定過程では、治水団体の全国連合である治水期成同盟会が治水会側の対応に不満を募らせ、湯本が陳謝する一幕もあった。明治二七年五月一四日付徳大寺実則宛園田安賢探聞書「乙秘第四〇六号」（前掲、「警視庁秘報廿七年一月」所収）。輪中を基礎とする治水団体の形成について、伊藤安男『治水思想の風土』（古今書院、一九九四）一六七―一六九頁も参照。

(74) 明治二六年一〇月二三日付品川弥二郎宛大浦兼武書簡、『品川文書』二、一七九―一八〇頁。

(75) 明治二六年一〇月二一日付大浦兼武宛白根専一書簡、大浦氏記念事業会編刊『大浦兼武伝』（一九二六）六四頁と六五頁の間。

(76) たとえば、白根専一著刊『和歌山奈良両県下水害地視察復命書』（明治二二年一二月、国立国会図書館所蔵）。

(77) 明治一五年一月一〇日付白根多助宛吉田清英書簡、佐野久仁子・長島小夜香「〈史料紹介〉書簡にみる初期埼玉県政」（埼玉県立文書館『文書館紀要』一七、二〇〇四）七〇頁。白根県政を支えた漢文脈については、芳賀明子「第二代埼玉県令白根多助をめぐる漢学ネットワーク」（『同』二九、二〇一六）参照。またかかる統治者の文人的実践が植民地台湾で再現されたことは、齋藤希史『漢文スタイル』（羽鳥書店、二〇一〇）二六〇―二六三頁。

(78) 白根の長兄・勝二郎は、小松原県知事時代の明治二三年一〇月、南埼玉郡長に就任したものの、同年八月発生した水害の罹災民救助の対応を誤ったことで、郡内の三八ヶ村、五七二人が参加する郡長更迭運動を引き起こし、翌年八月に失職していた。蓮田市教育委員会編刊『飯野喜四郎日記』Ｉ（二〇〇三）明治二四年四月二五日、八月三日、四日の条。藤田昭造「飯野喜四郎日記について」（同右所収）七頁。飯野は自由党系の埼玉県会議員。

(79) 議会開設前の地方官が鉄道敷設を主導した事例として、前掲、中村『日本鉄道業の形成』第五・六章、前掲、中村『地方からの産業革命』第三章を参照。

(80) 前掲、中村『日本鉄道業の形成』第七章。ただし、政党側も主導権を握ることに失敗している。

(81) 徳竹剛「帝国議会開設後における鉄道敷設運動と地方官」（『地方史研究』六五―三、二〇一五）二四―二五頁。

(82) 明治二五年一月一八日付三重県知事宛三重県会議長上申「震災に罹る土木費の支出を国庫に仰ぐの理由書」（三重県編刊『三重県史 資料編 近代二』一九八七）九四二頁。木曽三川改修費を負担する三県のうち、三重県をさしおいて愛知・岐阜両県が事後承諾方式で国庫補助を獲得したことへの不満を表現したもの。

(83) 以上、明治二八年九月九日付徳久常範宛大浦兼武書簡、早稲田大学附属図書館特別資料室所蔵「徳久恒範関係文書」三―一。なお、井上内相の後任として野村靖が任官するのは、明治二七年一〇月末であり、明治二八年度予算編成に大きく携わっていない。

大浦の「切論」を受けたのは二度とも井上であろう。

(84)「議会雑録」(＝沖守固日記、「沖文書」二四六)明治二六年一〇月一〇日の条。

(85)「治水紀功之碑文草稿」(「沖文書」二六〇)。井上内相は、第五議会で川敷買上や堤防改築といった水害費国庫補助への協賛を得られなかった場合、沿川住民の北海道移住を閣議に諮る予定であり、この方針を他府県の水害地にも周知させる意向だったようである(「議会雑録」明治二六年一一月六日、一二日の条)。

なお、大河川改修と地域負担の関係をめぐる近年の研究として、山下琢巳「天竜川下地域における治水事業の進展と流域住民の対応」(『地理学評論』七五—六、二〇〇二、のち同『水害常襲地域の近世—近代——天竜川下流域の地域構造』(古今書院、二〇一五)所収)、水谷英志「明治期における木曽川改修工事反対運動と「成工式」」(『歴史地理学』五三—一、二〇一一、のち同『薩摩義士という軛——宝暦治水顕彰運動の虚実』(ブイツーソリューション、二〇一四)所収)、淺井良亮「淀川改良工事と地域社会」(『交通史研究』八一、二〇一三)がある。

(86)明治二五年九月二六日付阿部繁太郎宛犬養毅書簡、前掲、『新編 犬養木堂書簡集』七三頁。

(87)明治前期の地方官の思想と行動については、御厨貴「地方制度改革と民権運動の展開」(前掲、井上ほか編『日本歴史大系4 近代1』)、園部良夫「明治前期の地方官」(未定稿、一九八五)、西川誠「明治零年代の地方経営に関する覚書」(伊藤隆編『日本近代史の再構築』山川出版社、一九九三)を参照。

(88)前掲、御厨「地方制度改革と民権運動の展開」五〇七—五一二頁。元来、地方官は、三府を除くと、二等寮の頭と同列の下級ポストだったにもかかわらず、管轄区域が旧石高で五〇万石から一〇〇万石にもおよぶ不安定な存在だったが(前掲、永井『日本の歴史25 自由民権』七一—七二頁)、ここに大久保利通の庇護の下、地方官独自の役割が制度的に保障されたのである。また、大久保体制の下に地方官が糾合され、民権派との連合可能性が切断されたことは、馬場康雄・坂野潤治「政治変動としての明治維新」(坂野潤治・宮地正人編『日本近代史における転換期の研究』山川出版社、一九八五)一四—一五頁。

(89)前掲、御厨「地方制度改革と民権運動の展開」五一九—五二六頁。奥村弘「三新法下における府県会の特質について」(『神戸大学文学部紀要』二七、二〇〇〇)三四八、三五三頁。

(90)「牧民官」概念については、前掲、御厨「地方制度改革と民権運動の展開」に拠る。明治一四年政変後から議会開設にいたる時期の府県会運営を最も洗練させた一人が、京都府知事の北垣国道である。高久嶺之介・小林丈広「解題 北垣国道とその日記「塵海」について」(『北垣日記』所収)、前田亮介「新刊紹介」(『史学雑誌』一二一—一〇、二〇一二)一一一—一一三頁。

(91)国立国会図書館憲政資料室所蔵「大森鍾一関係文書」一六。また、白根の府県会重視の立場を、岩倉具視や三島通庸と対比的に位置づけた刺戟的な論考として、松沢裕作「地方三新法と区町村会法」(明治維新史学会編『講座 明治維新7 明治維新と地域社会』有志舎、二〇一三)一四一頁、前掲、同「地方自治制と民権運動・民衆運動」一四八、一五一頁。

(92)『北垣日記』明治一九年二月一六日の条、一六四頁。

(93)前掲、佐藤「大久保利通」一五七頁。安藤哲『大久保利通と民業奨励』(御茶の水書房、一九九九)五四—五六頁。

(94)前掲、安藤『大久保利通と民業奨励』六三—六四頁、住友陽文「愛知県令時代」(前掲、安場編『安場保和伝』)一九八—二〇〇頁。元老院で一度削除されるも、伊藤博文の判断で復活した。

(95)管見の限り、この最初期の事例は、明治一六年一二月四日に芳川顕正東京府知事が内務省の諮問を受け、「在京地方長次官総代」として山田顕義内務卿に提出した「町村事務改正案に関する上申」（「梧陰文庫　井上毅文書」マイクロフィルムB一二二二）である。ただ概ね慎重かつ事務的な対応に終始しており、後年の圧力団体的な行動の痕跡は乏しい。また、欄外には「此案実施せず」とあり、上申の採用は結局見送られたようである。

(96) 明治二一年九月二〇日付陸奥宗光宛加藤高明書簡（写）、「陸奥文書」六八—一所収。

(97) 元茨城県会議長で当時農商務省官吏の野口勝一は、この現象を「府県会紛議之多今年最為甚。東京府会区部郡部議不合、郡部多辞之。大坂府会求秘密費説明、官吏不答、因全廃之。滋賀県会亦同之。此他関秘密費紛争者若干県。茨城県会論病院払下不公、而常置委員辞職。長野県会論移県庁、以忿争。群馬県怒官吏、退傍聴者。埼玉県論道路費。宮城県会議員為山林河川二派。愛媛県論資費之事。此他諸県無不無大小有紛議。夫如此者歳月頻近二十三年、人心稍以添活気輙挑発紛議、且機密費一事殊媒介之矣」と表現している（『野口日記』明治二一年一二月六日の条）。

(98) 石川一三夫『日本的自治の探求』（名古屋大学出版会、一九九五）一五七頁。蘇峰の民党運動への影響力につき、高久嶺之介「「良民党」結成計画について」（『文化史学』三一、一九七五）も参照。

(99) 鈴木淳「無神経事件——青森県における大同団結運動」（東京大学『年報・地域文化研究』一、一九九七）。なお前掲、御厨「地方制度改革と民権運動の展開」五〇七—五〇九頁も参照。

(100) 前掲、御厨『明治国家形成と地方経営』二〇一—二〇二、二一五—二一六頁。

(101) たとえば、井上馨らの自治党運動が糾合を試みた地方政社である京都府公民会では、政綱の一つに「中央集権に傾かす地方分権を主とする事」が掲げられ、その細目では、市町村や府県郡の自治権の拡大とともに、「地方官に委任する国政の権限を拡むる事」という目標を記していた。高久嶺之介「明治憲法体制成立期の吏党」（同志社大学『社会科学』二一、一九七六）一八一頁。また同時期、大同団結運動の指導者である後藤象二郎が「地方官の心をして中央政府と離隔せしめ政令を行はしめざるべきを勉むべし」と指示したとの真偽不明の報告も、政府に届けられている。「後藤象次《ママ》郎政党連合の術策密報」、明治二一年一〇月二八日付三条実美宛渡辺昇（会計検査院長）書簡別紙、国立国会図書館憲政資料室所蔵「三条家文書」書翰の部三四—五。

(102) 前掲、御厨『明治国家形成と地方経営』一五九—一六二頁。

(103) 長井純市「山県有朋と地方自治制度確立事業——地方債構想を中心に」（『日本歴史』五三五、一九九二）。

(104) 前掲、御厨『明治国家形成と地方経営』二一九、二五三、二七六頁。実際、山県内相が明治二二年一二月二五日付で地方官に発した訓令をめぐっては、草案段階で青木周蔵外相が、①「地方の施政は各位既に分憂の任に当り」の「分憂」を「分任」に変更、②「此の艱危の時に当り」の「艱危の」を削除など、地方官との精神的な一体感を強調する原案の情緒的表現を修正しようとした付箋が残っており、閣内で議論があったことを窺わせる。ただ、山県がこの点で譲ることはなかった。「内務大臣より地方官へ訓令案の件」、国立公文書館所蔵「公文雑纂」明治二二年第一巻所収。

(105) 芳川顕正内務次官は地方官の陳情に対し、「本年は処々之水害に而毎日方々より補助々々と申出候には国庫も大に困難に見受申候」と嘆いている。明治二三年一一月一六日付中井弘宛芳川顕正書簡、堂満幸子「中井弘関係文書の紹介（四）」（『黎明館調査研究報告書』四、一九九〇）二〇頁。

(106) 明治二二年九月一三日付伊藤博文宛内海忠勝書簡、『伊藤文書』三、一六九頁。

(107) ある大阪府書記官は「建乃〔建野郷三・大阪府〕知事偏頗不公、中井〔弘・滋賀県知事〕、北垣〔国道・京都府知事〕等は高嶋将軍之奴隷也」と語ったようである。高瀬暢彦編『松岡康毅日記』（日本大学精神文化研究所、一九九八、以下『松岡日記』）明治二二年三月四日の条。高嶋は大阪府知事人事にも大きく関与した（前掲、御厨『明治国家形成と地方経営』二一九頁）。

(108) 明治二三年二月六日付中井弘宛高嶋鞆之助書簡、佛教大学近代書簡研究会編『宮尾市立前尾記念文庫所蔵　元勲・近代諸家書簡集成』（宮津市、二〇〇四）三〇四頁。

(109) 海後正臣『教育勅語成立史の研究』（東京大学出版会、一九六五）一三七頁以下。稲田正次『教育勅語成立過程の研究』（講談社、一九七一）一六三頁以下。

(110) 石井省一郎（岩手県知事）、山田信道（鳥取県知事）、船越衛（千葉県知事）、籠手田安定（島根県知事）がコアメンバーだったという。石井省一郎「教育勅語発布について」（大正一一年三月四日談話筆記）、前掲、海後『教育勅語成立史の研究』一三九頁。

(111) 東京都公文書館所蔵「地方官会議議々決書幷筆記　明治二三年二月」。以下、地方官会議の記述は本史料による。以下の経緯はすでにすべて知られているが、本章のような解釈はみられない。

(112) たとえば、文部省内で江木千之とともに改正教育令（明治一三年一二月布告）の施行規則の調査に従事した内藤素行（鳴雪）は、「この教育令の施行規則は文部省から随分と綿密に干渉して、殆ど地方官には何らの活用もさせぬというような風であったので、地方の当局者は時々上京して不平を述べる者もあったが、それに対しての答弁は私が多く引受けて、聞き噛りの独逸や米国の或る州の学制などを引用して正面から喝破した。その頃私は独逸主義の国家教育制度を一も二もなく信仰していたのであった」と当時地方官との間に生じた緊張を回顧している。内藤鳴雪『鳴雪自叙伝』（岩波文庫、二〇〇二、初版一九二二）二九三―二九四頁。

　ただ、制度設計の次元では、学校運営における地方官の独自の裁量を重視する点で文部省上層の構想は一貫していた。湯川文彦「教育令制定過程の再検討」（『日本の教育史学』五四、二〇一一）二四―二七頁、同「明治初期教育事務の成立」（『史学雑誌』一二一―六、二〇一二）九―一〇、一七、三三頁。また、「徳育」再評価の気運のうちに、道徳重視によって、学制以来の小学校における試験競争の過熱化を抑制する側面があったことを指摘するのは、斎藤利彦『試験と競争の学校史』（講談社学術文庫、二〇一一、初版一九九五）一八六頁以下。

(113) 明治二〇年五月一八日付元田永孚宛北垣国道（京都府知事）書簡、同年七月九日付北垣国道宛元田永孚書簡、沼田哲・元田竹彦編『元田永孚関係文書』（山川出版社、一九八五）三一五―三一八、一一七―一一八頁。北垣は管内の教育事業を地方経済の状況に照らし合わせて自らの裁量で定着させてきた実績を誇りつつ、地方官レベルでは対応できない「徳育」の理論的基盤の提供を元田に要請している。なお、道徳教育の主張に複数のヴァージョンがあったことは、真辺将之『西村茂樹研究――明治啓蒙思想と国民道徳論』（思文閣出版、二〇〇九）八九頁以下。

(114) この点で注目に値するのが、のちに白根が、府県の下位の市が横断的な「聯合団結」を深めることに対しては、警戒を露わにしていた事実である（明治二四年一一月一六日付山田信道（大阪府知事）宛白根専一（内務次官）「市長聯合会の件通牒」、大阪府公文書館所蔵「秘書綴　明治二五年―明治二八年」所収）。明治二二年施行の市制では、市長は三都を除いて市会の推薦によって任命されていたことが、この警戒の背景にあったのかもしれない。

なお、田中智子「官立学校誘致現象の生成と変容」（同『近代日本高等教育体制の黎明――交錯する地域と国とキリスト教界』思文閣出版、二〇一二）は、一八九〇年代に入ると、地域が官立学校の設置をめぐって負担の「受入」から能動的な「誘致」に向かっていくさまを、府県レベルの合意形成を要さない「市」という自治単位の誕生と重ね合わせつつ、鮮やかに描きだしている。

(115)「品川文書（1）」八八二。この史料を「積極主義」の先行する事例として最初に紹介したのは、前掲、佐々木『藩閥政府と立憲政治』一七一頁である。連署しなかった知事は、中野健明（長崎県）、永峰弥吉（宮崎県）、山内堤雲（鹿児島県）の三人。

(116) 明治二二年四月一三日付松方正義宛中井弘書簡、『松方文書』八、四八頁。ただ、「刀筆の吏」という行政官像は当時の官吏任用制度の内在的な要請に即したものでもあった。若月剛史『戦前日本の政党内閣と官僚制』（東京大学出版会、二〇一四）一九頁。

(117) 作成月日不明、山県有朋宛中井弘書簡、『山縣文書』三、一九―二一頁。

(118) 明治二三年九月二〇日付立入奇一宛尾崎行雄書簡、『釈文』三、一一七頁。ともに三重県選出の代議士。

(119) 前掲、村瀬『明治立憲制と内閣』一〇四頁。

(120) 中井弘口述『桜洲山人席上演説』（報行社、一八九六）上、一三五頁以下。明治二六年二月―四月に速記されたもの。

(121) 前掲、長妻『補助金の社会史』八九頁。

(122)「井上文書（憲）」六五八―五。罫紙は内務省。

(123) 井上馨侯伝記編纂会編『世外井上公伝』四（原書房復刻一九七〇、初版一九三五）二三〇―二三二頁。

(124) 東京大学社会科学研究所所蔵「江木千之関係文書」一―一六。

(125) 明治二六年八月四日付井上馨宛渡辺千秋（内務次官）書簡、「井上文書（憲）」五六〇―二。

(126) 前掲、飯塚「濃尾震災後の災害土木費国庫補助問題」九三頁。

(127) 明治二六年一〇月二三日付江木千之宛井上馨書簡、「江木・小泉文書」六六頁。なおここで論題となっているのは、当時第五議会に向けて内務省が大蔵省の「非常準備基金法案」に対抗して準備していた「災余土木基金法案」だと思われるが（前掲、飯塚「濃尾震災後の災害土木費国庫補助問題」九三頁）、内務省全体の新たな姿勢を示す言葉と解釈しても大過ないと思われる。

(128) 明治二六年三月、司法官出身で三〇歳の有松英義が書記官に登用され、入省早々、災害土木費国庫補助の調査出張を命じられたのも、同様の志向に沿った人事といえよう。品川はこの人事について、有松の早熟さを称えつつ、「誠によき人物御採用と相悦び申候。尤内務の仕事には未熟故に、其御含みにて御使用、申も疎なり」と評している（明治二六年三月二五日付渡辺千秋（内務次官）宛品川弥二郎書簡、『渡辺千秋文書』一一二頁）。坂井雄吉「解題　有松英義の政治的生涯」（東京大学法学部近代立法過程研究会「有松英義関係文書（1）」、『国家学会雑誌』八六―三・四、一九七三）二七一頁以下も参照。

(129)『松岡日記』明治二三年一二月二四日の条。一二月二七日の日記では、山県内閣の閣僚たちに「憲法以下法律の思想」が欠落していると批判している。また、松岡が司法省内の年功序列原則の強い支持者だったことも、自律的な専門家集団としての自負と無関係ではないだろう。『同』明治二三年二月二〇日、二七日、七月一〇日、一六日の条。

(130)『松岡日記』明治一九年二月二七日の条、四頁。

(131) 前掲、大山編『松岡康毅先生伝』六九頁。

(132) 気鋭の人材が結集し「一の書類に附箋が数枚も重なると云ふ有様」だった当時の内務省で、参事官や局長の意見を省議で敏活に取りまとめ、裁決を主導したのは松岡次官だったといわれる。

水野錬太郎（着任時は参事官）の回想、同右、一〇二頁。

(133) 坂本多加雄「独立・官吏・創業」（同『市場・道徳・秩序』創文社、一九九一）二二五―二二六頁。

(134) 清水生「歴代内務土木局長と其時代（二）」（『道路の改良』二二―四、一九四〇）八六頁は都筑以降、土木局長の多くが法科出身者となったことを指摘している。

(135) 明治二七年二月一日付伊藤博文宛井上馨書簡、『伊藤文書』一、二五八頁。

(136) 明治二七年五月一六日付芳川顕正宛井上馨書簡（写）、「井上文書（憲）」六二八―二一。

(137) 明治二四年七月の官制改革に伴う土木監督署官制改正によって技師の定員が大幅に削減されたことで、土木局では貸費生制度を通じた帝国大学工科大学から土木系技術官僚へのリクルートが縮小し、就官後の条件も悪化していた。安原徹也「帝国大学創立期における工科大学土木工学科と内務省土木局」（『土木史研究講演集』三二、二〇一二）一五六―一五七頁。

(138) 前掲、稲吉『海港の政治史』五九、七七、一四六頁。土木図書館所蔵「古市公威参考資料」巻三、二四五―二四六頁。

(139) 下重直樹「公文書管理制度と近現代史学」（筑波大学『近代史料研究』一二、二〇一二）一四頁。

(140) 「地方官連、政府は兎角法律主義に傾向過度にして、軟弱に堕落したりとの感情を抱持し居る如く相見へ候」、明治二七年一月二三日付伊藤博文宛井上馨書簡、『伊藤文書』一、二五八頁。

(141) 鵜崎鷺城『朝野の五大閥』（東亜学書房、一九一二）九九、三七三頁。

(142) 明治二八年五月一九日付伊藤博文宛渡辺千秋書簡、『伊藤文書』八《〔カ〕》、三五一、三五三頁。

(143) 明治二九年一月一一日付野村靖宛品川弥二郎書簡、「野村文書」一〇―一一六。同年一月一一日付品川弥二郎宛末松謙澄書簡（『品川文書』四、三一〇頁）も参照。明治二八年二月、南津軽郡参事会が境界変更の名目で尾崎村から大字町居を分離し、竹館村へ編入する議決を行うが、品川はここに立憲革新党の策動を見出していた。尾崎村分割問題については、青森県史編さん近現代部会編『青森県史　資料編　近現代二』（青森県、二〇〇三）一九四―一九七頁。

(144) 明治二四年七月四日付都筑馨六宛品川弥二郎書簡、国立国会図書館憲政資料室所蔵「都筑馨六関係文書」（以下「都筑文書」）二五六―六。

(145) たとえば明治二五年四月一八日付都筑馨六宛品川弥二郎書簡（同右二五六―五）には、「自治行政論三十部印刷は大賛成、此入費はやじ（品川）より支出可仕候間、御知らせ可被下候」とある。

(146) 「公文類聚」第一七編第二四巻所収。

(147) 同右、第一八編第二三巻所収。

(148) 以上、前掲、飯塚「濃尾震災後の災害土木費国庫補助問題」九三―九四頁。前掲、長妻『補助金の社会史』九〇―九一頁。

(149) 明治二七年一月二二日付伊藤博文宛井上馨書簡、『伊藤文書』一、二五七頁。

(150) 明治二六年一二月二五日付伊藤博文宛陸奥宗光書簡、『伊藤文書』七、二八〇頁。

(151) 明治二六年一二月二五日付伊藤博文宛井上馨書簡、『伊藤文書』一、二五六―二五七頁。同日付井上宛伊藤博文書簡、「井上文書（翻刻・続）」三九頁も参照。

(152) 明治二七年一月二六日付伊藤博文宛伊東巳代治書簡、『伊藤文書』二、二六九頁。また、井上の苦しい立場を示唆するものに、同年一月一五日付青木周造宛桂太郎書簡、『桂書翰』六頁。

(153) 明治二七年一月一九日付伊藤博文宛芳川顕正書簡、『伊藤文書』八、二六五—二六六頁。

(154) 明治二七年一月二二日・二三日付井上馨宛伊藤博文書簡、「井上文書（翻刻・続）」二八頁。同年一月一九日付伊藤博文宛芳川顕正書簡、『伊藤文書』八、二六五—二六六頁、同年一月二三日付井上馨宛芳川顕正書簡、『伊藤文書』八、二六六頁も参照。

(155) 前掲、村瀬『明治立憲制と内閣』一七〇—一七三頁。後藤象二郎大臣の後任に、薩長均衡を重視する伊藤が親薩派の榎本武揚を山県の反対を排して据えた代わりに、斎藤修一郎次官の後任に想定されていた前島密は、山県の反対に配慮して取り下げられた。

(156) 陸奥外相は人事異動が行われる四日前、「昨夕西郷伯〔従道・海相〕へ参り内話を遂け候処、同伯も〔海軍次官が〕金子なれは異存無之、尤も伊東〔伊藤儁吉《としよし》・海軍次官兼軍務局長〕は軍務局長専任を命じ候事出来可申との事に候。猶勘考の上至急閣下〔伊藤〕に御相談可申上との事」と伊藤に報じている。明治二七年一月二七日付伊藤博文宛陸奥宗光書簡、『伊藤文書』七、二八二頁。ただ、当初は末松謙澄法制局長官を含め、金子以外の文官の海軍次官への登用が企図された可能性がある。同年一月一七日付伊藤博文宛末松謙澄書簡、『伊藤文書』五、四五二頁。

(157) 金子は第五議会前にも、伊藤の斡旋で、斎藤修一郎に代わる農商務次官への就任が具体化していたが、金子は専門性を欠いた「政略家」である「今日之局長」を統御することの困難を理由に、これを峻拒した経緯があった。明治二六年一〇月三一日付井上馨宛伊藤博文書簡、「井上文書（翻刻・続）」二七頁。

(158) 明治二七年四月二七日付伊藤博文宛井上馨書簡、『伊藤文書』一、二五九頁。

(159) 明治二七年九月二四日付井上馨宛伊藤博文書簡、「井上文書（翻刻・続）」三一頁。

(160) 明治二七年五月二四日付永江純一宛野田卯太郎書簡、福岡県地域史研究所所蔵「永江純一関係文書」（以下「永江文書」）AD二二。

(161) 明治二七年六月一〇日付野村靖宛山県有朋書簡、「野村文書」三—六—二。

(162) 以上、飯塚一幸「明治中後期の知事と議会」（『日本史研究』四八八、二〇〇三）。前掲、飯塚「初期議会と民党」も参照。

(163) 前掲、長妻『補助金の社会史』九八—一〇四頁。隈板内閣での政党化と府県制改正が並進した明治三一年前後に、府県会議員の「名望」の基準も実学から学歴へ移行していくことは、前掲、飯塚「地域社会の変容と地方名望家」二二三—二二八頁。

(164) 前掲、飯塚「明治中後期の知事と議会」六二頁。

(165) 『北垣日記』明治二四年八月一一日の条。

(166) 明治二七年四月一二日付井上馨宛高崎親章書簡、「井上文書」一七九—二。「春香日記」（高崎親章日記、国立公文書館所蔵「高崎親章関係文書」）同年四月一日の条。古沢が井上と地方官の間の連絡役を務めたようである。

(167) 五百旗頭薫「進歩政党　統治の焦点」（前掲、同・松田編『自由主義の政治家と政治思想』）一九九頁を参照。

(168) 明治二五年一一月一五日付龍野周一郎宛河野広中書簡、「龍野文書」五九—一。

(169) 『自由党党報』二八号、三二頁。

(170) 前掲、服部『近代地方政治と水利土木』二三一—二三三頁。前掲、小久保「初期議会期の吏党議員」三〇—三二頁。

(171) 前掲、長妻『補助金の社会史』八七頁。

(172) 前掲、『高津仲次郎日記』一、明治二六年二月四日の条。

(173) 『衆・委』五、一七頁。明治二五年一二月一八日。工藤行幹「治水に関する意見書」、「湯本家文書」一一〇七九。

(174) 『衆・委』五、一三頁。議会答弁にあたった政府委員の田尻稲次郎大蔵次官は「政府は剰余金を水の中に抛り込むと云ふ訳ではない、堂々たる帝国議会の協賛を経るのでありますから、決して疫病の様に思ふのではありませぬ」と応じている。

(175) 同右、一八―一九頁。

(176) 兵庫県赤穂郡役所編刊『赤穂郡洪水史』(明治二七年五月、国立国会図書館所蔵)六〇―六一頁。北條直正編『母里村難恢復史略』(母里村役場、一九五五(原本一九一四頃))一一二―一一五頁。後者は、いなみ野ため池ミュージアムのウェブサイトに掲載されたものを利用させていただいた(URL:http://www.inamino-tameike-museum.com/pdf/08_1_pdf1.pdf)。

(177) 同右。松田好史「[解説]周布公平」(『周布文書』)一五三頁。

(178) 明治二五年九月一日付高津雅雄宛奥野小四郎書簡、洲本市立淡路文化史料館所蔵「高津家文書」一三八―三五。

(179) 「第五議会に対する吾人の覚悟」『自由党党報』三三、二一頁。

(180) 自由社編刊『第四議会自由党運動史』(明治二六年三月)一九八―一九九頁。

(181) 前掲、小宮『条約改正と国内政治』一八四頁。

(182) 有田紫郎編『第五議会解散始末』(めざまし新聞社、明治二七年一月)七二頁。自由党内では、院外団が特に第五議会解散論を唱導していた(同六四頁)。

(183) 同右、二頁。

(184) この点に関連して、第五議会後の時点では、条約励行問題を解散理由とした上奏に陸奥が反対していたことは興味深い事実である。明治二七年一月九日付伊藤博文宛陸奥宗光書簡、『伊藤文書』九、一五九―一六〇頁。

(185) 明治二七年四月二四日付林董宛陸奥宗光書簡(写)、宮内公文書館所蔵「伯爵林雅之助所蔵文書」三。対欧米条約改正の前哨戦と対外硬派がみなした、日布修好通商条約の改正に関するもの。

(186) 五百旗頭薫「開国と不平等条約改正」(川島真・服部龍二編『東アジア国際政治史』名古屋大学出版会、二〇〇七)四六―五〇頁。ただし、伊藤にとっておそらくこの言明は不本意であり、条約改正が実現し、戦後経営が始動する日清戦後には、再び挙国一致路線に回帰し、陸奥との潜在的な緊張が再燃する。明治二九年四月の自由党政権参入が複雑な性格を帯びるゆえんである。

(187) 「自由党方針に関する覚書」、「河野文書」書類の部三六四。また、本史料にいちはやく注目し、優れた解釈を行ったものとして、前掲、小宮『条約改正と国内政治』二四八―二五一頁。作成年代の推定も小宮氏に依拠している。

(188) 「積極的公争を望む」『自由党党報』三九、三一頁。

(189) 前掲、坂野『明治憲法体制の確立』七四頁。

(190) 葦名ふみ「帝国議会における「河川問題」」(『土木史研究 講演集』三一、二〇一一)。

(191) 前掲、服部『近代地方政治と水利土木』二三三頁。

(192) たとえば杉田定一は、明治二六年夏、地元福井の代議士に「福井県河川調査書まだ郵送無之、……吾党代議士加藤喜右ヱ門氏は全国河川調査に従事し有之、我北陸を残されては遺憾に付、北陸八州会には是非来会ある様」と要望している。作成年月未詳、坪田仁兵衛宛杉田定一書簡、「坪田文書」C0005–00009(052)。

(193) たとえば北信八州会では、「代議士に一任して精密の調査を為す事」として「治水事業の件」「銀貨問題」「興業銀行設置の可否」が採択された。「龍野日記」明治二六年九月一〇日の条。

(194) 「龍野日記」明治二六年一〇月八日の条。

(195) 前掲、村瀬『明治立憲制と内閣』一五〇頁。

(196) 「治水工事に関する自由党の方針」『東京朝日新聞』明治二六年一〇月一九日。

(197) 『衆・本』七、二三〇―二三二頁。明治二七年五月二五日。

(198)『自由党党報』六〇、二六頁。

(199)『自由党党報』四九、二六頁。

(200)従来方式では、工事額が増大してもそれに見合う負担を府県がする必要はなかった。前掲、長妻『補助金の社会史』一三二頁。

(201)大隈は明治二六年末、外債募集を通じた一億四〇〇〇万円規模の治水事業への取り組みを示唆している。前掲、五百旗頭『大隈重信と政党政治』一八五頁。また二五府県におよぶ明治期最大級の水害が生じた明治二九年に、進歩党内で水害問題専門の臨時議会招集の動きが生じていたことは、斎藤信之「日清戦後の水害問題」（新潟大学環東アジア研究センター編刊『環東アジア地域における社会的結合と災害』二〇一二）七四—七五頁。

(202)『自由党党報』六二、六頁。

(203)「剰余金及予備費（党論）」『自由党党報』五七、七頁。また河野広中のもとには、第六議会で治水問題を憲法問題として取り上げる自由党の方針が窺える「動議提出の理由（水害補助費）」と題した書類が残されている。「河野文書」書類の部八〇五。

(204)宮内庁編『明治天皇紀』八（吉川弘文館、一九七三）四二五頁。前掲、飯塚「濃尾震災後の災害土木費国庫補助問題」九八頁。

(205)山中永之祐ほか編『近代日本地方自治立法資料集成』三（弘文堂、一九九五）一三五頁。なお、林は裁可の八日後に伊藤首相宛の「請書」を押印の上で提出している。国立公文書館所蔵「任免裁可書」明治二八年・任免巻三所収。

(206)当初は自由党から対外硬派の工藤行幹が参加していたが、すでに脱党していた。なお、この規則改正で「辞令書を用ひず」突然解職されたと回顧する初代土木会会長の曾我祐準は、古市土木局長を「亭主役」と好意的な表現で形容しており、次の都筑局長時代の関係性との温度差を感じさせる。坂口二郎編『曾我祐準翁自叙伝』（同刊行会、一九三〇）三七五—三七六頁。

(207)明治二八年二月一三日付徳大寺実則宛園田安賢探聞書「乙秘第一一〇号　鉄道同志会協議会に就て」（前掲「明治廿八年中警視総監報告」所収）。引用は協議会の開催趣旨を説明した部分。

(208)明治二七年六〔カ〕月二五日付都筑馨六宛中井弘書簡、馨光会編刊『都筑馨六伝』（一九二六）一〇八—一〇九頁。中井は第六議会でも、淀川改修問題で議会の協賛が得られなかった場合、「今一回は打払いの御決心にて御実行奉希候」として解散の断行を井上内相に迫っていた。同年三月二五日付井上馨宛中井弘書簡、「井上文書（憲）」四五七—四。

(209)明治二七年一二月一五日付井上馨宛野村靖書簡、「井上文書（憲）」四七〇—二。

(210)明治二八年一月一日付井上馨宛江木千之書簡、「井上文書（憲）」一七一—四。

(211)「公文類聚」第一九編第一七巻所収。この内務省提出案と、批判対象の自由党案を比較しつつ精緻に論じたものとして、前掲、長妻『補助金の社会史』一三一頁以下。

(212)前掲、村山「土木会に関する基礎的研究」三七—三八頁。

(213)以上、江木千之翁経歴談刊行会編刊『江木千之翁経歴談』上（一九三三）二〇四—二〇九、二一四—二一五頁。

(214)明治二八年一月一八日付江木千之宛井上馨書簡、「江木・小泉文書」六六頁。

(215)たとえば野村内相は、安広伴一郎秘書官を「新作戦地」へ派遣するよう要請してきた参謀本部に対し、「戦争の際におゐて外交幷に治民に関し其人を得させられ度儀は誠に御尤の御事に存候得共、小生〔野村〕の一方に於ては実に困却仕候。実は内務省中人少を以て多端の事務を担ひ、殆んと其整理を誤るに到るやの掛念不少候」と拒絶している。明治二八年二月九日付有栖川宮熾仁（参謀総長）宛野村靖書簡、『釈文』二、八八—八九頁。

(216) 明治二八年三月二日付品川弥二郎宛野村靖書簡、「品川文書（2）」七六―七。

(217) 前掲、水谷『薩摩義士という軛』一四八―一四九頁。

(218) 明治二八年八月三〇日付野村靖宛品川弥二郎書簡、「野村文書」一〇―一―一一。作成年・月の推定は引用者による。

(219) 明治二八年八月三〇日付品川弥二郎宛野村靖書簡、『品川文書』五、三五五頁。

(220) 明治二八年一一月二日付野村靖宛品川弥二郎書簡、「野村文書」一〇―一―一二。

(221) 明治二八年一一月九日野村靖宛山県有朋書簡、「野村文書」九―一―二〇。また山県が日清戦争中に病気で帰国した際、広島で迎えた岐阜県会議員で治水家として知られる山田省三郎に「川（＝木曽三川）は如何」と尋ね、山田が「閣下（山県）の庇蔭に依り工事漸く成る」と答えたことに満足して去ったという逸話も残されている。前掲、戸崎編『養老田趣意書』三二―三三頁。

(222) 明治二八年一一月一五日付山県有朋宛野村靖書簡、『山縣文書』三、六七頁。

(223) 前掲注(210)、井上馨宛江木千之書簡。江木はこのなかで「御転任後は恰も親に離れたるか如き感を生し」と訴えている。

(224) 明治二八年四月五日付渡辺千秋（京都府知事）宛大越亨（滋賀県知事）書簡、明治二七年七月二日付井上馨（内相）宛三府県知事「淀川改修施行地方負担額御諮問に付答申」、いずれも京都府総合資料館所蔵「澱川関係書類」所収。

(225) 「澱川関係書類」所収。

(226) 同右。

(227) 明治二七年八月一日付都筑馨六宛渡辺千秋書簡、「都筑文書」二五八―一〇。

(228) 『沖野忠雄君追想録』（土木図書館所蔵）五九頁。また、近代的な治水工事を支える学理や技術への不信感は、日清戦争後でも根強かった。一例として、江藤淳・松浦玲編、勝海舟『氷川清話』（講談社学術文庫、二〇〇〇）一七四頁。

(229) 「井上文書（憲）」六六一―一九に二一九ヶ条の全文がある。

(230) 前掲、葦名「明治期の河川政策と技術問題」一二三頁。「土木会議の修正議案」『東京朝日新聞』明治二九年二月九日。

(231) なお、行政機関としての土木会が議会外での利害調整に果たす役割を強調するものに、村山俊男「内務省の河川政策の展開」（『ヒストリア』一九九、二〇〇六）、前掲、稲吉『海港の政治史』九六、一二〇頁があるが、少なくとも河川法制定過程では多分に政治化した攪乱要因だったと思われる。

(232) 明治二八年二月六日付伊藤博文宛小倉信近書簡、『伊藤文書』三、一八七―一八八頁。

(233) 明治二八年一一月五日付都筑馨六宛渡辺千秋書簡、「都筑文書」二五八―一三。

(234) 以上、「河川改修法制定に関する建議」（明治二八年一一月一二日、「湯本家文書」四六九九）と、これを基礎にした「淀川木曽川筑後川河川改修法制定に関する建議」（秘印、同四四七五）に拠る。後者には「淀川木曽川筑後川河川改修法」の一二ヶ条全文が掲載されているが、これは都筑原案の二一九ヶ条のうち第一一条以下を全面的に削除した他、第一条についても「河川改修とは公共の利害に重要なる関係あるものと主務大臣に於て認定したる河三川を改良するの目的を以て其全部若くは一大部分の大体に渉りて一定せる計画に基きて施行せる河川淀川木曽川筑後川の工事の総称とす」と改変するなど、都筑が「公共」の文言に托した精神を正面から否定するものだった。「公共」の含意については、前掲、有泉『明治政治史の基礎過程』二五六頁。

(235) 前掲、服部『近代地方政治と水利土木』二七〇頁。松岡内務次官も反対したといわれる。

(236) 明治二八年一一〔カ〕月二四日付野村靖宛都筑馨六書簡、「野村文書」一〇―一一―一七。作成年・月の推定は引用者による。

(237) 『大坂朝日新聞』明治二八年一二月二八日。

(238) 明治二七年九月二〇日付井上馨宛園田安賢探聞書「乙秘第七六四号　国民協会の秘密会」、同年九月二三日付品川弥二郎宛野村靖書簡（「品川文書（2）」七六―一）に同封。井上は一報を受け、安場の主張を斥けた上で改進党と袂を分かつよう品川に働きかけている。同年九月二一日付野村靖宛井上馨書簡（同右）。

(239) 明治二七年一二月一六日付薬袋義一宛品川弥二郎書簡、国立国会図書館憲政資料室所蔵「薬袋義一関係文書」（以下「薬袋文書」）一四。

(240) 明治二八年一月九日付品川弥二郎宛大浦兼武書簡、『品川文書』二、一八四頁。

(241) 前掲、佐々木「内務省時代の白根専一」一〇五―一〇六頁。

(242) 明治二八年三月二三日付品川弥二郎宛大浦兼武書簡、『品川文書』二、一八五―一八六頁。

(243) 明治二八年五月一九日・六月一二日付野村靖宛山県有朋書簡、「野村文書」八―一一―四、同八―一一―九。

(244) 前掲、酒田『近代日本における対外硬運動の研究』七九、八七―八八頁。上奏案提出直前の明治二九年一月一九日にも、国民協会は前日に責任派から届いた合同勧誘書に対し、「事実問題に付合同の実を表するは兎に角、形式的合同を為すは姑らく謝絶すべし」と返答している。同年一月二〇日付徳大寺実則宛園田安賢探聞書「乙秘第四八号　責任派国民協会を説く」（宮内公文書館所蔵「廿七年、廿八年、廿九年分探聞報告」所収）。

(245) 明治二八年一二月九日付伊藤博文宛伊東巳代治書簡、『伊藤文書』二、三四〇頁。安場は対外硬派の会合に参加した際も、一層の協力を求める田口卯吉に「余を以て国民協会の代表者と認められては甚た迷惑なり。諸君も承知の如く余は国民協会の別働隊の如きもの」と応じていた。同年一二月一八日付徳大寺実則宛園田安賢探聞書「乙秘第七一九号　偕楽園の交渉会」（前掲、「廿七年、廿八年、廿九年分探聞報告」所収）。

(246) 柏田は原則的要求を掲げる院外団の決議にも名を連ねるなど、国民協会内で独自の支持を広げていた。明治二九年二月五日・一四日付徳大寺実則宛園田安賢探聞書「乙秘第八四号　国民協会院外員の集会」「乙秘第一〇〇号　柏田盛文一味を国民協会に募る」（前掲、「廿七年、廿八年、廿九年分探聞報告」所収）。柏田については、小川原正道「自由党幹事柏田盛文小伝」（慶應義塾大学『近代日本研究』二一、二〇〇四）を参照。

(247) 品川弥二郎「国民協会大会に於ての演説」、横山順編『雄弁大家日本新演説』（浜本伊三郎、一八九六）一〇―一一頁も参照。

(248) 明治二八年五月二一日付野村靖宛園田安賢探聞書「乙秘第三三六号」、同日付品川弥二郎宛野村靖書簡（「品川文書（2）」七六―四）に同封。

(249) 明治二八年一二月八日付品川弥二郎宛佐々友房書簡、『品川文書』四、七七―七九頁。

(250) 「品川弥二郎日記」明治二八年一一月一三日の条（「品川文書（1）」一五八五―二「明治廿八年懐中日記」）。

(251) 前掲注(249)、品川弥二郎宛佐々友房書簡（七九頁）。

(252) 明治二八年一二月九日付品川弥二郎宛山県有朋書簡、「品川文書（1）」七三〇―一一二。

(253) 明治二八年一一月一四日付伊藤博文宛佐々友房書簡、佐々克堂先生遺稿刊行会編『克堂佐々先生遺稿』（大空社復刻、一九八八、初版一九三六）四四五頁。

(254) 明治二八年一二月一三日付品川弥二郎宛佐々友房書簡、『品川文書』四、八〇頁。

(255) 明治二九年二月一六日付品川弥二郎宛佐々友房書簡、『品川文書』四、八三―八四頁。

(256) 同右。政治ジャーナリストの鳥谷部春汀も、佐々が国民協会内の対外硬派への政治的配慮から上奏案を提出し、議場でそれが自壊するよう仕向けたと解釈している。鳥谷部春汀『春汀全集』一（博文館、一九〇九）二四一―二四二頁。

(257) 明治二九年二月二一日付岡崎邦輔宛伊東巳代治書簡、国立国会図書館憲政資料室所蔵「岡崎邦輔関係文書」一〇三―一一。

(258) 国民協会宣言書をめぐる内部対立が顕在化した明治二八年末、品川が野村内相に、「思ひの外之大火消口は立派には取れぬ模様、白根之尽力筆紙に尽し難し」と伝えているのは、その一例であろう。明治二八年一二月二〇日付野村靖宛品川弥二郎書簡、「野村文書」九―一―二八。

(259) 明治二九年二月二一日付品川弥二郎宛白根専一書簡第一信、『品川文書』四、二九六頁。

(260) 明治二九年二月二一日付品川弥二郎宛白根専一書簡第二信、『品川文書』四、二九七頁。白根は次のように事後承諾を迫っている。「今朝之〔品川の〕御決心一条は勿論他に漏泄せさるは申迄も無之、……〔しかし〕為国家、為椿山翁〔山県〕、又為閣下と思えば思ふ程百感胸中に溢れ如何とも難致に付、大岡〔育造〕氏之来訪を乞ひ荒増相噺し置候間、不得止義と御思召可被下候」。

(261) 明治二九年二月二一日付佐々友房宛品川弥二郎書簡、「佐々文書」F。

(262) 明治二九年二月二二日付佐々友房宛品川弥二郎書簡、「佐々文書」F。同日付品川弥二郎宛佐々友房書簡、『品川文書』四、八四頁。

(263) 明治二九年二月二三日付伊藤博文宛井上馨書簡、『伊藤文書』二、二七六頁。

(264) 明治二九年二月二六日付品川弥二郎宛佐々友房書簡、『品川文書』四、八五頁。

(265) 変心を警戒した頭山満が再三釘をさしたにもかかわらず、結局上奏案を撤回したことについて、深夜、頭山邸を詫びに訪れた佐々は「全く品川弥二郎の犠牲となつたのだ」と弁解したという。同郷の同志だった佐々と安場の関係は、以後断絶した。平野義太郎記「頭山満翁の懐旧談」（村田保定編『安場咬菜・父母の追憶』（非売品、一九三八）一九二―一九三頁。

(266) 中江兆民は佐々の「度量」を、「政敵といへどもその敵すべきを見ずしてむしろ一日相共にすべきを見て心窃にこれを延納〔受容〕するが如き態あり」と評価しつつ、「但志慮太《はなはだ》周匝《しゅうそう》〔用意周到〕にして、恐くはために時機を逸することあるを免れざるべし」という観察を記している。『一年有半・続一年有半』（井田進也校注、岩波文庫、一九九五、初版一九〇一）八五頁。

(267) 酒田正敏「日清戦後外交政策の拘束要因」（近代日本研究会編『年報・近代日本研究2 近代日本と東アジア』山川出版社、一九八〇）。佐々木雄一「政治指導者の国際秩序観と対外政策」（『国家学会雑誌』一二七―一一・一二、二〇一四）一六四頁。

(268) 明治二九年三月四日付西園寺公望宛陸奥宗光書簡、「江木・小泉文書」九四頁。

(269) この点で、前年末に陸奥が阻止しようとした伊藤首相の欧行構想に閣内で唯一「徹頭徹尾之反対」したのが白根だった事実は示唆的である。明治二八年一二月三〇日付陸奥宗光宛西園寺公望書簡、立命館大学西園寺公望伝編纂委員会編『西園寺公望伝』別巻一（岩波書店、二〇〇三）二六九頁。

(270) 明治二八年一一月二九日付伊藤博文宛伊東巳代治書簡、『伊藤文書』二、三三五頁。

(271) 明治二八年七月一六日付野村靖宛古沢滋書簡、「野村文書」九―一―一。
(272) 明治二八年七月一七日付伊藤博文宛井上馨書簡、『伊藤文書』一、二七五頁。
(273) 「在野の二大政派」『自由新聞』明治二八年七月一九日。
(274) 「自由党と伊藤内閣」『中央新聞』明治二八年一一月一六日。
(275) 前掲、奥谷『品川弥二郎伝』三〇四―三〇五頁。
(276) 明治二七年五月一五日付寺師宗徳宛坂本則美書簡、『釈文』一、九一―九二頁。
(277) 明治二七年四月三〇日付徳大寺実則宛園田安賢探聞書「乙秘第三三九号　自由党大会後の概況」（前掲、「警視庁秘報廿七年一月」所収）。
(278) 以上、「佐々友房君談話二」（国立国会図書館憲政資料室所蔵「星亨関係文書」七六―一〇「星亨伝記稿本」第一三回、明治三八年一〇月）。
(279) 明治二七年九月二八日付徳富蘇峰宛竹越与三郎書簡、『徳富文書』一、一三二頁。
(280) 笹川多門『松田正久稿』（江村会、一九三八）一四八頁。協会幹部でのちに政友会に入る元田肇も、第七議会で星が国民協会員に、「君方も一緒にならうではないかといふことを……屢々言出した」と回想している。「元田肇氏談話速記」広瀬順晧監修・編集『政治談話速記録』七（ゆまに書房、一九九九）三三九頁。
(281) 明治二七年一〇月二四日付大隈重信宛徳富蘇峰書簡、『大隈文書』七、五頁。蘇峰は明治二五年一一月には、かつて中央政府に対抗する基盤として期待した「田舎紳士」の未成熟を前に、「中等階級の没落」を宣言せざるをえなくなっており、貴衆両院の対外硬指導者（近衛、大隈）と薩派（松方）を仲介する「国民的大同盟」構想（第二次松方内閣の構図の原型）に傾斜していた。有山輝雄『徳富蘇峰と国民新聞』（吉川弘文館、一九九二）三九、五七―五八、六二―六三頁。梶田明宏「明治二十七年対外硬運動と徳富蘇峰」（『日本歴史』四二四、一九八三）。
(282) 実際、日清戦争中の第四回総選挙では、候補者調整に失敗した第三回の反省もあって第六議会解散直後から中央で対外硬連合の共闘ムードが高まったものの、たとえば九州では候補者選定をめぐる微妙な軋轢が、国家主義を掲げる国民協会と旧民党の革新党・改進党の間で生じていた。小宮一夫「日清戦争前後の総選挙と対外硬派」（日本選挙学会二〇〇二年度大会報告）七―九頁。未公刊ペーパーをご厚意でお送りくださった小宮氏に、この場を借りて篤く御礼申し上げる。
(283) 『自由党党報』九九、二九頁。実際、片岡健吉らが水面下で国民協会との交渉を行っていた。立志社創立百年記念出版委員会編『片岡健吉日記』（高知市民図書館、一九七四、以下『片岡日記』）明治二八年一二月二七日、明治二九年二月一二日の条。
(284) 『自由党党報』一〇四、五頁。
(285) 明治二八年一二月五日付伊藤博文宛渡辺国武書簡、『伊藤文書』八、三一一頁。自由党側の与党化の条件が、予算案や法案について政府から事前相談を受ける点にあったことを明らかにしたものとして、前掲、伊藤『立憲国家の確立と伊藤博文』一八九頁。
(286) 前掲注(3)、伊藤博文宛陸奥宗光書簡。
(287) 河野広中の明治二九年一月八日の日記には「白根専一氏代理、年賀の為め来る」と言及がある。「河野文書」書類の部一一。
(288) 明治二九年一月一二日付都筑馨六宛井上馨書簡、「都筑文書」二二五五―二。
(289) 明治二九年一〔カ〕月二〇日付佐々友房宛白根専一書簡、「佐々文書」F。『自由党党報』一〇一、二五頁。日清戦争後の白根の主要な課題は治水政策から鉄道政策に移行していたと思われる。白根は鉄道省の設置を検討していた（「鉄道省設置説再燃」『東京朝日新聞』明治三四年一月一八日）ほか、鉄道会議に出席する官僚にも「鉄道会議の議員として会議に臨む以上は良心を曲げて〔省の〕原案に賛成する必要はない」という訓示を出した。中橋徳五郎翁伝記編纂会編刊『中橋徳五郎』上（一九四四）一八六頁。

(290) 前掲、小川「治水・水利・土地改良の系統的整備」一五三頁。これに伴って、地域レベルでの治水事業の介在者も、金原明善のような慈善家から明治後期までに治水専門の政治家に移行する。山下琢巳「治水事業の進展に伴う地方政治家の役割とその意味」（『城西大学経済経営紀要』二七―一、二〇〇九）一〇―一一頁。

(291) 前掲、有泉『明治政治史の基礎過程』二六三―二六四頁。

(292) 前掲、葦名「明治期の河川政策と技術問題」二八頁。前掲、御厨『政策の総合と権力』第二・三章。ただ利水については制度的欠陥が少なくなく、旧慣の根強さもあって秩序再編は慢性的に進んだ。浅野伸一「木曽川の水力開発をめぐる地域紛争」（『地方史研究』六五―六、二〇一五）。

(293) 前掲、戸崎編『養老田趣意書』二一―二三頁。なお電報は、隣接府県の河川も含む複数観測地点からの水位情報や、破堤地点からの被害状況の伝達手段として、明治二〇年代には治水行政に必須のものとなっていた。山下琢巳「水害地における自治体の電報利用と情報伝達」（『城西経済学会誌』三六、二〇一二）。

(294) 明治二九年三月二七日付坪田仁兵衛宛藤野市九郎（福井県会議長）書簡、「坪田文書」C0005-00213(036)。

(295) 「執事日誌　湯本」明治二九年一月三一日の条、「湯本家文書」四五四六。少し時期は戻るが、明治二六年一二月五日の日記にも「大阪府水利委員より淀川件尽力を謝す旨電報来る」とあり、淀川改修法案に湯本が一貫して積極的だった事情が窺える。

(296) 明治二九年一月二八日付野村靖宛山県有朋書簡、「野村文書」一〇―一一―六。

(297) 明治二九年一月二五日付野村靖宛山県有朋書簡、「野村文書」六―一一―六。

(298) 村瀬信一「野村靖内相の憂鬱」（『日本歴史』六三〇、二〇〇〇）。

(299) 明治二九年二月一日付伊藤博文宛芳川顕正書簡、『伊藤文書』八、二七三頁。

(300) 明治二九年一月三〇日付伊藤博文宛渡辺国武書簡、『伊藤文書』八、三一二頁。

(301) 明治二九年二月三日付野村靖宛伊藤博文書簡、「野村文書」九―一一―三一。野村は辞表を芳川、渡辺、白根にも送付している。

(302) 「野村内相の辞職及び其理由」『東京朝日新聞』明治二九年二月四日。なお日清戦争中、出征した山県の病状を懸念した品川が、帰国の説得役として「此任務を決行さするには白根が御使の外無之」と伊藤に推薦したのが白根だった。明治二七年一一月二〇日付野村靖宛品川弥二郎書簡、「野村文書」七―一一―八。白根は山県の高い信頼を得ており、それゆえ山県の意向にある程度抗いうる例外的な人物だったのではないだろうか。また、同年一月二九日・二月五日付周布公平宛品川弥二郎書簡、『周布文書』四三―四四頁、作成年月不明、児玉源太郎宛品川弥二郎書簡、尚友倶楽部・児玉源太郎関係文書編集委員会編『児玉源太郎関係文書』（同成社、二〇一四以下、『児玉文書』）五五頁も参照。

(303) 明治二八年一二月五日付伊藤博文宛書簡伊東巳代治書簡、『伊藤文書』二、三三七頁。

(304) 前掲、御厨『政策の総合と権力』一〇五―一〇六頁。

(305) 明治三〇年四月付籠手田安定「非職の際某官へ極密口演」、鉅鹿敏子編『史料　県令籠手田安定』Ⅱ（丸ノ内出版、一九八五）七五四頁。地方官の陳情が「無責任」にならない保証がないことは、本章でみた治水要求の肥大化を見れば明らかである。

(306) 前掲、伊藤『立憲国家の確立と伊藤博文』二一二頁。

(307) 明治二九年四月二〇日付内海忠勝（大阪府知事）宛水野錬太郎（内相秘書官）通牒、大阪府公文書館所蔵「秘書綴　明治二九年—三三年」所収。

(308) 明治二九年五月三一日付伊藤博文宛内海忠勝書簡、『伊藤文書』三、一七一頁。

(309) 「薬袋文書」七五。この直前には、白根逓相の官邸で協会幹部との話し合いの場も設けられている。明治二九年四月一九日付薬袋義一宛白根専一書簡、「薬袋文書」一八。また、黒田内閣における前例として、佐々木隆「黒田清隆の板垣復権工作」（『日本歴史』六一二、一九九九）。

(310) 明治二九〔カ〕年二月一五日付辻野惣兵衛（和歌山県会議長）宛沖守固書簡草稿、「沖文書」二一四。

一、〔府県会議員〕撰挙後内務大臣〔野村靖〕交迭、板垣〔退助〕入閣の風説有之候得共、物理〔伊藤〕は自由党と内約等は一切無之事。

一、物理は政党内閣を可とする由新聞紙に散見するも、物理は政党内閣に不内定のこと。

一、板垣始め党員物理官舎に集合せしは、全く押しかけにて集り、物理より招待せしには非る事。

一、物理は決して自由党に何事も内嘱したることなし。〔以下略〕

(311) 明治二九年四月一四日付佐々友房宛山田信道書簡、「佐々文書」六七—五二。

(312) 前掲注(7)、山県有朋宛芳川顕正書簡。明治二九年四月二一日付閣議書「衆議院建議治水に関する件」、「公文雑纂」明治二九年第三一巻所収。

(313) 「大臣の政談」『中央新聞』明治二九年八月六日。

(314) 「国民協会派の大臣」『月刊　世界之日本』三（明治二九年八月二五日）一〇頁。

(315) 明治二九年八月二九日付山県有朋宛白根専一書簡、『山縣文書』二、二三〇頁。

(316) 服部之総『明治の政治家たち』下（岩波新書、一九五四）二六頁。

(317) 中田敬義氏述「故陸奥伯の追憶」（昭和一四年一二月、広瀬順晧編『近代外交回顧録』一、ゆまに書房、二〇〇〇）一四三、一四七—一四九頁。

(318) 元田肇「余の見たる故白根専一氏」（『時事評論』三—三、一九〇八）三三頁。

(319) 明治二九年一二月二一日付林有造宛伊東巳代治書簡、国立国会図書館憲政資料室所蔵「林有造関係文書」五三。伊東は同日付の伊藤宛書簡でも、「国民協会の自由党に対する感情は至て好し。政府は頻りに熊本国権党丈けも手に入れ候企に御坐候処、何分品川〔弥二郎〕、白根〔専一〕等の領袖株自由党と近邇せしむるの考にて尽力致候。……今度のみならず将来自由党と協会との結合は関係する処大に付、是非とも握手せしめざれば不面白候」と自由—国提携の維持・強化の必要を強調している。『伊藤文書』二、三七八—三七九頁。

(320) 自由党側の交渉窓口を務めたのは、林のほかに、熊本出身で閔妃暗殺事件にも関わった党幹事の田中賢道だった。国民協会『第十議会報告書』（前田亮介所蔵）一〇—一一頁。なお、国民協会の第九議会報告書は憲政記念館所蔵「稲生典太郎文書」一六三、第一三議会報告書は「湯本家文書」四六六五に存在する。

(321) 明治二九年八月二日付安達謙蔵宛品川弥二郎書簡、国立国会図書館憲政資料室所蔵「安達謙蔵関係文書」（以下「安達文書」）

二四―一。

(322) なお、石田が党内の反陸奥感情を糾合しうる存在だったことを示唆するのは、和歌山県警察本部所蔵「政党沿革誌」、和歌山市史編纂委員会編『和歌山市史八　近現代史料Ⅱ』（和歌山市、一九七九）一三四頁。

(323) 以上の経過、特に再設された評議員会を基盤とする石田らの河野推戴派が、政務委員の国民協会協調路線を押し切っていく党内力学は、伊藤之雄「日清戦後の自由党の改革と星亨」（『名古屋大学文学部研究論集』一一六、一九九三）一六四―一六七頁。

(324) 明治二九年一二月二一日付末松謙澄宛板垣退助書簡、西川誠・堀口修編『末松子爵家所蔵文書』上（ゆまに書房、二〇〇三）三四五頁。

(325) 前掲、国民協会『第十議会報告書』一二―一三頁。

(326) 前掲、伊藤『立憲国家の確立と伊藤博文』二二二―二二五頁、前掲、村瀬『明治立憲制と内閣』二一三―二一八頁。

(327) 明治二九年五月一四日付原敬宛内田康哉書簡、原敬文書研究会編『原敬関係文書』一（日本放送出版協会、一九八四）二五六頁。

(328) 明治三〇年四月一五日付内田康哉宛原敬書簡、小林道彦ほか編『内田康哉関係資料集成』一（柏書房、二〇一二）五二三頁。前掲序章注(60)、同年三月二日付星亨宛陸奥宗光書簡も参照。

(329) 堤猷久、中村彦次、佐々木正蔵、大島信、広瀬貞文、江崎均、伊藤春太郎の七名（三名は予算委員）が「協会現時の擧動は宣言の挙旨に背反するものと認む」との退会届を明治三〇年一月七日に提出し、一二日「事実錯誤」として常議員会で一度却下したものの、別党派の国民倶楽部を結成したため結局除名せざるをえなくなった。前掲、国民協会『第十議会報告書』七四―七五頁。

(330) 朝倉は、協会代議士会を召集した上で次の四ヶ条を品川が自ら示諭するよう、要請した（明治三〇年一月八日付品川弥二郎宛朝倉親為書簡、「品川文書（1）」九一五所収）。

一、院内幹事佐々〔友房〕、元田〔肇〕、和田〔彦次郎〕辞退の趣に付、更に代議士会に於て公選する事。

一、自由党と提携の密約あるか如く唱ふる者あり。是等は全く脱会之原由の重もなる案件に付、其虚妄無実なることを明白ならしむる事。

一、協会の機関と称する〔大岡育造が経営する〕中央新聞之記事、往々協会の不利となること鮮なからす。依て同新聞記事は全く該新聞記者一個の意に出つるものにて、協会員之意思にあらさることを明白にする事。

一、国民協会は宣言書〔自由党、進歩党と政界を三分して独立する〕の趣意を確守し之れを実行する勿論之事。

(331) 明治三〇〔カ〕年一月三一日・三月一五日付品川弥二郎宛野村靖書簡、『品川文書』五、三六〇頁。

(332) 「白根氏と元田氏」（『時事評論』三―六、一九〇八）二一頁。

(333) 明治三一年四月の自由党と内閣の提携断絶以降、五月末まで自―国提携交渉が進行したことは、前掲、佐々木「明治三十一年の伊藤新党運動（上）」四七―五〇頁がすでに指摘している。

(334) 明治三一年四月二六日付佐々友房宛大岡育造書簡、「佐々文書」四六―一。前日二五日付大岡育造宛佐々友房書簡（国立国会図書館憲政資料室所蔵「大岡育造関係文書」二九―二）への返信。

(335) 『片岡日記』明治三一年四月二二日・二三日・二五日・三〇日・五月三日・一八日・二三日の条。

(336) 明治三一年四月二五日付品川弥二郎宛元田肇書簡、『品川文書』七、二四五頁。品川はすでに中央政治への情熱を失いつつあった。品川は当時、支持者に「国民協会員にも時々信用組合の事申聞候得共、少しも頭に入らず今日まで確と聞いて呉れる人もなし、嘆息に堪へざるなり。……衆議院議員よりも人力車夫や他の農工者が早くやじの言を察し信じくれる世の中とは、悲しみの中にも悦び申候」と書き送っている。同年二月二八日付久保春景宛品川弥二郎書簡、前掲、奥谷『品川弥二郎伝』三三二頁。

(337) 明治三一年五月一八日付高津雅雄宛青木茂七郎書簡、「高津家文書」一四六―一九。

(338) 明治三〇年三月二三日付品川弥二郎宛山田信道書簡、「品川文書（1）」七二四―二。白根はこの後体調を回復したが、これを聞いた山田は品川に「実雀躍之至に奉存候」と伝えている（同年四月九日付品川弥二郎宛山田信道書簡、同右、七二四―三）。

(339) 前掲、坂野『明治憲法体制の確立』一二三、一二五、一二九―一三一頁。

(340) 坂本一登「伊藤博文と「行政国家」の発見」（沼田哲編『明治天皇と政治家群像』吉川弘文館、二〇〇二）二二四―二二五頁。

(341) 大正五年一〇月一一日付寺内正毅宛西原亀三意見書、国立国会図書館憲政資料室所蔵「寺内正毅関係文書」四四八―二三。

(342) 石井省一郎「初めての地方官会議」（東京朝日新聞社編刊『その頃を語る』一九二八）一七―一八頁。

第四章注

(1) 加藤陽子『戦争の日本近現代史』（講談社、二〇〇二）一一六―一二〇頁。同『徴兵制と近代日本――1868―1945』（吉川弘文館、一九九六）一三一―一三三、二六四頁。

(2) 中村政則「日清「戦後経営」論――天皇制官僚機構の形成」（『一橋論叢』六四―五、一九七〇）。

(3) E・H・キンモンス『立身出世の社会史――サムライからサラリーマンへ』（広田照幸ほか訳、玉川大学出版部、一九九五、原著一九八一）一四六―一五一頁。

(4) 中村政則・鈴木正幸「近代天皇制国家の確立」（中村編『大系・日本国家史5　近代Ⅱ』東京大学出版会、一九七六）九頁。

(5) 明治三一年六月一九日付伊藤博文宛井上馨書簡、『伊藤文書』一、二七八頁。

(6) たとえば、「政党合同と地租増徴　子爵高嶋鞆之助君の談」（明治三一年六月二二日、坪谷善四郎編『当代名家五十家訪問録』博文館、一八九九）二〇七―二〇八頁。

(7) 伊藤は金本位制移行まもない頃、丸善で取り寄せたMichael Mulhall, *The Dictionary of Statics*, 3rd. ed., Routledge, 1892を「新説」として参照しつつ、「唯軍備拡張、外資輸入等」を「コーリタチーブ〔qualitative〕」に分析するのではなく、「国力之程度、内外経済上之影響等」を「コンチタチーブ〔quantitative〕」に、すなわち計量的・統計的観点から分析する必要を述べ、第二次松方内閣の「質的」な経済分析を牽制している。明治三〇年四月二九日付伊藤博文宛望月小太郎書簡、『伊藤文書』七、三五七頁。日本でのマルホールの受容については、斎藤修「幕末・維新の政治算術」（近代日本研究会編『年報・近代日本研究14　明治維新の革新と連続』山川出版社、一九九二）が興味深い。

　また「明治三十年三月貨幣法案の上院を通過せし日」（「序」）に脱稿され、松方財政批判を主眼とした松本君平（東京日日新聞記者、ブラウン大学文学博士）の『金貨本位論』（博文館、明治三〇年四月）はほかならぬ伊藤に捧げられた著作であり、伊藤が題辞を寄せたほか、伊東巳代治と渡辺国武が序文を記している。

(8) 明治三一年一月九日付品川弥二郎宛佐々友房意見書「財政及経済に就て」、「品川文書（1）」九一―六。

(9) 明治三一年六月三日付佐々友房宛桂太郎書簡、『桂書翰』二三八頁。また先駆的な論文として、波形昭一「日本興業銀行の設立と外資輸入」(『金融経済』一一七、一九六九)。

(10) 吉野俊彦「川田小一郎」(同『歴代日本銀行総裁論』増補改訂版、毎日新聞社、一九七六、初版一九五七)を参照。

(11) 田口卯吉「日本銀行の内訌」『東京経済雑誌』九六八(明治三二年三月)、鼎軒田口卯吉全集刊行会編刊『鼎軒田口卯吉全集』(全八巻、一九二七―二九、以下『田口全集』)七、三四〇頁。

(12) 福沢桃介『財界人物我観』(図書出版社、一九九〇、初版一九三〇)四〇頁。

(13) 以上、神山恒雄『明治経済政策史の研究』(塙書房、一九九五)第三章第二節。

(14) 大石嘉一郎「日清「戦後経営」と地方財政」(同『近代日本の地方自治』東京大学出版会、一九九〇、初出一九七六)。

(15) 日本銀行に関する日本経済史・金融史の研究蓄積は豊富である。代表的なものとして、石井寛治「日本銀行信用の意義」(同『近代日本金融史序説』東京大学出版会、一九九九、初出一九六八)、同「日本銀行の産業金融」(『社会経済史学』三八―二、一九七二)、靎見誠良『日本信用機構の確立』(有斐閣、一九九一)を参照。このうち、靎見氏が終章で政府内対立の契機に論及するものの、いずれも議論の焦点は政府=日本銀行と市場の関係性に置かれている。また、政府内の経済政策構想を比較検討したものとして、前掲、神山『明治経済政策史の研究』、佐藤政則「明治三四年前後における高橋是清の日銀金融政策」(『社会経済史学』五〇―二、一九八五)、同「明治三〇年代の日銀金融政策と岩崎弥之助」(『地方金融史研究』一七、一九八六)がある。

ただ以上の研究史ではしばしば、権力状況が議論の与件から排除され、同時代の経済政策に無視できない(時に決定的な)影響力を持ったはずの議会や政党が、中央銀行といかなる関係を結んだのかという、ある意味できわめて素朴な問いが等閑に付されがちである。この点、フランスとイタリアの事例だが、権上康男「中央銀行を統治したのは誰か(一八七〇―一九八〇年)」(横浜国立大学『エコノミア』五五―一、二〇〇四)、伊藤武「権力からの逃走?」(内山融ほか編『専門性の政治学』ミネルヴァ書房、二〇一二)から大いに示唆を受けた。

(16) 前掲、有泉『明治政治史の基礎過程』二七八―二七九頁。

(17) 明治二九年三月、杉田定一宛林彦一書簡、「坪田文書」C0005–00009(005)。本書簡を添付した上で、杉田定一は三月七日、同県の代議士である坪田仁兵衛に書簡を発し、「此際決して油断ならず夫々御注意被下度候。是又委員長石田寛(貫)之助氏へ至急議会へ報告相成る様、代議士諸君中よりも御請求奉希望候。閉会も遠からざるに、斯の如く委員会にて手間取れば、下院は好し通るも上院にて時日切迫の為め議する暇なきに至るかも知れず」と警戒を促している。「坪田文書」C0005–00009(004)。

(18) 明治二九年四月一九日付坪田仁兵衛宛杉田定一書簡、「坪田文書」C0005–00009(001)。「過般之(坪田の)御手紙に因れば、吾県下は此精神を誤解し居るには非ざるか」と続いている。

(19) 明治二九年三月二五日付高津仲次郎宛新井毫書簡、丑木幸男『評伝高津仲次郎』(群馬文化事業振興会、二〇〇二)三四一頁より重引。また、勧業銀行法案に貴族院内で反発が少なくなかったことについては、同年三月一八日付井上馨宛伊藤博文書簡、「井上文書(翻刻・続)」三七―三八頁、同年三月一九日付松方正義宛富田鉄之助書簡、『松方文書』八、五二八頁を参照。

(20) 「佐々文書」八三―五。

(21) 澁谷隆一「農工銀行法の展開と政策意図」(同『庶民金融の展開と政策対応』(日本図書センター、二〇〇一、初出一九八五）六〇四―六一一頁。

(22)　池上和夫「明治後期における農工銀行の業態分析」（『土地制度史学』五五、一九七二）四〇頁。

(23)　日本勧業銀行調査部編刊『日本勧業銀行史資料』一（一九五一）一九七頁以下。初期議会期のものは、同二五五―二五六頁。

(24)　内務省による大蔵省案と農商務省案への批判の論理は、明治二四年七月一九日付「興業銀行法案に対する意見書」（署名は「内務省主任」）から窺える。同右、三八九―三九二頁。また、陸奥率いる農商務省が農学会を通じて展開した信用組合批判キャンペーンについて、前掲、奥谷『品川弥二郎伝』二七四―二七六頁、澁谷隆一「産業（信用）組合法の制定過程」（前掲、同『庶民金融の展開と政策対応』所収、初出一九七二）五二〇―五二一頁。

(25)　日本勧業銀行調査部編刊『日本勧業銀行史』（一九五三）二一一頁。しかし本格的普及にはいたらず、日露戦争後には大蔵省預金部を介した「紐付資金」が地方農工業者に投入された。前掲、池上「明治後期における農工銀行の業態分析」四二頁。

(26)　升味準之輔『日本政党史論』四（東京大学出版会、一九六八）三七―四〇頁。池上和夫「政党と農工銀行」（『一橋論叢』七〇―三、一九七〇）。前掲、澁谷「農工銀行法の展開と政策意図」。

(27)　明治一二年六月二七日付三条実美（太政大臣）宛大隈重信（大蔵卿）「財政四件を挙行せんことを請ふの議」（前掲、石井・中村・春日編『日本近代思想大系8　経済構想』）五六頁。

(28)　渋沢栄一「維新以後における経済界の発達」（長幸男校注『雨夜譚』岩波文庫、一九八四所収、初出一九一九）二四七頁。

(29)　明治二三年五月末、植松与右衛門宛国野忠臣書簡、沼津市史編さん委員会・沼津市教育委員会編『沼津市史　史料編　近代1』（沼津市、一九九七）四八九―四九〇頁。多額納税者議員は、各府県の納税額上位一五名の候補者の互選で一名を選出する仕組みとなっている。小林は結局落選した。

(30)　「営業満期国立銀行処分議案附属参考書」（第一国立銀行、一八九〇、一橋大学附属図書館土屋文庫所蔵）四三―四五頁。

(31)　明治二六年一〇月二一日付谷干城宛金子堅太郎書簡、「谷文書」七八―四。

(32)　実際、谷は第六議会後に伊藤首相に、外交問題をはじめとする「時事に就ては多々不平も有之候得共」と断りつつ、国立銀行処分問題では政府と協力する姿勢を示している。明治二七年七月二七日付伊藤博文宛谷干城書簡、『伊藤文書』六、一八〇頁。

(33)　首都大学東京図書館本館所蔵「土方久元日記」明治二六年一〇月二四日、二六日の条。

(34)　十五銀行内では、近衛篤麿・島津忠済・上杉茂憲・黒田長成といった十五銀行の腐敗を追求する改革派と、浅野や松浦、徳川茂承といった保守派の内紛が当時存在したようである。保守派は日清開戦を利用する形で一〇万石以上の華族を召集して「軍資献納の議」を協議し、こうした行内の異議申し立てを葬ろうとしたと批判者から観察されている。山中立木「懐古録草稿」、福岡市中央図書館所蔵「山中立木資料」八八。罫紙は「黒田家用紙」。

(35)　明治二七年六月一九日付鍋島直彬宛第十五国立銀行書簡、鹿島市民図書館所蔵「西岡家資料」一―①―三―一。

(36)　当時の言葉である「継続派」を「処分派」と呼びなおす点については、粕谷誠「金融制度の形成と銀行条例・貯蓄銀行条例」（伊藤正直・靎見誠良・浅井良夫編『金融危機と革新』日本経済評論社、二〇〇〇）一二―一三頁に拠った。

(37)　先駆的な業績として、村瀬信一「国立銀行処分問題と自由党」（『日本歴史』四八六、一九八八）。ただ、村瀬氏の主な関心は自由党内のクロス・ヴォーティングの力学に向けられており、経済政策としての含意を検討する余地は残されている。

(38) 明治二七年一二月七日付川田小一郎宛鶴原定吉書簡（福岡市中央図書館所蔵）。
(39)「鹿島秀麿日記」明治二八年一月五日の条（『神戸市文献史料』二一、二〇〇二、二六七—二六八頁）。
(40) 第八議会当時、鹿島のもとに同じ改進党の須藤時一郎から、延期法案提出のための定足数を満たすため、党派にこだわらず諸方面に働きかけることを依頼した書簡が届いている。明治二八年一月二〇日付鹿島秀麿宛須藤時一郎書簡、神戸市文書館所蔵「鹿島秀麿文書」五六六。
(41)「鹿島秀麿日記」明治二八年一月二五日・二七日の条（前掲『神戸市文献史料』二一、二七〇頁）。
(42) 明治二八年一月一七日・一八日付徳大寺実則宛園田安賢探聞書「乙秘第四五号　銀行処分問題に付」「乙秘第四六号　銀行問題に関する昨今の状勢」（宮内公文書館所蔵「明治廿八年中警視総監報告」所収）。国民協会は、浅野家と縁の深い和田彦次郎をはじめ延期論者が多かったといわれる。
(43) 明治二八年一月二五日付徳大寺実則宛園田安賢探聞書「秘乙第六三号　星亨の変節（銀行問題に付）」（同右所収）。
(44) 明治二八年一月三一日付伊藤博文宛川田小一郎書簡、『伊藤文書』四、一五五頁。国立銀行処分問題における渡辺蔵相の議会への融和姿勢については、野村内相も、前任者の井上に「大蔵の寛大なる所業より今日に到り而は太た意の如くなる可からす、唯々困り居候」と強い不満を伝えていた。同年二月六日付井上馨宛野村靖書簡、「井上文書（憲）」四七一—二。
(45) 川田は財界指導者として、世上の十五銀行「解散論」に反対して「継続論」を擁護してきた経緯があり、それだけに当の十五銀行の抵抗は許し難いものと映ったのだろう（「川田総裁の経済談（下）」『国民新聞』明治二六年一一月二六日）。
(46)「国立銀行」（日本銀行資料七〇四九六）所収の意見書。
(47) 星亨、河野広中、松田正久、石塚重平、山田東次、といった自由党の主要幹部が、第八議会で政府提出の処分法案に反対する代償として、党総理の板垣に無断で、延期派の銀行から資金供与を受けていた。前掲、村瀬「国立銀行処分問題と自由党」七七頁。
(48) 明治二八年二月六日付野村靖宛山脇玄書簡、「野村文書」七一一—一三。
(49) 明治二八年二月九日付佐々友房宛星亨・重野謙次郎・鹿島秀麿書簡、「佐々文書」F。
(50) 明治二八年二月一二日付徳大寺実則宛園田安賢探聞書「乙秘第一〇六号　延期派各大臣を訪問せんとす」（前掲、「明治廿八年中警視総監報告」所収）。自由党は、本文に挙げた最高幹部をはじめ、全体の四割を占めている。また、金尾稜厳や小鷹狩之凱のような広島県を地盤とする議員も名前を連ねている。還俗議員である金尾と浅野長勲の関係については、辻岡健志「僧侶から政治家へ」（『本願寺史料研究所報』三九、二〇一〇）参照。
(51) 明治二八年二月二日付野村靖・榎本武揚・黒田清隆・西園寺公望・榎本武揚宛渡辺国武書簡、「野村文書」七一一—一六。
(52) 明治二八年一月一日付渡辺国武（蔵相）宛田尻稲次郎（大蔵次官）書簡（「渡辺文書（尚）」所収）には、「自由党は昨年之如く〔処分法案賛成を〕党議となさす各自之自由問題と為すことを総理板垣翁へ相迫り、翁も余程躊躇之様子との事に有之候。是れは内輪の者より承り候確説に有之候」とある。なお、第六議会で自由党が党議拘束を行った可能性は、前掲、村瀬「国立銀行処分問題と自由党」七三頁がすでに推測するところである。
(53) 前掲第三章注(232)、伊藤博文宛小倉信近書簡。
(54) 明治二八年二月四日付徳大寺実則宛園田安賢探聞書「乙秘第八二号　銀行問題に付自由党の内訌」（前掲、「明治廿八年中警視

総監報告」所収)。十五銀行からの収賄の額は、確実な分だけで党費に二万円、星に一万円だったと報告されている。

(55) 板垣は第六議会中も「自由党内訌の為め……憤激して」総理の辞職を申し出たが、議会が解散されたため思いとどまった。明治二七年六月四日付徳大寺実則宛園田安賢探聞書「乙秘第四八八号　板垣伯の辞表撤回」(前掲、「警視庁秘報廿七年一月」所収)。

(56) 以上、明治二八年二月一六日付徳大寺実則宛園田安賢探聞書「乙秘第一一六号　板垣伯の辞表提出に付自由党の紛紜」(前掲、「明治廿八年中警視総監報告」所収)。

(57) 同右。

(58) 明治二八年二月二八日付徳大寺実則宛園田安賢探聞書「乙秘第一四五号　自由党の紛擾落着を告けんとす」(同右)。ただ、本書一五二頁にみたように政務委員制は年末に復活している。前掲、伊藤『立憲国家の確立と伊藤博文』一八三、一九〇頁も参照。

(59) 明治二八年三月六日付徳大寺実則宛園田安賢探聞書「乙秘第一六五号　自由党内規」(同右)。

(60) なお、浅野が明治三〇年に納入している所得税七七四一円は、全国の九〇〇円以上の所得税者の納入総額のうち二・四%を占め、旧大名中で筆頭の高額所得者だった。後藤靖「日本資本主義形成期の華族の財産所有状況」(『立命館経済学』三四—六、一九八六)三〇頁表一二—二、および三一頁より算出。また、十五銀行役員の報酬と人数が他の銀行に比して「過当」「冗多」である点は、創設当初から郷純造大蔵大書記官に指摘されていた。邉英治「草創期における第十五国立銀行と大蔵省銀行調査」(『地方金融史研究』四〇、二〇〇九)九—一三頁。

(61) 明治二二年九月一一日付松浦鉄馬宛松浦詮書簡、松浦伯爵家編修所編刊『松浦詮伯伝』二(一九三〇)二五〇頁。

(62) 以上、明治二八年二月八日付伊藤博文宛浅野長勲書簡、『伊藤文書』一、八三—八四頁、同年二月一〇日付伊藤博文宛伊東巳代治書簡、『伊藤文書』二、三〇五—三〇六頁。同年二月一一日付伊藤博文宛渡辺国武書簡、『伊藤文書』八、二九五頁(史料番号四一七—一六、年代推定は改めた)も参照。本史料中で浅野が「集権」に対比される「分権」という言葉を直接使っているわけではないが、この対比を浅野が活用したことは田口卯吉などの同時代人が指摘しており、田口は「近来の奇説」と批判している。田口卯吉「営業満期国立銀行処分法に関する意見」(一八九五、一橋大学附属図書館土屋文庫所蔵)一四頁。

(63) 『衆・委』五、三七一頁。明治二八年一月二三日。

(64) 三井銀行が青森支店を撤退した事情については、明治二六年九月一八日付西松喬宛中上川彦次郎書簡、『中上川彦次郎伝記資料』(東洋経済新報社、一九六九)三一六頁を参照。これを受け、青森県内では支店の存続を要求する運動が発生した。地方金融史研究会『日本地方金融史』(日本経済新聞社、二〇〇三)二〇頁。なお、経済的後進地域に最初に進出した三井銀行が官公金取り扱いを通じて銀行業の先鞭をつけ、国立銀行が「県域銀行」としてこの機能を継承した例は、他県でも観察できる。高嶋雅明「和歌山第四十三国立銀行の創設過程」(『和歌山県史研究』一、一九七三、のち同『企業勃興と地域経済』清文堂出版、二〇〇四所収)。

(65) 『貴・本』九、四二一頁。明治二八年三月二日。

(66) 『衆・本』九、二八三—二八九頁。明治二八年一月二八日。

(67) 同右、二九二頁。

(68) 第二次松方内閣期の河島について、国民新聞記者の阿部充家は「今日は大石〔正巳〕、稲満〔稲垣満次郎〕などと申す大体論の策士の時代去つて逐条論の献策時代となり、河島繁盛の時代に候。彼は未だ帝王の師と迄は行かざるも、樺山〔資紀・内務〕、高島〔鞆之助・陸軍〕大臣の師に御坐候。此の人の議論は一番に入り易く候」と評している。明治三〇年一月二六日付徳富蘇峰宛阿部充家書簡、『徳富文書』三、八五頁。なお河島が所属した立憲革新党については、小宮一夫「党首なき政党の模索」(鳥海靖ほか編『日本立憲政治の形成と変質』吉川弘文館、二〇〇五)。

(69)『衆・委』五、三六一―三六五頁。明治二八年一月二二日。

(70)同右、三五八―三五九頁。明治二八年一月二二日。

(71)渋沢栄一君述「国立銀行の沿革大要」(『東京商業会議所月報』二七(明治二七年一一月)、渋沢青淵記念財団竜門社編刊『渋沢栄一伝記資料』(一九五五、以下『渋沢資料』)六、三七二―三七三頁。

(72)『衆・委』五、三八〇頁。明治二八年一月二四日。

(73)同右、三六〇頁。明治二八年一月二二日。

(74)同右、三四八頁。なお鈴木充美には、田尻稲次郎大蔵次官が処分案賛成への働きかけを行っていた。前掲注(52)、渡辺国武宛田尻稲次郎書簡。

(75)『衆・本』一〇、一〇六頁。明治二九年一月一三日。

(76)明治二八年九月には渡辺蔵相宛に、国立銀行処分法案を「本年の帝国議会に於て劈頭第一に議決せらるゝ様御措置有之度候」とする請願書を提出するにいたっている(第一国立銀行ほか「営業満期国立銀行処分法案に関する意見書」、明治二九年一月、一橋大学附属図書館土屋文庫所蔵)。また奥羽北海同盟銀行会も同様の意見書を提出している(「国立銀行満期後処分方案に対する意見書」、作成年不明、同右所蔵)。

(77)『衆・委』五、三七〇・三七一―三七九頁。工藤行幹・須藤時一郎の発言。明治二八年一月二三日・二四日。

(78)「第九回帝国議会　衆議院営業満期国立銀行処分法案委員会速記録」第一号、三―四頁。中野武営の発言。明治二九年一月三一日。

(79)同右第二号、三頁。明治二九年二月一日。

(80)『衆・本』一〇、三〇六頁。明治二九年二月七日。

(81)同右、三〇八頁。

(82)国立銀行紙幣消却のための無利息借入れをめぐる政府と十五銀行の妥協については、「十五銀行小史」(三井銀行八十年史編纂委員会編『三井銀行八十年史』三井銀行、一九五七)五五九頁。

(83)「支店設置関係書類」(日本銀行資料三六七四)所収。罫紙は日本銀行。下関への支店設置は明治二六年に実現する。

(84)明治一九年六月、吉原重俊日本銀行総裁が、長崎、函館、新潟、神戸、横浜、赤間関、名古屋、仙台の八ヶ所に一年ずつ支店増設する構想を松方蔵相宛に上申したものの、明治二六年の西部支店設置まで七年間進展しなかった。前掲、靎見『日本信用機構の確立』一五三―一五四頁。

(85)前掲、靎見『日本信用機構の確立』第Ⅶ章。伊藤之雄「第二次伊藤内閣期の政党と藩閥官僚」(『名古屋大学文学部研究論集』一三八、一九九二)二九三頁。日清戦争後の大阪支店の隆盛ぶりは、町田忠治「大阪の思い出(二)」『大阪毎日新聞』昭和一一年一月八日が伝えている。石井寛治編著『日本銀行金融政策史』(東京大学出版会、二〇〇一)二二―二四頁(石井氏執筆)も参照。

(86)野田正穂『日本証券市場成立史』(有斐閣、一九八〇)二二四頁。また、明治二三年恐慌対策としての日銀担保品付手形割引制度が、動産抵当銀行の設立構想と不可分なものだったことは、波形昭一「明治二〇年代初頭の動産銀行設立構想」(『土地制度史学』一五―一、一九七二)五九頁を参照。

(87)「日本銀行課税に就て　課税を廃して支店を増設せしめよ(社説)」『読売新聞』明治二九年三月一五日。

(88)東京商工相談会「日本銀行課税に関する意見」(明治二八年一二月二五日、「品川文書(1)」一三三一)七頁以下。

(89) 前掲、鈴木『維新の構想と展開』一七五—一八二頁。鈴木淳「明治維新の開発政策」（川田順造ほか編『岩波講座　開発と文化』2、岩波書店、一九九七）二二三—二二四頁も参照。

(90) 「日本銀行設立旨趣の説明」、伊藤博文編『秘書類纂　財政資料』上（原書房復刻、一九七〇、初版一九三六）四頁。

(91) したがって、第十五国立銀行の創設者である岩倉は、中央銀行創設問題の前途を懸念しつづけ、最晩年には「小生は不案内之事只心配候斗なり」と漏らしていた。明治一五年六月一二日・明治一六年二月二三日付伊藤博文宛岩倉具視書簡、『伊藤文書』三、一〇六—一〇七、一一三頁。

なお、「封建」の枠組みに立脚した華族政策の選択肢として、井上毅が当時唱えられた華族土着論を斥け、一五銀行の保護を最重要視していたことは、中田喜万「政治学からみた「封建」と「郡県」」（張翔・園田英弘編『「封建」・「郡県」再考』思文閣出版、二〇〇六）七〇頁。この点について、柳教烈「明治憲法制定期における華族土着論」（『ヒストリア』一五三、一九九六）も参照。

(92) 板垣は当時、「政府の処置を抗撃するは実際調査の不行届に因る」との口癖から「実際調査伯」とあだ名されており、鉄道払下批判にも同調しなかった。以上、「株式会社十五銀行沿革誌」（十五銀行、一九二七、一橋大学附属図書館土屋文庫所蔵）三一—三二頁。明治二二年六月一四日・七月一六日付山県有朋宛清浦奎吾書簡、東京大学法学部附属近代日本法政史料センター所蔵「中山寛六郎関係文書」（以下「中山文書」）六—一二〇所収。

(93) 前掲、靍見『日本信用機構の確立』九八—一〇三、一〇七—一一四頁。

(94) 河野有理「「会」の時代と西村茂樹の「道徳」思想」（『弘道』一一二二、二〇一四）。また勃興期の学協会と政党に、結社として互換性があったことは、櫻井良樹「明治十年代後半における帝政派の政治活動の一考察」（『大分縣地方史』一二九、一九八八）。

(95) 以上、「九州銀行同盟会録事」（一橋大学附属図書館土屋文庫所蔵）七（明治一七年四月）、一九—二三頁、「同」八（明治一八年四月）、一七—一九頁。山田海三は明治二一年五月の九州銀行同盟会でも、意図は不明だが、「本会を移して大阪銀行集会所へ合併の議案」を提出している（翌年廃案、「同」九、九—一五頁）。鹿児島県内の銀行秩序については、寺尾美保「大名華族資本の誕生」（『史学雑誌』一二四—一二、二〇一五）四八頁を参照。

(96) 前掲、永井『日本の歴史25　自由民権』三四〇—三四一頁。

(97) 前掲、御厨『明治国家形成と地方経営』二三六—二三七頁。高村直助「沖守固と原六郎」（『横浜開港資料館研究紀要』二六、二〇〇八）一五—一七頁。

(98) （明治一五年一一月）伊藤博文宛井上馨書簡、『伊藤文書』一、一七七頁。

(99) 吉原の軌跡を一次史料から跡づけた貴重な論考として、小川原正道「初代日銀総裁・吉原重俊の思想形成と政策展開」（慶應義塾大学『法学研究』八七—九、二〇一四）。

(100) 中村隆英「資料紹介　飯田巽「巽経歴譚」」（『比較文化研究』一四、一九七四）七七頁、吉野俊彦『忘れられた元日銀総裁』（東洋経済新報社、一九七四）九四—九八頁。ただし伊藤の介入でこの条件は効力を失った。富田を総裁に推したのも伊藤である。

(101) 明治二二年九月八日付伊藤博文宛松方正義書簡、『伊藤文書』七、一三三頁。

(102) 前掲、神山『明治経済政策史の研究』一一一頁、前掲、靍見『日本信用機構の確立』二五〇—二五一頁。

(103) 「川田日本銀行総裁の談話」『東京朝日新聞』明治二四年一二月二〇日。川田の鉄道国有論は、私鉄による線路敷設が誘致をめぐる各地の局地的競争を活性化させ、国家的観点が見失われることへの懸念に基づくものであった。「第一回鉄道会議議事速記録第一五回」（明治二六年三月二二日、野田正穂ほか編『明治期鉄道史資料 第Ⅱ期』一（日本経済評論社、一九八七））三八頁。

(104) 明治二五年一月一四日付松方正義宛川田小一郎書簡、『松方文書』七、一二九—一三〇頁。この品川の構想については、前掲、佐々木『藩閥政府と立憲政治』二〇五頁がすでに指摘している。

(105) 明治二六年一月一二日付川田小一郎宛伊東巳代治書簡、憲政記念館所蔵「憲政記念館収集文書」一三—六。前掲、小林『明治立憲政治と貴族院』二一二頁が紹介する書簡と、文面が全く一致しており、貴族院議員に広く発送されたものだと思われる。

(106) 明治二五年一月二日付品川弥二郎宛河上謹一書簡、『品川文書』三、一九三頁。

(107) 同右、一九四頁。

(108) 改進党は、第一議会閉会後の第一義的な課題を、「経済問題」に見出していたといわれる。明治二四年三月二〇日付山県有朋宛園田安賢探聞書「条約改正問題に関する近況」、「中山文書」六—一六五—⑨所収。前掲、小宮『条約改正と国内政治』七七頁。大隈は以前に黒田内閣閣僚として大阪で演説した際も、企業勃興下の松方蔵相の政策を批判して、「日本銀行等は民業を妨くること一方ならす」と述べたという。「同」六—一二四所収。

(109) 川田小一郎「昨年中の経済社会と日本銀行」（明治二九年二月一六日）、横山順編『雄弁大家日本新演説』（浜本伊三郎、一八九六）二七頁。

(110) 演説では引用部分に続けて、「又広島議会〔第七議会〕開会前に当て外債募入の説を為すものあり、其勢力頗る盛なるも、幸にして政府之が反対の意見を主持し、本行大に其の意を翼賛し、遂に其の成立を見るに至らずして止みしが、当時若し其の説を成立せしめば今日如何なる結果を来すべきか」と述べられている。

(111) 森山茂徳「甲午改革における借款問題」（『東洋学報』五六—二・三・四、一九七五）。

(112) 前掲、『明治天皇紀』八、六五五頁。この日の拝謁に感激した川田は、翌日早速、伊藤に「昨日は不存寄天顔に咫尺《しせき》し奉り、殊に優渥之勅語を賜り、寔に望外之仕合一身之光栄不過之と只々感泣之外無之、是全く閣下〔伊藤〕御高庇之致す処と深く難有奉存候」と書き送っている。前掲注(44)、伊藤博文宛川田小一郎書簡。

(113) 日本銀行資料九五一。罫紙は内閣。草案は前掲、『秘書類纂財政資料』中、一—三頁に存在する。伊東巳代治が起草した本草案をめぐって、二九日朝に伊藤首相・渡辺蔵相・陸奥外相間で会合が持たれた。明治二八年一月二八日付渡辺国武宛陸奥宗光書簡、「渡辺文書（翻刻・二）」一八二頁、同日付伊藤博文宛伊東巳代治書簡、『伊藤文書』二、三四二頁（後者の年代は改めた）。

(114) 朝鮮借款問題はまた、対外関係において財閥系銀行ではなく日本銀行が「国家の銀行」の地位を確立したという点でも大きな意味を持った。すなわち三井の益田孝は、明治二九年二月三日付井上馨宛書簡（「〈資料紹介〉井上馨宛益田孝書簡」『三井文庫論叢』一六、一九八二、三一八頁）のなかで、「政府と経済社界」の今後の関係をめぐる次のような憤懣をぶつけている。

明治政府より〔ママ〕当初より今日程理財社会を操縦するに大事之時は無之に、今日程政府と経済社界と離隔疎遠なる時は無之と存候。只川田〔小一郎〕氏なりともありて其間を彌縫すれは責め而は宜く候へ共、同氏も心臓病故始終尽力も出来申間敷、誰一人とし而此大切なる機関を使用するに勉め候人は無之、今後戦争を継続する之資金は如何し而募集するか、戦争後之経済は如何なる方針を以而之を医するか、海陸軍に優る之技倆を要する時節に当り政府の冷然たるには驚愕仕候。

実際、三井組では、五〇〇万円借款の単独引き受けと、その見返りとして自家紙幣の発行と朝鮮政府の財政管理権の掌握を要望していたが（前掲、森山「甲午改革における借款問題」一三二頁）、以上はいずれも果たされなかった。

(115) 日清戦争後の実業家の地位向上については、岡義武『近代日本政治史Ⅱ』（篠原一・三谷太一郎編『岡義武著作集』二、岩波書店、一九九二）八三頁を参照。

(116) 明治二八年二月二五日付成川尚義宛川田小一郎書簡、三重県生活文化部・文化振興室県史編さんグループ所蔵「成川尚義宛て書簡」一六。

(117) 明治二六年三月瀬川光行宛川田小一郎書簡、瀬川光行著刊『商海英傑伝』（同年四月）一〇―五一頁。

(118) したがって、川田は、原則としては信用の拡大に対応した経済発展を促す態度を保持しつつも、早くも明治二九年二月には、「戦後経済の伸長は吾人の固より希望する所なりと雖ども、物価の暴騰、企業の劇進、此の如きに至るは、則人心偏向の流弊たるに外ならず」と苦言を呈している。以上、前掲、川田「昨年中の経済社会と日本銀行」二一―二三頁。

(119) たとえば曾我祐準も同じ頃、「日清戦争事件も最早終局に近き申候。戦後の結果は第一に経済なるが是は実に大問題に御坐候。第二は海陸軍の拡張に可有之」と戦後経営における経済政策の重要性を強調している。明治二八年四月一五日付曾我祐邦宛曾我祐準書簡、「曾我史料」一六一―一六二。

(120) 上塚司編『高橋是清自伝』下（中公文庫、一九七六、以下、『高橋自伝』下）六八頁。明治二八年五月に帰朝した際、下関で井上を出迎えた高橋への発言。なお、井上と川田は関係が悪かったという（同右五八頁）。実際、川田は第一次松方内閣の最末期、松方の下僚の佐藤暢を通じて、『時事新報』の「井上伯と大蔵大臣」という記事に現れた井上蔵相待望論に警戒を促している（明治二五年八月四日付松方正義宛佐藤暢書簡、『松方文書』八、二三六―二三八頁）。この日清戦争前の時点ではまだ、中央銀行総裁は松方の一定の影響力の下にあったことが窺えよう。

(121) そのため、金子は明治二八年五月、貴族院議員にあてて次のような印刷物を一斉に送っている――「戦後の経済は目下攻究すへき国家的緊要問題に有之候に付、本省（農商務省）に於ては曩きに千八百七十年独仏戦争後に於ける独逸国の情態を取調候処、其経済上の情況は本邦に於て最も警戒すへく、又参照すへきもの少なからす候間、別冊御参考迄に差進候也」（明治二八年五月二三日付鍋島直彬宛金子堅太郎書簡（日付と宛名のみ直筆）、前掲、「西岡家資料」一―①―四二）。「別冊」の内容は不明。

(122) 以上、「子爵金子堅太郎談話」（堀口修編『臨時帝室編修局史料「明治天皇紀」談話記録集成』四、ゆまに書房、二〇〇三、以下『金子談話』）一八三―一八五頁。また、山本が榎本農商相の戦後経営観を直接に批判したことは、長岡新吉『明治恐慌史序説』（東京大学出版会、一九七一）七二頁を参照。

(123) 前掲、明治二八年二月二五日付成川尚義宛川田小一郎書簡への返信草稿（作成月日は不明）、前掲、「成川尚義宛て書簡」一七。

(124) 明治二八年三月九日・一二日付松方正義宛伊藤博文書簡、「渡辺得次郎家文書」（前掲、「憲政史編纂会収集文書」）所収。

(125) 山本達郎聞書、山本達雄先生伝記編纂会編刊『山本達雄』（一九五一）二二七頁。

(126) 明治二八年九月、家郷宛山本達雄書簡、同右、一七五頁。正金銀行のパフォーマンスは、大蔵省内でかねて問題視されていた。明治二六年八月、すでに五日前に海外の銀行に把握されていた銀貨下落の事実を、正金銀行が前日にようやくつかんだことを知った松尾臣善理財局長は、渡辺蔵相宛の手紙に「正金銀行は之れに気付かず種々の想像をなせしか、愈々銀相庭の下落と知りしは昨〔八月〕十二日の事なり。此間凡四五日間ボンヤリいたし居候は如何にも遅どんの事にて、外人に対しても恥敷事に候。何分日本人は口計りにて実際は如斯ものと被存候」との辛辣な批判を記している。明治二六年八月一三日付渡辺国武宛松尾臣善書簡（写）、国立公文書館所蔵「渡辺国武文書」（書簡類）五。

(127) 明治二八年八月一七日付松方正義宛川田小一郎上申、「渡辺文書（憲1）」五七所収。罫紙は大蔵省。

(128)「日本銀行株式増加の疑惑に付ての探偵書」、同右五六。罫紙は大蔵省。

(129) 第二次伊藤内閣末期の蔵相人事問題については、前掲、村瀬『明治立憲制と内閣』一九七—一九八頁。

(130) 池原鹿之助『鶴原定吉君略伝』（非売品、一九一七）六九頁。渡辺はこれ以降、政友会の準備期まで政治活動を事実上休止する道を選択したが、それは、後年、渡辺が伊藤新党への参加を呼びかけた信州関係者向けの演説で「国武の一旦唾棄したる政海」と表現したような、強い挫折感に規定されていたのである（「長野県政友に対する告別書」「渡辺文書（憲1）」一五—一二）。

(131)『北垣日記』明治三〇年七月一日の条。予算編成について、前掲、伊藤『立憲国家の確立と伊藤博文』二一三—二一四頁も参照。

(132) 明治二九年八月二五日付伊藤博文宛伊東巳代治書簡、『伊藤文書』二、三五二頁。衆議院、参議院編『議会制度七十年史　憲政史概観』（大蔵省印刷局、一九六三）一一一頁。

ここで重要なのは、「国武の銀行事務に於ける不案内中之不案内」（『松方文書』九、二二頁）と自認する渡辺と松方の別を問わず、総裁の自立化が進展したことである。両者の政治対立は、翌三〇年末にいたって経済政策論争という形をとって顕在化する。

前掲、室山『近代日本の軍事と財政』二五三—二六二頁。

(133) 明治二九年八月二二日付伊東巳代治宛伊藤博文書簡、前掲、『宮尾市立前尾記念文庫所蔵　元勲・近代諸家書簡集成』一九—二〇頁。

(134)「川田総裁最後の談話」『東京朝日新聞』明治二九年一一月七日・一〇日。

(135) 実際、川田が七月には銀行濫設や増資の傾向に警戒を促していたことが、明治二九年七月二四日付各銀行宛川田小一郎書簡（『銀行通信録』一二九）から窺える。なお、川田が倒れた一一月四日付の蔵相令達で、公債抵当の貸付利子歩合に限り公定歩合の届出制が許可制に変更されたが（日本銀行百年史編纂委員会編刊『日本銀行百年史』（全七巻、一八八二—八六、以下『日銀百年史』一、五二六頁）、届出制自体は明治一六年以来の規定であり、総裁の台頭期に固有の制度的資源ではないため、これを大蔵省優位への変化を説明する直接の指標とみることはやや難しい。また山本達雄も、従来は重役会決議だけで総裁が決定してきた金利変更の認可権をめぐり、総裁と蔵相の齟齬が最初に生じたのは第三次伊藤内閣であり、隈板内閣で齟齬が決定的になったと回想している（前掲、『山本達雄』二〇六頁）。本書も後掲注(168)などから、公定歩合全般で許可申請が慣行化するのは、隈板内閣期以降と理解している。上記の令達は大蔵省の統制強化の文脈で捉えるより、当日午後まで健在だった川田の合意も調達しうる、ゆるやかな制度化の一端として理解する方が適当ではないだろうか。

(136)「東京大坂経済上の衝突」「日本銀行総裁」『月刊　世界之日本』九（明治二九年一一月二五日）一二頁。

(137)「日本銀行財政史」『東京朝日新聞』明治二九年一一月八日。

(138) 川田の意向で、落成式前日まで現場を外部から見えないように高い板塀で囲い、一夜のうちに一斉に取り払う演出が行われた。

日本銀行百年史編纂委員会編刊『日本銀行職場百年』上（一九八二）二〇二―二〇三頁。

(139) 明治二三年八月《（カ）》付「日本銀行本店幷金庫建築の顚末及ひ趣旨」（前掲、日本銀行資料「支店設置関係書類」所収）。罫紙は日本銀行。

(140) 明治二九年八月二五日付平岡浩太郎宛長谷場純孝書簡、国立国会図書館憲政資料室所蔵「平岡浩太郎関係文書」三―七。

(141) 明治二八年一二月一六日付渡辺国武宛川田小一郎書簡、「渡辺文書（憲1）」四―一。

(142) 明治二九年一一月一〇日付山県有朋宛清浦奎吾書簡、『山縣文書』二、六〇頁。

(143) 成田誠一「三菱史ノート・千年くすのき13」（『マンスリーみつびし』二〇〇九年四月号）。また、明治二九年一一月六日付大隈重信宛松方正義書簡（『大隈文書』九、四一六頁）も参照。

(144) 「日本銀行総裁と政治」『東京経済雑誌』九〇九（明治三一年一月八日）。また、岩崎が閣僚のポストにも一定の影響力を発揮していたことは、明治三〇年三月三一日付大隈重信宛岩崎弥之助書簡、『大隈文書』二、九七―九八頁。

(145) 神山恒雄「金本位制移行と高橋是清意見書」（明治学院大学『経済研究』一四〇・一四一、二〇〇八）二二頁。前掲、五百旗頭『大隈重信と政党政治』二三四―二三七頁。斎藤眞『アメリカ政治外交史』（東京大学出版会、一九七五）一三八―一四一頁。ちなみに、駐英公使の加藤高明は明治二九年末、義理の叔父の岩崎日本銀行総裁にあてた手紙のなかで、銀買い入れによる銀本位制の強化を主張し、「金好き」の松方が進める金本位制移行を念頭に置いた預け合と在外正貨制度を「コンモン、センス」の観点から「不條理」と批判している。明治二九年一二月三〇日付岩崎弥之助宛加藤高明書簡、奈良岡聰智「加藤高明と岩崎家」（『三菱史料館論集』一一、二〇一〇）一九七頁。

(146) 前掲、小林『大正政変』五三―五四頁。

(147) 明治三〇年六月二一日付伊藤博文宛末松謙澄書簡、『伊藤文書』五、四四〇頁。前掲、坂野『明治憲法体制の確立』一四九―一五一頁も参照。

(148) なお、第九議会当時、渡辺蔵相は松方にあてた手紙で、「戦後財政之事一昨日（一月一〇日）議場演説に而粗御承知被下候と存候。御成算に基きあれ丈けに押付け候も、異論百出中忍耐に忍耐を加へ候事情御推察可被下候」と松方の戦後経営計画を自身が継承したことを強調している。明治二九年一月一二日付松方正義宛渡辺国武書簡（写）、「渡辺文書（尚）」所収。

(149) 明治三〇年一二月三一日付伊藤博文宛原保太郎（山口県知事）書簡（『伊藤文書』六、四三七頁）のなかの表現。

(150) 前掲、『世外井上公伝』四、五六六頁。有泉貞夫「田中稲城と帝国図書館の設立」（『参考書誌研究』一、一九七〇）七頁。また、明治三一年二月一九日付山県有朋宛井上馨書簡、『山縣文書』一、一七五―一七六頁、同年三月二五日付山県有朋宛桂太郎書簡、同右、三〇四―三〇五頁。

(151) 前掲、五百旗頭『大隈重信と政党政治』第三章第二節。

(152) もっとも、貸出制度改革以降も、実態は高い水準の対民間貸出を維持していたことは、前掲、神山『明治経済政策史の研究』一四〇―一四一頁。

(153) 塩島仁吉・柳澤泰爾編『廿七八年戦役後之財政及経済』（経済雑誌社、一九〇三）三七九―三八〇頁、高村直助『会社の誕生』（吉川弘文館、一九九六）一九二―一九三頁。同時代の批判の一例として、「巨商壇権の勢（社説）」『日刊　世界之日本』明治三〇年七月二日を参照。

(154) 明治三〇年九月二三日付安達謙蔵宛品川弥二郎書簡、「安達文書」二四—七。

(155)「曾禰公使談話要領」『東京朝日新聞』明治三〇年八月一〇日、「曾禰氏の外資銀行に関する談話要領」『銀行通信録』一四三（同年一〇月）、曾禰荒助「中央銀行改造論」（佐藤三郎編『最近日本経済問題』明文堂、明治三二年六月）一四—一八頁。総裁以下の重役はすべて日本人から選出し、別に外国株主から若干名の顧問（総会招集請求権を持つ）を選任する仕組みを想定していた。

(156)たとえば、すでに七月初頭の時点で曾禰構想への世論の期待が報じられていたことは、「外国銀行の拡張」『日刊 世界之日本』明治三〇年七月四日を参照。また曾禰の「大銀行」論と同様の構想は、政治対立を越えて広く展開されており、与党の進歩党でも、中野武営が日本銀行を掣肘しうる規模の新銀行（「日本銀行と同一の制度実力を有する銀行」）の設立を唱えている。「藩閥衰えて商閥起らんとす」『進歩党党報』五（同年七月一日）八頁。

(157)明治三一年一月七日付山県有朋宛品川弥二郎書簡、『山縣文書』二、二一四頁。

(158)明治三〇年一二月六日付小畑岩次郎（代議士、福井四区）宛栗原亮一書簡、前掲、『杉田定一関係文書史料集』二、三三八頁。

(159)前掲、坂野『明治憲法体制の確立』二〇九—二一二頁。前掲、松下『近代日本の鉄道政策』一二七—一三〇、一三三—一三六頁も参照。また、隈板内閣の外資導入への積極性を強調した論文に、藤井信幸「第一次大隈内閣と日清「戦後経営」」（早稲田大学大学史編集所編『大隈重信とその時代——議会・文明を中心として』早稲田大学出版部、一九八九）がある。

(160)浅井良夫「政策思想としてのケインズ主義の受容」（中村政則編『近現代日本の新視点——経済史からのアプローチ』吉川弘文館、二〇〇〇）二〇四—二〇六頁。

(161)明治三一年四月三〇日付山県有朋宛朝日奈知泉書簡、『山縣文書』一、三四頁。実際、井上は財政補塡策として計画していた外債募集に際しても、あくまで投機筋を排除し、実業家を選良する姿勢を貫いていた。『アーネスト・サトウ公使日記Ⅱ』（長岡祥三・福永郁雄訳、新人物往来社、一九九一）同年四月二七日の条。

(162)明治三一年七月二六日付豊川良平宛岩崎弥之助書簡、静嘉堂文庫編刊『岩崎弥之助書翰集』（二〇〇七）一二二頁。

(163)前掲、五百旗頭『大隈重信と政党政治』二六八頁。岩崎総裁の政策的立場につき、前掲、佐藤「明治三〇年代の日銀金融政策と岩崎弥之助」六〇頁も参照。

(164)明治三一年八月付大隈重信宛福島勝太郎書簡、『大隈文書』九、二〇一頁。

(165)アメリカでも、一九世紀末のモルガンなど民間資本家が、中央銀行に代わって経済危機を防止する「最後の貸し手」機能を担ってきたが、民主主義の進展に伴い、個人による公共財の提供が批判にさらされはじめ、一九〇七年恐慌後の連邦準備銀行の創設にいたったとされる。ハロルド・ジェイムズ『グローバリゼーションの終焉——大恐慌からの教訓』（高遠裕子訳、日本経済新聞社、二〇〇二）二七—二八頁。

(166)清水唯一朗「隈板内閣下の総選挙」（『選挙研究』一八、二〇〇三）。与党内調整の困難について、前掲、伊藤『立憲国家の確立と伊藤博文』二五二頁も参照。

(167)『日銀百年史』二、七二、九二—九七頁。ただ、松田は同時に、総裁への就任に消極的だったにもかかわらず職務を遂行した岩崎の功労に対し、旭日中綬章を下賜するよう上奏している。岩崎家伝記刊行会編『岩崎弥之助伝』上（東京大学出版会、一九七九）三四二—三四三頁。

(168)「日本銀行総裁の権限（社説）」『時事新報』明治三一年一〇月一四日。

(169)「日本銀行総裁山本達雄を推薦直に決定」『東京朝日新聞』明治三一年一〇月一六日、同年一〇月一三日付家郷宛山本達雄書簡、前掲、『山本達雄』二〇八頁。『高橋自伝』下、一二七、一四〇、一七六頁。山県は当初、田中光顕宮相の日本銀行入行を想定していたという。

(170)『近衛日記』三、明治三一年一〇月一日の条。

(171) 明治三一年一〇月二〇日付山県有朋宛古沢滋書簡、『山縣文書』三、一九九頁。

(172) 明治三一年一〇月一四日付品川弥二郎宛山県有朋書簡、「品川文書（1）」七三〇―一三九。

(173) 明治三三年二月二八日付井上馨宛桂太郎書簡、『桂書翰』一〇四頁。

(174) 由利は第一議会の貴族院で、海江田信義とともに「郡区市債農工業銀行法案」を提出している。

(175) 以上、『金子談話』一九九―二〇五頁、明治三一年一〇月一日・一七日付大隈重信宛添田寿一書簡、『大隈文書』七、六六―六七頁、「谷子爵の十五銀行談」『東洋経済新報』一〇七（同年一一月二四日）による。なお興業銀行期成同盟会が証券業者と関係が深かったことを、寺西重郎『戦前期日本の金融システム』（岩波書店、二〇一一）三七七―三七八頁が指摘している。明治期の証券業者の社会的地位について、前掲、野田『日本証券市場成立史』二八三―二八七頁も参照。

(176) 吉野俊彦『日本銀行制度改革史』（東京大学出版会、一九六二）一九八―二五一頁、石井寛治「第一次大戦前の日本銀行」（加藤俊彦編『日本金融論の史的研究』東京大学出版会、一九八三）、『日銀百年史』二、六〇―八五頁が、議会審議や行内・メディアの反応を解明している。以下では、各主体の日清戦後経営への対応という点に即して、課税問題の政治的意味を再定位する。

(177)「公文雑纂」明治二四年第三三巻所収（同年一二月一一日提出）。賛成者は、河島醇、井上角五郎、大岡育造、朝倉親為など。

(178)「衆議院予算委員会速記録第十六号」明治二四年一二月六日、一四頁。

(179) 石田貫之助「日本銀行の課税に就て」（『中國之燈』五、明治三二年二月二〇日）。『中國之燈』は、中国同志会が発刊する憲政党の機関誌。石田によれば、日本銀行課税論を石田が最初に発表したのは明治二四年における『自由平等経綸』への寄稿だった。その後、田口卯吉が同様の議論を説いていることを知り、喜んだと述懐している。

(180)『自由党報』二五（明治二五年一月二五日）二四頁。

(181) 前掲、伊藤『立憲国家の確立と伊藤博文』二一九頁。

(182)『衆・本』五、四七九頁。明治二五年二月一三日。

(183)『衆・委』二、二八八、二九八頁。明治二六年一月一六日。

(184) 田中源太郎（日本銀行課税調査委員）「日本銀行課税問題」（『国家経済会報告』二三、明治二六年二月）一二頁。また同時期、伊万里銀行頭取の本岡儀八も、のちに進歩党の有力代議士となる江藤新作に対し、「日本銀行に課税の事は、自由党の意見によれば、配当金積立金等を引去り残り利潤の何分の一を政府に納出するなり《ママ》。」然し夫は不可。普通の銀行の如く資本金の高、若くは紙幣発行高によりて課税する事にすべし」と利益課税方式の撤廃を訴えている。星原大輔・齋藤洋子「〔資料翻刻〕江藤新作日記（明治二四年―二五年）」（『佐賀県立佐賀城本丸歴史館研究紀要』七、二〇一二）明治二五年一二月一六日の条。

(185) 石田貫之助「日本銀行課税論の要旨（一）」『自由』明治二六年二月二一日。

(186) 東京銀行集会所「日本銀行課税に関する意見書」（明治二五年一二月一九日、一橋大学附属図書館土屋文庫所蔵）四頁。明治

二八年二月二二日にも再び提出されている。

(187) 明治二五年九月二〇日付川田小一郎宛川上左七郎書簡、「憲政文書」八〇。

(188) 明治二五年一一月三〇日の同盟銀行臨時会議での演説。『渋沢資料』六、三一三頁。

(189) なお、日清戦時中の第八議会で日本銀行課税法案がはじめて衆議院を通過しているが、これは本会議の空気を一変させた田口卯吉の存在が大きかったといわれている。前掲、吉野『日本銀行制度改革史』二〇九―二一二頁。

(190) 「第十三議会報告書」『憲政党党報』一―九（明治三一年四月八日）四八九頁。

(191) 「第九回帝国議会　衆議院日本銀行課税法案、日本銀行条例中改正法律案及日本銀行課税法案委員会速記録」第二号、七―九頁。明治二九年三月二六日。

(192) 明治三三年三月一九日付大隈重信宛小山健三書簡、『大隈文書』五、二五八頁。小山がここで賞賛した特殊銀行批判の演説について、町田忠治は「御申越之御演説筆記は来る二十五日判行の大坂銀行通信録に全部掲載致し、全国千三百余の銀行に配付致候筈に御坐候」と大隈に報じている。同年四月二二日付大隈重信宛町田忠治書簡、伊藤隆編『町田忠治――史料篇』（櫻田会、一九九六）四五九頁。

(193) 前掲、「第十三議会報告書」四九八頁。なお、かつて自由党内で課税論を先導した離党中の石田は、納付金方式から発行税方式への移行を、「租税の公平均一」から「国庫の収入を増補」へという課税理念の変化として捉え、事態の進展に複雑な感情をのぞかせている。石田「日本銀行課税問題の由来」『銀行通信録』一五八（明治三二年一月）五八頁。

(194) 中村政則『近代日本地主制史研究――資本主義と地主制』（東京大学出版会、一九七九）三二頁、前掲、中村・鈴木「近代天皇制国家の確立」一二頁。農会法案の成立経緯については、松田忍『系統農会と近代日本――一九〇〇―一九四三年』（勁草書房、二〇一二）第一章を参照。

(195) 明治二三年創設された担保品付き手形割引制度は、三〇年六月の貸出制度改革で廃止され、見返り担保品制度に移行していた。

(196) 浅井良夫「成立期の日本興業銀行」（『土地制度史学』六八、一九七五）三四頁、同「日清戦後の外資導入と日本興業銀行」（『社会経済史学』五〇―六、一九八五）九頁。ただ外資導入の政府保証規定を有する同法案は、第一三議会では、天皇の外資忌避姿勢を代弁する、松方蔵相ら山県内閣閣僚の意を受けた貴族院の妨碍によって成立しなかったという。『金子談話』二〇九頁以下。提出者の金子は、事前に農村金融に積極的な薩派の高嶋鞆之助を通じて、松方に興業銀行設立を働きかけたが、奏功しなかった。明治三一〔カ〕年一一〔カ〕月三日付高嶋鞆之助宛金子堅太郎書簡、「山口コレクション」2199400210。高嶋の農村金融観については、前掲、五百旗頭『大隈重信と政党政治』三〇三頁も参照。

(197) 前掲『山本達雄』二四一―二四四頁。

(198) 前田亮介「東京大学経済学部資料室所蔵「高橋是清日記　明治三十一年」」（『東京大学日本史学研究室紀要』一五、二〇一一、以下「高橋日記」）一二月二八日の条。

(199) 明治三二年一月五日付栗原亮一宛阪谷芳郎書簡、国立国会図書館憲政資料室所蔵「栗原亮一関係文書」（以下「栗原文書」）七五―二。

(200) ほかに名を連ねた憲政党員は、林彦一（福井）、戸狩権之助（山形）、西原清東（高知）、山田平左衛門（高知）、長坂重孝（愛知）、中埜廣太郎（大阪）、松本正友（島根）、西村淳蔵（兵庫）、浦野錠平（愛知）、関信之介（茨城）。中埜と関以外は第五回・第六回総選挙で初当選している。また、この要求書に同封された日付未記載の高津雅雄宛石田貫之助書簡には、前日二月八日の法案可決以来、連署請求にまでいたった経緯が述べられている。いずれも、「高津家文書」一四九―二五所収。

(201) 『衆・本』一四、四二七頁。明治三二年二月一七日。

(202) 制限外発行については、伊牟田敏充「日本銀行の発券制度と政府金融」（『社会経済史学』三八―二、一九七二）三二―三三頁。

(203) 『高橋自伝』下、一三三頁。また後年、河上謹一は高橋是清に対し、「薄井と山本の衝突は機密の使用にあり」とストライキの遠因を示唆している。山本四郎「史料紹介　高橋是清日記」（『日本歴史』四九三、一九八九）昭和四年一〇月二四日の条。

(204) 明治三二年二月二八日付伊東巳代治宛伊藤博文書簡、前掲、『山本達雄』二二六―二二七頁。前掲注(173)、井上馨宛桂太郎書簡も参照。

(205) 伊東文書を読む会「「伊東巳代治関係文書」所収伊藤博文書翰翻刻（上）」（『参考書誌研究』四七、一九九七）三一頁。最大株主であった宮内省でも、渡辺千秋内蔵頭が「ストライキなんか日本銀行でやつては、将来政党が日本銀行を取ろうと言い出した場合困るじゃないか」と警戒感を露わにしたという。「塩川三四郎氏金融史談速記録」（日本銀行調査局編『日本金融史資料　昭和編』三五（大蔵省印刷局、一九七四））一一二頁。

(206) 「高橋日記」明治三二年一〇月八日、一二月二三日の条。

(207) 「日本銀行支店増設に就て」『銀行通信録』一六三（明治三二年六月）八九四頁。実際、福井市への日本銀行支店の誘致運動については、星の影響も囁かれた。坂野潤治「隈板内閣成立前後における藩閥と政党」（『史学雑誌』七五―九、一九六六）四三頁。

(208) 「政治の季節」という表現は、酒田正敏「憲政党の党勢拡大運動」（『東京都立大学法学会雑誌』九―一、一九六八）二〇七頁から借用した。

(209) 明治三二年五月八日付永江純一宛伊東巳代治書簡、「永江文書」AC一五。

(210) 前掲、坂野『明治憲法体制の確立』二二四―二二五頁。

(211) 前掲、室山『近代日本の軍事と財政』二八〇―二八一頁。前掲、靏見『日本信用機構の確立』四四九頁。前掲、神山『明治経済政策史の研究』一五一―一五三頁。

(212) T・J・ペンペル、恒川恵市「労働なきコーポラティズムか」（辻中豊訳、シュミッター／レームブルッフ編『現代コーポラティズムI』木鐸社、一九八四）二六四―二六六頁。

(213) 山本は第四次伊藤内閣の成立直前、政友会の栗原亮一に対し「兎に角伊藤一日も速に内閣組織に取懸候様奉希望候」と述べている（明治三三年一〇月三日付栗原亮一宛山本達雄書簡、「栗原文書」一〇六）。また政友会の結成にあたり、伊藤は明治天皇から下賜された公債一〇万円の売却を山本に依頼したといわれる（前掲、『山本達雄』二三三頁）。

(214) 前掲「塩川三四郎氏金融史談速記録」一一四頁。

(215) 岡田朋治『嗚呼奥田博士』（因伯社、一九二二）一三九頁。

(216) 明治三三年一月の時点で、全国農工銀行役員の代議士経験者六二名のうち、憲政党系は頭取七名（全一二名）、取締役・監査役二〇名（全五〇名）を占め、全体の四三％を掌握していた（進歩党系二一％、帝国党一〇％。前掲、澁谷『庶民金融の展開と政策対応』六一三頁・第三表より算出）。議会での議席比率以上に農工銀行を掌握するこうした傾向は、政友会の成立以降、第一次桂内閣期の銀行ごとの党派を記した報告書（明治三六年「農工銀行一覧」、『児玉文書』四四一―四四七頁）が物語るように、より強まったといってよい。なお、田口卯吉は、「全国（四三ヶ所の）農工銀行の中にて其の四十は立憲政友会に属し、其余りは憲政本党及び中立に属すと云へり」と記している（「農工銀行の害」『東京経済雑誌』一〇九一、明治三四年七月）。

(217) 北岡伸一『日本政治史』（有斐閣、二〇一一）九九頁。また伊藤と星の政党観の距離を強調するのは、瀧井一博『伊藤博文――知の政治家』（中公新書、二〇一〇）第四章。

(218) 明治三一年一二月二日付鹿島則泰（鹿島神宮宮司、茨城県皇典講究所分所所長）宛佐々友房書簡、国立国会図書館古典籍資料室所蔵「明治時代名家書簡」第五軸―八。佐々は山県首相が前日の演説で一度も「大権」に言及していない点に注意を促し、山県がすでに「超然内閣」から離脱していることを強調した。すなわち佐々は、「民間党派に味方を存せず党外之超然たるの意味」である「第一種君主内閣」と、首相は天皇に責任を負いつつも「民間党派の同主義者とは同志相扶の交」をなし、党籍を離脱すれば政党員の閣僚登用も認める「第二種君主内閣」（これこそ「立憲君主国の本體」とされる）を区別し、前者について「邦人之を名づけて君主内閣の実相と思ふは大なる誤なり。……必竟邦人の無学なるが為め伊藤侯等の為め誤られたるものなり」と論じている。これはもちろん、第二次山県内閣を第三次伊藤内閣と対照させて正当化しようとする佐々の政治的意図を濃厚に反映した主張ではあるが、同時に、自由党―憲政党との単独提携が明確化するのを嫌う伊藤の「超然主義」志向を、的確に捉えている。

(219) 最終的に帝国党に収斂してしまう翌明治三二年初頭からの「新政党」運動で、佐々が切り札と考えていたのが「大学之教授連」（穂積八束や稲田周之助）の入党構想であり、これは前述の立憲君主制再解釈の延長上にあったと思われるが、何ら成果をみなかった（明治三二年一月一七日・二月一一日付品川弥二郎宛佐々友房書簡、『品川文書』四、一五四―一五五頁。柳生四郎編「外山正一日記（18）」（『UP』六九、一九七八）同年七月七日の条）。なお同年三月の文官任用令改正が、憲政党員のみならず、国民協会員および大学教授の勅任ポストへの任官の道も閉ざしたことは、前掲、村瀬「帝国党ノート」、鈴木淳『科学技術政策』（山川出版社、二〇一〇）三六―三七頁を参照。

(220) 前掲、「元田肇氏談話速記」三三一、三三五―三三六頁。「安達謙蔵氏談話速記」広瀬順晧監修・編集『政治談話速記録』一（ゆまに書房、一九九九）四〇頁。

(221) 「中間党の不必要（社説）」『日刊人民』明治三二年一月二一日。「星亨氏と伊侯西遊」『東京朝日新聞』明治三二年五月二七日。後者は、伊藤が新党結成に向けた九州遊説に、国民協会の大岡育造や元田肇を帯同したことを牽制したもの。ただ星は第一四議会開会前には、自派の岡崎邦輔を通じて憲政本党の犬養毅に働きかけ、土佐派を排除した両党合同を企図した形跡もあり（千葉功「初期社会主義者の日記」（同編『日記に読む近代日本2　明治後期』吉川弘文館、二〇一二）一九五頁）、地租増徴法案成立以降の星の政党指導についてはまだ不明な点が多い。

(222) たとえば、帝国党の代議士である薬袋義一は、山梨県内における自党への入党勧誘にあたって、「我党は大局に於て憲政党と提携致し居り候間、県治問題も矢張可成提携の事に協議致し置き申候」と国政・地方政治双方での提携を打ちだしており、自身ものちに政友会に合流している。明治三二年九月四日付市川文蔵宛薬袋義一書簡、山梨県編刊『山梨県史　資料編一四　近現代一』（一九九八）三一四頁。なお、有泉貞夫「薬袋義一の前半生」（同『山梨の近代』山梨ふるさと文庫、二〇〇一）も参照。

(223) 明治三三年六月四日付永江純一宛富安保太郎書簡、「永江文書」A二六五。

(224) 明治三三年七月二日付井上馨宛渡辺国武書簡、「井上文書（憲）」五六二―四。同年七月三日付伊藤博文宛渡辺国武書簡、

『伊藤文書』八、三一三頁。後者の年代推定は改めた。

(225) 寺西重郎『日本の経済システム』（岩波書店、二〇〇三）一〇一—一〇九、一二三頁。前掲、中村『地方からの産業革命』三二六—三二七頁。季武嘉也「民党と吏党——横断的名望家政党の発展（一八九〇—一九〇〇年）」（同・武田知己編『日本政党史』吉川弘文館、二〇一一）八八—九二頁。

(226) 大正二年八月、立憲同志会政務調査会「日本銀行支店出張所増設に対する意見」、櫻井良樹編『立憲同志会資料集』四（柏書房、一九九一）七一頁。「日本銀行支店設置に付町田代議士談」、『秋田魁新報』大正三年七月一一日（前掲、伊藤編『町田忠治』一七四頁）も参照。

終章注

(1) 伊藤の権力観については、松沢弘陽「伊藤博文」（神島二郎編『権力の思想』中央公論社、一九六五）八三—八五頁、および宮村治雄「「開化」と「革命」」（同『開国経験の思想史——兆民と時代精神』東京大学出版会、一九九六）九—一〇頁を参照。

(2) 季武嘉也「明治後期・大正期の「地域中央結合集団」としての政党」（有馬学・三谷博編『近代日本の政治構造』吉川弘文館、一九九三）。伏見岳人「初期立憲政友会の選挙戦術」（東北大学『法学』七七—五、七八—二、七九—二、二〇一三—二〇一五）。

(3) 待鳥聡史『政党システムと政党組織』（シリーズ日本の政治6、東京大学出版会、二〇一五）二〇一頁。

(4) ニクラス・ルーマン『社会の政治』（小松丈晃訳、法政大学出版局、二〇一三）三一一頁。

(5) 不平等条約下の日本で唯一の例外というべき事例が、綿糸輸出税撤廃・綿花輸入税撤廃運動を展開した紡績連合会である。高村直助『日本紡績業史序説』上（塙書房、一九七一）二三二—二三四頁。同『明治経済史再考』（ミネルヴァ書房、二〇〇六）二〇二—二〇六頁。牛島利明「棉花輸入税撤廃の政治過程」（慶應義塾大学『近代日本研究』七、一九九〇）。

(6) Carol Gluck, *Japan's Modern Myths: Ideology in the Late Meiji Period*, Princeton University Press, 1985, pp. 58-60. また、実際の私的利益の要求が、しばし合理的戦略性を欠いていたことも一因であろう。松沢弘陽「自由民権論の政治思想」（東京大学『社会科学研究』三五—五、一九八四）二三七—二三八頁。

(7) 「外交の経歴談　子爵青木周蔵君の談」（明治三一年六月）、前掲、坪谷編『当代名家五十家訪問録』二二三—二二四頁。

(8) 前掲、有泉『明治政治史の基礎過程』三〇七—三〇八頁。

(9) 「減税演説草案」（明治三四年七月一八日付永田荘作宛島田三郎書簡別紙）、前掲、『永田荘作関係書簡集』三一〇—三一一頁。

(10) 自治体を「春風和気」の非政治性のなかに置こうとする山県以来の伝統が根強く持続したことは、石田雄『日本近代史大系8　破局と平和』（東京大学出版会、一九六八）二八七頁。

(11) 季武嘉也「政党の発展と地方の系列化」（前掲、同編『日本の近現代』）九七頁。また、近代日本の国民統合の実現と対外膨張の相互作用を示唆したものに、Kyu Hyun Kim, *The Age of Visions and Arguments: Parliamentarianism and the National Public Sphere in Early Meiji Japan*, Harvard University Press, 2008, pp. 447, 451.

(12) 五百旗頭薫「近代日本のローカル・ガバナンス——負担と受益の均衡を求めて」（同・宇野重規編『ローカルからの再出発』有斐閣、二〇一五）。住友陽文「近代日本自治制確立期の地方行政」(『日本史研究』三六八、一九九三、のち同『皇国日本のデモクラシー――個人創造の思想史』有志舎、二〇一一所収)。

(13) 前掲、中村・鈴木「近代天皇制国家の確立」二九頁以下。

(14) 大門正克「農村問題と社会認識」(歴史学研究会・日本史研究会編『日本史講座8　近代の成立』東京大学出版会、二〇〇五)三二七―三二九頁。戦前日本の政党制と農村問題の関係については、宮崎隆次「大正デモクラシー期の農村と政党」(『国家学会雑誌』九三―七・八―一一・一二、一九八〇)を参照。

(15) 有馬学「戦前の中の戦後と戦後の中の戦前」(近代日本研究会編『年報・近代日本研究10　近代日本研究の検討と課題』山川出版社、一九八八)。Sheldon Garon, *Molding Japanese Minds: The State in Everyday Life*, Princeton University Press, 1998.

(16) 有泉貞夫「昭和恐慌前後の地方政治状況」(近代日本研究会編『年報・近代日本研究6　政党内閣の成立と崩壊』(山川出版社、一九八四)。鈴木正幸「農村政治史研究の現状と課題」(伊藤正直・同・大門正克『戦間期の日本農村』世界思想社、一九八七)。

(17) 京極純一『植村正久』(新教新書、一九六六)八五―八六頁。

(18) ハンナ・アーレント『全体主義の起原2　帝国主義』(大島通義・大島かおり訳、みすず書房、一九八一)一三頁。川崎修『アレント――公共性の復権』(講談社、二〇〇五)第一章も参照。

(19) 前掲、御厨『政策の総合と権力』。佐藤健太郎『「平等」理念と政治――大正・昭和戦前期の税制改正と地域主義』(吉田書店、二〇一四)。Louise Young, *Beyond the Metropolis: Second Cities and Modern Life in Interwar Japan*, University of California Press, 2013.

(20) オルテガ・イ・ガセット『大衆の反逆』(神吉敬三訳、ちくま学芸文庫、一九九五、原著一九三〇)第二部。

あとがき

本書は、二〇一三年一月に東京大学大学院人文社会系研究科に提出した博士論文「帝国議会開設後の全国政治——地方統治の再編と藩閥支配の変容」を原型に、第四議会の分析（第二章）を新たに加えて、全体を再構成したものである。審査の労をとってくださった、野島（加藤）陽子、鈴木淳、五百籏頭薫、季武嘉也、千葉功、の各先生に、あらためて心より御礼を申し上げたい。博士論文を脱稿し、本書にまとめる作業はいわば「撤退戦」で、自らの議論の限界を何度も確認せざるをえなかったが、審査で先生方からいただいたコメントは常に立ち返るべき原点となった。なお再構成にあたっては、旧稿で発見された、あるいはご指摘いただいた誤りを訂正したほか、いずれの章も大幅に書きあらためている。本書の元となった既発表論文は以下の通りである。

第一章「初期議会期の北海道改革構想——第一次松方内閣（明治二四—二五年）を中心に」（『史学雑誌』第一一八編第四号、二〇〇九年四月）

第二章「第四議会におけるもう一つの転換——初期貴族院と地価修正問題」（『東京大学日本史学研究室紀要』第一八号、二〇一四年三月）

第四章「中央銀行総裁の政治権力——日清戦後における金融と政治」（『史学雑誌』第一二一編第四号、二〇一二年四月）

私が東京大学文学部の日本史学研究室に進学したのは、二〇〇六年四月のことである。当時二〇歳だった私は、昭和期の知識人と政治の関係に漠然と興味を抱いていたものの、先行する問題意識らしいものをほとんど欠いたまま、自分の学問的接近の対象についても、史料を読む過程でいつも事後的に発見する有様だった。本書は一面でそうした二〇代の自意識の漂流の産物だが、同時にこの漂流を通じて徐々に醸成されていった、私なりの問題意識を織り込むことも企図している。むしろ当初の行き当たりばったりの反動で含意を性急に追い求め、本書のわずかな実証的成果さえも歪めてしまった可能性を、危惧しないでもない。

このような手さぐりの未熟な作品ではあれ、曲がりなりにも世に問うことができたのは、この一〇年間に邂逅したさまざまな方々の寛容と忍耐に支えられてのことであった。

何よりまず御礼を申し上げなければならないのは、指導教官の野島（加藤）陽子先生である。学生を温かく、遊撃的に見守る姿勢を保たれた先生は、研究の意義や魅力を本人も想定しない高みに押し上げることに、多くの情熱を傾けられた。外交文書であれ、地域史料であれ、文学であれ、言葉の世界に生じた緊張や対立の痕跡をできるだけダイナミックに再現することを重視する点で、先生は一貫されていた。憶測だが、歴史学が本来射程に収めうる知の多様性に信頼と敬意を持つことの重要性を、学生へのご指導を通じて日々示してくださっていたように思う。特に、修士論文・博士論文とも提出直前までテーマを絞りかねていた私に、少しも咎めるようなことを仰らなかったばかりか、私の関心の発展可能性を最大限に汲みとられた上で、近世国家の解体から総力戦の時代まで貫く日本近現代史としての位置づけを実に楽しそうに語ってくださったときの感激は、忘れることができない。また論旨にすぐ手を加えたがる私に、研究生活を長く継続するには安定したテンポが不可欠であり、不全感を抱えつつも区切りをつけることが次の研究への移行につながるという趣旨のことを、懇切に諭してくださった。プロの研究者が持つべき作法と矜持を繰り返し強調される先生の緊張感を私がどこまで学びえたかははなはだ自信がないが、先生の下で歴史学の多様性を表現する楽しさと厳しさを学ぶことができたことに、私は強い誇りを持っている。今後の研究の研鑽を通じて、学恩を少しずつでもお返ししていきたい。

また日本史学研究室では、経済史・技術史をご専門とする鈴木淳先生からも、ご指導いただいた。特に、私がある論文で引用した書簡を大変面白がってくださり、わざわざ出典にまであたられた上で、私が用意したものよりもはるかに論旨が鮮明になるような魅力的な解釈を導きだされた事件は、衝撃的であった。ただ先生には同時に、そうした一点史料から大きな含意を引きだす自由な想像力を、実証史学としての精度と同期させるための、きわめて厳格なご姿勢が存在した。本書の叙述はおよそ厳格さからほど遠く、また先生が常々意識される共時的な諸現象の「輪切り」という点でも不十分だが、それでも、本書の選択した諸事例が先生の殖産興業研究から多大な影響を受けていることは、一目瞭然だろう。そして議会ができ、政党が台頭してくる時代の社会や経済を考える上で、政治過程の分析から同時代を説明できる余地は意外と少なくないというのが、いまの私の感覚である。

教養課程以来ご指導いただいている御厨貴先生との出会いも、研究者としての人格形成の過程でやはり決定的な意味を持っている。毎週一冊の課題文献について各自ペーパーを提出する演習を、駒場東大前駅から徒歩一〇分の第二キャンパスで開講されていた先生は、大学に入ったばかりで自我の高揚を持てあました面倒な学生たちの暴発気味の議論に正面から向き合い、そこにあるどんなわずかな面白さも決して見逃されなかった。逆説的だが、自己の主張を過不足なく表現するには抑制が必要なことを内在的に感得できた。また私が研究の習い事をはじめてからも、先生は若輩の私のしかも未整理の思いつきに驚くほど真摯に耳を傾けてくださり、断片的な着想を体系化するための選択肢をいつも複数提示してくださった。先生はコメントでは必ず政治の大きな潮流を提示されたが、同時に、歴史の細部に宿る豊饒さをいかにできるだけ多く分析枠組みに包摂するかという点について、先生ほど知的に貪欲な方はいらっしゃらなかったと思う。外縁をたえず拡張していくこの進取の精神こそ、私が先生から最も学んだことであった。

また学生時代には、大学入学直後に御成敗式目の講読を通じて学問の楽しさに目を開かせてくださった新田一郎先生をはじめ、多くの演習に足を運んだ。同じ年の冬学期に参加させていただいた日本政治思想史の苅部直先生の演習では、精確で内在的なテクスト理解に基づく伸びやかな解釈にすっかり魅せられてしまい、以来何回も演習にお邪魔することになった。また文学部進学後に学部演習に二度出席させていただいた渡辺浩先生からは、論文をお送りするたび、好意的ながらウィットに富むご批判を頂戴し、毎回身の引き締まる思いがしている。

やはり学部以来お世話になっている五百籏頭薫先生には、自由を最大限に尊重されるご姿勢を含め、今日まで二次元・三次元双方で多大な影響の下にある。毎回思わぬ角度から切り込まれる先生との会話は楽しく刺戟に溢れており、余韻が残ったその後の数日間は、無条件に研究に集中することができた。武田晴人先生には、経済学部での史料閲覧に大変便宜を図っていただいたことに加え、大学院演習を通じて、歴史学の手法を共有しつつも、政治史とは異質な知的緊張感を持つ日本経済史学の迫力の一端を垣間見させていただいた。

筆者のちょうど在学中に小宮一夫先生と西川誠先生が文学部に出講されていたことも、幸運だった。特に小宮先生は、筆者の最初の論文のドラフトに目を通され、改良にむけて膝詰めで添削してくださった。政治経済史的な領域の重要性を強く示唆してくださったのも先生である。また明治政治史の先達である佐々木隆先生、季武嘉也先生、村瀬信一先生からも何かと激励していただいた。そして最後に、PDの受け入れを引き受けてくださった千葉功先生には、緻密なご学風はもちろん、史料整理や翻刻の作業を通じて歴史学者としての立ち居振る舞いの次元から範を示していただいた。論文の構造的弱点に関する先生の厳格なご批判は、博士論文審査のハイライトの一つであった。

大学院で研究生活の拠点となった日本史学研究室では、多種多様なテーマが飛び交い、新たな研究潮流が叢生する予感に満ちていた。そうした学問的星雲状態のなかで方向性をやや見失っていた私に、千葉先生と土田宏成先生をはじめ、李炯植、今津敏晃、近藤秀行、鈴木多聞、立本紘之、中野弘喜、松田忍、山本ちひろ、若月剛史といった野島ゼミの先輩方が折に触れて親しくご教示くださったのは、何とも心強かった。また、研究室でお会いすることができた井内智子、池田勇太、川越美穂、宮田光史、塩出浩之、松澤裕作、満薗勇、三ツ松誠、安原徹也、湯川文彦、米山忠寛の諸先輩からいただいたご厚誼も忘れがたい。とりわけ、小林延人氏と伏見岳人氏による継続的かつ真摯なお励ましがなければ、嬾惰な筆者が今日まで研究を持続することができたか覚束ない。

修行時代をともにした同年代や年少の方から蒙った学恩も、計り知れないものがある。特に教養課程以来の畏友である国分航士、大学院同期の太田仙一、金蓮玉、吉井文美、読書会の開設でお力を借りた中西啓太、朴完、渡邉宏明、ともに本書の複数のドラフトを精読した上で、著者自身よりはるかに体系的かつ内在的な見通しと、未発達の論点に基づく再解釈の可能性をご教示くださった樋口真魚ならびに池田真歩、さまざまな局面でご助言をいただいた佐々木政文、團藤充己、水上たかね、吉田ますみの各氏には、この場を借りて篤く御礼申し上げる。また、学内の演習や研究会で度々ご一緒する機会に恵まれた小野田拓也、川口航史、作内由子、佐々木雄一、佐藤信、玉置敦彦の諸氏と、同業異種の友人として長年刺戟をいただいている會田剛史、斎藤祥平、高橋知之の三氏にも感謝したい。

さらに本書の全体ないし一部について、史学会、日本政治学会／戦前戦後・比較政治史研究フォーラム、内務省研究会、北大史学会、北大法学会・北大政治研究会で、それぞれ報告する機会をいただいた。この他にも、ここではお名前を挙げることはかなわないが、私の拙い成果に貴重なお時間を割いてご指導くださったすべての先生に、心より御礼申し上げる。

ところで、歴史研究である本書が世に出るためには、充実した史料群の存在が不可欠である。貴重な史料を快く閲覧させてくださった国立国会図書館憲政資料室、日本銀行金融研究所アーカイブ、東京大学法学部明治新聞雑誌文庫、をはじめとするすべての文書館の関係者の方々、また本書が恩恵に一方的にあずかったデジタル化作業に従事されたすべての方々に、この場を借りて感謝の気持ちを伝えさせていただきたい。最も通った憲政資料室では、今も読み慣れないくずし字に四苦八苦しつつ、それぞれ断片として残された史料を同一の文脈に組み合わせることができたとき、ひそやかな感動と達成感を覚えたものである。今後、研究の方向に応じて扱う史料群が変わっていくとしても、この初発の喜びを研究者人生の指針として大切にしたいと思う。そして、尚友倶楽部の上田和子氏が、史料収集にあたって、世間知らずの若者にいつも温かいご配慮をくださったことがどれほど心強かったか、八年前にはじめてお訪ねした日のことを思い出しつつ特筆させていただく。

二〇一四年四月からは、北海道大学大学院法学研究科の政治学講座に「日本政治史」の担当者として赴任し、大変充実した学問的環境を享受している。若手の、かつ政治学とは元来縁遠い新規参入者も一人の同僚として尊重するリベラルな、その分厳しい集団の一員になったことで、筆者は日々、学問共同体が活性化する瞬間を体感する幸運に浴している。ここでは、関心の領域が近い空井護、眞壁仁、遠藤乾の三人の先生のお名前を挙げさせていただきたい。特に空井先生は本書の初校にも目を通してくださり、次の課題についての大きな示唆を頂戴した。また、同年代の小濱祥子、白鳥潤一郎、村上裕一の三先生とは、公私ともに親しくさせていただいている。さらに本書執筆の全過程で、佐藤幸代氏が切り盛りする政治資料室の充実した研究支援をいただくことができた。北海道の地で新たに研究したいことは多岐にわたるが、いずれにせよ、近現代日本の政治と外交について少しでも時の試練に耐える論文を書くことが仕事だと信じ、地道に一歩ずつ取り組んでいきたい。

東京大学出版会の山本徹氏は、ご多忙を極めるなかで、はじめての著書で不安だらけの私のドラフトを望外なほど面白がってくださり、なかなか入稿しない私の内的「葛藤」に最大限ご配慮くださり、少なくないミスや修正も本当に高い精度で校正をしてくださった。私が十全な態勢で集中できるように、あまりにも周到に不安要素を取り除いていただいたので、言い訳の余地はなくなってしまった。練達した編集者である山本氏のお導きがあってこそ、何とかここまでたどり着くことができたというのが実感である。

なお、博士課程の三年間とポストドクターの一年間に、日本学術振興会の特別研究員（ＤＣ１、ＰＤ）に採用され、助成を受けることができた。さらに、本書の出版にあたっても、平成二七年度東京大学学術成果刊行助成を得ることができた。目の醒めるようなご批判を寄せてくださったお二人の匿名の査読者の先生と、修行中の研究者への寛大な投資を認めてくださった関係各位に、記して感謝申し上げる次第である。

二〇一六年三月

前田亮介

著者略歴
1985 年　東京都生まれ
2008 年　東京大学文学部卒業
2013 年　東京大学大学院人文社会系研究科博士課程修了
現　在　北海道大学大学院法学研究科准教授

主要論文
「東京大学経済学部資料室所蔵「高橋是清日記　明治三十一年」——横浜正金銀行時代」（『東京大学日本史学研究室紀要』15, 2011 年）

全国政治の始動——帝国議会開設後の明治国家

2016 年 5 月 23 日　初　版

［検印廃止］

著　者　前田亮介《まえだりようすけ》

発行所　一般財団法人　東京大学出版会
代表者　古田元夫
153-0041 東京都目黒区駒場 4-5-29
http://www.utp.or.jp/
電話　03-6407-1069　Fax 03-6407-1991
振替　00160-6-59964

印刷所　株式会社理想社
製本所　誠製本株式会社

ISBN 978-4-13-026243-9　Printed in Japan

索 引

人名索引

あ 行

か　行

さ　行

ま 行

や 行

わ 行

事項索引

さ 行

た 行

な　行

は　行

ま　行

や　行

ら行・わ行